Direito do Processo Laboral

Direito do Processo Laboral

2023 • 5ª Edição

Alcides Martins
Advogado
Professor convidado do ISCTE-IUL e da Universidade Europeia

ALMEDINA

DIREITO DO PROCESSO LABORAL

AUTOR

Alcides Martins

EDITOR

EDIÇÕES ALMEDINA, S.A.

Avenida Emídio Navarro, 81, 3D

3000-151 Coimbra

Tel.: 239 851 904 · Fax: 239 851 901

www.almedina.net · editora@almedina.net

DESIGN DE CAPA

EDIÇÕES ALMEDINA, S.A.

PRÉ-IMPRESSÃO

João Jegundo

IMPRESSÃO E ACABAMENTO

Junho, 2023

ISBN

978-989-40-1320-4

DEPÓSITO LEGAL

ALMEDINA | GRUPOALMEDINA

OBRAS DO AUTOR

- Noções Fundamentais de Direito, APG, Lisboa, 1994.
- Celebração e Cessação do Contrato de Trabalho, APG, Lisboa, 1994.
- Direito do Trabalho Fundamental, ISLA, Lisboa, 2002.
- Legislação da Segurança Social: Tomo I – Sistema Previdencial e Complementar, Tomo II – Código dos Regimes Contributivos do Sistema Previdencial; Dislivro, Lisboa, 2007.
- Legislação sobre Incapacidades em Direito do Trabalho, Civil e Administrativo, Dislivro, Lisboa, 2007.
- Legislação sobre Estrangeiros, Dislivro, Lisboa, 2008.
- Incumprimento do Contrato de Trabalho (parceria), V. Dashöfer, Lisboa, 2010.
- Organização e Duração do Tempo do Trabalho (parceria), V. D., Lisboa, 2010.
- Código de Processo do Trabalho e Legislação Complementar Anotados, Almedina, Coimbra, 2019.
- Código dos Regimes Contributivos e Legislação Complementar Anotados, 2ª edição, Almedina, Coimbra, 2022.
- Códìgo do Trabalho Anotado, 5.ª ed., Nova Causa, Braga, 2023.

OS NOSSOS PROPÓSITOS

Por bondade dos Professores Manuel António Pita e António Monteiro Fernandes, ministrámos a unidade curricular de Direito do Processo Laboral no Curso de Mestrado em Direito das Empresas e do Trabalho, no ISCTE-IUL.

Tal unidade configurou-se como seminário. Por conseguinte, o debate e a pesquisa pelos alunos, individualmente ou em grupo, sobre as questões essenciais da temática do direito do processo laboral, *maxime*, das mais controvertidas, deviam prevalecer sobre a exposição.

Porém, não se podia arredar a explanação das matérias, pelo menos no seu escopo essencial, dada a sua indispensabilidade para os alunos que, anteriormente, não haviam tido a oportunidade de estudar o direito do processo laboral de modo científico.

Mas, para além da vertente académica, impunha a natureza do Curso, uma especial atenção para a perspetiva dos usuários do direito do processo do trabalho, onde o autor tem militado e adquirido as mais diversas experiências.

Perante estas coordenadas, o compêndio que se segue destina-se a facultar uma visão geral do direito processual laboral na sua maior amplitude, evidenciando e contextualizando aquelas questões ou temas mais adequados à investigação e debate, mas acentuando a visão da prática forense e até a perspetiva das organizações na gestão dos seus colaboradores.

Tendo-se esgotado a edição anterior e vindo, entretanto, para o palco político uma nova revisão do Código do Trabalho, mas com repercussões de alguma monta no respetivo Código de Processo, procedemos à atualização propiciada pela Lei nº 13/2023, de 3 de abril.

Obviamente, desde logo por respeito para com os leitores, impunha-se, para além da atualização legislativa, também proceder às correções e melhorias, nomeadamente das propiciadas pela Jurisprudência.

Aproveito para deixar expresso o meu agradecimento aos Colegas Susana Amaral Ramos, Ana dos Santos Paiva e Bruno Negrão Alves pelos contributos, gentilmente, prestados e ao venerando Professor António Monteiro Fernandes pelo seu excelente Prefácio que é, sem dúvida, a melhor peça deste livro.

Lisboa, 1 de maio de 2023

ALCIDES MARTINS
alcides@amartins.pt

PREFÁCIO

O direito processual do trabalho tem tido uma presença diminuta nos estudos universitários em Portugal. Deve-se isso, entre outras razões – em que avultará por certo o tradicional menosprezo a que tem sido votado, na universidade portuguesa, o estudo do ordenamento juslaboral –, à convicção, certamente infundada, mas muito difundida, de que o domínio do processo civil basta para as necessidades essenciais da vida forense. Nas faculdades de Direito, o ensino do processo laboral, quando é feito, comprime-se num recanto dos planos de estudos de direito do trabalho; mas o mais corrente é que seja simplesmente ignorado. Por outro lado, não está publicada – que saiba o autor destas breves linhas – uma exposição geral e sistemática do regime processual laboral português, em moldes actualizados e com virtualidades pedagógicas.

Verifica-se, pois, uma situação antiga e persistente de descaso sobre esta matéria. E, no entanto, a "substantividade" do direito processual tem no processo do trabalho uma manifestação particularmente saliente e decisiva. Basta notar como as mais recentes modificações que o Código respectivo sofreu – no tocante à impugnação dos despedimentos, à tutela dos direitos de personalidade do trabalhador, à igualdade e não discriminação em função do sexo – reflectem novas dimensões valorativas atinentes a esses temas de grande sensibilidade social e tendem, ainda que com sucesso incerto e no meio de alguma polémica, a adensar os conteúdos substantivos que lhes respeitam. Por isso mesmo, o estudo e o ensino do direito processual do trabalho requerem a concentração, nos seus agentes, de um domínio seguro do processo civil e de uma sensibilidade aprofundada para as questões do direito substantivo laboral. Esses traços combinam-se no perfil do Dr. Alcides Martins, autor do presente compêndio, que resulta, a um tempo, do seu ensino no quadro do Mestrado em Direito das Empresas, no Instituto Universitário de Lisboa (ISCTE), do seu labor de estudioso infatigável nestas matérias, e da sua muito ampla experiência forense como advogado especialista na área laboral.

Julga-se claro que a bibliografia jurídica portuguesa resulta enriquecida com a publicação desta obra.

Maio de 2014

António Monteiro Fernandes

ABREVIATURAS E SIGLAS UTILIZADAS

A. – Autor.
Ac. – Acórdão.
ACT – Autoridade para as Condições do Trabalho – Decreto Regulamentar nº 47/2012, de 31 de julho.
Art. – Artigo.
BTE – Boletim do Trabalho e Emprego – Despacho Normativo nº 25/2007, publicado em 3/7/2007.
CC – Código Civil, aprovado pelo Decreto-Lei n.º 47344, de 25 de novembro de 1966.
CCT – Convenção coletiva de trabalho ou contrato coletivo de trabalho.
CEDH – Convenção Europeia dos Direitos do Homem – Leis nºs 65/78, de 13 de outubro e 12/87, de 7 de abril.
Cfr. – Conforme, confirmar.
CJ – Coletânea de Jurisprudência.
CJSTJ – Coletânea de Jurisprudência – Acórdãos do Supremo Tribunal de Justiça.
CPC – Código de Processo Civil, aprovado pela Lei nº 41/2013, de 26 de junho.
CPT – Código de Processo do Trabalho, aprovado pelo Decreto-Lei nº 480/99, de 9 de setembro, republicado pela Lei nº 107/2019, de 9 de setembro.
CRP – Constituição da República Portuguesa.
CRCSPSS – Código dos Regimes Contributivos do Sistema Previdencial da Segurança Social, aprovado pela Lei nº 110/2009.
CT – Código do Trabalho, aprovado pela Lei nº 7/2009, de 12 de fevereiro, na versão resultante da Lei nº 13/2023, de 3 de abril.
DGCI – www.dgsi.pt (base de dados de jurisprudência).
DL – Decreto-Lei.
DLR – Decreto Legislativo Regional.
DR – Decreto Regulamentar.
DUDH – Declaração Universal dos Direitos do Homem – Diário da República, I série, de 9/03/78.
ESC – Estudos Sociais e Corporativos (revista).

EX. – Exemplo.
IRCT – Instrumento de regulamentação coletiva do trabalho.
JOUE – Jornal Oficial da União Europeia.
LAT – Lei nº 98/2009, de 4 de setembro – Regime de Reparação de Acidentes de Trabalho e de Doenças Profissionais, Incluindo a Reabilitação e Reintegração Profissionais.
LOSJ – Lei da Organização do Sistema Judiciário – Lei nº 62/2013, de 26 de agosto.
LPDP – Lei da Proteção de Dados Pessoais – Lei n. º 58/2019, de 8 de agosto.
LR – Lei de Regulamentação do Código de Trabalho – Lei nº 105/2009, de 14 de setembro.
MP – Ministério Público.
P – Portaria.
PDT – Prontuário de Direito do Trabalho (CEJ).
PIDCP – Pacto Internacional sobre os Direitos Civis e Políticos – Lei nº 29/78, de 12 de junho.
QL – Questões Laborais (revista).
R. – Réu.
RCP – Regulamento das Custas Processuais, aprovado pelo Decreto-Lei nº 34/2008, de 26 de fevereiro.
RDES – Revista de Direito e Estudos Sociais.
Rel. – Relator.
RFDUL – Revista da Faculdade de Direito da Universidade de Lisboa.
RLJ – Revista de Legislação e de Jurisprudência.
RMP – Revista do Ministério Público.
ROA – Revista da Ordem dos Advogados.
RIDT – Revista Internacional de Direito do Trabalho (FDL/IDT).
RLOSJ – Regulamento da Lei da Organização do Sistema Judiciário – Decreto-Lei nº 49/2014, de 27 de março.
SI – *Scientia Iuridica* (revista).
STJ – Supremo Tribunal de Justiça.
TC – Tribunal Constitucional.
TR – Tribunal da Relação.
TSS – Trabalho e Segurança Social (revista).
UC – Unidade de conta.
VG – *Verbi gratia.*

SUMÁRIO

PROCESSO DE TRABALHO EM GERAL

PROCESSOS ESPECIAIS

PROCESSO LABORAL

I
Direito Processual e Direito Processual do Trabalho

1. Essência do processo judicial

O pão e o amor, segundo frase atribuída a Buda, constituem o gérmen da humanidade. São, assim, o fundamento e a causa dos conflitos que afetam a vida interior e social dos seres humanos.

Deixando de parte os conflitos não exteriorizados, pelo menos as desavenças com os outros que se tornam conflituosas carecem ou de esquecimento ou de solução. E esta não pode ser concretizada de modo arbitrário sob pena de se causar a instabilidade social, em reduzida ou em maior amplitude.

O direito processual resulta da necessidade de haver regras para se proceder à resolução dos litígios[1] que derivam dos conflitos inerentes à natureza gregária da sociedade humana (conflitos sociais). Como salienta Pessoa Jorge,[2] quando *um conflito de interesses não é superado pela observância das normas aplicáveis deflagra, eclode o litígio ou lide.* E há que compô-lo ou resolvê-lo, para evitar, tanto quanto possível, que se instale a insegurança na sociedade.

A solução dos litígios sociais, quer entre pessoas determinadas, quer entre grupos de pessoas, mais ou menos organizados, tem-se feito e continua a fazer-se por diversos modos, desde os mais brutais aos mais ajustados, e tanto de forma preventiva, como de modo compositivo.

[1] Ainda que possam ter aceções diversas, consideram-se como sinónimos de *litígio ou conflito* os termos: *controvérsia, disputa, dissídio, dissensão, desentendimento ou desacordo.*

[2] Direito Processual do Trabalho, lições proferidas no I.E.S., 1964/65, pág. 12.

Mas, na simplicidade do que é justo, equilibrado e inteligente, a composição do litígio social declarado terá de passar, primeiro, pela verificação dos factos por alguém independente dos interesses em causa, depois, pela definição da solução resultante do direito pertinente e, por fim, pela sua concretização forçada, se necessário for. E isto, quer o conflito resulte entre pessoas determinadas, quer entre uma ou algumas destas e a sociedade, representada pelo Estado. Para tal acontecer de modo aceitável é necessário que tais ações sejam levadas a cabo por uma entidade que, para além de independente seja credível e detenha poderes autoritários sobre os contendores. E pela sua natureza tais ações dificilmente se conectam num ato apenas, mas, outrossim, implicam uma sucessão de atos.

Nas sociedades culturalmente evoluídas, a prevenção dos conflitos sociais passou a ser da incumbência das forças de segurança e na sua superação predomina a **heterocomposição**, ficando ultrapassada a sua autocomposição, que tem um papel meramente residual. Mais, tal forma de solucionar os litígios ou dissídios, que pressupõe uma força acima das pessoas envolvidas, só se torna viável através de uma autoridade suficientemente poderosa – o Estado.

Aquela sucessão de atos com a finalidade indicada e com a tutela do Estado [3] configura-se como o **processo judicial**. O fim de qualquer processo, como instituição jurídica, consiste em obter *quer a paz jurídica, quer a realização e verificação do direito objetivo, da ordem jurídica*[4]. É assim que o Estado assume a sua função judicial, exercendo o poder ou tutela jurisdicional, criando, para tanto, os tribunais que vieram a tornar-se órgãos de soberania, ficando os seus titulares dotados de independência e com poderes próprios para resolver os litígios, aplicando o Direito. Mas toda esta atividade apenas tende para se alcançar a Justiça[5].

[3] Segundo citação por Wladimir Brito de E.J. Couture, "a tutela jurídica, de acordo com a escola alemã, é a efetiva satisfação dos fins do direito, a realização da paz social mediante a vigência de normas jurídicas, o que se traduz, na opinião deste autor, na efetividade do gozo dos direitos" *in* Teoria Geral do Processo, Almedina, Coimbra, 2019, pág. 41.

[4] Othmar Jauernig, Direito Processual Civil, tradução de F. Silveira Ramos, Almedina, Coimbra, 2002, pág. 36.

[5] Sobre o conceito e as modernas conceções de justiça, v. João Cardoso Rosas, Conceções da Justiça, Edições 70, Lisboa, 2012; Angel Puyol, Rawls – O filósofo da justiça, Cofina, 2015; Paulo Ferreira da Cunha, Justiça Social, Gestlegal, Coimbra, 2021 e Michael J. Sandel, Justiça – Fazemos o que devemos?, 2ª ed, Editorial Presença, Lisboa, 2022.

2. O poder jurisdicional

No nosso ordenamento jurídico, o Estado assume como uma das suas tarefas basilares *garantir os direitos e liberdades fundamentais e o respeito pelos princípios do Estado de direito democrático,* consignando a função jurisdicional aos *tribunais que são órgãos de soberania com competência para administrar a justiça em nome do povo,* conforme o disposto na alínea *b)* do art. 9º; no art. 20º e no nº 1 do art. 202º da CRP.

Na LOSJ a função jurisdicional traduz-se na incumbência *aos tribunais judiciais (para) assegurar a defesa dos direitos e interesses legalmente protegidos, reprimir a violação da legalidade democrática e dirimir os conflitos de interesses públicos e privados* (art. 2º, nº 3). É função da magistratura judicial *administrar a justiça em nome do povo, de acordo com as fontes de direito a que deva recorrer nos termos da Constituição e da lei, e fazer executar as suas decisões*[6].

A nível da União Europeia, o seu Tratado constitutivo reconhece a Carta dos Direitos Fundamentais, onde se proclama o direito à ação e a um tribunal imparcial (art. 47º) [7].

Procurando moldar o conceito de função jurisdicional, transcreve-se o sumário do Acórdão da Secção do Contencioso do STJ, de 5-02-2020, onde se salienta que: I – *a independência do poder judicial e dos magistrados judiciais relativamente aos outros poderes do Estado não constitui uma prerrogativa ou um privilégio concedido no interesse próprio destes últimos, antes corresponde a uma garantia dos cidadãos e uma obrigação do Estado. II – ... o exercício da atividade jurisdicional dos juízes encontra-se sujeita à observância dos respetivos deveres funcionais ou profissionais e à correspondente fiscalização disciplinar por parte do CSM a quem a Constituição confere competência, devendo essa fiscalização cingir-se à verificação da inobservância desses deveres, sem incidir sobre a apreciação do mérito das decisões judiciais.*[8] Esta será possível por via de eventual recurso para tribunal superior.

3. Direito processual

No seu sentido mais amplo, o direito processual será o conjunto de princípios e normas jurídicas que regulam o modo de averiguar, compor ou evitar os litígios ou alcançar outras finalidades, como sejam a informação e o conhecimento de factos ocorridos. Numa aceção mais restrita, o direito

[6] Estatuto dos Magistrados Judiciais, na versão da Lei nº 2/2020, de 31 de março, art. 3º, nº 1.

[7] V. Portal Europeu da Justiça, publicado em 23 línguas e que tem por fim permitir um acesso fácil a informações sobre diferentes sistemas de justiça e à justiça em geral na UE.

[8] CJSTJ, nº 302, ano XXVIII, Tomo I – 2020, pág. 211.

processual será aquele conjunto de princípios e normas jurídicas que servem para definir e aplicar o Direito às situações litigiosas, nomeadamente através dos tribunais.

Existe direito processual desde os primórdios da Humanidade, embora eivado de regras ditadas pelos poderosos ou pelos credos religioso e costumeiro predominantes. Mas apenas na sequência das Revoluções Inglesa e Francesa, é que, só pelos meados do século XIX, passou a ter estudo científico e, em consequência, princípios e modelos estruturados[9].

Como se disse, as normas do direito processual servem para que certos órgãos possam, através de procedimentos pré-definidos e, portanto, com segurança, definir o direito e aplicá-lo aos casos concretos, resolvendo, juridicamente, os litígios. Constituem, pois, um meio, um modo, um instrumento para determinar e aplicar o direito. Donde se considera o direito processual, numa perspetiva gramatical, como um direito adjetivo (ou instrumental), obviamente, em relação ao direito substantivo (que será o restante).

Poderá, assim, englobar o conjunto de normas que regulam a organização e o funcionamento dos próprios tribunais, parte esta que constituirá, mais propriamente, o **direito judiciário**.

Ainda, não sendo gratuita a prestação de tais serviços pelos tribunais, haverá que disciplinar os quantitativos a pagar pelos utilizadores e o modo de o fazer. Tais normas, sempre na senda da especialização, reúnem-se no direito das custas processuais.

Para definir o direito e aplicá-lo aos casos concretos *sub judice*, portanto, já (antes) decorridos (ou a título preventivo), o direito processual terá que estabelecer uma sucessão ou tramitação de atos (e até fórmulas e formalidades) que, no seu desenvolvimento concretizador, vêm a constituir a **instância** ou o procedimento, os quais se materializam num processo[10], que

[9] Internacionalmente, encontra-se corporizado na Convenção Relativa ao Processo Civil, assinada em Haia, em 1 de março de 1954 e aprovada para ratificação pelo DL nº 47097, de 14 de julho de 1966.

[10] "Deriva do vocábulo latino *procedere*, que significa avançar, progredir, o que equivale a dizer que o processo consiste, não numa simples sucessão, mas numa verdadeira progressão lógica de atos e figuras técnicas devidamente previstas na lei... que progridem para determinado resultado: a decisão final" *in* António Montalvão Machado e Paulo Pimenta, O Novo Processo Civil, 9ª ed., Almedina, Coimbra, 2007, pág. 12. Tal sequência de atos não impede que alguns se possam concretizar paralela ou simultaneamente.

sempre resulta da iniciativa de alguém, ou seja de uma **ação**[11]. Esse alguém (pessoa privada, Estado, ou algum seu ente público) terá o poder de acionar, isto é, será titular do **direito de ação** (processual). Processo[12] aquele que, por razões de segurança e (tentativa) de certeza terá de ser formal. Assim, se constitui por "peças", nomeadamente por autos e/ou documentos, ou seja, pela representação (escrita ou por imagem) de certos atos (documentos escritos) e mesmo por documentos materiais ou objetos. Tais documentos sob a forma escrita eram, tradicionalmente, suportados em papel. Modernamente, contêm-se em modo informático – **processo eletrónico**[13]. E cada vez mais constarão de imagens, de sons e "links" visíveis e com a possibilidade de serem tratados em qualquer momento e em qualquer lugar!

Mas toda aquela terminologia, que parece límpida, acaba por ter contornos esbatidos e leva, muito frequentemente, mesmo na lei, a que tais vocábulos surjam como sinónimos ou parónimos[14]. Por exemplo, no CPT, tanto se utiliza o vocábulo "processo", como a palavra "ação".

A maior ou menor disciplina dos atos processuais imbrica com as temáticas da segurança, da celeridade e da economia processuais e tange com os poderes do julgador na gestão do processo[15]. Por estas razões, a celeridade e a segurança acabam por constituir o binómio central do direito processual, modernamente complementado com o acesso generalizado aos tribunais, como timbre das sociedades ocidentais juridicamente igualitárias. Sim, porque em grande parte do mundo, o acesso a verdadeiros tribunais ainda é uma quimera nuns países e uma fantasia noutros.

[11] "O termo *ação*, que provém de *accione*, tem no art. 3º, o sentido de pedido", escreve José Lebre de Freitas, citando Castro Mendes *in* Introdução ao Processo Civil, 4ª ed., Gestlegal, Coimbra, 2020, pág. 31.

[12] Logo no art. 1º do Código do Procedimento Administrativo formula-se a distinção entre procedimento e processo administrativos, que nos parece a mais curial, mas está longe de estar assente nos textos legais, mesmo no novo CPC e até no presente texto.

[13] CPC, art. 131º (forma dos atos) e 132º (processo eletrónico), regulamentado pela P. 280/2013, de 26 de agosto. Aliás, a partir de 16 de setembro de 2019, nos termos deste art. 132º, *o processo tem natureza eletrónica, sendo constituído por informação estruturada constante do sistema de informação de suporte à atividade dos tribunais e por documentos eletrónicos.*

[14] Para maior desenvolvimento Álvaro Lopes Cardoso, Manual de Processo do Trabalho, vol. I, 3ª ed., Livraria Petrony, 2000, pág. 15 e sgts. Também Joaquim Freitas da Rocha, Lições de Procedimento e Processo Tributário, 8ª ed., Coimbra Editora, 2021, pág. 99 e sgts..

[15] O novo CPC, através do dever de gestão processual (art. 6º) e do princípio da adequação formal (art. 547º), privilegia a vertente da celeridade.

4. Ramificação do direito processual

A evolução da sociedade humana vai multiplicando o relacionamento entre os seus membros, gerando o acréscimo constante das normas jurídicas em detrimento das normas do ordenamento ético, moral ou religioso. Da vastidão daquelas normas, os estudiosos vão vendo diferenças específicas e vão criando categorias, catalogando-as por ramos e, dentro destes, em sub-ramos. Também se poderão crismar como modalidades de processo, como ensinam João de Castro Mendes e Miguel Teixeira de Sousa, ao mencionarem que "a tradicional tripartição do processo em civil, penal e administrativo tem de ser completada, nos tempos atuais com uma referência ao processo de trabalho ..."[16]

O direito processual, sendo **instrumental ao direito substantivo**, lógica e historicamente, erige-se depois dele. Quando surgem outros ramos, o direito civil ganha a primazia e, consequentemente, também o direito processual civil passa a paradigma, por ser o mais avançado, o mais evoluído, o mais completo entre todo o direito processual. Seguiu-se-lhe o direito processual penal ou criminal, o direito processual administrativo e outros. E, dentro de algumas dezenas de anos, não é difícil imaginar que haverá, além dos demais, por exemplo, o direito processual espacial. É, deste modo, que se explica e contempla o fenómeno da **subsidiariedade** em relação àquele primeiro direito processual.

Tendo as normas jurídicas que vieram a constituir o ramo do direito do trabalho começado a nascer pelo século XIX, só posteriormente se tornam necessárias e começam a ser emitidas as normas adequadas para definir tal direito e aplicá-lo aos conflitos entre patrões e trabalhadores, que virão a configurar o relativamente moderno direito processual do trabalho ou direito do processo laboral.

É com este ramo do direito que nos iremos ocupar de seguida, procurando dar-lhe um estatuto, indagar sobre o seu aparecimento e desenvolvimento, verificar a sua natureza, os seus princípios, as suas características e os diferentes regimes que integra. Numa frase, iremos verificar porque razões ele se autonomizou do processo civil.

[16] Manual de Processo Civil, Vol. I, AAFDL Editora, Lisboa, 2022, pág. 3.

5. Direito processual do trabalho – ideia

Em sentido muito amplo, constituirão o direito processual do trabalho as normas de origem legal ou convencional que regulam o processo, ou melhor dizendo, os procedimentos que se estabelecem no domínio das relações de trabalho subordinado e nas correspondentes relações coletivas que dele resultam, conducentes à definição do direito e à sua aplicação. Assim, agrupar-se-ão no direito processual laboral, para além das normas contidas no Código de Processo do Trabalho (CPT) e que lhe sejam adjacentes ou complementares, ainda as normas dos processos de conciliação e de arbitragem e até as de natureza procedimental que se contêm no Código do Trabalho (CT) e na sua Lei de Regulamentação (LR)[17]. Ainda algumas normas do regime contraordenacional do trabalho e da segurança social[18] têm de ser observadas pelos tribunais ou juízos do trabalho.

Em sentido muito restrito, só os princípios e as normas do CPT que regulam o andamento dos processos judiciais resultantes das relações de trabalho subordinado (bilaterais e coletivas) e outras de natureza social é que constituem o direito processual do trabalho português.

Obviamente, entre estas duas perspetivas extremistas outras se podem considerar e com bons argumentos. Todavia, parece evidente que o direito processual do trabalho não se deve confinar ao direito do processo nos tribunais de trabalho, ao invés do que logo se preceitua no nº 1 do art. 1º do CPT, ao proclamar-se que *o processo do trabalho é regulado pelo presente Código.*

Neste escrito iremos compendiar o direito processual na sua aceção mais lata, enumerando, inclusive, os **procedimentos previstos no CT**, mas desenvolvendo apenas os procedimentos disciplinar e para cessação do contrato de trabalho. Cumpre, no entanto, salientar, que, na ânsia de proteger os direitos dos trabalhadores, diversos outros procedimentos "substantivos" se encontram implementados (e alguns minuciosamente) que apenas se descriminarão.

[17] Numa perspetiva mais ampla, pode ver-se António M.C. de Casimiro Ferreira, Trabalho Procura Justiça, Almedina, Coimbra, 2005, cujo capítulo II se refere ao sistema de resolução de conflitos laborais e aos tribunais de trabalho.

[18] Lei nº 107/2009, de 14 de setembro, alterada pelas Leis nºs 63/2013, de 27 de agosto e 55/2017, de 17 de julho, 24-D/2022, de 30 de dezembro e 23/2023, de 3 de abril.

Ainda quanto à matéria que é objeto do processo, o direito processual do trabalho também se poderá dividir em "**individual**", quando o litígio deriva das relações resultantes do clássico contrato de trabalho subordinado ou até mesmo do contrato equiparado, onde o trabalhador assume uma situação juridicamente independente mas economicamente subordinado (TIES); **coletivo**, quando o litígio provém das relações coletivas de trabalho; **infortunístico**, quando emerge dos acidentes de trabalho ou de doenças profissionais e, por fim, em **contraordenacional**, quando está em causa a aplicação ou o julgamento de contraordenações laborais ou da segurança social.

Também irão merecer alguma atenção os **meios extrajudiciais**, que se centram nos processos de conciliação, mediação e arbitragem.

6. Tipos de conflitos laborais

Convém salientar que os conflitos que vêm sendo referidos não se cingem apenas às divergências de natureza material ou imaterial (**conflitos de interesses**), mas também se suscitam na mera interpretação ou aplicação do direito (**conflito jurídicos**), como acontece na ação de anulação e interpretação de cláusulas de convenções coletivas de trabalho (capítulo XVII, nº 8) [19].

Não se pense que os conflitos laborais se suscitam apenas nas relações profissionais entre empregadores e empregados ou entre aqueles e a Inspeção do Trabalho (ACT), como é mais frequente e no âmbito da prestação do trabalho subordinado. Também podem surgir nas relações entre os próprios trabalhadores, como no caso de violação de direitos de personalidade (cfr. art. 186º-D do CPT) e até entre empregadores, como pode acontecer com infrações à limitação da liberdade de trabalho (art. 138º do CT).

Igualmente, os conflitos laborais surgem nas relações entre associações sindicais e também com os seus membros (conflitos intersindicais e intrasindicais). O mesmo se diga quanto às associações de empregadores e entre umas e outras (conflitos coletivos) [20].

[19] Acentuando a perspetiva ontológica, Raúl Ventura, Conflitos de Trabalho, *in* Curso de Direito Processual do Trabalho, FDL, Lisboa, 1964, pág. 5.

[20] Para desenvolvimento, João Reis, O Conflito Colectivo de Trabalho, Gestlegal, Coimbra, 2018 e Meios de Composição do Conflito Laboral Colectivo, Gestlegal, Coimbra, 2019.

E, face às normas no novo art. 12º-A do Código do Trabalho[21], também irão surgir conflitos laborais entre trabalhadores e ... as **"plataformas digitais"**. De resto, a pormenorização de direitos de que o Código do Trabalho vem ficando prenhe, conjugada com a colocação em crise da cláusula remissória abdicativa irão suscitar conflitos em número tão elevado que os tribunais do trabalho vão demorar mais a resolver, para além da rarefação cada vez maior da ação inspetiva.

[21] Introduzido pelo art. 2º da Lei nº 13/2023, de 3 de abril.

II
Evolução do Direito Processual do Trabalho

1. Das Ordenações Afonsinas até à Revolução Industrial

As Ordenações Afonsinas constituem a primeiro organização sistematizada das leis vigentes em Portugal, que, segundo Nuno Espinosa Gomes da Silva [22], terão ficado "concluídas no segundo semestre de 1446 ou no primeiro de 1447". O seu Livro III, abrangendo 128 títulos, ocupa-se do processo civil.

Obviamente, que não contém qualquer diploma que se possa caracterizar como sendo específico para dirimir litígios de natureza laboral, não obstante a relativa abundância de legislação sobre o trabalho subordinado. Mas merece menção a lei dos "Juizos Alvidros" que "El Rey Dom Diniz da Louvada Memoria em feu tempo fez" onde no seu nº 8 se dispõe: *Mandamos que fe guarde a dita uzança antigua, e que livremente poffam as partes efcolher por feu Juiz Alvidro aquele, que for feu Juiz Ordinario ou Deleguado, ainda que o Direito Commuum aja eftabelecido o contrario, como dito he".*[23]

Estas Ordenações, conjuntamente com as Manuelinas e Filipinas vigoraram até 1832, quando, já em plena época liberal, foram substituídas pelas Reformas Judiciárias, às quais sucedeu o primeiro Código de Processo Civil, em 1876, também da iniciativa do Visconde de Seabra e, depois, em 1939, já no período de Alberto dos Reis, surgem as novas versões desse ano

[22] História do Direito Português – Fontes de Direito, 7ª ed., Fundação Calouste Gulbenkian, Lisboa, 2019, pag.313.

[23] Ordenações Afonsinas (na versão de 1786), Livro III, Fundação Calouste Gulbenkian, Lisboa, 1984, pág. 411.

e de 1961, vindo esta a ser revogada em 2013[24]. Como se fará referência, estas últimas versões do CPC, para além da aplicação subsidiária, influenciaram e foram influenciadas pelo Código de Processo do Trabalho.

2. Tribunais de árbitros avindores

Os conflitos laborais, que sempre existiram, apenas ganham relevância jurídica especial com o liberalismo e a industrialização. O direito processual do trabalho, diferentemente do que aconteceu com o direito substantivo[25], teve o seu berço na França, com a institucionalização dos *conseils de prud'hommes,* em 1806[26], ainda hoje em plena atividade. Foram estes órgãos **para-judiciais** que inspiraram muitos dos países do continente europeu, originando um sistema de jurisdição especializada no âmbito das questões sociais[27].

Deixando os restantes países da industrialização europeia, verificamos que em Portugal, por influência destes *conseils de prud'homes* franceses[28], foi autorizada a criação, pela Lei de 14 de Agosto de 1889, de "**tribunaes de árbitros-avindores**[29] *nas localidades em que houver centros industriaes importantes, quando estes os requererem...*"[30]. De harmonia com o art. 4º a*lem das attribuições de conciliação e de judicatura, mencionadas nos artigos antecedentes, compete aos tribunaes de árbitros-avindores vigiar sobre o modo como se executam as leis e regulamentos que respeitam á industria; receber queixas e reprehender*

[24] Para desenvolvimento, João de Castro Mendes e Miguel Teixeira de Sousa, Manual de Processo Civil, Vol. I, CIDP/AAFDL Editora, Lisboa, 2022, pág. 6.

[25] Que surge na Inglaterra, através da lei sobre a aprendizagem e proibição do trabalho a menores de 9 anos (Apprentices Act), de 1814.

[26] Lei de 18 de março de 1806 cria em Lyon um *conseil de prud`hommes.* Segundo Rivero e Sevatier *esta instituição em pleno período liberal testemunha a sobrevivência da ideia que a profissão constitui uma comunidade. A sua composição nesta época, excluía a representação dos assalariados. É a revolução de 1848 que lhes dá o carácter paritário que ainda hoje conservam, in* Droit du Travail, 6ª ed. PUF, Paris, 1975, pág. 219.

[27] A divulgação do sistema prudomal e os diferentes sistemas pode ver-se *in* António Lemos Monteiro Fernandes, Introdução à Jurisdição do Trabalho, II Parte, Lisboa 1965.

[28] Cfr. Maria da Conceição Tavares da Silva, Direito do Trabalho, I.E.S., 1964/65, pág. 369.

[29] *Avindor*, cfr. Dicionário Houaiss da Língua Portuguesa, significa o mediador que procura o acordo num litígio ou aquele que apazigua pessoas desavindas (ed. Círculo de Leitores, Tomo I, pág. 463).

[30] Os debates, nas Câmaras dos Deputados e dos Pares, encontram-se sintetizados por Margarida Seixas, na sua História do Direito do Trabalho, vol. I, AAFDL Editora, Lisboa, 2021, pág. 272.

disciplinarmente os patrões, seus empregados ou operarios pelo esquecimento das boas normas de equidade, doçura, respeito e obediencia, que devem presidir às relações entre uns e outros; e levantar autos, enviando-os para as auctoridades competentes, quando estas transgressões sejam bastante graves para deverem determinar a intervenção do juízo criminal ou simplesmente da acção policial. Cada tribunal seria composto por um presidente, dois vice-presidentes e de um número par de vogais. Destes vogais *metade será eleita por um collegio de patrões e metade por um collegio de operarios das industrias, sujeitas à jurisdicção do tribunal.* Como descreve Monteiro Fernandes, foi Emídio Navarro, ministro das Obras Públicas, o grande impulsionador desta lei e de outras pioneiras sobre as relações de trabalho subordinado[31].

O recenseamento e eleição dos membros dos tribunais, o seu funcionamento e o processo vieram a ser regidos por três regulamentos, todos de 19 de março de 1891. Como descrevia Adolpho Lima "a forma do processo perante estes tribunais assim como nos recursos é sumaríssima (art. 11 da Lei de 1889). Nas causas de valor superior a 30$000 réis e naquellas em que tenha sido oposta a excepção de incompetência há recurso da sentença final para o Tribunal do Comercio da circunscrição, e na sua falta para o tribunal civil. Do Tribunal de Comercio não ha recurso, e tanto na 1ª instancia como na 2ª não são admitidos advogados a pleitearem em nome das partes".[32-33]

Em 1928, depois de encetada a reforma do direito processual civil sob a direção de Alberto dos Reis[34], os tribunais de árbitros-avindores continuavam em atividade, sendo os únicos com competência para dirimir as questões do foro laboral. Neste ano, foram introduzidas novas alterações no seu funcionamento e no respetivo processo judicial[35], através do Decreto nº 16.021, de 13 de outubro. Como justificação, no preâmbulo, salientava-se que "pendem há muito numerosas reclamações sobre os tribunais de

[31] António Monteiro Fernandes, Uma História das Leis do Trabalho, Quid Juris, Lisboa, 2021, pág. 23.

[32] O Contrato do Trabalho, Antiga Casa Bertrand, José Bastos & Cª, Lisboa 1909, pág. 252.

[33] Em 1909, relata Adolpho Lima que *foram criados tribunais de arbitros-avindores, em Lisboa* (1893), em Coimbra (1905), na Covilhã (1905), no Porto (1907), em Lourenço Marques (1907), e em Setúbal (1907), ob. cit., pág. 249.

[34] Que virá a ser o mentor do processo civil português. V. Luís Correia de Mendonça, Direito Processual Civil, As Origens em José Alberto dos Reis, Quid Juris, Lisboa, 2002.

[35] Maria da Conceição Tavares da Silva, ob. cit., pág. 413.

árbitros avindores, sua constituição e competência, deficiência e irregularidades dos processos afectos a esses tribunais". No mesmo sentido se exarava que "em Lisboa e Porto alguns milhares de processos que interessam sobretudo (a) gente pobre, de trabalho, aguardam". Ainda se antevia "a possibilidade de reunir numa magistratura única o conhecimento das questões que interessam ao mundo do trabalho".

No respetivo procedimento, mantendo-se o Regulamento de 1891, estabelecia-se que no requerimento inicial deviam logo ser indicados os meios de prova. Era marcada uma tentativa de conciliação, no momento da qual seria apresentada a contestação. Tal tentativa era "secreta", nela participando apenas as partes, o presidente e o escrivão do tribunal. Aliás, os advogados apenas podiam intervir nos eventuais recursos.

Antes e até durante o julgamento, o presidente do tribunal podia convidar as partes a esclarecer e a completar os seus pedidos. O apuramento dos factos era deliberado pelos três juízes, mas a sentença era ditada pelo presidente do tribunal. Quando permitidos pela alçada, os recursos eram logo interpostos e eram curtos os prazos para as alegações.

3. Tribunais de desastres no trabalho

Os alvores do novo princípio da responsabilidade civil objetiva por acidentes de trabalho ocorreram com o Regulamento da Administração dos Serviços Fabris do Estado, que foi aprovado por Decreto de 12 de janeiro de 1909 e com o Regulamento do Arsenal do Exército, do ano seguinte[36]. Mas o seu regime legal é estabelecido, pela primeira vez, pela Lei nº 83, de 1913, no seguimento de idêntica legislação publicada na Europa central[37]. Mas tal Lei apenas virá a ser regulamentada, depois da Grande Guerra, em 1919, pelo Decreto nº 5.637, de 10 de maio, que se integrou num "pacote" de legislação social muito evoluída, que, infelizmente, a instabilidade política e a inflação não deixaram implementar. É no seu art. 26º que se prevê que *para julgamento das questões suscitadas na aplicação desta lei serão criados **tribunais especiais de desastres no trabalho** constituídos pelos delegados dos patrões, operários e médicos, com voto deliberativo e representantes das companhias de segu-*

[36] Idem, pág. 381.

[37] Alemanha, 6/7/1884; Áustria, 23/12/1887; Noruega, 23/7/1894; França, 9/4/1898; Inglaterra, 6/8/1897; Itália, 17/3/1998, cfr. Luís Manuel Teles de Menezes Leitão, Temas Laborais – Estudos e Pareceres, Almedina, Coimbra, 2006, pág. 16.

ros com voto consultivo. E através do parágrafo único deste artigo foram logo criados diversos destes tribunais nas capitais dos distritos e nas cidades de Setúbal, Tomar e Covilhã, embora muitos só mais tarde fossem instalados.

Igualmente, neste diploma se "afirmou o princípio da responsabilidade por todos os riscos profissionais, incluindo, pois, as doenças profissionais que, contudo, ficaram abrangidas no conceito genérico de "desastres no trabalho" e isto em todos "os ramos de actividade intelectual ou material".[38]

Ainda em 10 de maio de 1919, também sob a égide do novel Ministério do Trabalho, *é decretado em Portugal o seguro social obrigatório na doença para os indivíduos de ambos os sexos, que exerçam qualquer profissão nos domínios da actividade humana, reconhecida como digna e honesta pelos usos e costumes e sancionada pelas leis vigentes,* sendo criados os **tribunais arbitrais de previdência social**[39] que terão tido débil implantação[40].

4. Tribunais de trabalho e lei processual de 1934

Em 1933, na sequência da nova Constituição, é publicado o Estatuto do Trabalho Nacional[41], constituindo um dos seus fundamentos, segundo Vitor Ramalho, a *criação de tribunais especiais de trabalho e forma processual com predominância de funções conciliatórias entre o capital e o trabalhador*[42]. Na realidade, no seu último título, preconizava-se que *as questões suscitadas na interpretação ou na execução dos contratos colectivos do trabalho, e bem assim as que possam surgir entre patrões e operários no cumprimento das leis de protecção ao trabalho nacional, são julgadas por magistrados especiais, com recurso de revista para um tribunal superior. Pertence aos mesmos tribunais o julgamento das questões relativas à previdência social* (art. 50º). Depois de se atribuírem aos juízes de trabalho também funções conciliatórias e arbitrais, que em certos casos podiam ser assistidos por representantes dos sindicatos, impunha-se a sua independência e a junção de *agentes do Ministério Público, fiscais da lei e protectores oficiosos dos trabalhadores.*

[38] Maria da Conceição Tavares da Silva, ob. cit., pág. 180.

[39] Decreto nº 5636, art. 60º.

[40] Para desenvolvimento, v. Fernando Rosas e Maria Alice Samara, Ministério do Trabalho 100 Anos 1916-2016, Tinta da China, Lisboa, 2016, págs. 143 e 153 e Cem Anos de Políticas Sociais e do Trabalho, MTSSS/GEP, 2017.

[41] Decreto-Lei nº 23053, de 23 de setembro de 1933.

[42] Questões de Direito do Trabalho, Editorial O Século, 1980, pág. 39 e que contém o Estatuto do Trabalho Nacional, na pág. 137 e sgs..

A estrutura da jurisdição especial do trabalho veio a ser instituída em 1934[43], através do DL 24.363, que logo no seu art. 1º, estabeleceu que "na capital de cada distrito administrativo do continente e no Funchal funcionará um tribunal de trabalho, constituído por um juiz, um agente do M. P., um chefe de secretaria e um oficial de diligências". compreendendo três varas em Lisboa e duas no Porto. Estes novos tribunais conectavam-se com o Instituto Nacional do Trabalho e Previdência, que era um órgão tutelado pela Subsecretaria e, depois, Ministério das Corporações e Previdência Social[44]. No entanto, era garantida a independência dos seus juízes que, apenas disciplinarmente, ficavam sujeitos ao Conselho Superior Judiciário. Tal estrutura manteve-se até 1977, ano em que os tribunais do trabalho passaram a ser tribunais judiciais de competência especializada e inseridos na orgânica do Ministério da Justiça[45].

Naquele DL nº 24.363, a partir do seu art. 43º, regulava-se o processo, incluindo a conciliação. Podia assumir formas diversas, consoante se tratava de "causas emergentes de contrato individual do trabalho", "da instrução e julgamento das questões emergentes de acidentes de trabalho", de "causas emergentes de contratos coletivos e de acordos de trabalho" e das "controvérsias em matéria de previdência social", dos processos para a dissolução e liquidação de instituições de previdência e caixas anexas e, por último, das execuções e recursos para a secção de contencioso de Trabalho e Previdência Social, do STA.

Foram transferidos para estes novos tribunais do trabalho todos os processos dos tribunais de árbitros avindores, de desastres no trabalho e arbitrais da previdência social, os quais foram extintos.

5. Código de Processo nos Tribunais do Trabalho

Após a instalação dos novos tribunais do trabalho, cedo começou a decorrer a necessidade de formas de processamento mais adequadas, pois começara a vigorar copiosa legislação sobre as relações de trabalho subordinado.

[43] DL nº 24 363, de 15 de agosto de 1934, que republicou o DL nº 24.194, de 20 de julho (processo e funcionamento dos tribunais de trabalho).

[44] O ambiente social em que esta importante reforma foi implantada é, pormenorizadamente, apresentado por Fátima Patriarca, *in* A Questão Social no Salazarismo 1930-1947 (2 vols.), INCM, Coleção Análise Social, Lisboa, 1995.

[45] Lei nº 82/77, de 6 de dezembro – (1ª) Lei Orgânica dos Tribunais Judiciais, que também criou as secções sociais nas Relações e no STJ.

Entre ela avultavam a Lei nº 1942, de 1936, sobre acidentes de trabalho e doenças profissionais e a primeira lei do contrato de trabalho (Lei nº 1952, de 1937). Tal necessidade mais se veio a evidenciar pela entrada em vigor do Código de Processo Civil de 1939.

É neste contexto que nasce o primeiro **Código de Processo nos Tribunais do Trabalho**, em 1940[46]. Compunha-se de duas partes, sendo a primeira do processo civil e corporativo e a segunda do processo penal. Mas antes, e como ainda recentemente, no art. 1º estabelecia-se a aplicação subsidiária dos códigos de processo civil e penal. Na primeira parte, depois dos pressupostos, regulava-se o processo e as suas formas e os processos especiais de "acidentes de trabalho ou de doenças profissionais" e do "contencioso das instituições de previdência", dedicando o livro IV ao **"tribunal arbitral voluntário"**.

6. Código de Processo do Trabalho

O anterior Código, com pequenas alterações, vigorou até 1 de maio de 1964, data em que foi substituído pelo Código de Processo do Trabalho[47], cuja matriz ainda hoje permanece, embora já na terceira versão. Efetivamente, com a publicação do novo Código de Processo Civil de 1961, tornou-se necessária a adequação, quer no nome, quer no conteúdo do Código de 1940.

Conforme consta do preâmbulo da lei de aprovação, neste Código de 1964[48], alargou-se o patrocínio judiciário a todos os trabalhadores e seus familiares, permitiu-se a cumulação de pedidos findo o contrato de trabalho, confirmou-se a obrigatoriedade da tentativa de conciliação prévia, admitiram-se as formas ordinária e sumária para o processo declarativo, previu-se a execução oficiosa da sentença e, nos processos emergentes de acidente de trabalho ou doença profissional, estabeleceram-se as duas fases: a conciliatória, a decorrer perante o MP e a contenciosa perante o juiz, com apensos a tramitar, simultânea ou separadamente, para além da

[46] Aprovado pelo DL nº 30.910, de 23 de novembro de 1940.

[47] Aprovado pelo DL nº 45.497, de 30 de dezembro de 1963, tendo havido alteração na data da sua entrada em vigor por força do DL nº 45.629.

[48] Foram autores do seu anteprojeto, segundo Pessoa Jorge (ob. cit., pág. 26), os Profs. Raúl Ventura e João de Castro Mendes, que, assim, se devem considerar os "pais" do atual processo laboral português, "tendo colaborado na recolha de legislação estrangeira o Doutor José de Oliveira Ascensão", cfr., prefácio de Curso de Direito Processual do Trabalho, Suplemento da Revista da Faculdade de Direito da Universidade de Lisboa, 1964.

possibilidade de ser fixada uma pensão provisória. Ainda, pela primeira vez, se estabeleceu um processo especial para fixação de interpretações de molde a ultrapassar conflitos de jurisprudência, cuja configuração, diferentemente dos antigos assentos, corresponde aos atuais acórdãos de uniformização de jurisprudência (art.s 686º e 688º do CPC).

Este CPT foi substituído pelo de 1981[49], que teve alterações de monta em 1989 e em 1991[50], vindo a ser ajustado às novas alterações do processo civil e substituído pelo atual Código de Processo do Trabalho, aprovado pelo DL nº 480/99, de 9 de novembro, em vigor desde 1 de janeiro de 2000, o qual, adiante, será objeto de aprofundada explanação. O texto inicial manteve-se quase incólume até 2009[51]. Em relação ao Código anterior e segundo a sua lei preambular teve "modificações na topografia do seu articulado e da respetiva ordenação das matérias... sem prejuízo de, na realidade, nesta subsistirem numerosas disposições do Código... de 1981". Na sequência da revisão do Código do Trabalho, foi alterado, através do DL 295/2009, de 13 de outubro, que o republicou, vigorando a nova versão a partir de 1 de janeiro de 2010.

7. A adequação ao CPC e a situação atual

Entretanto, passou a ser necessária a reparação do texto de alguns artigos e, com o novo CPC de 2013, tornaram-se indispensáveis algumas adaptações, nomeadamente no que respeitava ao saneamento e condensação do processo.

Lamentavelmente, a Lei nº 63/2013, de 27 de agosto, cuidando de acrescentar mais um processo especial – a ação de reconhecimento da existência de contrato de trabalho – descurou por inteiro tal necessidade de atualização. O mesmo aconteceu com a Lei nº 55/2017, que alterou o regime deste mesmo processo especial!

Apenas em 2018, surgiu à luz do dia, um projeto de decreto-lei, que, afinal, no fim desse ano, veio a consubstanciar-se na Proposta de Lei nº 176/XIII. Esta, vindo a sofrer nova delonga do inerente procedimento legífero, teve alterações de pormenor, vindo a ser aprovada em 19 de julho de 2019

[49] Aprovado pelo DL nº 272-A/81, de 30 de setembro, que substituiu uma versão do CPT, aprovado pelo DL 537/79, de 31 de dezembro, que, tendo ficado suspensa, não chegou a vigorar.

[50] DL's 315/89, de 21 de setembro, e 65/91, de 8 de fevereiro.

[51] Pois apenas foi objeto das alterações introduzidas pelo DL nº 38/2003, de 8 de março, em relação aos arts. 90º, 94º (revogado) e 98º.

e a originar o Decreto (da Assembleia da República) nº 388/XIII,[52] de que resultou a Lei nº 107/2019, de 9 de setembro.

Como se acentuará nos lugares próprios, apenas e tão somente e como expressamente é frisado, se procedeu a adequações do articulado do CPT ao novo CPC de 2013. Mesmo assim, algumas alterações significativas acabaram por ser inseridas no novo normativo, que ficou com umas dezenas de artigos revogados e com numerosas letras para distinguir o articulado aditado, o que não facilita, nem a sua leitura, nem a sua compreensão.

"Civilizando-se" o processo laboral, quebrou-se a tradição do pioneirismo que vinha desde a primeira versão. Deixou, assim, de encerrar ideias novas de conteúdo expedito que, depois de experimentadas, iam sendo incorporadas no processo civil. Nada, rigorosamente nada, se avançou e neste mundo, que se encontra em período de profunda mudança.

Não obstante se manterem como urgentes diversas formas processuais, o certo é que foram adotados os longos prazos do processo civil. As partes não ficaram obrigadas a indicar os factos por temas e com os respetivos meios de prova; a condensação do processo, por inadaptada, torna-se complexa e é, em geral, abreviada, forçando a audiência (final) de julgamento, em regra, a decorrer por várias e dispersas sessões, desprestigiando, assim, o tribunal e não favorecendo o acerto no apuramento dos factos, nem na decisão final[53].

Ainda, na primeira instância, é notória a falta de especialização dos magistrados e sobra a sua excessiva mobilidade. E isto para não falar na paragem no desenvolvimento dos sistemas informáticos, nomeadamente do *Citius*, para além da utilização da inteligência artificial ser uma miragem[54].

A ampla alteração do Código do Trabalho e legislação conexa, "no âmbito da agenda do trabalho digno", como se intitula a Lei nº 13/2023, de 3 de abril, irá, certamente, aumentar a litigiosidade laboral agravando ainda mais a situação.

[52] Cfr Diário da Assembleia da República, II Série -A, nº 140, de 9 de agosto.

[53] Para uma visão ampla e pormenorizada, v. com coordenação geral de Nuno Coelho, Agenda da Reforma da Justiça – Uma Reflexão Aberta e Alargada do Judiciário, Almedina e CJ, Coimbra, 2023, e com a organização de André Lamas Leite, Contributos Para Uma (Urgente) Reforma da Justiça, Nova Causa, Braga, 2022.

[54] Para desenvolvimento: Teresa Coelho Moreira, Direito do Trabalho na Era Digital, Almedina, Coimbra, 2022, e com a coordenação de Manuel Lopes Rocha, Rui Soares Pereira e colaboração de Ana Coimbra Trigo, Inteligência Artificial & Direito, Almedina, Coimbra, 2022.

Segundo o Sistema de Informação das Estatísticas da Justiça (SIEJ), no âmbito do setor laboral, o quadro evolutivo havia sido o seguinte: enquanto, em 2009, deram entrada 58.092 processos; em 2013, tal número passou para 46.359; em 2015 para 39.665; em 2016 para 50.762; em 2017 para 54.609; em 2018 para 52.242; em 2019 para 52.319; em 2020 para 38.378 e em 2021 para 46.114.

Estes últimos, segundo o seu objeto e espécie, distribuíram-se pelos números e nas percentagens aproximadas seguintes:

- Acidentes de trabalho e doenças profissionais ......34.879 ......75,64%
- Processo comum ....10.053........18,91 %
- Outros processos especiais..2.013.........4,37 %
- Procedimentos cautelares...278.........0,60 %
- Execuções..120.........0,26 %
- Outros processos não especificados ....103.........0,22 %.

Relativamente a processos de cessação do contrato de trabalho, neste mesmo ano de 2021, terão sido apresentados 3.481 referentes ao despedimento individual e 1622 respeitantes a despedimento coletivo. No total, neste mesmo ano, terão findado 33.665 processos [55].

[55] Na perspetiva da justiça europeia, v. Painel de Avaliação da Justiça da UE, maio de 2022 (comission.europa.eu).

III
Sistemas Jurisdicionais Estrangeiros

1. Considerações gerais

Não caberá neste compêndio um estudo de confronto com outros sistemas organizativos da justiça laboral ou social. Muito menos um estudo de direito comparado[56], que implicaria a contemplação das diferentes formas processuais utilizadas pelos diversos órgãos jurisdicionais de distintos Estados. Nem sequer se pretende dar alguma "informação sobre o direito estrangeiro (que) é especialmente relevante nos processos em que, por força das regras de conflitos vigentes no Estado do foro, o direito aplicável ao fundo da causa é estrangeiro, devendo o tribunal conhecê-lo oficiosamente (art. 348º, nº 2, do CC)", como acentuado por Isabel Alexandre [57]. Segue-se apenas uma breve panorâmica[58] relativa a alguns dos sistemas dos países com maior afinidade ou oposição com o nosso.

Desta panorâmica poderá concluir-se que, por esse mundo fora, existem todos os modos possíveis de organização judiciária, isto é, uns que se integram na ordem dos tribunais comuns e outros que compõem ordens jurisdicionais próprias apenas com competência para o setor laboral ou

[56] Segundo Dário Moura Vicente, o Direito Comparado será o "ramo da Ciência Jurídica que tem por objeto o Direito na sua pluralidade e diversidade de expressões culturais e procede ao estudo comparativo destas" in Direito Comparado, vol I, 2ª ed., Almedina, Coimbra, 2012, pág. 18.

[57] Direito Processual Civil Internacional I, AAFDL Editora, Lisboa, 2021, pág. 342.

[58] Hoje em dia, é fácil proceder a tal indagação, nomeadamente através do Portal Europeu da Justiça, em especial por meio do tema sobre a "cooperação judiciária em matéria civil na União Europeia" [https://e-justice.europa.eu].

até social (trabalho e segurança social). E dentro destes, uns também abrangem o contencioso dos funcionários do Estado e outros apenas o do setor privado.

Mas, quer uns, quer os outros, podem observar lei processual específica ou a lei processual civil geral com algumas especialidades. Em muitos, para além dos juízes de carreira, podem cooperar no julgamento juízes sociais, eleitos ou cooptados para um caso apenas ou por um certo período de tempo. E nestes casos, os juízes sociais podem ter preparação técnica adequada ou apenas o bom senso. Também, por vezes, são independentes e outras vezes representam as associações sindicais ou dos empregadores.

Em todos prevalece a **tentativa de conciliação** (e de mediação ou arbitragem) como instrumento essencial para procurar resolver os litígios laborais, quer em momento prévio, quer na decorrência do processo judicial. Curiosamente, nestes domínios, o sistema da "common law", quer no Reino Unido, quer na generalidade dos Estados americanos, não diverge muito do sistema continental europeu.

A prática comparativa sugere que as formas usuais de resolução dos conflitos e disputas laborais são muito diversas. E tanto é assim que a OIT não aprovou ainda qualquer convenção ou recomendação com os princípios orientadores para a resolução dos conflitos individuais gerados pela prestação do trabalho subordinado [59].

2. Espanha

O sistema judicial é composto por diversas ordens jurisdicionais, entre as quais a social, para dirimir os conflitos laborais e de segurança social. Esta ordem assenta nos "juzgados de lo social", que são tribunais de 1ª instância. Das suas decisões poderá recorrer-se para as secções sociais dos tribunais superiores. Destes ainda se poderá recorrer para a secção social da Audiência Nacional ou para o Supremo Tribunal.

A atuação daqueles órgãos jurisdicionais de ordem social regia-se pela Lei do Procedimento Laboral, substituída pela Ley 36/2011, de 10 de outubro (alterada pela Ley 19/2021, de 20 de dezembro) "reguladora de la jurisdicción social", à qual subsidiariamente se aplica a "Ley de Enjuiciamiento Civil".

[59] Vigoram apenas as Recomendações nº 92 (de 1952), relativa à conciliação e arbitragem voluntárias, e nº 130 (de 1967), sobre exame de reclamações.

Previamente ao procedimento judicial é obrigatória a tentativa de conciliação ou de mediação (art. 63º) ou a reclamação hierárquica, no âmbito do emprego público (art. 69º)[60].

3. Reino Unido

Como os "courts" tradicionais da "common law", disfrutando de plena autonomia no seu julgamento, frequentemente, não aplicavam a legislação social escrita ("statutes") e ainda menos as convenções coletivas de trabalho, foi instituído[61] um sistema próprio com base nos "industrial tribunals", depois designados "employment tribunals"(ET)[62]. Estes tribunais de 1ª instância, foram constituídos ao abrigo do "Employment Tribunals Act", 1996, e passaram a aplicar a lei fundamental inglesa das relações de trabalho – "Employment Rights Act" 1996 (ERA) – e as leis (escritas) complementares. Compõem-se, para além do presidente legalmente qualificado, de mais dois membros indigitados, um pelas organizações de empregadores e o outro pelas associações sindicais.

Antes de recorrer ao tribunal, o que por este é ponderado, devem ser utilizados os serviços de uma instituição britânica de grande prestígio – a ACAS ("Advisory, Conciliation and Arbitration Service"), que, até por telefone, poderá disponibilizar um mediador[63].

Das decisões daqueles tribunais pode recorrer-se para o competente "employment appeal tribunal" (EAT) e, eventualmente, para o "United Kingdom Employment Appeal Tribunal" (UKEAT)[64].

Cada um destes tribunais tem leis de processo próprias, desenvolvidas com base no "Employment Appeal Tribunal Rules", 1993, com alterações[65-66].

[60] Para desenvolvimento: Alfredo Montoya Melgar, Derecho del Trabajo, 38ª ed., 2017 e com Jesus M. Galiano Moreno e outros, Curso de Procedimiento Laboral, 10ª ed., 2014, ambos da Editorial Tecnos, Madrid; e Mónica Albiol Ortuño e outros, Derecho Procesal Laboral, Editorial Tirant Lo Blanch, 11ª ed., Valência, 2015.

[61] Industrial Training Act (1964).

[62] Mas poderá o processo também ser apresentado num "civil court" como indica Julian Yew, Dismissals – Law and Practice, The Law Society, 2ª ed., Londres, 2005, pág. 203.

[63] http://www.acas.org.uk e www.gov.uk/employment-tribunals.

[64] A sua copiosa jurisprudência é publicada em http://www.bailii.org/uk/cases/UKEAT.

[65] www.gov.uk/employment-tribunals e www.justice.gov.uk/tribunals.

[66] Para desenvolvimento: Tom Harrison, Employment Law – Institutions of Employment Law, 6ª ed., Business Education Publishers, Bath, pág. 27; Tamara Lewis, Employment Law,

4. Itália

As controvérsias individuais de trabalho são julgadas na jurisdição civil através de tribunais comuns, singulares em primeira instância, com a denominação de "giudizio di primo grado di competenza del tribunale in funzione di giudice del lavoro". Em segunda instância, existem tribunais de recurso regionais e, no cume da hierarquia, o Tribunal Supremo de Cassação (com sede em Roma).

Não há código de processo laboral, mas no "Codice di procedura civile", existem normas especificas no *"Libro secondo – del processo di congnizione"*, onde se contêm o seu título IV com *"norme per le controversie in materia di lavoro"* (arts. 409 a 473) com:

> *Cap. I – Delle controversie individuali di lavoro* (mas com configuração muito lata); e
>
> *Cap. II – Delle controversie in materia di previdenza e di assistenza oblligatorie.*[67-68]

Nos termos do art. 185 bis daquele Código, aplicável a todos os processos cíveis, com o título "proposta de conciliação pelo juiz", estabelece-se que "o juiz, na primeira audiência, ou até esgotada a instrução, formula às partes sempre que possível, tendo em conta a natureza do processo, o valor do litígio e a existência de questões de fácil e pronta solução de direito, acordo ou proposta conciliatória". Mas, obviamente, tal proposta de conciliação não pode constituir motivo de desistência ou abstenção de julgamento.

Tal tentativa de conciliação no processo laboral é, depois, pormenorizada no seu procedimento e na sua forma no art. 410, onde se prevê o dever de o interessado requerer uma tentativa de conciliação perante a respetiva comissão do seu sindicato.[69]

11ª ed., LAG, Londres, 2015, pág. 653 e Astra Emir, Law of Employment, Selwyn's, 22ª ed., Oxford, 2022 (ebook), pág. 8.

[67] www.diritto.it. Santoro Passarelli, Diritto e processo del lavoro e della previdenza sociale – Privato e Publico, Giusepe UTET, 2013.

[68] Para desenvolvimento: G. Amoroso e outros, Diritto del Lavoro, II – Processo, 2ª ed., Giuffré Editore, Roma, 2012 e Maria Teresa Carinci, Code del Lavoro, Milão, 2017.

[69] Luciano Ciafardini e outros, Codice del Lavoro Minor, 24ª ed., Simone Giuridico, Nápoles, 2023.

5. Alemanha

O sistema judiciário, para além do tribunal constitucional, de conformidade com o art. 95º da Lei Fundamental da R.F. da Alemanha, compõe-se de cinco ramos ou competências especializadas independentes, entre as quais avulta a de competência do direito laboral.

Esta entronca no Tribunal Federal do Trabalho (Bundesarbeitsgericht), que contém 10 secções especializadas, julgando em sistema de cassação e apenas quanto à aplicação de direito. Está sediado, não em Berlim, mas em Erfurt. No âmbito do contencioso do direito da segurança social funciona o Bundessozialgericht.

Na 1ª instância existem os tribunais de trabalho (Arbeitsgerichte) e em 2ª instância os tribunais regionais do trabalho (Landesarbeitsgerichte), em regra, em cada um dos Estados federados.

Nas instâncias, os juízes togados são assessorados por juízes sociais profissionalizados, que são nomeados pelas autoridades administrativas.

Os tribunais observam uma lei de organização e de processo própria (Arbeitsgerichtsgesetz – ArbGG) que admite larga aplicação subsidiária do Código de Processo Civil (ZPO).

Ainda no processo judicial é realçada a proeminência da conciliação (§ 54 ArbGG), podendo logo nela o juiz discutir com as partes o tema do litígio para avaliar se a ação pode ter sucesso[70-71].

Ao nível das empresas para além das comissões de trabalhadores (Betriebsrat), devem existir conselhos de conciliação (§ 74º e sgs. do Código do Trabalho – Betriebsverfassungsgesetz – BetrVG).

6. França

Existem várias seriações de tribunais, designadas como jurisdições, mas organizadas em duas grandes ordens: a ordem judicial e a ordem administrativa.

Os órgãos competentes em matéria laboral são os já historiados "conseils de Prud'hommes". Cada um destes conselhos, que se espalham por toda a França, é composto por juízes eleitos que representam, em igual número, os empregadores e os trabalhadores. Mas neles pode ainda intervir o juiz togado do "tribunal d'instance".

[70] www.bundesarbeitsgericht.de e www.e-justice.europa.eu.

[71] Será o sistema mais completo e mais eficiente da Europa: tempo médio para solucionar as questões laborais em geral – 1 a 3 meses e as questões de despedimento – até 1 ano.

A sua competência, atribuições, organização, funcionamento e a eleição dos "conseillers prud'hommes" constam do "Code du Travail", no art. L 1411 e sgts. É ainda nesta parte do mesmo Código que se integram as regras sobre os "bureaux de conciliation et de jugement", bem como do procedimento a observar, incluindo nos recursos e até sobre os emolumentos e custas[72].

Para além dos conselhos, existem ainda os tribunais para os assuntos de segurança social, com juiz de carreira e assessores[73].

7. Brasil

Entre diversas ordens de tribunais, existe uma orgânica própria para os tribunais de trabalho – Justiça do Trabalho – que também é competente para a área da previdência social. É estruturada em varas (primeira instância, com juiz singular), tribunais regionais de trabalho (por 24 regiões que englobam alguns Estados) e o Tribunal Superior do Trabalho (em Brasília), cujos juízes (27) têm a denominação de Ministros. Igualmente, existe um Ministério Público do Trabalho, com as procuradorias da justiça do trabalho e da previdência social e o Conselho Superior da Justiça do Trabalho.

As regras específicas desta organização judicial e do processo laboral constam da Consolidação das Leis de Trabalho[74] (artigos 643º e sgs.), aplicando-se subsidiariamente o Código de Processo Civil[75] . É também em tal Consolidação (art. 647º) que se regulavam as juntas de conciliação e julgamento, que integravam um juiz e dois vogais, um em representação dos trabalhadores e outro dos empregadores e que originaram as referidas varas do trabalho[76].

[72] Para desenvolvimento: Code du Travail, 87ª ed., Dalloz, Paris, 2023 e em filme: http://www.justice.gouv.fr/organisation.de.la.justice-10031/orde-judiciaire-10033/conseil.

[73] e-justice e www.legifrance.gouv.fr.

[74] De 1 de maio de 1943 (Getúlio Vargas) com numerosas alterações, a última das quais introduzida pela Lei nº 13.467, de 13 de julho de 2017. O seu texto e alterações podem ver-se em www.planalto.gov.br/ccivilo.

[75] Cuja nova versão entrou em vigor em 2016.

[76] Para desenvolvimento: Mozart Victor Russomano, Direito do Trabalho e Direito Processual do Trabalho, 2ª ed., Juruá Editora, Curitiba, 2002; Orlando Gomes e Elson Gottschalk, Curso de Direito do Trabalho, com atualizações, 19ª ed., Forense, Rio de janeiro, 2012, pág. 814 e sgs. e Amuri Mascaro Nascimento, Curso de Direito do Trabalho, Editora Saraiva, 19ª ed.,

8. EUA

O sistema jurisdicional dos Estados Unidos da América é constituído pelos tribunais estaduais *(state court system)* e federais *(federal judicial system)* estes distribuídos por distritos. Não há, em geral, tribunais especificamente para as questões laborais, mas *courts of general jurisdiction*. Julgam com base na lei escrita, na equidade e na jurisprudência ("common law") e, processualmente, seguem a *Federal Rules of Civil Procedure (FRCP)*[77]. Também é possível haver um *summary judgement*, no qual o juiz decide a causa logo após o saneamento, nomeadamente quando é enviada pelo *National Labor Relations Board* [78].

A crescente tendência é para privilegiar a conciliação, a mediação e a arbitragem, nomeadamente nos litígios de natureza laboral, que chegam a ser obrigatórias em alguns Estados. Neste âmbito, tem um papel fundamental o National Labor Relations Board, que é serviço federal quase judicial, com grande prestígio [79].

Não há uma lei geral do trabalho mas diversas leis federais e estaduais ("employment law"), para além de estatutos para as relações coletivas ("labour law"), que são travadas com sindicatos fortes e apartidários (*National Labor Relations Act*). As convenções coletivas e o contrato de trabalho continuam a constituir as fontes de direito por excelência na regulação das relações de trabalho e até no estabelecimento de meios para a resolução dos litígios, quer a nível dos seus outorgantes, quer a nível das empresas, através da mediação e arbitragem [80].

9. Japão

Em parte, os conflitos individuais de trabalho, que não possam ser solucionados nos departamentos especializados das grandes empresas, podem ser resolvidos através de comissões de conciliação proporcionados pela Admi-

São Paulo, 2004, pág. 1145 e sgts e Francisco Ferreira Jorge Neto e outo, Direito Processual do Trabalho, 7ª ed., Atlas, São Paulo, 2015, pág. 117 e sgts.

77 www.uscourts.gov.

78 William W. Schwarzer e Alan Hirshe, The Elements of Case Management, 3ª ed, Federal Judicial Center, Washington DC, 2019 e Paulo Ramos de Faria, O Ciclo de Vida de uma Ação nos Tribunais Norte Americanos, Revista Julgar, nº 19, 2013, pág. 181.

79 Cujo sítio na Internet (em inglês e espanhol) é bem elucidadtivo (www.nlrb.gov).

80 Robert A. Gorman, Labor Law – Unionization and Collective Bargaining, West Publishing, Minn.; Fred S. Steingold, The Employer's Legal Handbook, Nolo, Berkeley, 2019 e William B. Gould IV, A Primer on American Labor Act, 6ª ed, 2019, MIT Press.

nistração Pública local, que se inserem num sistema para a resolução dos conflitos individuais de trabalho, de 2001 [81].

Mas as questões laborais também podem ser submetidas aos tribunais de trabalho, nomeadamente quando resultam do despedimento ou não renovação dos contratos, diferenças salariais e assédio *(bullying)*, onde é sempre tentada a conciliação e é utilizado um processo simples e rápido, demorando entre dois a três meses. São compostos por juízes sociais, mas com preparação técnico-jurídica.

Para questões mais complexas podem ainda ser utilizados os tribunais cíveis, mas que são onerosos, formais e demorados nas decisões finais [82].

[81] Pode ser consultada em http:www.mhlw.go.jp/general (sítio do Ministério da Saúde, Trabalho e Bem Estar do Japão).

[82] Baseado na publicação *Resolving Individual Labour Disputes – A Comparative Overview*, BIT – OIT, Genebra, 2016, pág. 167 a 201.

IV
Sistema Jurisdicional Laboral

1. A organização judiciária portuguesa

Conforme resulta da Constituição da República (art. 209º) e da Lei de Organização do Sistema Judiciário (LOSJ)[83] (art. 29º) existem as seguintes categorias de tribunais:

- Tribunal Constitucional;
- O Supremo Tribunal de Justiça e os tribunais judiciais de primeira e segunda instância, respetivamente, tribunais de comarca e tribunais da Relação;
- O Supremo Tribunal Administrativo e os demais tribunais administrativos e fiscais (arts. 144º e sgts);
- O Tribunal de Contas (art. 149º); e
- Tribunais arbitrais (art. 150º) e julgados de paz (art. 151º)[84].

Volvendo a nossa atenção, doravante, apenas para a categoria (ou ordem) dos tribunais judiciais, propriamente ditos, encabeçados pelo Supremo Tribunal de Justiça, verificamos que, em primeira instância existem, de conformidade com o preceituado no art. 33º da LOSJ:

[83] Lei nº 62/2013, de 26 de agosto, regulamentada através do DL nº 49/2014, de 27 de março. Estes diplomas substituíram as antigas LOFTJ's e as suas últimas alterações foram dadas pela Lei nº 77/2021, de 23 de novembro.

[84] A nível da União Europeia, ainda existe o Tribunal de Justiça e o Tribunal Geral e, no âmbito do Conselho da Europa, ainda temos o Tribunal Europeu dos Direitos do Homem.

- Os tribunais de competência territorial alargada[85]; e
- Os tribunais de comarca.

Considerando, agora, apenas estes últimos, verificamos que cada um deles corresponde a uma das modernas 23 comarcas[86] em que se divide o território nacional, circunscrevendo-se cada uma delas a um distrito administrativo ou a uma região autónoma. Porém, no Distrito de Lisboa, conjuntamente com a parte norte do Distrito de Setúbal – Almada a Alcochete – existem três comarcas (a de Lisboa, com sede em Lisboa; a de Lisboa Norte, com sede em Loures, e a de Lisboa Oeste, com sede em Sintra). Ainda no Distrito do Porto, existem as Comarcas do Porto e do Porto Este (esta com sede em Penafiel).

Os tribunais da Relação, em regra, julgam em segunda instância por via de recurso e funcionam em secções especializadas (civis, criminais e sociais). Têm sede em Lisboa, Porto, Coimbra, Évora e Guimarães[87] com competência abrangendo diversas comarcas e alguns dos tribunais de competência territorial alargada (art.s 32º, 67º e Anexo I da LOSJ).

Por sua vez, os tribunais judiciais, conforme se dispõe no art. 40º e sgs. da LOSJ, têm competência em razão da matéria "para as causas que não sejam atribuídas a outra ordem jurisdicional" (Tribunal Constitucional, tribunais administrativos e fiscais e arbitrais). Procurando obter ganhos de produtividade, através da sua maior especialização, ainda que com alargamento do âmbito territorial, os tribunais de comarca desdobram-se em **juízos**[88], que se designam pela respetiva competência material e pelo nome do município em que estão instalados e que podem ser de:

[85] De conformidade com o art. 83º da LOSJ a sua competência territorial estende-se ou é alargada para mais de uma comarca, quiçá, para todo o território nacional. São todos de competência (material) especializada, sendo, atualmente os seguintes: tribunal da propriedade intelectual; tribunal da concorrência, regulação e supervisão; tribunal marítimo; tribunais de execução de penas e tribunal central de instrução criminal.

[86] Tradicionalmente, as comarcas correspondiam a um único concelho ou a um grupo de concelhos limítrofes.

[87] O Tribunal da Relação de Guimarães passou a ter secção social a partir de setembro de 2014 e, consequentemente, a ter competência nesta área, que antes pertencia ao Tribunal da Relação do Porto (LOSJ, art. 66º, nº 4 e Deliberação do C.S.M., de 9/12/2014).

[88] Numa perspetiva terminológica, salienta-se que as ex-secções e ora juízos de cada um dos atuais tribunais de comarca não deixam de ser verdadeiros tribunais, correspondendo, de certo modo, aos antigos tribunais de comarca, quer de competência genérica, quer de competência especializada.

- competência especializada; e de
- competência genérica; e ainda de
- proximidade.

Ponderando, agora, apenas os **juízos de competência especializada** dos tribunais de comarca, que, em princípio, são de competência material especializada[89], salienta-se que detêm competência territorial em toda a comarca ou em uma boa parte dela. Entre tais juízos, existem os de competência especializada cível (central e local), criminal (central, local e local de pequena criminalidade), de instrução criminal, de família e menores, do comércio e de execução, avultando, no âmbito do direito processual laboral, os **juízos do trabalho**.

Conforme consta do atual mapa judiciário, anexo ao RLOSJ e do quadro inserido na parte final deste livro, na generalidade das novas comarcas, existe apenas um **juízo do trabalho**, exceto nas dos distritos mais populosos, como são os casos das comarcas do Porto, em que já funcionam cinco juízos do trabalho e Aveiro com dois, vindo a perfazer um total de 45.[90]

Cada juízo, que não deixa de ser um tribunal, tem um ou mais juízes de direito. Em cada juízo do trabalho deixou de haver juízes sociais, pois deixou de se poder constituir o tribunal coletivo. [91]

2. Competência e organização dos juízos do trabalho

No que tange à **competência material**, os juízos do trabalho, como tribunais de competência especializada, repartem-na em matéria civil de natureza laboral e em matéria contraordenacional nos domínios laboral e da segurança social, tudo conforme se estabelece no art. 126º da LOSJ, cujas normas merecerão desenvolvimento no Capítulo VII.

Naturalmente, cada juízo do trabalho tem a sua **competência territorial** definida, através do RLOSJ. Contudo, nem todo o território nacional se encontra abrangido por tais juízos, dado que na área do Tribunal Judicial

[89] Porquanto, nos termos do nº 4 do art. 81º da LOSJ, *podem ser criados, por decreto-lei, juízos de competência especializada mista*, como aconteceu com o Juízo Misto de Família e Menores e do Trabalho da Praia da Vitória.

[90] Considerando a criação do Juízo do Trabalho de Almada (DL nº 38/2019, de 18 de março), acrescendo o referido Juízo Misto de Família e Menores e do Trabalho da Praia da Vitória.

[91] Encontra-se disponibilizado o Guia Prático da Justiça, que é um instrumento digital assente numa componente de inteligência artificial (modelo de linguagem GPT 3.5) que permite o acesso rápido e simplificado à informação na área da justiça.

da Comarca dos Açores, apenas existe o Juízo do Trabalho de Ponta Delgada, cujo jurisdição se estende tão somente pelos municípios da Ilha de São Miguel[92], passando, agora, a existir o Juízo Misto para os dois concelhos da Ilha Terceira. Portanto, para os restantes municípios será competente em vez de um juízo do trabalho, o correspondente juízo de competência genérica, nomeadamente, o juízo de competência genérica desdobrada em matéria civil, quando exista.

No que toca à **competência hierárquica**, os juízos do trabalho são, em regra, tribunais de 1ª instância. Porém, como resulta do que se preceitua no nº 2 do art. 126º da LOSJ, compete-lhes também *julgar os recursos das decisões das autoridades administrativas em processos de contraordenação nos domínios laboral e da segurança social.*

Convirá salientar que, ao contrário do que pode acontecer nos juízos cíveis e criminais, nos juízos do trabalho não há níveis de especialização, sendo, assim, irrelevante a sua competência em razão do valor.

Por deixar de haver tribunal coletivo[93], passando a audiência de julgamento a ser sempre gravada e dirigida por um único juiz, conforme o disposto no novo art. 68º do CPT, deixará ainda de haver juízes sociais para o compor.

Em cada tribunal de trabalho, o **Ministério Público** é representado por um procurador da República ou procurador-adjunto (LOSJ, art. 9º e sgs. 99º e 166º a 170º). A sua competência é muito ampla, como se irá assinalando[94], resultando não só do Estatuto do M.P.[95], mas também da lei substantiva e processual. Os seus magistrados têm um papel significativo junto dos tribunais de trabalho e nos de recurso, com intervenção principal em alguns tipos de processos. Entre as atribuições que lhe estão conferidas no art. 4º, para além das competências gerais[96], consta a de exercer *o patrocínio oficioso dos trabalhadores e suas famílias na defesa dos seus direitos de caráter social* (nº 1, *g*).[97]

[92] RLOSJ, na versão do DL 86/2016, de 27 de dezembro, art. 14º, Mapa III.

[93] Prevendo-se um regime transitório para as ações pendentes em que tenha sido admitida a intervenção do tribunal coletivo (art. 5º, nº 2, da Lei nº 107/2019, de 9 de setembro).

[94] E resulta, nomeadamente, dos arts. 5º-A, 6º a 8º, 99º e sgs., 164º-A,186º-K e 201º do CPT.

[95] Lei nº 68/2019, de 27 de agosto, alterada pela Lei nº 2/2020, de 31 de março.

[96] Cfr. a obra clássica do saudoso Cons. António da Costa Neves Ribeiro, O Estado nos Tribunais, Coimbra Editora, 1985.

[97] É assim desde a instituição dos tribunais do trabalho pelo DL nº 24363, de 1934, em cujo art. 25º, se estatuía que "o Ministério Público, representante do Estado e da sociedade, é o

Segundo Cunha Rodrigues, "a atribuição ao Ministério Público do patrocínio oficioso dos trabalhadores e suas famílias visa um interesse social baseado na proteção do trabalho e na defesa de entes a que o Estado reconhece uma fragilidade tendencial"[98].Entre as demais *funções conferidas por lei* (alínea *f)*, dirigem a fase conciliatória do processo especial emergente de acidentes de trabalho – arts. 7º, 8º e 119º do CPT[99] – e têm legitimidade para, em nome do Estado, propor certas ações com processo especial, incluindo procedimentos cautelares – art. 5º-A.

Em cada comarca existe uma única **secretaria** para assegurar o expediente dos respetivos juízos (LOSJ, art. 138º), a cargo dos oficiais de justiça, ainda que tenha núcleos junto dos juízos. Por sua vez, as secretarias organizam-se em unidades centrais e unidades de processos, para além de outras (RLOSJ, art. 39º e sgs.).

Em consequência, cada um dos processos do foro laboral tramitará através de uma unidade de processos, que lhe conferirá a numeração, ficando afeto a um juiz de um juízo do trabalho de um tribunal judicial de comarca.

Para além das partes, seus advogados e solicitadores (LOSJ, arts. 12º e 15º)[100] podem ainda intervir outras pessoas (participantes processuais) como por exemplo peritos médicos, testemunhas, agentes de execução e representantes das seguradoras[101-102].

fiscal do cumprimento da lei e o protector oficioso dos trabalhadores". V. Funções do MP na Jurisdição Laboral e Patrocínio dos Trabalhadores, CEJ, 2015.

98 Citado por Paula Marçalo, *in* Estatuto do Ministério Público Anotado, Coimbra Editora, 2011, pág. 51.

99 Para maior desenvolvimento, ver O Ministério Público e o Patrocínio dos Trabalhadores no Processo Declarativo Laboral, comunicação do Procurador João Monteiro, inserida em Estudos do Instituto de Direito do Trabalho, vol. V, IDT/Almedina, Coimbra, 2007, pág. 24; O Ministério Público e o Patrocínio dos Trabalhadores na Jurisdição do Tribunal do Comércio *in* QL, ano XI, 3004, nº 23, pág. 81, e ainda Funções do Ministério Público na Jurisdição do Laboral ... *ebook* do CEJ, fevereiro de 2015.

100 Lei nº 49/2004, de 24 de agosto – define o sentido e o alcance dos atos próprios dos advogados e dos solicitadores e tipifica o crime de procuradoria ilícita.

101 As seguradoras devem ter junto dos tribunais de trabalho representantes (DL 143/99, de 30 de abril, art. 65º). Este diploma regulamentava a Lei nº 100/97, de 13 de setembro, no que respeitava à reparação dos danos emergentes de acidente de trabalho, razão pela qual foi revogado pelo art. 186º b) da Lei nº 98/2009, de 4 de setembro (nova LAT). Mas, na fase conciliatória destes processos, podem ter mandatários, que não sejam advogados.

102 Sobre o funcionamento dos tribunais do trabalho, v. A Jurisdição Laboral, estudo de Albertina Aveiro Pereira, *in* Minerva, ano II, nº 3, 2003, pág. 28.

Convirá ainda fazer uma alusão ao acesso ao direito e aos tribunais, que compreende a informação e **proteção jurídica**, abrangendo esta última a consulta jurídica e o apoio judiciário (Lei nº 34/2004, de 29 de julho)[103].

3. O atual Código de Processo do Trabalho. Estrutura

Na atual versão do CPT (2019) as suas normas arrumam-se numa sequência idêntica à do CPC, mas a "summa divisio" em livros não tem a mesma significação, já que, numa das suas peculiaridades, o código do processo laboral, para além do art. 1º, contém duas partes essenciais e distintas, correspondendo aos dois seguintes livros:

- Livro I – Do processo civil (arts. 2º a 186º-S); e
- Livro II – Do processo de contraordenação (art. 201º).

Este Livro I compõe-se de sete títulos, cada um integrando as normas dos seguintes temas e com indicação do seu primeiro artigo:

I – Da ação – art. 2º – (capacidade judiciária e legitimidade, representação e patrocínio judiciário);
II – Competência – art. 10º – (competência internacional, interna e territorial e extensão da competência);
III – Processo – art. 21º – (distribuição, citações e notificações, instância, procedimentos cautelares, espécie e formas de processo);
IV – Processo comum de declaração – art. 51º (tentativa de conciliação, articulados, gestão inicial do processo e audiência prévia, instrução, audiência final, sentença e recursos);
V – Processo de execução – art. 88º (título executivo, execução baseada em sentença de condenação em quantia certa e exclusão da reclamação de créditos);
VI – Processos especiais – art. 98º-B;
VII – Processo de contraordenação – art. 187º a 200º (todos revogados).

Como deixaram de existir as contravenções, ainda a antiga Lei de Organização e Funcionamento dos Tribunais Judiciais passou a estabelecer a competência dos tribunais do trabalho em matéria de contraordenações nos domínios laboral e da segurança social. Deixou, assim, de ter sentido o

[103] Regulamentada pelas Portarias nºs 10/2008, de 3 de janeiro, e 1085-A/2004, de 31 de agosto.

processo penal no âmbito normativo do CPT. Deste modo, toda a Parte II do CPT deixou de ter aplicação, acabando por ser revogada, expressamente, na reforma operada pelo DL 295/2009, de 13 de outubro (art. 7º, nº 2).

É por estas razões, sumariamente expendidas, que, atualmente, se encontram revogados os artigos 167º a 200º, os quais passaram a integrar um novo e inútil título VII, passando a Parte II do CPT a conter apenas o art. 201º, limitando-se a preceituar que a impugnação judicial das decisões da ACT e dos institutos de segurança social, em matéria de contraordenações laborais e da segurança social, se fará nos termos previstos na Lei nº 107/2009, de 14 de setembro.

4. A subsidiariedade

Como bem se sabe, as normas jurídicas, em geral, integram-se no sistema (ou em subsistemas) jurídico, criando, assim, complexos laços de relacionamento e até pesando na sua interpretação, como se expressa no art. 9º, nº 1, do Código Civil (CC).

Configurando-se na lógica entre género e espécie, também as **normas processuais**, quanto ao seu âmbito pessoal de aplicação, se podem classificar em gerais, especiais e até excecionais. Daqui derivam, dentro do sistema jurídico, na conexão entre normas, relações (com grau maior ou menor) de generalidade, de especialidade e de excecionalidade. Como escreve A. Santos Justo[104], "as gerais, ou comuns: estabelecem o regime-regra para o sector de relações que disciplinam". As "especiais: consagram uma disciplina nova ou diferente para círculos mais restritos de pessoas, coisas ou relações, mas não diretamente oposta ao regime comum das normas gerais". As "excecionais: consagram um *ius singulare*, ou seja, um regime oposto ao regime-regra, num sector restrito...". Daqui, "não comportam aplicação analógica, mas (apenas) admitem interpretação extensiva", como se preceitua no art. 11º do mesmo CC.

É neste particular relacionamento entre normas jurídicas, que surgem as relações de subsidiariedade que, como salienta Nuno Sá Gomes[105], se verificam "quando uma regra (subsidiária) se aplica na falta ou impossibilidade de aplicação de outra regra (principal)".

[104] Introdução ao Estudo do Direito, Petrony, 12ª ed.,Lisboa, 2021, pág. 149.

[105] Introdução ao Estudo do Direito, Lex, Lisboa, 2001, pág. 157 e 134, onde salienta J. Dias Marques, Introdução ao Estudo do Direito, Lisboa, 1968. Ainda Miguel Teixeira de Sousa, Introdução ao Direito, Almedina, 2012, pág. 225.

A subsidiariedade do conjunto normativo do processo civil em relação ao processo laboral (e, antes também ao processo penal, no que tange às contraordenações) encontra-se bem expressa logo no art. 1º, nº 2 do CPT onde se preceitua que nos **casos omissos** (que são muito frequentes) se deve recorrer sucessivamente:

a) À legislação processual comum, civil ou penal, que diretamente os previna;
b) À regulamentação dos casos análogos previstos neste Código;
c) À regulamentação dos casos análogos previstos na legislação processual comum, civil ou penal;
d) Aos princípios gerais do direito processual do trabalho;
e) Aos princípios gerais do direito processual comum.

Mas no nº 2 é imposta uma restrição, que foi deveras significativa, ao afastar-se a aplicação das normas subsidiárias *incompatíveis com a índole do processo regulado neste Código,* ou seja, que não se ajustem aos princípios do processo laboral. Atualmente, face à evolução do processo civil para a celeridade, adequação das formas processuais e luta pela verdade material, em detrimento da segurança, pouco ou nada haverá de índole incompatível, o que equivale a dizer que o direito processual do trabalho continua a ter um corpo diferente, mas passou a ter, praticamente, a mesma alma, os mesmos princípios do direito do processo civil. Sendo este um tema central, adiante, merecerá algum desenvolvimento, quando se ponderarem os princípios.

Para além desta relação geral de subsidiariedade, ao longo do CPT existem, ainda, muitas normas que mandam proceder à **remissão** (direta) para determinadas figuras ou disposições do CPC, reforçando de modo particular aquela relação de subsidiariedade. Sirvam de exemplo os preceitos dos arts. 26º- A (prática de atos nos dias de encerramento e de férias judiciais); 27º-A (mediação), 31º (apensação de ações), 32º e 33º (procedimentos cautelares), 40º-A (caducidade da providência), 49º (processo declarativo comum), 50º (formas do processo executivo) e 54º (despacho liminar). Anote-se que tal remissão umas vezes é direta e plena, mas outras vezes é condicionada por alguma disposição do CPT, como por exemplo na do art. 31º (apensação de ações ordenada).

No que tange à subsidiariedade em relação ao processo penal, tal remissão apenas releva em sede de aceitação e julgamento de recursos em matéria de contraordenações de natureza social, nos termos dos arts. 12º e 201º do CPT, pois, como acima se referiu, deixou de existir o processo de transgressões[106], que foi substituído pelo processo contraordenacional. Naquele, o seu julgamento incumbia ao tribunal de trabalho. Neste, apenas o julgamento do recurso de decisão das autoridades administrativas é da competência dos juízos do trabalho.

5. A reforma do processo civil e a legislação complementar

Devido a diversos males[107], tem vindo o sistema de justiça português a desprestigiar-se, tornando-se endémica a morosidade em que caiu e passando a constituir um óbice ao desenvolvimento económico e social. E a este propósito escreve Conceição Gomes "o sistema judicial vive o seguinte paradoxo: mobilizado para a defesa e tutela dos direitos fundamentais, é, ele próprio, agente da violação desses direitos"[108].

Procurando contrariar tal tendência, têm vindo a ser concretizadas diversas reformas, que, direta ou reflexamente, estão a alterar o direito processual do trabalho e a sua *praxis*. A principal traduziu-se no novo CPC, aprovado pela Lei nº 41/2013, de 26 de junho, que passou a vigorar no dia 1 de setembro de 2013, sofrendo alterações, nomeadamente a que desenvolveu o **processo eletrónico** (DL 97/2019, de 26 de julho).

Para regulamentação do novo CPC, foram publicadas diversas portarias, nomeadamente sobre a tramitação eletrónica dos processos judiciais – *Citius* – P. nº 280/2013, de 26 de agosto, alterada pelas P. 170/2017, e 267/2018, por sua vez alterada pela P. 93/2019, permitindo a entrega de peças processuais e documentos através do sítio http://citius.tribunaisnet.mj.pt[109]. Interessa ainda referir as Portarias nºs 331-A/2009 e 282/2013,

[106] Na antiga versão do agora renascido art. 200º do CPT estabelecia-se que era subsidiariamente aplicável, com as necessárias adaptações, o regime do processo de transgressões e, no que neste não estivesse previsto, o Código de Processo Penal.

[107] Marcações e prazos longos; adiamentos frequentes; desrespeito pelos prazos legais; peças excessivas sem penalização; não utilização dos meios coercivos para a litigância de má fé; especialização deficiente; falta de modelos; pouca jurisprudência uniformizada; falta de contingentação processual e da inerente responsabilização nos atrasos; inspeção interna meramente formal; falta de formação profissional...

[108] Os Atrasos na Justiça, Fundação Francisco Manuel dos Santos, Lisboa, 2011, pág. 109.

[109] Ultrapassando a prática de atos processuais por telecópia (DL nº 28/92, de 27 de fevereiro) e a comunicação com os tribunais por correio eletrónico (Portaria nº 642/2004, de 16 de junho). Pela Resolução do Conselho de Ministros nº 98/2013, publicada em 30/12/2013, foram

sobre as ações executivas cíveis e 86/2023, relativa à alteração das regras de distribuição por meios eletrónicos.

No desenvolvimento das normas do CPC, não pode ser olvidado o **Regulamento das Custas Processuais**, aprovado pelo DL nº 34/2008, de 26 de fevereiro, que acabou por entrar em vigor em 20 de abril de 2009[110], e se estriba no conceito de impulso processual. É aplicável "aos processos que corram termos nos tribunais judiciais e nos tribunais administrativos e fiscais", mas com um novo sistema de isenção e dispensa de custas a favor dos trabalhadores (alínea h) do art. 4º) e até dos sindicatos "quando litigam em defesa coletiva dos direitos individuais dos seus associados[111], mas impondo o pagamento de taxa de justiça na impugnação das decisões nos processos contraordenacionais (art. 8º).

Como legislação complementar, haverá de se ter em conta a Lei nº 34/2004, de 29 de julho, sobre a **acesso ao direito e aos tribunais**[112], estabelecendo os critérios de prova e de apreciação da insuficiência económica para a concessão da proteção jurídica. Regime este que foi alterado e complementado, de novo, pelo art. 17º do DL nº 120/2018, de 27 de dezembro, que estabelece as regras uniformes para a verificação do apuramento da insuficiência económica a ter em conta no reconhecimento do direito à atribuição e manutenção dos apoios sociais ou subsídios sujeitos à condição de recursos. A última atualização da unidade de referência respeitante a alguns dos encargos decorrentes da concessão de apoio judiciário (compensação de patrono e defensor oficioso) consta da Portaria nº 200/2022, de 1 de agosto.

Ainda a disciplina do acesso ao direito e aos tribunais no âmbito dos **litígios transfronteiriços** é o objeto do DL nº 71/2005, de 17 de março.

considerados prioritários diversos sistemas de informação e aplicações informáticas no âmbito do Ministério da Justiça.

[110] *Ex vi* do art. 156º da Lei nº 64-A/2008, de 31 de dezembro, que aprova o Orçamento do Estado para 2009, alterado sucessivamente até à Lei nº 9/2022, de 11 de janeiro.

[111] Cfr Ac. do STA nº 5/2013, publicado em 17 de maio de 2013.

[112] regulamentado pelas Portarias nºs 10/2008, de 3 de janeiro e 1085-A/2004, de 31 de agosto e alterado por diversas vezes até à Lei nº 2/2020.

V
Meios Extrajudiciais de Resolução de Conflitos Laborais

1. Conciliação extrajudicial

Como escreve Pessoa Jorge[113], *a criação entre nós de órgãos de conciliação verificou-se na primeira metade do século* XIX por força da Carta Constitucional de 1826, que instituiu os juízes de paz, cuja competência foi regulamentada por Mouzinho da Silveira através do Decreto nº 24, de 16 de maio de 1832, acrescentando nós que foram funcionando, na verdade, até ao CPC de 1961. No que tange às relações laborais nas zonas industrializadas, funcionaram os tribunais de árbitros-avindores, que, como já se evidenciou, tinham uma importante ou mesmo primordial função conciliatória.

Depois, tais funções passaram para a competência dos tribunais do trabalho em 1934, regulando-se a **tentativa de conciliação** (nos arts. 49º, 50º ou 51º dos sucessivos CPT's). Ainda, nesse ano, foi promovida a criação de comissões corporativas emergentes de convenções coletivas de trabalho (DL nº 24363) com fins de conciliação e de arbitragem fora dos tribunais. Em 1960[114], foi desenvolvida a constituição de comissões corporativas, que com alterações no seu regime, se mantiveram até serem denominadas de comissões de conciliação e julgamento, em 1975[115]. Para além de competência na interpretação e desenvolvimento das convenções coletivas, aquelas comissões tinham como atribuição básica *a de tentar a conciliação nas ques-*

[113] Ob. cit., pág. 44.

[114] DL nº 43.179, de 23/9/1960, alterado pelo DL nº 45.690, de 27/4/1964, com adaptação ao trabalho rural pelo DL nº 45.771, tendo o último regime jurídico sido traçado no DL nº 54/74, de 15 de fevereiro.

[115] Por força do DL nº 463/75, de 27 de agosto.

tões emergentes de contratos individuais de trabalho, estabelecendo-se a regra de que a ação judicial apenas poderia ser intentada depois de efetuada tal tentativa de conciliação. E o julgamento era limitado a causas até ao valor de 20 contos e com algumas possibilidades de recurso. Segundo cremos, o tradicional atraso nos processos do foro laboral, contrariando um dos seus princípios, resultava daquelas comissões, que sempre funcionaram deficientemente. Talvez, por esta razão, no novel Sistema de Mediação Laboral, só poderá reter-se o processo durante seis meses, como melhor se verá.

Face à estrutura que o direito substantivo das relações do trabalho subordinado veio a assumir, no contexto posterior a 25 de abril, nomeadamente quanto ao regime da cessação do contrato de trabalho, o campo de aplicação da conciliação e da mediação tem vindo a restringir-se e ocupa posição insignificante, ainda que se augure melhor futuro[116].

2. O Sistema de Mediação Laboral

Um dos meios alternativos aos tribunais para resolver conflitos é a mediação[117]. Traduz-se na atividade de uma terceira pessoa (mediador ou mediador de conflitos), totalmente estranha ao dissídio e independente em relação aos conflituantes, mas por estes aceite, que, depois de identificar os pontos do litígio, apresenta proposta para a sua resolução que possa vir a ser aceite por ambos os litigantes. A apresentação de tais propostas tanto pode ser em reunião dos três, como separadamente entre o mediador e cada parte, como é mais frequente. Caso as sucessivas propostas de resolução não venham a ser aceites pelos contendores, a mediação não surtirá efeito e ficará gorada.

A **mediação bem se distingue da conciliação**, porquanto nesta são as partes que "tentam a solução para o seu conflito"[118] diretamente ou com o apoio de um terceiro (conciliador) que procura apenas que as partes se entendam e que, assim, continuam a discutir frente a frente apenas por

[116] Para desenvolvimento v. Mediação e Conciliação nos Conflitos Civis e Comerciais, CEJ, maio de 2019.

[117] Uma das missões da Direção-Geral da Política da Justiça é promover a criação e apoiar o funcionamento de centros de arbitragem, julgados de paz e sistemas de mediação, integrando o Gabinete de Resolução Alternativa de Litígios, disponibilizando o portal "online" RAL+.

[118] Procuradora Maria Manuela de Melo Cardoso, A Mediação em Direito do Trabalho, *in* Prontuário de Direito do Trabalho, CEJ, nºs 88/89, janeiro a agosto de 2011, pág. 197.

ele assistidas. Diferentemente do que acontece na conciliação, o mediador estuda a situação e concebe propostas que vai apresentando a cada uma das partes, tendo assim um papel mais interventivo.

Acontece que o **mediador**, assim como acontece na conciliação, pode não conseguir pôr termo ao litígio, enquanto na arbitragem (ou tribunal arbitral) o árbitro (ou os árbitros, sempre em número ímpar) chega sempre a um veredito, dando uma solução ao litígio e, assim, o resolvendo. O mesmo se verifica com o tribunal clássico, que, como estabelecido, logo no nº 1 do art. 2º do CPC, tem de dar uma decisão com força de caso julgado.

Através da Lei nº 29/2013, de 19 de abril (que não revoga, expressamente, a Portaria nº 282/2010, de 25 de maio, relativa a mediadores de conflitos nos julgados de paz e dos sistemas de mediação familiar e laboral) foram estabelecidos "os princípios gerais aplicáveis à mediação realizada em Portugal, bem como os regimes jurídicos da mediação civil e comercial, dos mediadores e da mediação pública"[119].

Como princípios gerais a que deve obedecer a mediação, consagram-se, nos arts. 3º a 9º, os da voluntariedade, da confidencialidade, da imparcialidade, da independência, da competência, da responsabilidade e da executoriedade.

Ainda da mencionada Lei nº 29/2013 se infere que se devem distinguir da mediação em geral, os sistemas públicos de mediação, a que respeita o capítulo V. Estes serão criados e geridos por entidades públicas, através de um ato constitutivo ou regulatório (art. 30º e sgs.).

Para além deste sistema público de mediação, disciplina a mesma Lei nº 29/2013 o regime jurídico dos mediadores (Capítulo IV) e bem assim o regime de mediação civil e comercial (Capítulo III). E logo no artigo inicial deste capítulo – o art. 10º – se exclui da sua aplicação, para além da mediação familiar (Despacho nº 18.778) e da mediação penal (Lei nº 21/2007), também a mediação laboral. Ao excluir-se expressamente este capítulo deve concluir-se que as normas dos restantes, sobre os princípios e estatuto do mediador de conflito e bem assim as disposições gerais, complementares e finais, se aplicarão à mediação em geral, incluindo a laboral.

[119] A nível europeu, vigora a Diretiva nº 2008/52/CE, que encoraja a utilização da mediação e procura assegurar uma relação equilibrada entre a mediação e os processos judiciais, a qual foi objeto da Resolução 2013/C51 do Parlamento Europeu, de 13/09/2011 (JOUE, Nº 51E, Série C, de 22 de fevereiro de 2013). Dulce Lopes e Afonso Patrão, Lei da Mediação Comentada, 2ª ed., Almedina, Coimbra, 2016.

De resto, no art. 46º, manda-se aplicar, expressamente, o disposto na referida Lei "aos **conflitos coletivos de trabalho** apenas na medida em que não seja incompatível com o disposto nos artigos 526º a 528º do Código do Trabalho".

Cingindo-nos às relações de trabalho subordinado, perante o direito substantivo, nomeadamente no que concerne ao sistema de cessação do contrato de trabalho e à jurisdicionalização dos acidentes de trabalho na sua generalidade, o número de processos nos tribunais de trabalho será sempre volumoso, gerando as delongas habituais em quase todos eles, que, por vezes, já se configuram como verdadeira denegação da justiça.

Procurando diminuir a litigiosidade nos tribunais de trabalho, na esteira de uma diretiva governamental[120] foi ressuscitado, mas em moldes bem diferentes, o aludido instituto de tentativa prévia de conciliação laboral, denominando-se, agora, de Sistema de Mediação Laboral[121]. Como frisado, quer na conciliação, quer na mediação, surge um terceiro entre as partes em conflito. Porém, enquanto na primeira, como escreve o Prof. Romano Martinez "a negociação é incrementada e encaminhada" por tal terceiro já "a mediação, como ação ou efeito de mediar, pressupõe que alguém intervenha de modo a fomentar o encontro de vontades entre duas outras pessoas"[122].

O **Sistema de Mediação Laboral** resultou de um protocolo entre o Ministério da Justiça (ex-Direcção-Geral da Administração Extrajudicial da Justiça, agora integrada na DGPJ[123]) e todas as confederações empresariais e de trabalhadores, assinado em 5 de maio de 2006, com entrada em vigor nesta data. Contém um anexo através do qual é incluído no Manual de Procedimento e Boas Práticas do Sistema de Mediação Laboral a orientação sobre acordos emergentes de despedimento[124].

[120] Resolução do Conselho de Ministros nº 172/2007, de 6 de novembro (Medidas de descongestionamento dos tribunais).

[121] www.portugal.gov.pt/ Mediação Laboral.htm e com toda a informação em www.gral.mj. pt.

[122] Resolução de Conflitos Laborais por Arbitragem, estudo *in* Prontuário de Direito do Trabalho nº 87 CEJ-Coimbra Editora, setembro-dezembro 2010, págs. 281 e 282.

[123] www.dgpj.mj.pt. Neste sítio da Internet refere-se que já aderiram ao SML 80 entidades.

[124] Textos inseridos por Cátia Marques Cebola, *in* Resolução Extrajudicial de Conflitos – Coletânea de Legislação, Quid Juris, Lisboa, 2011, pág. 203.

Não se trata, pois, de um sistema de conciliação dirigida por representantes das associações sindicais e de empregadores, como acontecia nas antigas comissões corporativas e, depois, de conciliação e julgamento, mas, outrossim, de mediação, realizada por pessoas credenciadas e, naturalmente, com um estatuto de independência, constantes de listas de **mediadores** organizadas sob a égide da DGPJ, após frequência de cursos de formação certificada e de seleção[125].

O procedimento, consubstanciado no referido Manual, passa pelas 4 fases seguintes:

1ª – O trabalhador (ou empregador) interessado comunica, por qualquer meio, com o Ponto de Contacto do SML (PC) naquela Direcção-Geral;
2ª – O PC comunica com ambas as partes para viabilizar a mediação e indica um mediador laboral;
3ª – Se necessário, o PC providencia pelo local para reunirem;
4ª – O acordo, se for alcançado, é reduzido a escrito e assinado, ainda que em matéria de despedimento deva mediar um prazo de cinco dias.

O acordo alcançado tem força executiva nos termos dos arts. 703º, nº 1 b) ou d) e 707º do CPC e 88º do CPT[126].

Entretanto, através da introdução do art. 27º-A no CPT, passou a aplicar-se ao processo de trabalho, com as necessárias adaptações, o sistema relativo à mediação prevista no CPC, que se contempla no art. 273º, onde se regula a possibilidade de remessa do processo pelo juiz, em qualquer estado, para **mediação**, bem como a suspensão da instância e a homologação do eventual acordo.

Desde que não se trate de direitos indisponíveis, na atualidade, os **julgados de paz** também podem disponibilizar um serviço de mediação "a qualquer interessado" e como "forma alternativa de resolução de quais-

[125] Portarias nºs 344 e 345/2013, ambas de 27 de novembro, e 282/2010, de 25 de maio, que no seu anexo III contém o Regulamento do procedimento de seleção de mediadores para prestar serviços no sistema de mediação laboral.

[126] Segundo as Estatísticas da Justiça, no primeiro semestre de 2022, verificaram-se 46 propostas de mediação laboral e apenas cinco foram aceites.

quer litígios, ainda que excluídos da sua competência (de julgamento)."[127]. Efetivamente, nos termos do art. 151º da LOSJ, os julgados de paz não podem intervir em causas que "envolvam matéria de direito da família, direito das sucessões e direito do trabalho"[128]. Contudo o seu "serviço de mediação é competente para mediar quaisquer litígios que possam ser objeto de mediação, ainda que excluídos da competência do julgado de paz", conforme se dispõe no art. 16º, nº 3 da Lei nº 78/2001, de 13 de julho, que regula a competência, organização e funcionamento de tais julgados. O respetivo procedimento decorrerá sob os auspícios de um mediador credenciado e, vindo alcançar-se um acordo, este não poderá ser homologado pelo juiz de paz por falta de competência em matéria laboral.

Para além de alguma informação disponível na plataforma Citius, passou a ser acessível a **plataforma RAL+,** a qual integra diferentes meios de resolução alternativa de litígios, com gestão ou apoio do Ministério da Justiça, entre os quais a mediação laboral.

Mas tal acordo de mediação, "tem força executiva, sem necessidade de homologação judicial", como se dispõe no art. 9º, nº 1 *a)* da citada Lei da Mediação (Lei nº 29/2013). Deste modo, face a tais dispositivos legais, este acordo enquadra-se também na parte final da alínea *a)* do art. 88º do CPT, podendo servir de base à execução.

Na R.A. da Madeira encontra-se criado o Serviço Regional de Resolução Voluntária de Conflitos de Trabalho[129], integrando, como opções, a conciliação, a mediação e a arbitragem voluntária de conflitos de trabalho. Mas uma das suas atribuições consiste na *conciliação dos conflitos individuais que voluntariamente lhe sejam submetidos pelas partes* (art. 2º, *a)* do Regulamento) obedecendo aos princípios do "tripartismo".

Na R.A. dos Açores funciona o Serviço Regional de Conciliação e Arbitragem do Trabalho (SERCAT), dotado de autonomia técnica e independência, competindo à Direção Regional de Qualificação Profissional e Emprego (DRQPE), Direção de Serviços do Trabalho e Agências para a

[127] Lei nº 78/2001, de 13 de julho e DL nº 329/2001, de 20 de dezembro (criação de julgados de paz), art. 8º e P. nº 1112/2005, de 28 de outubro (Regulamento dos serviços de mediação dos julgados de paz).

[128] A sua competência material "é alternativa relativamente aos tribunais judiciais de competência territorial concorrente", cfr. Ac. nº 11/2007, emitido em julgamento alargado do recurso, publicado em 25 de julho de 2007, sendo o seu relator o Conselheiro Salvador da Costa.

[129] DLR nº 45/2006/M, de 24 de agosto.

Qualificação, Emprego e Trabalho de Angra de Heroísmo e da Horta assegurar o apoio técnico e administrativo necessário ao seu funcionamento[130].

3. A arbitragem

A arbitragem é um dos meios de resolução alternativa de litígios que "são parte integrante do nosso sistema de justiça, sendo impensável pensá-lo hoje sem os incluir"[131]. É no último Livro do CPC (VI) que se prevê o tribunal arbitral[132], ou seja, a arbitragem, como modo (muito avançado e opcional) de resolver conflitos. Hoje em dia, neste Código apenas se mantêm os artigos 1082º a 1085º relativos à arbitragem obrigatória ou necessária, contendo algumas regras sobre a nomeação e substituição dos árbitros e (no último artigo do CPC – o 1085º) remetendo *para o disposto na lei da arbitragem voluntária*[133].

Esta é a Lei nº 63/2011, de 14 de dezembro, que na esteira do previsto no art. 150º da LOSJ aprova a "lei da arbitragem voluntária"[134-135]. Nela se dispõe, no nº 4, do art. 4º, que *a submissão a arbitragem de litígios emergentes de ou relativos a* ***contratos de trabalho*** *é regulada por lei especial, sendo aplicável, até à entrada em vigor desta o novo regime aprovado pela presente lei, e, com as devidas adaptações, o nº 1 do artigo 1º da Lei nº 31/86, de 29 de Agosto, com a redação que lhe foi dada pelo Decreto-Lei nº 38/2003, de 8 de Março.* Prevê-se, pois, a formulação de uma nova lei sobre a arbitragem para resolução de

[130] Para desenvolvimento, António Meneses Cordeiro, *Tratado de Arbitragem*, Almedina, Coimbra, 2015 e estudo da Profª Paula Costa e Silva, *De minimis non curat praetor. O acesso ao sistema judicial e os meios alternativos de resolução de controvérsias: alternatividade efectiva e complementaridade, in* O Direito, ano 140º, 2008, VI, pág. 735.

[131] Mariana França Gouveia, Curso de Resolução Alternativa de Litígios, Almedina, Coimbra, 2011, pág. 33.

[132] Em consonância com o disposto no nº 2 do art. 209º da CRP.

[133] Sendo certo que ainda são feitas referências expressas à exequibilidade das decisões arbitrais (arts. 706º, nº 1), ao compromisso arbitral (arts. 277º *b)* e 280º), à preterição do tribunal arbitral voluntário (art. 578º) e à execução baseada em sentença arbitral (art. 730º).

[134] Esta legislação, bem como o quadro normativo internacional da arbitragem pode ver-se em José Carlos Soares Machado e Mariana França Gouveia, Resolução Extrajudicial de Litígios,2ª ed., Almedina, Coimbra, 2017; em Cátia Marques Cebola, cit. Resolução Extrajudicial de Conflitos, em Armindo Ribeiro Mendes e outros, Lei da Arbitragem Voluntária Anotada, Almedina – APA, Coimbra, 2012 e Dário Moura Vicente (coordenador), Lei da Arbitragem Voluntária Anotada, 4ª ed., Almedina-APA, Coimbra, 2019.

[135] Para além de outra legislação, salienta-se a Lei nº 144/2015, de 8 de setembro, relativa aos mecanismos de resolução extrajudicial de litígios de consumo.

conflitos emergentes do contrato de trabalho. Mas, por enquanto, continua em vigor o disposto naquele nº 1, que, sob a epígrafe "convenção de arbitragem", estabelece que *desde que por lei especial não esteja submetido exclusivamente a tribunal judicial ou a arbitragem necessária, qualquer litígio que não respeite a direitos indisponíveis pode ser cometido pelas partes, mediante convenção de arbitragem, à decisão de árbitros.* Acontece que, nos tempos que correm, a maior parte dos litígios no âmbito do contrato de trabalho, pelo menos no setor privado, cingem-se à cessação do contrato de trabalho. Ora, neste âmbito e no que se refere à regularidade e licitude do despedimento, nos termos e conforme a epígrafe do art. 387º do CT, esta matéria... "só pode ser apreciada por tribunal judicial".

Ao nível das relações (individuais) de trabalho o mesmo pode acontecer, mas não pode deixar de ser ponderada a sua validade face às regras de competência internacional dos tribunais de trabalho e sobre os pactos privativos de jurisdição (arts. 10º e 11º do CPT) e de competência interna (arts. 13º a 19º-A, onde se comina a nulidade dos pactos de desaforamento[136]. Como salienta o Prof. Romano Martinez[137] "os arts. 387º e 388º do CT2009 só vedam o recurso à arbitragem no que respeita à determinação da regularidade e da licitude do despedimento (individual e coletivo), não obstando, por isso, a que outras questões laborais sejam dirimidas por via arbitral", acrescentando "desde que preencham o requisito da *disponibilidade* do direito" e mais adiante ainda que "cabe atender à *irrenunciabilidade* de certos direitos". Como direitos indisponíveis do trabalhador, pela sua natureza, dá como exemplo os direitos de personalidade.

É pelo mesmo diapasão, que segue a jurisprudência, ao julgar que um trabalhador que aceitou ser beneficiário de um fundo de pensões também aceitou uma convenção de arbitragem prevista nos respetivos estatutos. E, assim, "recorrendo ao tribunal do trabalho para fazer valer direito relativo ao mencionado fundo em lugar de recorrer ao tribunal arbitral, dá origem à procedência da exceção dilatória de preterição do tribunal arbitral". Rematando-se no sumário de tal acórdão que "o direito contratualmente constituído aquando da cessação do contrato de trabalho, a pensão de reforma a cargo de fundo de pensões não é um *direito indisponível* e, por

[136] Para desenvolvimento v. estudo de Lucinda D. Dias da Silva, Arbitragem e *Iuris Laboris Alma*, *in* QL, nºs 26 e 27 (2006), respetivamente, págs. 194 e 91.

[137] Estudo citado, págs. 299 e 300 e Direito do Trabalho, 2017, 8ª ed. IDT/Almedina, pág. 1307.

isso, a convenção de arbitragem é legalmente possível"[138]. O mesmo já se passou em litígio emergente da resolução de um contrato de trabalho desportivo subordinado a convenção de arbitragem voluntária[139]. De resto, no atual regime jurídico do contrato de trabalho do praticante desportivo, do contrato de formação desportiva e do contrato de representação ou intermediação estabelece-se que, para a solução de quaisquer conflitos emergentes daqueles dois primeiros contratos, se possa prever por convenção coletiva o recurso ao **Tribunal Arbitral de Desporto**. Efetivamente podem ser submetidos a este Tribunal "quaisquer litígios emergentes de contratos de trabalho desportivo celebrados entre atletas ou técnicos e agentes ou organismos desportivos, podendo ser apreciada a regularidade e licitude do despedimento", embora tenha de haver prévia convenção de arbitragem[140].

Ainda no **Estatuto da Carreira Docente Universitária**, se prevê a resolução alternativa de litígios, preceituando-se que "sem prejuízo da possibilidade de recurso a outros mecanismos extrajudiciais de resolução de conflitos, pode ser constituído tribunal arbitral para julgamento de quaisquer litígios emergentes de relações reguladas pelo presente Estatuto, inclusive as relativas à formação dos contratos quando não estejam em causa direitos indisponíveis e quando não resultem de acidentes de trabalho ou de doença profissional"[141].

[138] Ac. do TRL, de 25-11-2009 [Rel. Des. Paula Sá Fernandes] *in* C.J., Ano XXXIV, Tomo V/2009, pág. 147.

[139] Ac. do TRL, de 13-04-2011 [Rel. Des. Isabel Tapadinhas] in C.J., Ano XXXVI, Tomo III/2011, pág. 171.

[140] Art. 7º da Lei do Tribunal Arbitral de Desporto aprovada pela Lei nº 74/2013, de 6 de setembro. O decreto da A.R. com o texto inicial deste diploma foi objeto de apreciação preventiva pelo TC que decidiu "pronunciar-se pela inconstitucionalidade, por violação do direito de acesso aos tribunais consagrado no artigo 20º, nº 1, e por violação do princípio da tutela jurisdicional efetiva, previsto no artigo 268º, nº 4, da Constituição da República Portuguesa, da norma constante da 2ª parte do nº 1 do artigo 8º, conjugada com as normas dos artigos 4º e 5º, todos do Anexo ao Decreto nº 128/XII, na medida em que delas resulte a irrecorribilidade para os tribunais do Estado das decisões do Tribunal Arbitral do Desporto proferidas no âmbito da sua jurisdição arbitral necessária" (Ac. nº 230/2013, publicado em 9 de maio de 2013). Depois, em sede de fiscalização sucessiva, o TC voltou a considerar inconstitucionais os nºs 1 e 2 do art. 8º, com voto de vencida da Conselheira Maria João Antunes no sentido de que, sendo este tribunal criado por lei (e não por negócio jurídico), a irrecorribilidade das suas decisões não violava o direito de acesso aos tribunais.

[141] Versão do DL nº 205/2009, de 31 de agosto, art. 84º-A, nº 1.

No âmbito do **seguro de acidentes de trabalho**, na sequência do disposto no art. 81º da Lei nº 98/2009, de 4 de setembro, vigora a Portaria nº 256/2011, de 5 de julho que aprovou "a parte uniforme das condições gerais da apólice de seguro obrigatório de acidente de trabalho para trabalhadores por conta de outrem, bem como as respetivas condições uniformes...". Acontece que no seu art. 34º, depois de confirmar que "a lei aplicável a este contrato é a lei portuguesa" e que "podem ser apresentadas reclamações" prevê ainda que "nos litígios surgidos ao abrigo deste contrato (de seguro de acidente de trabalho) pode haver recurso à arbitragem, a efetuar nos termos da lei" prevendo-se, no artigo seguinte, que "o foro competente para dirimir os litígios emergentes deste contrato é o fixado na lei civil". Assim, terá de se admitir, que no restrito âmbito do contrato de seguro e da respetiva apólice, mas não no círculo dos acidentes de trabalho (e doenças profissionais), é possível estabelecer-se uma cláusula de arbitragem, para além de ser o juízo cível o competente, em detrimento do tribunal do trabalho.

VI
Direito Processual do Trabalho

1. Princípios fundamentais

Erigido o direito processual do trabalho como ramo do direito é porque disfruta de princípios e características específicas que o distinguem do direito processual em geral e do direito processual civil (e penal) em particular. E atendendo ao que se preceitua logo no art. 1º, nº 3, do CPT, ao fazer-se depender a aplicação das normas subsidiárias à sua compatibilidade com a "índole do processo" laboral, deve concluir-se que vigoram os mesmos princípios gerais ou estruturantes do direito processual civil, mas que são passíveis de ajustamentos. Convindo, pois, tê-los presentes, a seguir, num dos seus elencos possíveis,[142] sintetizam-se do seguinte modo:

Princípio do direito à jurisdição ou de acesso à justiça
- DUDH, art. 10º; PIDCP, art. 14º -1º;
- CEDH, art. 6º-1º; CRP, arts. 2º, 20º, 2 e 202º e sgs.;
- CPC, art. 2º, apoio judiciário e ação popular.

Princípio da proibição da autodefesa
- CPC, art. 1º;
- Direitos de ação, de ação popular e de defesa, CRP, art. 20º e CPC, arts. 2º a 4º.

[142] Para desenvolvimento ver Miguel Teixeira de Sousa, Estudos sobre o Novo Processo Civil, Lex, Lisboa, 1998, pág. 33 e sgs.; José Augusto Pais de Amaral, Direito Processual Civil, 11ª ed., Coimbra, 2013, pág. 13 e sgs.; José Lebre de Freitas, Introdução ao Processo Civil, 4ª ed., Gestlegal, Coimbra, 2020, pág. 95 e sgs.; Fernando Pereira Rodrigues, O Novo Processo Civil – Os Princípios Estruturantes, Almedina, Coimbra, 2013.

Princípio do direito ao processo justo ou equitativo
- DUDH, art. 10º; PIDCP, art. 14º-1; CEDH, art. 6º-1; CRP, art. 20º, nº 4:
- Direito a julgamento equitativo com garantias de imparcialidade e independência do tribunal;
- Igualdade (de armas) das partes;
- Publicidade das audiências;
- Juiz legal ou natural;
- Proferimento da decisão em prazo razoável.

Princípio ou garantia do contraditório – arts. 3º, 372º, 415º e 604º, nº 3 *e)*:
- Direito à audição prévia;
- Direito de resposta;
- Direito da audiência contraditória;
- No plano dos meios de prova;
- No plano do direito aplicável (para evitar a apelidada decisão-surpresa).

Princípio da adequação formal – arts. 547º, 591º, 1 *e)*, 597º, 630º, nº 2:
- Realização de atos não previstos na tramitação legal;
- Dispensa de atos que se revelem inidóneos para o fim do processo, sendo, pois, permitido estabelecer uma tramitação sucedânea.

Princípio da legalidade das formas processuais – art. 131º
- Mas havendo a considerar as regras gerais sobre a nulidade dos atos (art. 195º).

Princípio da duração razoável do processo – art. 156º
- Contra a lentidão e a morosidade.

Princípio do direito à prova – art. 410º
- Ónus da prova e sua distribuição – utilização dos meios de prova;
- Limites – provas proibidas.

Princípio da imediata aplicação da lei processual – Aplicação imediata da nova lei processual a todos os processos, incluindo os que se encontram em curso.

Princípio do dispositivo e da disponibilidade privada – arts. 3º, nº 1; 259º e 609º:
- Autonomia das partes na definição dos fins do processo que intentem;
- Domínio das partes sobre os factos a alegar e os meios de prova a utilizar.

Princípio da publicidade do processo e audiência:
- Garantia da publicidade e da audiência dos tribunais – CRP art. 209º e CPC, art. 606º;
- Garantia de acesso aos autos por todos os interessados – art. 163º e sgs.

Princípio da comparência e participação das partes – art. 466º:
- Faculdade de prestar declarações durante a audiência final.

Princípio da cooperação – art. 7º:
- Dever de boa fé processual – arts. 8º e 542º *a contrario;*
- Dever de recíproca correção – arts. 9º e 151º;
- Dever de cooperação para a descoberta da verdade – 417º.

Princípio da igualdade e da autorresponsabilidade das partes – arts. 4º e 5º.

Princípio do inquisitório ou da oficiosidade (e da instrução) – arts. 6º, 150º e 411º.

Princípio da preclusão – arts. 5º, nº 1; 139º, nº 3; 423º; 552º, nº 1 *d)*; 573º e 574º.

Princípio do conhecimento oficioso do direito – art. 5º, nº 3.

Princípio da fundamentação das decisões – CRP, art. 205º, nº 1 e CPC, art. 154º e 607º, nºs 3 e 4.

Princípio da prevalência da decisão de mérito – art. 6º.

Princípio da limitação dos atos – art. 130º.

Princípio do juiz legal ou natural – art. 203º.

Princípio da estabilidade da instância – art. 260º.

Princípio da submissão aos limites do direito substantivo – art. 289º.

Princípio da aquisição processual – art. 413º.

Princípio da imediação das provas – art. 500º.

Princípio da oralidade – arts. 591º, nº 1 *e)* e *f)* e 604º, nº 5.

Princípio da plenitude da assistência do juiz – art. 605º.

Princípio da livre apreciação das provas – art. 607º, nº 5.

2. Princípios específicos do direito processual do trabalho

Naturalmente, os magistrados judiciais não podem privilegiar ou prejudicar nenhuma das partes em confronto, que, em regra são o trabalhador e a empresa, pois, só assim, "garantem a igualdade processual dos interessados nas causas que lhes são submetidas"[143]. Todavia, face, ao especial fundamento do direito substantivo aplicável através do processo laboral, também neste se fazem sentir os princípios do direito do trabalho, nomeadamente em virtude da imperatividade (relativa ou absoluta) da generalidade das suas normas que se liga ao princípio do tratamento mais favorável ao trabalhador[144].

Donde resulta, desde logo uma das maiores especificidades do direito processual laboral em relação ao direito processual comum e se caracteriza pela prevalência do princípio da **verdade material** sobre o princípio do dispositivo e que se traduz na possibilidade de haver:

- ampliação da matéria de facto pelo juiz (art. 72º, nºs 1, 2 e 3 do CPT);
- condenação em quantidade superior ao pedido ou em objeto diverso (art. 74º do CPT), o que é impossível no processo civil (art. 609º, nº 1 do CPC);
- participação no processo de pessoas diversas (arts. 3º a 5º; 27º, nº 2, *a)*; 108º e 127º do CPT);
- determinação da prática de atos necessários ao suprimento de falta de pressupostos processuais suscetíveis de sanação e convite às partes para completar e corrigir articulados [art. 27º, nº 1 e nº 2 *a)* e *b)*], o que passou também a ser possível de forma mais evidenciada no processo civil, como resulta do teor do nº 2 do art. 590º e do art. 28º ambos do CPC;
- representação e patrocínio oficioso pelo M. P. dos trabalhadores e seus familiares (art. 7º a 9º do CPT)[145].

Invocando o Prof. Raúl Ventura como um dos primeiros estudiosos do direito processual do trabalho português[146], José António Mesquita

[143] Parte final do conceito de função da magistratura judicial, como definido no art. 3º do Estatuto dos Magistrados Judiciais, na versão da Lei nº 67/2019, de 27 de agosto, a vigorar a partir de 2020.

[144] CT, arts. 3º; 121º, nº 3 e 476º.

[145] E art. 4º, nº 1 *g)* do Estatuto do Ministério Público, aprovado pela Lei nº 68/2019, de 27 de agosto, em vigor desde 2020.

[146] e do próprio direito substantivo tendo lecionado a primeira cadeira anual de Direito do Trabalho, na FDL, no ano de 1948/49, cujas lições se encontram inseridas *in* Estudos em Homenagem ao Prof. Raul Ventura, vol. II, Coimbra Editora, 2003, pág. 549.

apresenta, no seu estudo Princípios Gerais do Direito Processual do Trabalho[147], a síntese de tais princípios do seguinte modo:

- A hipervalorização do ato conciliatório;
- A celeridade processual;
- A simplicidade da tramitação;
- A imediação entre o juiz e as partes;
- A oficiosidade do impulso processual;
- A igualdade real das partes, que não apenas a igualdade jurídica;
- A prevalência do inquisitório sobre o dispositivo;
- A condenação *ultra vel extra petitum.*

O mesmo autor, depois de mencionar a curiosa e ainda atual polémica entre os Profs. Raul Ventura e Adelino da Palma Carlos, em que este defende tão somente as especificidades do direito substantivo do trabalho e não do seu direito processual[148], sintetiza os princípios de maior relevância como sendo os seguintes:

- Hipervalorização da conciliação;
- Patrocínio judiciário pelo Ministério Público;
- Forma processual única;
- Suprimento oficioso de vícios e irregularidades;
- Impulso processual e indagação oficiosa;
- Ampliação da base instrutória;
- Condenação *extra vel ultra petita;*
- Recursos (critério dos interesses imateriais, requerimento de interposição do recurso[149] e parecer do M.P.); e,
- Oficiosidade da execução.

[147] RDES, julho-dezembro 2006, pág. 209. Segue-se-lhe o estudo sobre o mesmo tema no direito brasileiro, que se encontra muito desenvolvido, da autoria de Yone Frediani.

[148] Curso de Direito Processual do Trabalho, Suplemento do Boletim da Faculdade de Direito de Lisboa, 1964, pág. 91.

[149] A especificidade de juntar a alegação ao requerimento de interposição ficou ultrapassada face à reforma dos recursos em processo civil operada pelo DL 303/2007, através da qual, como escreve o Cons. Cardona Ferreira *passa a ser regra interpor e alegar (com conclusões), como acto inicial global da fase de recurso: novos arts. 684º-B, nºs 1 e 2, e 685º-A, nº 1* Guia de Recursos em Processo Civil – O Novo Regime Recursório Civil, Coimbra Editora, 2007, pág. 149.

Por sua vez, Isabel Alexandre, no seu estudo sobre o mesmo tema dos Princípios Gerais do Processo do Trabalho[150], desenvolve os seguintes: gratuitidade ou baixo custo; não obrigatoriedade de assistência de advogado ou procurador; possibilidade de representação das partes; celeridade; simplicidade da tramitação; imediação; oralidade; publicidade; concentração; unidade de instância; intervenção eventual de assessores ou peritos; igualdade real das partes; equidade; possibilidade de *condemnatio extra vel ultra petitum*[151].

Álvaro Lopes-Cardoso ainda salienta mais os princípios do direito de acesso aos tribunais, da legalidade das formas processuais, do prazo razoável, da adequação formal, da aquisição processual, da boa fé processual, da celeridade processual, do contraditório, da concentração, da cooperação – colaboração das partes *(jus postulandi)* –, do dispositivo, da economia processual, da igualdade das partes, da imediação, da oralidade, do inquisitório, da livre apreciação da prova, da preclusão e autorresponsabilidade das partes[152].

Entendemos ainda que é marcante do direito do processo laboral o princípio da indisponibilidade de alguns direitos de que o próprio titular e como parte do processo não pode abdicar.

Ainda haverá que salientar que alguns dos princípios do direito processual contraordenacional, em parte derivados do processo penal, igualmente, se inserem no direito processual laboral numa aceção mais lata. E isto no tocante à estrutura do processo e no que tange à prossecução processual e ainda relativos à prova e à forma[153] na sequência dos recursos da decisão das autoridades administrativas.

3. Caraterização face ao novo CPC

Como já foi ventilado, a grande reforma do processo civil levada a efeito em 2013 e coroada pela aprovação de um novo Código, bem como a anterior reforma de 1995/96, incorporaram alguns dos princípios fundamentais e até figuras características e específicas do processo laboral

[150] No citado volume II de Estudos em Homenagem ao Prof. Raúl Ventura, pág. 849.

[151] Condenação em pedido diferente ou para além do pedido formulado pelo autor – cfr. art. 74º do CPT.

[152] Cit. Manual de Processo do Trabalho, pág. 27.

[153] Para maior desenvolvimento, v. Germano Marques da Silva, Curso de Processo Penal, 4ª ed., vol. I, Verbo, Lisboa, 2000, pág. 49 e sgs.

que, em consequência, passaram a ser comuns aos dois ramos de direito processual.

Encontram-se em tal situação, desde logo na perspetiva do ritualismo ou desenvolvimento da instância, a forma única de processo declarativo que passou a ser apenas a comum [154]; a indicação dos meios probatórios com os articulados; a fundamentação dos recursos com a respetiva interposição e o reforço dos poderes de gestão processual do juiz. No domínio dos grandes princípios, poderá dizer-se que passaram a ser apanágio de ambos os ramos do direito processual, os princípios da celeridade processual, da simplicidade das formas e da tentativa da descoberta da verdade material.

Cremos, no entanto, que continuam a existir diferenças específicas entre os dois ramos de direito processual, que bem justificam a autonomia legislativa e a manutenção dos dois códigos, bem como a sua autonomia conceptual e até pedagógica. Na verdade, o direito processual laboral:

- Deriva do direito do trabalho e o seu âmbito de aplicação fica ao redor das relações laborais subordinadas (bilaterais e coletivas), as quais preenchem uma grande parte das situações jurídicas das sociedades modernas e que, pela sua natureza, bem se distinguem das restantes e diversificadas relações privadas, às quais se aplica o processo civil;
- Regula processos que correm oficiosamente (promovidos pelo próprio Estado, como ente público, através do Ministério Público) como é o caso dos principais processos emergentes de acidente de trabalho (art. 99º), do processo para declaração de nulidade de disposição de convenção coletiva (nº 2 do art. 186º-G); e da ação de reconhecimento da existência de contrato de trabalho (art. 186º-K);
- Contém, pelo menos uma forma processual peculiar: a dos processos emergentes de acidente de trabalho e de doença profissional que podem ter a estrutura de um processo civil ou de partes, mas em que prevalece a formulação inquisitorial e da oficiosidade (arts. 100º, 105º, 117º, 142º e 155º);
- Prossegue mesmo a verdade material, pois ao contrário do que acontece no novo processo civil, a sentença condenatória pode ultrapassar o pedido, quer em quantidade, quer em qualidade (art. 74º);

[154] Não considerando que do saneamento previsto para as ações de valor não superior a metade da alçada da Relação (art. 597º) emerge uma diferente forma processual.

- Continua a fazer prevalecer a conciliação em relação ao julgamento, nomeadamente para manter a relação de trabalho entre as partes e até para facilitar a concretização de nova relação laboral;
- Ainda a gratuitidade tendencial em alguns processos, como nos principais processos emergentes de acidente de trabalho e de doença profissional e em relação aos trabalhadores ou familiares em certas situações (art. 4º, alínea *h)* do RCP).

4. Natureza

Através do processo civil, visa-se essencialmente obter a composição do litígio. Mas o direito processual do trabalho pretende ir mais longe, nomeadamente durante a vigência da relação laboral, procurando uma composição pacificadora entre a empresa e o seu trabalhador, donde privilegia a **conciliação**, que tem momentos determinantes logo no início da lide, mas sempre possível quando seja desejada (CPT, arts. 51º, 61º, 70º, 108º...).

Todavia, tal *ratio legis* encontra-se ultrapassada nos casos em que se impugna o despedimento. Hoje em dia, na prática, a desconformidade do ordenamento jurídico-laboral com a dinâmica realidade no setor privado é tão gritante e o mau relacionamento entre as partes é já tão profundo (e a compensação legal e o subsídio de desemprego são tão apetecíveis) que a possibilidade de conciliação no sentido de conservar a relação de trabalho (como a lei processual continua a pretender) é praticamente nula. Por conseguinte, a conciliação que amiudadas vezes se alcança, é no sentido de pôr cobro ao processo judicial, mediante compensação pecuniária e, raramente, se consegue acordo no sentido de o trabalhador continuar ou voltar ao mesmo emprego. E, naturalmente, se for sentenciada a reintegração do trabalhador despedido[155]em empresa privada, o litígio (em vez de ficar resolvido) ainda mais se agrava[156].

De qualquer modo, no direito processual laboral ainda se vislumbra uma maior preocupação com a **celeridade** e amplitude para alcançar a paz social entre os sujeitos laborais (singulares e coletivos), cujos interesses são opostos, mas também convergentes. E estes, que passam pela manutenção e desenvolvimento da organização empresarial, nos tempos que correm

[155] Nos termos do art. 389º, nº 1, *a)* do Código do Trabalho.

[156] Nas relações laborais do setor público e para-público tudo é diferente, já que os interesses dos gestores e dos colegas de trabalho são, essencialmente, individuais.

de precariedade, de terciarização e de internacionalização, serão, algumas vezes, os mais relevantes.

Na dicotomia entre direito público e direito privado, utilizando na destrinça qualquer dos critérios possíveis, concluiu-se, como todo o direito processual, que o do trabalho se insere na esfera do **direito público**. Efetivamente, sendo o tribunal um órgão de soberania, integra-se no Estado e a sua ação não pode deixar de prosseguir o interesse público (da segurança e paz social), embora, no imediato, dirima interesses privados.

5. Características

As características próprias que bem distinguem o direito processual do trabalho do direito adjetivo civil e penal resultam da aplicação (ou adequação) de muitos dos princípios já assinalados, que andam ao redor da ideia de proteção do trabalhador, como sendo a parte mais fraca, na sua relação com o empregador.

Desde logo, não pode deixar de caracterizar o processo laboral a **tipicidade dos seus processos especiais**, como se prevê no art. 21º e a partir do art. 98º-B até ao último artigo do CPT. Procura-se, assim, a melhor adequação e a maior celeridade acima referida.

Também são evidentes no processo laboral algumas especificidades, quanto aos **pressupostos processuais**, como decorre dos arts. 2º a 20º do mesmo CPT e, adiante, se desenvolverá.

Ainda são notórias algumas diferenças nas **citações e notificações**, nomeadamente no que tange à comunicação dos atos, *maxime* da sentença, diretamente às partes e, em certos casos, a certas entidades, concretizando o seu envolvimento processual e a sua imediação em prol da relação laboral bilateral, que é eminentemente pessoal ou *intuitu personae*.

Uma destas características concretiza-se na atribuição da **natureza de urgência** em diversos tipos de processos, como é o caso das ações de impugnação de despedimento, de despedimento de representantes sindicais ou de membros das comissões de trabalhadores, das emergentes de acidentes de trabalho e doenças profissionais e das recentemente criadas ações de regularidade e licitude do despedimento e de reconhecimento da existência de contrato de trabalho (art. 26º do CPT)[157].

[157] Na redação conferida pela Lei nº 63/2013, de 27 de agosto.

Igualmente a **oficiosidade** de algumas destas ações e, inclusive, de procedimentos cautelares, constitui outra característica própria do direito processual do trabalho (nº 3 do mesmo art. 26º). Numa perspetiva similar e em conexão, o processo laboral não deve permitir que a verdade formal prevaleça sobre a verdade material. Como escreveu Albino Mendes Baptista, *o juiz laboral deve procurar com especial empenho a verdade material, explorando todas as vias possíveis para a obter*[158]. Mas não deverá sempre presumi-la.

A possibilidade do juiz, nos termos do art. 27º do CPT, de ordenar a **intervenção no processo** "até à audiência de discussão e julgamento" ... "qualquer pessoa" ou determinar a realização de atos para suprir algum pressuposto processual e ainda convidar as partes a completar ou corrigir articulados, igualmente constituíam características singulares do processo laboral, ainda que, agora, também passam a estar contempladas no processo civil, como já referido.

Também é uma singularidade própria deste processo, nomeadamente perante o teor do art. 265º do CPC, a concessão de especiais poderes ao autor da ação, que em regra é um trabalhador, tendo este a possibilidade de **cumular ou aditar novos pedidos e causas de pedir**, mesmo relativamente a factos que possam ter ocorrido antes de interposta a ação judicial, embora neste caso tenha de haver justificação (art. 28º).

São ainda características próprias do nosso direito processual do trabalho as **limitações às modificações subjetivas da instância** por parte dos trabalhadores – art. 29º. Em regra, o trabalhador não pode ceder a sua posição processual (usualmente como autor), ficando, portanto, impedido, por este modo de transmitir todos os seus créditos ainda que litigiosos. Poderá, no entanto, ceder alguns dos seus créditos, na medida em que sejam penhoráveis, nos termos do art. 280º do Código do Trabalho e 738º, nº 1 do CPC. Igualmente na defesa dos interesses do trabalhador, no processo laboral, a parte contrária apenas pode ser substituída em caso de "transmissão global do estabelecimento", como se estatui no nº 2 do mesmo art. 29º.

Tornam-se ainda visíveis as especificidades no que tange à **admissibilidade da reconvenção** (em geral deduzida pelo empregador) que fica bastante limitada, pois só é possível quando assente em factos articulados

[158] O Código do Trabalho e a Jurisdição Laboral, estudo publicado na revista Minerva, ano I, nº 2 – 2003, pág. 80.

pelo autor, caso "o valor da causa exceda a alçada do tribunal" e desde que o pedido do réu não corresponda a processo diferente (art. 30º).[159]

Além disto ainda se pode apontar como característica própria do processo laboral, a maior facilidade na **apensação de ações**, precisamente para se obter maior celeridade e economia no andamento do processo. Tal apensação, como se prevê no art. 31º, pode efetivar-se mediante decisão do juiz ou a requerimento do magistrado do M.P., para além da iniciativa de alguma das partes como acontece no processo civil (art. 267º do CPC). Todavia, como já se julgou no T.R.C., "a apensação de ações não implica, necessariamente, que cada uma das ações perca a sua autonomia, a individualidade própria, de que dispunha antes da apensação" e por isso a autora de uma não passa a ser a autora de outra, para além de cada uma delas poder depor como testemunha da outra[160].

Há ainda que relembrar a singular faculdade de o juiz, perante as provas evidenciadas, poder **condenar para além do pedido** ou até mesmo em objeto diverso (*condemnatio extra vel ultra petitum*).

Por último, não deverá ainda olvidar-se que o direito processual laboral se tem caracterizado pela **inovação e experimentalismo**, vindo muitas das suas renovações, pese embora a subsidiariedade, a serem adotadas pelo direito processual civil, ao longo das últimas décadas. Nesta senda, foi lamentável que na recente revisão do CPT não tivessem sido considerados quaisquer novos procedimentos e até diferentes atos processuais aproveitando as facilidades concedidas pela telemática, para além de outras.

Mas face aos fortes ventos de mudança que se fazem sentir e à evidência das necessidades, é crível e desejável, que um novo CPT, num articulado límpido, volte a manter a tradição, inovando, avançando e utilizando a inteligência artificial, nomeadamente na instalação do balcão virtual, para permitir o imediato contacto por videoconferência; na quebra ou redução do circuito entre juiz e secretaria e na direta comunicação com os mandatários; na indicação de soluções em casos análogos; disponibilização de modelos para uso compartilhado; autenticidade de documentos e acesso imediato a outros processos, etc [161]. Naturalmente, tanto quanto

[159] Para desenvolvimento, Jerónimo de Sousa, O pedido reconvencional na ação comum declarativa e na AIRLD, estudo inserido no PDT, 2022-II, pág. 213.

[160] Ac. de 31/03/2011, [Rel. Des. Felizardo Paiva] in C.J., Ano XXXVI, Tomo II/2011, pág. 74.

[161] V. estudos de Nuno Líbano Monteiro e Paulo Farinha Alves, *in* Inteligência Artificial e Direito, Almedina, Coimbra, 2022, pág.s 113 e 197 e sob coordenação de Manuel Lopes Rocha e Rui Soares Pereira, Inteligência Artificial & Direito, Almedina, Coimbra, 2022.

possível, observando as recomendações sobre a inteligência artificial da União Europeia, plasmados na Proposta de Regulamento do Parlamento e do Conselho que estabelece regras harmonizadas em matéria de inteligência artificial (Regulamento Inteligência Artificial) e altera determinados atos legislativos da União, de 21-04-2021[162] e da OCDE "Recommendation of the Council on Artificial Intelligence"[163].

[162] https://eur-lex.europa.eu/legal-content/PT/TXT/HTML/?uri=CELEX:52021PC0206&from=EN

[163] www.oecd.org

VII
Pressupostos Processuais

1. Ideia e elenco no processo em geral

Rememorando, os pressupostos processuais são os requisitos prévios ao processo, ou, melhor, os pré-requisitos necessários para a instauração válida e eficaz do processo, portanto, que permitam a sua admissibilidade para que o tribunal possa apreciar o mérito ou fundamento da causa. Em regra, cabe ao juiz, na fase do saneamento do processo e depois das partes exporem as suas posições nos articulados, verificar se tais pressupostos se encontram reunidos e, em alguns casos, providenciar pela sua sanação, se possível for.

Estabelecidos para o processo civil, e lembrando que tais pressupostos processuais podem ser relativos às partes, ao tribunal e até ao objeto da causa, para além de positivos ou negativos[164] e até gerais (para todos os processos) e especiais e ainda absolutos e relativos [165], podemos proceder à sua síntese do seguinte modo:

- *Competência do tribunal*: internacional e interna (quanto à matéria, à hierarquia, ao valor (e forma) e território) – CPC, art. 64º e sgs.;
- *Personalidade judiciária* – CPC, arts. 11º a 14º;
- *Capacidade judiciária* – CPC, arts. 15º a 29º;
- *Legitimidade das partes*: singular e plural – CPC, arts. 30º a 39º; Litisconsórcio: voluntário – CPC, art. 32º e necessário – CPC, art. 33º; Coligação ou conjunção de partes – CPC, art. 36º;

[164] Para desenvolvimento, Jorge Augusto Pais de Amaral, Direito Processual Civil, 2013, 11ª ed., Almedina, Coimbra.

[165] João de Castro Mendes e Miguel Teixeira de Sousa, ob. cit., pág. 54.

- *Interesse processual* (em agir ou indispensabilidade do recurso a tribunal ou tutela jurídica) – CPC, arts. 286º, nº 1 e 277º *d) a contrario*;
- *Patrocínio judiciário* – CPC, art. 40º; e
- *Proteção jurídica e apoio judiciário* – Lei nº 34/2004, de 29 de julho[166].

2. Capacidade judiciária

No que se refere às condições inerentes às partes para poderem estar em juízo (pressupostos processuais), algumas especificidades são visíveis no processo laboral.

É o caso da capacidade, pois os **menores** com 16 anos de idade, em consonância com o disposto nos arts. 68º e 69º do CT, podem litigar diretamente como autores, de harmonia com o art. 2º, nº 1, do CPT, diferentemente (ou não) do que acontece no âmbito do processo civil (art. 15º, nº 1 e 2).

Ainda os menores com idade inferior a 16 anos poderão estar em juízo representados pelo MP (e não por advogado) "quando se verificar que o seu representante legal não acautela judicialmente os seus interesses". Tal verificação terá de ser feita pelo próprio magistrado do MP, que a justificará perante o tribunal e ficando sujeita ao contraditório.

Não havendo uma correspondência ou identidade, há algum relacionamento com a capacidade (jurídica) para a celebração do contrato de trabalho, conforme é delineada nos arts. 68º e 69º do Código do Trabalho.

Para além da capacidade judiciária ativa conferida aos menores pela lei processual laboral, esta ainda permite que as **estruturas de representação** coletiva dos trabalhadores[167] *"ainda que destituídas de personalidade jurídica"* possam estar em juízo, ativa e passivamente. Cremos, que o legislador não está a conceder tal prerrogativa a todas as organizações ou grupos de trabalhadores, incluindo os que o são apenas de facto e, portanto, sem registo oficial e sem personalidade. Está, outrossim, a pensar naquelas estruturas que apenas encetaram o processo para o seu reconhecimento jurídico sem o terem concluído ainda. Aliás, a nível comunitário, quer o **conselho de empresa**, quer o procedimento de informação e consulta não carecem de

[166] Ainda se pode mencionar a *perempção* para quando o autor, sendo titular de um direito já não o pode exercer judicialmente.

[167] Tais estruturas são as associações sindicais, as comissões e subcomissões de trabalhadores, os representantes dos trabalhadores para a segurança e saúde no trabalho, os conselhos de empresa europeus e os procedimentos de informação e consulta (art. 404º do CT).

ter personalidade jurídica[168]. O mesmo acontecia com as comissões de trabalhadores, que não usufruíam de personalidade jurídica até ao Código do Trabalho (arts. 462º, no Código de 2003, e 416º no de 2009) e ainda assim detinham capacidade judiciária.

3. Legitimidade

Relativamente ao interesse direto em demandar ou em contradizer, ou seja, quanto à legitimidade aplica-se o previsto no CPC, nos arts. 30º e sgs., sendo apenas de evidenciar algumas regras específicas no caso do litisconsórcio de trabalhadores, nas ações de anulação e interpretação de cláusulas de convenções coletivas e nas ações que respeitarem a interesses coletivos dos trabalhadores, conforme estabelecido nos arts. 3º a 5º do CPT.

Recentemente, também as "organizações cujo fim seja a defesa ou a promoção dos direitos e interesses dos trabalhadores da União Europeia e dos membros das suas famílias, relativos ao exercício da liberdade de circulação ... têm legitimidade processual para intervir em representação da pessoa interessada, desde que" se insiram nas suas atribuições e estejam mandatadas pela pessoa interessada[169].

Em situações de prestação de **trabalho em grupo** ou em conjunto, em que haja interdependência[170] como seja numa orquestra, numa companha ou numa "empreitada", pode qualquer um dos trabalhadores, de conformidade com o disposto no art. 3º do CPT, fazer valer os seus direitos no tribunal do trabalho, ultrapassando, assim, as regras do litisconsórcio necessário, embora deva indicar os demais interessados "para no prazo de 10 dias intervirem na ação". Esta notificação poderá ser edital em caso de desconhecimento das moradas. Os trabalhadores que não vierem a intervir no processo terão os seus interesses defendidos pelo magistrado do MP junto do tribunal. Em consequência a decisão que vier a ser proferida "constitui caso julgado em relação a todos os trabalhadores", como se estatui no art. 78º, nº 1, do mesmo CPT.

[168] Apenas terão de dar conhecimento do acordo instituidor "aos serviços competentes da área laboral", cfr. arts. 9º a 11º da Lei nº 96/2009, de 3 de setembro.

[169] Art. 3º da Lei nº 27/2017, de 30 de maio, que transpôs a Diretiva 2014/54/UE, que aprovou medidas no âmbito da livre circulação de trabalhadores.

[170] Cfr. Maria do Rosário Palma Ramalho, Tratado de Direito do Trabalho, Parte II, 6ª ed. Almedina, Coimbra, 2012, pág. 250.

A este propósito assinala-se ainda que os juízos do trabalho terão competência para conhecer "das questões entre trabalhadores ao serviço da mesma entidade, a respeito de direitos e obrigações que resultem de atos praticados em comum na execução das suas relações de trabalho ..." (art. 126º, nº 1, *h)* da LOSJ).

Por sua vez, no art. 4º do CPT legitima-se a intervenção não só das entidades outorgantes das convenções coletivas de trabalho[171], como seria lógico, "bem como dos trabalhadores e dos empregadores diretamente interessados" nas ações judiciais "respeitantes à anulação e interpretação de cláusulas daquelas convenções"[172]. Naturalmente, serão interessados os trabalhadores e as empresas a quem se aplique a convenção, de harmonia com o princípio da filiação, consagrado no art. 496º do Código do Trabalho. Já não são diretamente interessados os antigos trabalhadores ou empregadores que deixaram de estar abrangidos pela convenção, incluindo os trabalhadores reformados e as suas associações[173].

Ainda, no artigo seguinte, se confere legitimidade às associações sindicais[174] e de empregadores nas ações relativas "aos **interesses coletivos** que representam"[175], para além daquelas poderem representar e substituir trabalhadores em certas ações. Conforme o Conselheiro Ribeiro Cardoso, tais interesses coletivos são "os pertencentes a um grupo, classe ou categoria indeterminada, mas determinável de indivíduos, ligados entre si pela mesma relação jurídica básica, e válida e legalmente associados. São interesses de uma categoria, grupo ou classe de pessoas, não se reduzindo a um mero somatório de interesses"[176]. Procurando concretizar tal legitimidade, afigura-se curial a decisão tomada no sentido de que "as associações

[171] Código do Trabalho, art. 2º, nº 3 e 485º e sgs.

[172] Regulada especialmente nos arts. 183º a 186 do CPT.

[173] Sobre a ilegitimidade de uma destas associações, v. Ac. do STJ, de 14-01-2016 (Rel. Cons. Melo Lima) [dgsi].

[174] V. Ac. do STJ, de 22-01-2003, Col. Jur., STJ, 2003, I, pág. 256. Nos domínios do CPT anterior v. Ac. do STJ, de 18-11-1998, Col Jur., 1998, S III, pág. 271. As associações sindicais são os sindicatos, as uniões, as federações e as confederações (art. 442º, nº 1 do CT).

[175] Cfr. CT, art. 443º, nº 1, *d)*, onde se reconhece às associações sindicais e de empregadores o direito a iniciar e a intervir em processos judiciais. Para desenvolvimento, João Reis, A Legitimidade do Sindicato no Processo, *in* Estudos em Homenagem ao Professor Manuel Alonso Olea, Almedina, 2004, pág. 385.

[176] *In* sumário do Ac. do STJ, de 03-03-2016. V. também Ac. do STJ, de 22-04-2015 (Rel. Cons. Gonçalves Rocha) [dgsi].

sindicais podem exercer o direito de ação no que respeita à violação de direitos individuais, mas com caráter de generalidade, ou seja, que respeitem à maioria dos trabalhadores seus associados"[177].

Mas não será fácil enquadrar nesta norma do nº 1 do art. 5º as ações judiciais movidas por sindicatos (que não sejam integráveis no disposto no artigo antecedente), porquanto os trabalhadores destinatários, que são pessoas, não poderão serem surpreendidos com uma decisão, que, para todos ou alguns, pode ser desfavorável[178].

Como aludido, podem ainda, mas apenas as associações sindicais, exercer o direito de ação, **em representação** de trabalhadores seus associados ou em substituição de outros trabalhadores que autorizem tal exercício, nos processos movidos contra o empregador por medidas tomadas por este:

a) contra dirigentes daquela associação sindical ou que nela exerçam qualquer cargo (seccionista, por exemplo);
b) contra representantes eleitos dos trabalhadores (nas comissões de trabalhadores, na representação para a segurança e saúde no trabalho e nos conselhos europeus); e,
c) nas ações respeitantes à violação genérica de direitos individuais da mesma natureza de trabalhadores seus associados (como por ex. redução de um subsídio que era pago a todos).

Aquela autorização à associação sindical pode ser tacitamente presumida mediante uma comunicação por escrito da associação sindical dirigida ao trabalhador.

Mas ainda em "ações que estejam em causa interesses individuais dos trabalhadores ou dos empregadores", igualmente as respetivas associações podem intervir como **assistentes**, mas desde que tal seja aceite pelas partes correspondentes e revelem legitimidade e interesse em intervir, o que poderá acontecer, por exemplo, na aplicação de uma cláusula convencional em certo sentido[179].

[177] Ac. do TRP, de 17-04-2023, Proc. 2628/22.9T8AVR.P1, Rel. António Luís Carvalho.

[178] Para desenvolvimento, v. Manuela Fialho, Legitimidade processual laboral – apontamento, PDT, 2016 – II, pág. 187 e José Eduardo Sapateiro, Anotação ao Ac. do TRE de 16-01-2020, PDT, 2020-I, pág. 79.

[179] A posição processual da assistência encontra-se configurada e regulada no art. 326º e sgs. do CPC.

Na esteira do preceituado no art. 413º do Código do Trabalho, que prevê a justificação e controlo judicial em matéria de confidencialidade de informação[180] a prestar às estruturas de representação coletiva dos trabalhadores, confere-se (no nº 6 ainda do art. 5º) a correspondente legitimidade a estas organizações.

Ainda no que se refere aos processos para **controlo da legalidade da constituição e dos estatutos das associações** sindicais, de empregadores e das comissões de trabalhadores, que por força do direito internacional[181] (e dos art.s 439º e 447º do CT) pertencem aos tribunais (e não à administração pública) é dada legitimidade expressa ao MP (no novo art. 5º-A do CPT). O mesmo acontece nas ações para apreciação do teor de cláusulas sobre igualdade e não discriminação[182] inseridas no texto das convenções coletivas de trabalho (art. 479º do CT).

Haverá que distinguir a assinalada **legitimidade do MP** como representante do Estado (e do Povo que este representa), nomeadamente para propor as ações judiciais referidas, do seu papel no exercício do patrocínio judiciário dos trabalhadores ou de outras pessoas e entidades como referido no art. 7º, o qual pode ser recusado nas condições previstas nos dois artigos seguintes.

Este patrocínio inclui a possibilidade de tentar solucionar o litígio extrajudicialmente. Se tal acontecer, haverá necessidade de lavrar um texto consubstanciando o acordo alcançado, porventura com prestações pecuniárias a pagar no futuro. Face ao novo elenco de espécies de títulos executivos traçado no art. 703º do CPC e olvidando-se que tal texto pode assumir a forma de auto de conciliação (art. 88º-B) punha-se a questão de saber se assumia ou não a categoria de título executivo, pois não era um dos "documentos exarados ou autenticados, por notário ou por outras entidades ou profissionais com competência para tal...". Mas, por força da nova alínea *c)* do art. 88º, tais textos também passaram a servir de base à execução.

4. Competência internacional

Já no que concerne à competência, há algumas peculiaridades a salientar. A competência internacional dos tribunais do trabalho é muito alargada, pois, no art. 10º, nº 1, para além das regras da competência territorial nacio-

[180] Prevista e disciplinada nos arts. 186º-A a 186º-C do CPT.

[181] Convenção da OIT nº 98, de 1949, ratificada pelo DL 45.758, de 12 de junho de 1964.

[182] Prevista e regulada nos arts. 186º-G a 186º-I.

nal (do art. 13º e sgs.) estende os elementos de conexão aos casos em que algum *facto que fundamente a causa de pedir tenha ocorrido no território nacional*, como seja, por exemplo, a celebração do contrato de trabalho[183]. Será, no dizer de Miguel Teixeira de Sousa, um caso de "competência internacional exorbitante".[184]

Ainda serão territorialmente competentes os tribunais do trabalho portugueses em litígios derivados de ***destacamento*** para o estrangeiro de trabalhadores (portugueses ou não) contratados por empresa estabelecida (com ou sem sede) em Portugal[185].

Igual competência acontecerá nos dissídios dos *conselhos de empresa europeus e dos procedimentos de informação e consulta* quando a empresa mãe do grupo tenha sede em Portugal ou quando tal dissídio se trave com a empresa cá sediada.

Porém, na esteira do disposto no art. 62º do CPC, há que ter em conta o direito internacional, incluindo o **direito comunitário**, que, em caso de divergência, prevalecerá também nesta matéria. Apontavam-se as Convenções de Bruxelas e de Lugano respeitantes à Competência Judiciária e à Execução de Decisões em Matéria Civil e Comercial[186]. Atualmente e desde 2015, vigora o Regulamento (UE) nº 1215/2012, de 12 de dezembro [187], inserindo como regra básica, que "as pessoas domiciliadas num Estado-Membro devem ser demandadas, independentemente da sua nacionalidade nos tribunais desse Estado-Membro", ficando sujeitas às regras de competência aplicáveis aos nacionais (art. 4º).

No que concerne à **competência em matéria de contratos individuais de trabalho** (secção 5), se o requerido não tiver domicílio na União aplicam-se as regras de competência internacional internas. Mas se a entidade

[183] O regime dos direitos dos estrangeiros e conflitos de leis consta do art. 14º e sgs. do Código Civil.

[184] Manual cit., pág. 174.

[185] A figura do destacamento de trabalhadores encontra-se regulada no art. 6º e sgs. do CT.

[186] Aprovadas para ratificação pela Resolução do C.M. nº 34/91 e pela Resolução da A.R. nº 33/91. Depois da sua revisão, no que tange ao direito comunitário vigorou o Regulamento (CE) nº 44/2001, de 22 de dezembro de 2000, e a Decisão do Conselho de 15 de outubro de 2007, que, em substituição da Convenção de Lugano, aprovou a Convenção relativa à competência judiciária, ao reconhecimento e à execução de decisões em matéria civil e comercial, publicados no JOUE nº L12/1, de 16.01.2001 e JOUE, L 339/1, de 21.12.2007. O seu comentário pode ver-se em A. Neves Ribeiro, Processo Civil da UE, Coimbra Editora, 2002.

[187] Publicado no JOUE L 351/1, de 20/12/2012 já com duas alterações e também denominado Regulamento Bruxelas I *bis*.

empregadora tiver apenas filial, agência ou outro estabelecimento num Estado-Membro já se considera que nele tem domicílio. Caso tenha a sua sede num Estado-Membro pode ser acionada nos tribunais desse Estado e até de outro Estado-Membro com o qual o trabalhador tenha alguma conexão derivada da sua atividade laboral. Todavia, a entidade empregadora já só poderá demandar o trabalhador no tribunal do seu domicílio[188].

Por outro lado, há que salientar que as regras que estabelecem tal competência internacional em favor dos tribunais portugueses não podem, em princípio, ser substituídas por pactos privativos (ou atributivos) de jurisdição (art. 11º do CPT). Mas tanto aquela Convenção de Lugano, como o atual Regulamento 1215/2012, regimentam ainda a validade de tais ***pactos de jurisdição*** (art. 23º), desde que "sejam posteriores ao surgimento do litígio" ou que "permitam ao trabalhador (não ao empregador) recorrer" a outros tribunais [189].

A prestação do trabalho através da Internet levanta questões novas, em especial relativamente aos chamados **nómadas digitais**, pois será desadequado dar competência ao tribunal do outro lado do mundo.

Amiudadas vezes, com a questão de conhecer qual o tribunal do trabalho internacionalmente competente, surge a questão de saber de qual Estado será a lei aplicável, ou seja, a questão de **direito internacional privado**[190], questões estas que não podem ser confundidas.

5. Competência territorial

A competência interna de natureza territorial dos tribunais de trabalho é bastante estendida para, assim, favorecer os trabalhadores (arts. 13º a 19º). O normativo desta competência interna serve para ampliar aquela competência internacional, em detrimento do que resulta do CPC[191].

[188] Para pormenorização, v. Helena Mota, O Contrato de Trabalho Internacional, PDT, 2020-I, pág. 272 – competência judiciária internacional em matéria de contrato individual de trabalho.

[189] Para desenvolvimento, v. Isabel Alexandre, cit. Direito Processual Civil Internacional, pág. 168 segts e Castro Mendes, Manual cit., pág. 207.

[190] Para desenvolvimento e no âmbito da UE, v. o comentário do Prof. Rui Manuel Moura Ramos ao Ac. do Tribunal de Justiça (Grande Secção) de 15/5/2011, in RLJ nº 3981, jul-ago 2013, pág. 378.

[191] Cfr. Ac. do STJ, de 12-09-2007 (Cons. Pinto Hespanhol) doc. SJ200709120011554, onde ficou julgado que *a primeira parte do artigo 10º do CPT consagra o princípio da coincidência entre competência internacional dos tribunais do trabalho e a competência territorial estabelecida nos subsequentes artigos 13º a 19º*.

Desde logo, a regra geral que confere competência ao tribunal da área do domicílio do réu é, quando tal posição é ocupada pelo empregador ou pela seguradora (nos processos de acidentes de trabalho), estendida aos tribunais das circunscrições em que se situa alguma sua sucursal, agência, filial, delegação ou representação.

Nas ações emergentes de contrato de trabalho, para além do tribunal do domicílio da empresa, será ainda territorialmente competente, quer o tribunal do domicílio atual do autor, quer do local de trabalho. Na mesma linha, também as ações resultantes de acidentes de trabalho ou de doenças profissionais podem ser intentadas no tribunal do lugar em que o acidente ocorreu ou onde a doença terá sido originada, podendo também relevar o domicílio do sinistrado.

Relativamente aos processos emergentes de despedimento coletivo, o tribunal competente será o do local do estabelecimento da prestação do trabalho, que poderá ou não coincidir com a sede da empresa. Havendo vários estabelecimentos, prevalecerá o que registar mais trabalhadores despedidos (art. 16º).

Já no que tange aos litígios resultantes da prestação de serviços e bens aos sinistrados de acidentes de trabalho ou de doenças profissionais e bem assim dos que derivarem de atos e contratos contrários à legislação sindical e do trabalho correrão por apenso à ação principal (art. 17º do CPT[192]), sendo, pois, competente o tribunal por onde correr (ou jazer) tal ação.

Por último, nas ações com processo especial referentes à liquidação e partilha de bens de associações de natureza profissional e em que estas sejam as requeridas serão competentes os tribunais da área da sua sede e não do domicílio do autor, que apenas poderá prevalecer quando estiverem em causa direitos dos associados, como se impõe no art. 18º, nºs 1 e 2, ainda do CPT.

No seguimento do estipulado no art. 39º da LOSJ e ainda como *favor laboratoris*, as regras da competência territorial assumem natureza imperativa, não admitindo acordos com sentido diferente, como se estabelece no art. 19º (nulidade dos pactos de desaforamento). Todavia, como se encontra disposto no art. 102º do CPC, "a infração das regras de competência fundadas no valor da causa, na divisão judicial do território ou decorrentes do estipulado na convenção prevista no artigo 95º determina a incompetência relativa do tribunal". Tal irregularidade configura-se como uma

[192] e LOSJ, art.126º, alíneas *d)* e *e)*.

exceção dilatória, devendo ser arguida pelo réu, mas podendo ser do conhecimento oficioso, como resulta do estatuído nos arts. 103º, 104º, 577º e 578º todos do CPC.

6. Competência em razão da matéria

Conforme já aludido no capítulo IV, a competência dos juízos do trabalho, em razão da matéria, encontra-se definida nos arts. 60º e 65º do CPC e 40º e 126º da LOSJ, centrando-se nas questões originadas na celebração, cumprimento e cessação do contrato de trabalho e dos contratos equiparados, incluindo os de aprendizagem e tirocínio; nas questões suscitadas no âmbito das relações coletivas do trabalho e nas questões desencadeadas pelos acidentes de trabalho e doenças profissionais, para além da impugnação das decisões administrativas em processo de contraordenações laborais e de segurança social. Anote-se que todas estas questões são de natureza civil, como se refere no nº 1 ou à volta da responsabilidade contraordenacional, como estipulado no nº 2, ambos daquele art. 126º. Faltará, portanto, competência aos juízos do trabalho para apreciar questões do foro criminal, administrativo ou fiscal a não ser em questões prejudiciais por extensão da sua competência, como se admite no art. 20º do CPT e se desenvolverá em número posterior.

Contudo, porque na redação do texto deste art. 126º tem havido demasiado seguidismo em relação às correspondentes disposições das leis anteriores, torna-se conveniente explicitar o conteúdo das diferentes alíneas o que se passa a tentar fazer, transcrevendo o texto das alíneas que integram o nº 1 deste artigo e a explanar e seu conteúdo do modo seguinte:

***a)* Das questões relativas à anulação e interpretação dos instrumentos de regulamentação coletiva de trabalho que não revistam natureza administrativa.**

Os irct's são os que se elencam no art. 2º do CT e têm a sua disciplina nos arts. 476º e sgs. do mesmo Código. Os negociais são a convenção coletiva, o acordo de adesão e a decisão arbitral em processo de arbitragem voluntária; os não negociais são a portaria de extensão, a portaria de condições de trabalho e a decisão arbitral em processo de arbitragem obrigatória necessária.

Como estes últimos, “os não negociais”, não surgem por acordo entre os interessados, mas por via administrativa e até com grande carga política[193] sendo a sua emissão da responsabilidade do ministro responsável pela área laboral (cfr. arts. 516º, nº 2; 518º, nº 1; 509º, nº 1 e 511º, nº 1, todos do CT) o respetivo contencioso cai na alçada dos tribunais administrativos, como se prevê no art. 144º da LOSJ.

Ainda há outros irct's que revestem natureza administrativa e são o acordo coletivo de trabalho, o acordo de adesão e a decisão de arbitragem voluntária que se preveem como fontes específicas do contrato de trabalho em funções públicas, cfr. art. 13º, nº 3 e sgts da Lei Geral do Trabalho em Funções Públicas[194]. De harmonia com o estipulado no artigo anterior desta Lei, que se reporta à jurisdição "são da competência dos tribunais administrativos e fiscais os litígios emergentes do vínculo de emprego público", o que engloba as questões referentes aos irct's com natureza pública. Há, pois, plena complementaridade entre a competência material dos juízos do trabalho e dos tribunais administrativos.

Relativamente às questões sobre os irct's previstos no Código do Trabalho, há que evidenciar que elas deverão ser dirimidas através de dois processos laborais com tramitação especial. Um denominado como ação de anulação e interpretação de cláusulas de convenções coletivas de trabalho, que se regula nos arts. 183º a 186º, com determinação da legitimidade das partes no art. 4º, todos do CPT. O outro desses processos é o de declaração de nulidade de disposição de convenção coletiva em matéria de igualdade e não discriminação, previsto nos arts. 479º do CT e 186º-G, nº 2, do CPT, onde se manda que se sigam os trâmites daquele processo de anulação.

Não obstante a designação destes processos especiais se quedar pelas convenções coletivas, crê-se que também as contendas originadas em decisões de arbitragem voluntárias tomadas ao seu redor podem ser objeto de tais processos, que assim, continuarão da competência dos juízos do trabalho.

b) Das questões emergentes de relações de trabalho subordinado e de relações com vista à celebração de contratos de trabalho.

As relações de trabalho subordinado são aquelas que derivam do contrato de trabalho, tal como é definido no art. 11º do CT. E como o contrato

[193] Cfr. Resolução do Conselho de Ministros, nºs 90/2012, de 31 de outubro, alterada pela Resolução nº 43/2014, de 27 de junho, e substituída pela nº 82/2017, de 9 de junho.

[194] Aprovada pela Lei nº 35/2014, de 20 de junho, que disciplina os irct's a partir do art. 355º.

de trabalho é a fonte, por excelência, dos litígios a resolver nos juízos do trabalho mal se compreende por que as suas questões não integram logo a alínea *a)*.

Face ao enquadramento que o Código do Trabalho, na sequência da alteração introduzida pela Lei nº 13/2023, de 3 de abril, lhe confere nos seus art..s 10º e 10º-A, não restam dúvidas quanto à competência dos juízos do trabalho para julgarem os litígios suscitados nas *situações em que ocorra prestação de trabalho por uma pessoa a outra, sem subordinação jurídica, sempre que o prestador de trabalho deva considerar-se na dependência económica do beneficiário da atividade* embora melhor se enquadrem na alínea f), abaixo mencionada. De resto, a valoração jurídica de tal situação como **contrato equiparado ao de trabalho** só poderá ocorrer depois de ter havido a declaração dirigida pelo prestador de trabalho sem oposição do beneficiário da atividade.

Igualmente, os mesmos juízos se afiguram materialmente competentes para judiciarem sobre a presunção de **contrato de trabalho no âmbito de plataforma digital**, porquanto na perspetiva do novíssimo art. 12º-A trata-se de um autêntico contrato de trabalho. Naturalmente que a ação judicial deverá ser interposta contra a pessoa coletiva que presta ou disponibiliza os serviços à distância, como resulta no nº 2 daquele artigo.

Em consonância com a **responsabilidade pré-contratual** ou culpa na formação do contrato de trabalho, expressamente prevista no art. 102º do CT[195], também os litígios gerados nesta temática devem ser apreciados pelo tribunal do trabalho e não pelo tribunal civil, embora aquela figura tenha a sua base legal no CC (art. 227º).

Dentro desta mesma lógica, também os juízos do trabalho se devem considerar com competência para decidirem sobre questão de **responsabilidade civil** por danos patrimoniais ou não patrimoniais, desde que tal derive de factos ocorridos no âmbito do contrato de trabalho, pois a valorização de tais factos tem de ser feita à luz do direito do trabalho[196].

A competência material dos juízos do trabalho para estas questões (resultantes do contrato de trabalho e das diligências negociais que precedem a sua celebração) haverá de resultar da configuração dada pelo autor na sua petição. Na verdade, na esteira do nº 3 do art. 30º e 259º do CPC e como resulta do preceituado do nº 1 do art. 38º da LOSJ, "a competência

[195] E ainda nos arts. 24º, nº 1 (direito à igualdade no acesso ao emprego) e 30º (direito à igualdade e não discriminação em razão do sexo de candidato a emprego).

[196] Em sentido diferente, v. ac. do TRP, de 23-06-202, *in* CJ, 2021, III, pág. 242.

fixa-se no momento em que a ação se propõe, sendo irrelevantes as modificações de facto que ocorram posteriormente, a não ser nos casos especialmente previstos na lei". Impõe-se, pois, que o autor articule factos (e não conceitos jurídicos) no início da sua petição que, provando-se, revelem a existência de um contrato de trabalho (ou a promessa ou a vontade de o celebrar) para que se verifique a consequente competência do tribunal.

Assim, nomeadamente nas questões, hoje em dia tão recorrentes, de saber se o contrato é de trabalho ou de prestação de serviço, o juízo do trabalho só se poderá considerar materialmente incompetente (incompetência absoluta) quando o respetivo juiz formar a convicção que o contrato não é de trabalho, mas de prestação de serviço, o que acarretará absolvição da instância (ou indeferimento liminar), ou a remessa do processo para o tribunal cível competente, se requerida, tudo de conformidade e com as limitações das normas dos arts. 96º a 101º e 576º, nº 2; 577º *a)* e 578º do CPC.

No caso muito particular da cessação do contrato de trabalho ser decidida pelo administrador da insolvência, já será competente o juízo do comércio em detrimento do juízo do trabalho, de conformidade com o disposto no art. 128º, nº 1, *a)* e nº 3 da LOSJ [197].

Suscitando-se o conflito na execução do contrato de trabalho, mesmo que o pedido se alicerce basicamente no **direito civil**, achamos que o juízo do trabalho será o competente, exceto se tal pedido não seja formulado por uma das partes do contrato ou nada tenha a ver com a sua execução.

Depois de algumas tergiversações, os tribunais do trabalho têm-se considerado competentes para julgarem os litígios laborais suscitados entre trabalhadores portugueses de embaixadas em Lisboa com os respetivos Estados[198].

Na esteira da legislação anterior, nos termos do art. 12º da Lei Geral do Trabalho em Funções Públicas (Lei nº 35/2014, de 20 de junho com alterações) "são da competência dos tribunais administrativos e fiscais os litígios emergentes do vínculo de emprego público", que, além de outros, engloba o contrato de trabalho em funções públicas. Também aqui, conforme decisão do Tribunal de Conflitos, "a questão da competência em razão da matéria resolve-se de acordo com os termos da pretensão do autor..."[199].

[197] Cfr. Ac. do TRP, de 28-10-2015, (Rel. Fernanda Soares) [dgsi].

[198] Ac. do STJ, de 04-06-2014 (rel. Pinto Hespanhol) [dgsi].

[199] Ac. do Tribunal de Conflitos, proc. 08/14, de 01-10-2015.

***c)* Das questões emergentes de acidentes de trabalho e doenças profissionais.**

O regime jurídico dos acidentes de trabalho e de doenças profissionais, incluindo a reabilitação e reintegração consta, na sua essencialidade, dos arts. 281º a 283º do CT e, no seu desenvolvimento, na Lei nº 98/2009, de 4 de setembro (LAT).

Em termos básicos a reparação dos danos resultantes dos acidentes de trabalho[200] (lesão corporal, perturbação funcional ou doença de que resulte redução na capacidade de trabalho ou de ganho ou a morte) é realizada através de prestações em espécie e em dinheiro da responsabilidade (objetiva ou pelo risco) dos empregadores que, obrigatoriamente, a devem transferir para seguradoras autorizadas. Já no caso das doenças profissionais, tal responsabilidade corre pelo ISS, IP, Departamento de Proteção contra Riscos Profissionais[201]. Mas em ambos os casos o controlo jurisdicional pertence aos tribunais do trabalho sendo desenvolvido oficiosamente. Para tanto, estão previstos no CPT o processo para a efetivação de direitos resultantes de acidente de trabalho (art. 99º e sgts) e de doença profissional (art. 155º) e, bem assim, os processos para declaração de extinção de direitos resultantes de acidente de trabalho (arts. 151º a 153º) e ainda para efetivação de direitos de terceiros conexos com acidente de trabalho (art. 154º) o qual já se enquadra na alínea seguinte.

Acontece que, como previsto no art. 4º, nº 2 da Lei de aprovação do CT e no art. 148º da mencionada LAT, "a regulamentação relativa ao regime do seguro obrigatório de acidentes do trabalho dos **trabalhadores independentes** consta de diploma próprio (DL 159/99, de 11 de maio[202]). Mas como previsto no art. 7º, pode haver simultaneidade de regimes, isto é, quando o trabalhador independente exerce funções por conta de outrem e quando exerce atividade profissional por conta própria. Como no primeiro caso se presume (até prova em contrário) que o "acidente ocorreu ao serviço da entidade empregadora" estaremos perante um vulgar acidente de trabalho cuja jurisdicionalização compete ao tribunal do trabalho, de conformidade com o estabelecido na alínea *c)* que se está a cotejar.

[200] Cujo conceito é delimitado nos arts. 8º e sgts da LAT.

[201] É um departamento do Instituto da Segurança Social, IP. De acordo com a Lei de Bases da Segurança Social – Lei nº 4/2007, de 16 de janeiro – uma das proteções dadas pelo sistema previdencial é a do risco de doenças profissionais.

[202] Alterado pelo DL 382-A/99, de 22/9.

Todavia se o acidente de trabalho é sofrido por um trabalhador independente no exercício da sua atividade por conta própria[203], caso se suscite algum litígio este será travado com a seguradora que responderá diretamente, dado não haver entidade empregadora. Não havendo assim uma relação de trabalho subordinado, mas a prestação de um serviço, regulado no Código Civil (1154º a 1156º) parece legítimo questionar se o tribunal competente será o civil ou o do trabalho, até porque a norma da respetiva apólice uniforme[204] apenas se refere ao foro competente sem esclarecer qual é. Considerando que os juízos do trabalho são competentes para apreciar outras questões civis que não respeitem ao contrato de trabalho, como, por exemplo, as das alíneas *d), e), f), g)* e *n)* e considerando ainda que tal litígio só poderá ser apreciado através do mecanismo do processo especial para efetivação de direitos resultantes de acidentes de trabalho, somos da opinião que deve prevalecer a interpretação declarativa da alínea *c)*, concluindo que o tribunal do trabalho será competente também para as questões emergentes de acidentes de trabalho e doenças profissionais dos trabalhadores independentes.

Todavia, já se devem considerar os juízos do trabalho materialmente incompetentes para apreciar os pleitos resultantes do recebimento indevido de prestações pagas no convencimento de que eram devidas por acidente de trabalho, quer pelo empregador, quer pela seguradora[205]. O mesmo acontece em caso do exercício do **direito de regresso** pela seguradora (ou outrem), contra o seu segurado ou tomador do seguro, para obter o ressarcimento de despesas devidamente pagas, mas que se verificou que o acidente de trabalho se ficou a dever a falta das regras de segurança[206].

Atente-se, por último, que, paralelamente à LAT, vigora o regime jurídico dos acidentes de trabalho e das doenças profissionais ocorridos ao **serviço de entidades empregadoras públicas**, contido no DL nº 503/99, de 20 de novembro, que, naturalmente, se insere no contencioso administrativo e, portanto, fora da alçada dos juízos do trabalho. Por exemplo, o STJ

[203] Situação prevista no art. 4º, nº 2, do da Lei de aprovação do CT (Lei nº 7/2009, de 12 de fevereiro), que ainda, na alínea *b)*, manda aplicar o mesmo regime a "administrador, diretor, gerente ou equiparado, sem contrato de trabalho, que seja remunerado por essa atividade".

[204] Norma nº 14/99-R, de 16/12, com alterações, do Instituto de Seguros de Portugal, atual Autoridade de Supervisão de Seguros e Fundos de Pensões [www.asf.com.pt].

[205] Ac.s do STJ, de 14-12-2017 e do TRC, de 15-02-2022, CJ, Tomo I/2022, pág. 45.

[206] Ac. do STJ, de 13-10-2020, CJ-STJ, 2020, Tomo II, pág. 70.

julgou que "no âmbito dos hospitais E.P.E. é aplicável aos trabalhadores, com vínculo de emprego público que não tenham optado pelo regime do contrato de trabalho privado, o regime jurídico dos acidentes em serviço e das doenças profissionais no âmbito da Administração Pública, previsto no Decreto-Lei nº 503/99, de 20 de novembro, na redação resultante da Lei nº 59/2008, de 11 de setembro – que aprovou o Regime do Contrato de Trabalho em Funções Públicas" (Ac. de 03-03-2021, Proc. nº 369/18. OYZPRT.P1.S1, Rel. Paula Sá Fernandes)[207].

***d)* Das questões de enfermagem ou hospitalares, de fornecimento de medicamentos... em benefício de vítimas de acidentes de trabalho ou doenças profissionais.**

Estas questões devem ser apreciadas através de um dos processos especiais emergentes de acidentes de trabalho e de doenças profissionais, mais concretamente o processo para a efetivação de direitos de terceiro conexos com acidentes de trabalho, previsto no art. 154º do CPT.

Tal competência dos juízos do trabalho explica-se por duas ordens de razão: uma primeira, devida às especiais obrigações de prestação de cuidados de saúde aos sinistrados dos acidentes de trabalho que impendem sobre diversas entidades que poderão ser estranhas à relação jurídica (LAT, 26º, 29º, 38º e 41º) e uma segunda, que resulta da conveniência de tais processos correrem por apenso ao processo especial, onde se encontra determinada ou haverá de se determinar a entidade responsável pela reparação dos danos resultantes do acidente, que até poderá ser o Fundo de Acidentes de Trabalho.

Relativamente à cobrança dos créditos, em geral, das instituições e serviços integrados no SNS rege o DL nº 218/99, alterado pela Lei nº 64-B/2011, através dos procedimentos que poderão ser levados a cabo pelos estabelecimentos E.P.E. e S.P.A., conforme art. 93º, nº 7 do Estatuto, aprovado pelo DL nº 52/2022, de 4 de agosto.

[207] Para desenvolvimento, v. o nosso estudo sobre o regime dos acidentes em serviço e doenças profissionais na administração pública *in* Estudos em Homenagem ao Prof. Doutor Manuel Pita, Almedina, Coimbra, 2022, pág. 19.

***e)* Das ações destinadas a anular os atos e contratos celebrados por quaisquer entidades responsáveis com o fim de se eximirem ao cumprimento de obrigações resultante da aplicação da legislação sindical ou de trabalho.**

Como se sabe e resulta do disposto no art. 3º do CT, com o assinalado desígnio da proteção dos trabalhadores por conta de outrem, grande parte da legislação que disciplina o contrato de trabalho, ao contrário do que acontece com a generalidade dos contratos, é de imperatividade (absoluta ou relativa). E todas as normas do direito sindical são imperativas, exceto quando admitem o respeito pela vontade dos seus destinatários.

O mesmo acontece com as normas que regimentam as relações coletivas de trabalho, que constam do art. 404º do CT, em diante. Aliás, entendemos que aquela expressão "direito sindical", contrariando o seu significado literal, é utilizada numa aceção semelhante à de "direito coletivo", que encima este mesmo artigo. É que, em tempos recuados, o direito sindical detinha o campo que hoje é o do designado, mais elucidativamente, por direito coletivo do trabalho[208].

Nesta perspetiva, entende-se que os juízos do trabalho detêm competência material para julgar os casos em que por algum negócio jurídico, quer unilateral, quer bilateral, se procure afastar a aplicação de qualquer norma do direito coletivo do trabalho, constante dos art.s 404º ao 545º do CT, exceto quando a norma o permitir ou quando contenha algum regulamento ou ato administrativo[209], nomeadamente, no que tange aos instrumentos de regulamentação coletiva não negociais.

***f)* Das questões emergentes de contratos equiparados por lei aos de trabalho.**

Tais contratos são os de trabalho no domicílio que, atualmente, se encontram regulados através da Lei nº 101/2009, de 8 de setembro, na

[208] V. como exemplos Juan Garcia Abellan, Introduccion al Derecho Sindical, Madrid, 1961; Mozart V. Russomano, Princípios Gerais de Direito Sindical, Rio de Janeiro e Madrid, 1975; Luis Camps Ruiz e outros, Fundamentos de Derecho Sindical, Madrid, 1977; Gino Giugni, Diritto Sindicale, Bari, 1980. Mas os fundadores da ciência do Direito do Trabalho, Alfred Hueck e Hans Carl Nipperdey, no seu Tratado de 1927-30, referiam-se ao direito coletivo do trabalho *in* Compêndio de Derecho del Trabajo, Madrid, 1963.

[209] Cuja regulamentação fundamental consta do Código do Procedimento Administrativo, aprovado pelo DL nº 4/2015, de 7 de janeiro.

esteira dos arts. 4º *c)* da Lei de aprovação do CT e 10º deste Código, onde se previnem as "situações equiparadas" ao contrato de trabalho. Nelas a prestação do trabalho é feita sem subordinação jurídica, mas havendo dependência económica. O labor é sempre desenvolvido no domicílio ou em instalações do trabalhador, podendo este adquirir a matéria-prima ou esta ser fornecida pelo beneficiário, que é normalmente uma empresa. O trabalhador, não só pode ser ajudado por familiares, mas ainda atuar em conjunto com outros trabalhadores em situação idêntica.

A esta situação clássica, como referido, acima, na alínea b), também se juntam e seguem o mesmo regime as restantes situações em que ocorre prestação de trabalho com autonomia jurídica, mas com dependência económica em mais de 50% e que tenha havido declaração ao beneficiário, como, agora, se preceitua nos art.s 10º a 10º-B do Código do Trabalho.

***g)* Das questões emergentes de contrato de aprendizagem e de tirocínio.**

Crendo que o legislador não disse tudo o que pretendia dizer, igualmente se deverá considerar o tribunal do trabalho competente para apreciar os litígios derivados dos contratos de praticante e de estágio ou outros da mesma índole. O que se prevê nesta alínea são os contratos não classificados como verdadeiros contratos de trabalho, ainda que em todos se contemple a prestação de trabalho subordinado e se estabeleça alguma retribuição, mas tendo como seu escopo principal a aprendizagem ou a formação profissional e não a prestação do trabalho[210].

***h)* Das questões entre trabalhadores ao serviço da mesma entidade, a respeito de direitos e obrigações que resultem de atos praticados em comum na execução das suas relações de trabalho ou que resultem de ato ilícito praticado por um deles na execução do serviço e por motivo deste, ressalvada a competência dos tribunais criminais quanto à responsabilidade civil conexa com a criminal.**

Em suma, nesta alínea prevêem-se os litígios entre um grupo de trabalhadores e o seu empregador e os litígios que no seio da empresa resul-

[210] O elenco e a regulamentação destes contratos podem alcançar-se no sítio do Instituto do Emprego e Formação Profissional [www.iefp.pt]. Através do DL nº 13/2015, de 26 de janeiro, são definidos os objetivos e os princípios de política de emprego.

tem apenas do relacionamento entre os seus trabalhadores, portanto, sem a intervenção do empregador, que não caiam no foro criminal.

Na primeira situação teremos o caso do trabalho prestado por um grupo de trabalhadores, como, por exemplo, através de uma orquestra ou através de uma "empreitada" em contrato no domicílio. Em tal eventualidade, processualmente, os demandantes poderão atuar em regime de litisconsórcio ou individualmente, como se prevê no art. 3º do CPT.

Na segunda situação prevê-se o pedido de responsabilização de um trabalhador contra outro da mesma empresa que, no seu trabalho tenha praticado um ato ilícito, como por exemplo alguma forma de discriminação ou ordem ou comunicação indevidas geradoras de danos morais ou materiais. Porém, se tal ilicitude gerar responsabilidade criminal, como no caso de ofensas corporais, já o pedido de indemnização civil terá de ser deduzido em processo-crime, nos termos do art. 71º e sgts do Código do Processo Penal e o tribunal do trabalho não será o competente[211].

***i)* Das questões entre instituições de previdência e abono de família e seus beneficiários, quando respeitem a direitos, poderes ou obrigações legais, regulamentares ou estatutários de umas ou outras, sem prejuízo da competência própria dos tribunais administrativos ou fiscais.**

Através desta alínea *i)* confere-se a necessária competência aos juízos do trabalho para apreciarem os processos especiais relacionados com o contencioso de instituições de previdência e abono de família, previstos nos arts. 162º a 182º. Apesar da nomenclatura modernizada, a disposição tinha sentido quando existiam as caixas de previdência ou de abono de família que foram sendo integradas no Instituto da Segurança Social, contra o que se deixava prever no art. 106º da Lei de Bases da Segurança Social (Lei nº 4/2007, de 16 de janeiro). Atualmente, apenas têm existência as Caixas de Previdência do Ministério de Educação (DL nº 193/97, de 29 de julho) e a dos Advogados e Solicitadores (DL nº 119/2015, de 29 de junho) cuja tutela do Estado as faz integrar na previsão do art. 77º daquela Lei, estabelecendo a "reação contenciosa nos termos do Código de Processo nos Tribunais Administrativos". Aliás a questão já foi debatida no Tribunal de

[211] À semelhança do fixado no art. 72º, nº 2, do CPP, a apresentação do processo no tribunal do trabalho equivale à renúncia do direito à apresentação de queixa crime.

Conflitos[212] que concluiu serem os tribunais administrativos os competentes para conhecer de um litígio entre a CPAS e um seu beneficiário, considerando ser "relevante a natureza pública das instituições de segurança social para determinar a ordem dos tribunais que deve intervir".

Parece, assim, que esta alínea *i)* se encontra esvaziada de conteúdo jurídico, pois os juízos do trabalho, atualmente, nesta matéria apenas detêm a competência assinalada no nº 2 deste art. 126º, a que abaixo se faz referência.

***j)* Das questões entre associações sindicais e sócios ou pessoas por eles representados, ou afetados por decisões suas, quando respeitem a direitos, poderes ou obrigações legais, regulamentares ou estatutárias de uns ou de outros.**

O contencioso sindical enquadrado nesta alínea é o interno, isto é, aquele que se suscita no âmbito das relações travadas entre as associações sindicais e os seus sócios ou não sócios afetados por decisões suas. Será exercido através do processo laboral comum, conforme se estatui no art. 162º do CPT, com as especialidades previstas no nº 2 e nos artigos seguintes, respeitantes aos procedimentos para:

- Convocação de assembleias gerais;
- Impugnação de estatutos, deliberações de assembleias gerais ou atos eleitorais; e
- Impugnação judicial de decisão disciplinar.

No confronto entre este dispositivo processual e o teor desta alínea *j)* podia admitir-se que o tal contencioso interno apenas se aplicaria às associações sindicais, ficando excluído o das associações de empregadores e das comissões de trabalhadores. Mas, considerando que foi deficiente a técnica usada, deve-se concluir que nesta alínea *j)* também se confere competência ao tribunal do trabalho para apreciar e julgar os referidos litígios quando suscitados no âmbito das associações de empregadores e das comissões de

[212] Acórdão de 2 de outubro de 2008, lavrado no processo 010/08 (JUSNET 8227/2008). O Tribunal de Conflitos constituía-se ao abrigo dos art. 17º do DL 23.185, de 30/10/1933, revogado e substituído pela Lei nº 91/2019, de 4 de setembro e art. 1º, nº 3 da Lei de Organização e Processo do Tribunal de Contas (Lei nº 98/97, de 26 de agosto) e 63º, nº 3 da LOSJ e 110º, nº 3 do CPC.

trabalhadores (suas coordenadoras e subcomissões). De resto tal interpretação (extensiva) é corroborada pelo normativo da alínea *r)* onde se confere competência ao mesmo tribunal para apreciar, para além de outras, "as questões relativas ao controlo da legalidade ... *do* ***funcionamento*** e da extinção daquelas associações de empregadores e das comissões de trabalhadores", ainda que também se incluam as associações sindicais.

***k)* Dos processos destinados à liquidação e partilha dos bens das instituições de previdência ou de associações sindicais, quando não haja disposição legal em contrário.**

O processo especial que está ínsito nesta disposição é o que se regula nos arts. 173º a 182º do CPT, recentemente revogados em relação a novos processos (arts. 7º e 9º, nº 2 da Lei nº 107/2019). Também nestas disposições o legislador processual foi mais ambicioso, consignando que tal liquidação e partilha também respeitam, para além das instituições de previdência e das associações sindicais, às associações de empregadores ou às comissões de trabalhadores. Deste modo, servirão para aqui as razões acima expostas, para se concluir da competência dos juízos do trabalho também para dirimirem as questões próprias destes últimos processos.

***l)* Das questões entre instituições de previdência ou entre associações sindicais a respeito da existência, extensão ou qualidade de poderes ou deveres legais, regulamentares ou estatutários de um deles que afete o outro.**

O que se prevê nesta alínea serão as possíveis divergências entre instituições de previdência (quando havia dezenas de caixas de previdência) ou entre associações sindicais. Naquelas, atualmente, não vislumbramos tal possibilidade face à abrangência do ISS. Diferentemente entre estas associações podem, na realidade, suscitar-se diversos conflitos intersindicais, desde logo, os de reconhecimento pelos empregadores e os de representatividade dos trabalhadores associados para efeitos da contratação coletiva, em especial, na sua negociação. Igualmente podem surgir questões de representatividade pelas associações de grau superior (uniões, federações e até confederações).

m) **Das execuções fundadas nas suas decisões ou noutros títulos executivos, ressalvada a competência atribuída a outros tribunais.**

Através desta disposição deve concluir-se que os tribunais de trabalho são os únicos competentes para o controlo jurisdicional das execuções das suas decisões e bem assim das restantes que se fundamentam nos títulos executivos previstos no art. 88º do CPT, nomeadamente nos autos de conciliação.

Igualmente têm competência nas regiões autónomas para a execução das decisões em matéria de contraordenações laborais e da segurança social, bem como em condenações acessórias, nomeadamente, em créditos de trabalhadores (Lei nº 107/2009, e art. 62º-A, cfr, adiante, capítulo XXII, nº 5).

A ressalva em relação à "competência atribuída a outros tribunais" significa que os juízos do trabalho não têm tal competência nas execuções que por esses tribunais devem correr, nomeadamente pelos juízos de execução, conforme se encontra preceituado no art. 129º da LOSJ.

n) **Das questões entre sujeitos de uma relação jurídica de trabalho ou entre um desses sujeitos e terceiros, quando emergentes de relações conexas com a relação de trabalho, por acessoriedade, complementaridade ou dependência, e o pedido se cumule com outro para o qual o juízo seja diretamente competente.**

Através do normativo desta alínea confere-se competência aos juízos do trabalho também para apreciar as questões que se encontrem fortemente conexionadas com a relação de trabalho subordinado "e o pedido se cumule com outro para o qual o juízo seja diretamente competente".

A cumulação de pedidos está prevista nos arts. 82º e 555º do CPC e a extensão da competência para questões prejudiciais no art. 20º do CPT.

Deste modo, através do preceituado nesta alínea, o tribunal de trabalho, por exemplo, também será competente para julgar um pedido contra a empresa cessante no contrato de trabalho do autor, ou contra um fundo de pensões ou até contra um fornecedor de bens ou serviços à empregadora de que o trabalhador seja beneficiário.

***o)* Das questões reconvencionais que com a ação tenham as relações de conexão referidas na alínea anterior, salvo no caso da compensação, em que é dispensada a conexão.**

Por meio do texto desta alínea é, redundantemente, dada competência aos tribunais do trabalho para também conhecerem e julgarem os pedidos reconvencionais que se terão de confinar às normas dos arts. 30º (e 60º) do CPT. Naturalmente, o pedido reconvencional terá de se conexionar com a ação conforme se descreve na alínea anterior e no art. 266º do CPC, ressalvando-se o caso da compensação.

***p)* Das questões civis relativas à greve.**

Através dos tribunais do trabalho, poderão ser deduzidos pedidos cíveis no âmbito da greve relativos a indemnizações por greves ilícitas, por prejuízos causados, por abuso do direito, por desrespeito de serviços mínimos, como ainda por coação, substituição ou discriminação sobre trabalhadores grevistas (530º e sgts do CT). E até por mor da alínea *b)*, também o tribunal de trabalho terá competência para julgar tais questões quando resultem do "lock-out". Naturalmente, ficam excluídas as questões criminais, que, como é óbvio, pertencem ao foro respetivo e que podem resultar das violações previstas nos arts. 543º e 545º do CT.

***q)* Das questões entre comissões de trabalhadores e as respetivas comissões coordenadoras, a empresa ou os trabalhadores desta.**

É dada, deste modo, competência aos juízos do trabalho para dirimirem os conflitos de relacionamento entre as comissões de trabalhadores e as respetivas comissões coordenadoras (se alguma existisse) e que se prevêem nos arts. 415º, nº 4 e 435º, e sgts do CT. Entre elas e a empresa a que respeitam (art. 415º, nº 1 do CT), bem como com os trabalhadores da empresa em que a comissão se insere, que são todos seus membros, independentemente de inscrição, conforme o que se estipula no nº 3 do mesmo artigo.

Como as subcomissões de trabalhadores são estruturas de representação coletiva dos trabalhadores (art. 404º *b)* do CT) também têm capacidade judiciária, de conformidade com o estatuído logo no art. 2º-A do CPT. Assim, ainda que não referidas, parece que também o mesmo tribunal terá competência para as questões que surjam entre elas e as respetivas comissões de trabalhadores.

r) **De todas as questões relativas ao controlo da legalidade de constituição, dos estatutos e respetivas alterações, do funcionamento e da extinção das associações sindicais, associações de empregadores e comissões de trabalhadores.**

O controlo da legalidade do processo de constituição, do teor dos seus estatutos e das suas alterações respeitantes a estes três tipos de associações, que nada têm a ver com o relacionamento com os associados e terceiros, pertence ao MP conforme se dispõe nos arts. 439º, nº 1 e 2 e 447º, nº 8 do CT e 5º-A, nº 1 do CPT.

Todavia, com acima ficou expresso, já as questões derivadas do seu **funcionamento** se inserem no seu apelidado contencioso interno e terão de ser submetidas à apreciação do juízo do trabalho competente, através dos instrumentos processuais contemplados no art. 162º e sgs.

s) **Das demais questões que por lei lhes sejam atribuídas.**

Não obstante esta cláusula residual, atualmente, não se conhece nenhuma norma de algum diploma que confira competência aos tribunais de trabalho para outros casos, para além das situações em que se justifique a extensão de competência nos termos do art. 20º do CPT.

Segundo o nº 2 deste art. 126º da LOSJ, "compete ainda aos juízos do trabalho julgar os **recursos das decisões das autoridades administrativas em processos de contraordenação nos domínios laboral e da segurança social**".

Como já aludido, tais autoridades administrativas são a Autoridade para as Condições de Trabalho (ACT) e o Instituto de Segurança Social, IP (ISS) e as decisões passíveis de recurso são as proferidas no âmbito do regime processual aplicável às contraordenações laborais e da segurança social, aprovado pela Lei nº 107/2009, de 14 de setembro e alterada pela Leis nºs 63/2013, de 27 de agosto, 55/2017, de 17 de julho, 24-D/2022, de dezembro e 13/2023, de 3 de abril. O respetivo processo de recurso ou impugnação judicial é tratado adiante, no capítulo XXII.

7. Competência em razão da hierarquia e do valor

Hierarquicamente, os juízos do trabalho, integrantes do tribunal de comarca, julgam em primeira instância, como decorre do arts. 42º e 81º da LOSJ. Portanto, é através deles que, em regra, os processos se iniciam e constituem mediante a distribuição numa das espécies elencadas no art. 21º do CPT[213].

Porém, como se prevê nos arts. 12º e 201º do CPT, em consonância com o arts. 67º do CPC e 126º, nº 2, da LOSJ, ainda os juízos do trabalho têm competência para julgar os recursos das decisões (administrativas) em **processo de contraordenações laborais e de segurança social**. Assim, ao reapreciar as decisões nestas matérias tomadas pela ACT ou pelo ISS, IP, o juízo do trabalho está a decidir em segunda instância por via de recurso, embora a primeira não pertença ao foro judicial, constituindo um verdadeiro ato administrativo.

Na esteira do art. 66º do CPC e conforme resulta do disposto no art. 41º da LOSJ, atualmente, o **valor da causa** apenas pode determinar a competência do tribunal relativamente aos juízos centrais e locais cíveis, nas ações declarativas cíveis de processo comum. Portanto, nos juízos do trabalho, o valor da causa é irrelevante para efeitos da atribuição da competência, podendo apenas relevar para a admissibilidade do recurso e da reconvenção.

8. Extensão da competência

Como no processo civil (CPC, art. 92º) também no art. 20º do CPT se prevê a resolução de questões prejudiciais[214] que se suscitem em qualquer processo laboral e sejam da competência de outro tribunal (cível, comercial, criminal, administrativo ou outro, por interpretação extensiva e atualizada).

Em tal situação, o juiz do trabalho poderá ou não "sobrestar (ou seja, não prosseguir, parar) na decisão até que o tribunal competente se pronuncie", como reza a parte final do nº 1 do art. 92º (antigo 97º) do CPC. Mas tal suspensão apenas se verificará se a nova ação for interposta dentro de um mês ou se este novo processo não estiver parado por negligência

[213] Excecionalmente, os tribunais superiores podem julgar em primeira instância relativamente a certas individualidades e em certos processos, cfr arts. 68º e 69º do CPC e 55º e 73º da LOSJ.

[214] Segundo José Lebre de Freitas, "é questão jurídica prejudicial toda aquela cuja solução constitua pressuposto *necessário* da decisão de mérito, quer esta necessidade resulte da configuração da causa de pedir, quer da arguição ou existência duma exceção (perentória ou dilatória), quer ainda do objeto de incidentes em correlação lógica com o objeto do processo, e seja mais ou menos direta a relação que ocorra entre essa questão e a pretensão ou o *thema decidendum*" *in* Introdução ao Processo Civil, Coimbra Editora, 3ª ed., 2013, pág.151.

(pelo mesmo prazo). Caso não se verifiquem estes pressupostos, o juiz laboral julgará a questão prejudicial, mas tal decisão não produzirá efeitos fora do processo em que foi proferida (CPC, art. 92º, nº 2), fazendo, pois, mero **caso julgado formal**[215]. Assim, nestes casos o órgão jurisdicional laboral assume capacidade para julgar em matérias que não seriam, em regra, da sua competência.

Todavia, o tribunal do trabalho terá que sobrestar na sua decisão quanto a "questões sobre o estado das pessoas em que a sentença a proferir seja constitutiva", portanto, constitutiva (nos termos da alínea *c)* do nº 3 do art. 10º do CPC) de nova situação de parentesco ou afinidade, como acontece com o divórcio e filiação[216].

No que concerne a uma questão que amiudadas vezes se suscita, esclarece Abílio Neto, que "de acordo com o entendimento maioritário da jurisprudência, se os mesmos factos invocados como justa causa de despedimento originaram um processo-crime contra o respectivo autor, não haverá lugar à suspensão da acção declarativa da ilicitude do despedimento até à decisão na acção penal, porquanto são diferentes os fundamentos e os pressupostos num e noutro dos procedimentos, o que, no rigor dos princípios, é inquestionável, embora numa óptica pragmática tenhamos algumas dúvidas que seja essa a melhor solução"[217]. Questiona-se ainda se, em outra situação frequente nos tempos que correm, em que a empresa ré em processo laboral é objeto de processo especial de revitalização, deve ou não aquele processo ficar suspenso até ao desfecho deste último. Sendo os direitos reclamados no processo laboral alienáveis ou disponíveis, parece que deve prevalecer a decisão salvadora da empresa e, assim, o processo laboral deve aguardar tal decisão[218]. Fixado o valor devido ao trabalhador, o seu pagamento deverá ser satisfeito nos termos do PER.

Ainda outra situação em que se poderá verificar (como também previsto no art. 93º do CPC) a extensão da competência do tribunal do trabalho

[215] Alberto Leite Ferreira, Código de Processo do Trabalho Anotado, 2ª ed. Coimbra Editora, 1972, pág. 108 e na edição de 1989, pág. 99.

[216] Nos termos do art. 1576º do CC "são fontes das relações jurídicas familiares o casamento, o parentesco, a afinidade e a adoção".

[217] Código de Processo do Trabalho Anotado, 5ª ed., Ediforum, Lisboa, 2011, pág..54, onde é indicada numerosa jurisprudência.

[218] Nos termos do art. 17º-E, nº 1, do CIRE, o início do PER suspende o curso de todas as ações para cobrança de dívidas por um período máximo de 4 meses, mas que pode ser prorrogado por mais um mês.

será quando seja deduzida reconvenção resultante de "questões entre sujeitos de uma relação jurídica de trabalho ou entre um desses sujeitos e terceiro, quando emergentes de relações conexas com a relação de trabalho, por acessoriedade, complementaridade ou dependência e o pedido se cumule com outro para o qual o juízo seja diretamente competente" (alíneas *o)* e *p)* do artigo 126º da LOSJ). Em tais casos, que, em geral, derivarão do fenómeno da terciarização ou "subempreitada", o tribunal do trabalho será competente em quaisquer matérias, mormente referentes a contratos civis ou comerciais, quando conexos com a relação de trabalho por a ela serem acessórios, complementares ou dependentes. Mas estes elementos até serão prescindidos caso a reconvenção tenha como objetivo a compensação de créditos.

Pode-se suscitar a questão de saber se o tribunal de trabalho detém competência própria ou por conexão para julgar sobre o ressarcimento dos danos não patrimoniais resultantes de acidentes de trabalho e que se encontram previstos na parte inicial do nº 4 do art. 18º da atual LAT (e nº 2 do mesmo art. 18º da antiga LAT), tendo-se concluído no Acórdão do S.T.J., de 24/09/2013, que "se a parte não pretende fazer valer o direito à reparação tipicamente contemplada na lei laboral, mas apenas quer exercitar o direito à indemnização por danos morais, nos termos da lei geral, não se vê qualquer razão para ter de intentar a ação no Tribunal do Trabalho, que não tem competência direta para apreciar tal matéria a não ser por via da conexão acima referida"[219].

[219] Inserto em www.dgsi.pt. Relator Cons. Moreira Alves.

VIII
Atos Processuais e Instância

1. Generalidades

Como se viu, o processo é uma seriação de atos para se conseguir compor ou evitar o litígio. Tais atos são inúmeros e até de diverso jaez. Sendo ações (ou, eventualmente, omissões) praticadas por pessoas e com relevo no campo do direito, são verdadeiros atos jurídicos[220]. Podem ser praticados pelas partes, pelo órgão jurisdicional e por alguns outros intervenientes no processo. Podem ser atos isolados (como o pagamento da taxa de justiça ou a emissão de um despacho ou sentença), mas também podem ser compósitos, quando carecerem de alguma conotação entre si (como no caso de uma audiência de julgamento). No Livro II do CPC, apresentam-se, caracterizam-se e disciplinam-se os atos processuais mais comuns e, portanto, mais utilizados na generalidade dos processos judiciais.

A disciplina normativa de tais atos processuais é apresentada através de duas perspetivas diferentes. Uma – estática, constante do Título I (arts. 130º a 258º) – epigrafada como sendo dos "atos processuais", propriamente ditos, embora alguns deles já se apresentem como compósitos, carecendo de se agruparem para alcançarem o efeito pretendido, como acontece na notificação, pois para além do ato da comunicação, antes, teve de se preparar o texto e ainda antes teve de haver uma decisão. A outra perspetiva é já dinâmica ou sequencial – integra o Título II (arts. 259º a 291º) – e é epigrafada como "da instância", em que os atos são múltiplos e se suce-

[220] Por enquanto, continuamos a não ter em conta os atos realizados de forma automática, já previstos no art. 137º do CPC, portanto, pelo sistema informático. Na perspetiva da UE, v. Regulamente de Execução 2022/422, de 14,03/22 – Sistema Informático Descentralizado.

dem uns aos outros para alcançar o referido desiderato da composição do litígio. Este Título é desdobrado e complementado pelo seguinte – relativo aos incidentes da instância – ou seja, as vicissitudes anómalas mais frequentes que se podem verificar ao longo do andamento do processo. Antes das normas sobre a utilização dos meios probatórios (título V – da instrução), inerentes a todo e qualquer processo judicial, insere-se o regime dos procedimentos cautelares, que são já verdadeiros processos. Porém, como se destinam a compor o litígio de forma provisória, através de providências cautelares e não por decisões definitivas, não são tratados pela lei processual como tal.

Como o regime dos procedimentos cautelares laborais contém marcantes diferenças em relação aos cíveis, será objeto de maior atenção no capítulo seguinte. Neste, procurar-se-á fazer uma síntese do normativo do CPC sobre os atos processuais e o desenvolvimento da instância e chamar à atenção para o que, neste campo, de específico se verifica no processo laboral.

2. Atos processuais

Desde já convirá prevenir que há atos que sendo importantes ou fundamentais ao processo nele não são praticados (como, por exemplo, a procuração forense) ou nele não se inserem, como, por exemplo, a convenção de arbitragem ou pacto de jurisdição[221].

O referido Título I do CPC arruma os atos processuais por dois capítulos, respeitando um aos atos em geral e o outro a atos especiais.

Relativamente aos atos em geral, disciplina juridicamente a sua forma, a tramitação eletrónica, a tradução, os prazos para a sua prática e o justo impedimento para os não respeitar.

Regula, de seguida, os **atos das partes**, nomeadamente a apresentação das peças em juízo, a comprovação do pagamento de taxa de justiça, a definição de articulados, a necessidade de duplicados e a regra básica sobre o prazo para cumprimentos dos respetivos atos.

Também os **atos dos magistrados** são disciplinados em geral, desde a ordem, a gestão e a marcação de diligências, a sua denominação (como despachos, sentenças e acórdãos), a necessidade da sua fundamentação, para além da gravação das audiências e o estabelecimento dos tempos para as decisões.

[221] José Lebre de Freitas, Introdução ao Processo Civil, 3ª ed. Coimbra Editora, 2013, pág. 18.

Ainda são objeto de regulação os **atos da secretaria**, como o tratamento do expediente, a autuação e a corporização dos demais trâmites processuais.

Por fim, regula-se a publicidade e o acesso aos processos, a comunicação dos atos (requisição, cartas precatórias e rogatórias e mandados especiais), para além do específico regime da invalidade dos atos (nulidade e anulação de certos atos em especial e dos atos em geral).

3. Instância

Já na referida perspetiva dinâmica, disciplina-se o "começo e desenvolvimento da instância" (capítulo I, art. 259º e sgs.) e nos dois capítulos seguintes, a sua suspensão e extinção, que, em regra, naturalmente, resultará do julgamento do pedido ou pedidos que o processo encerra.

Como corolário do desenvolvimento da instância e, simultaneamente, da sua estabilidade e como reverso do poder das partes de dispor do processo civil, ainda que mitigado no processo laboral, surge a sua responsabilidade na condução dos atos processuais. Em consequência, deixando de praticar ou deduzir algum ato dentro do prazo estabelecido, sem justo impedimento e não podendo tal falta ser suprida pelo juiz ou este entender não dever colmatá-la, verificar-se-á a **preclusão** de tal direito.

No título III (art. 292º e sgs.) regulam-se e tipificam-se os **incidentes** da instância mais comuns[222], ou seja: a verificação do valor da causa; a intervenção de terceiros (intervenção principal: espontânea ou provocada; intervenção acessória: provocada, assessória do MP, assistência; oposição: espontânea, provocada e mediante embargos de terceiros); a habilitação (de sucessores, adquirentes ou cessionários) e a liquidação (do pedido genérico, a tramitar antes da discussão da causa ou depois de proferida a sentença).

Em processo laboral encontram-se previstos diversos incidentes, uns nominados, outros inominados. Mas como todos eles se situam no âmbito

[222] Como escreve o Conselheiro Salvador da Costa, "o incidente processual é ... a ocorrência extraordinária, acidental, estranha, surgida no desenvolvimento normal da relação jurídica processual, que origine um processado próprio, isto é, com um mínimo de autonomia, ou noutra perspetiva, a interferência processual secundária, configurada como episódica e eventual em relação ao processo principal ou ao recurso". O mesmo autor salienta que a lei prevê outros incidentes ainda que não denominados nem tipificados como tal ("suspeição do juiz ou dos oficiais de justiça, a incompetência relativa e os conflito de competência ou de jurisdição") *in* Os Incidentes da Instância, 12ª ed., Almedina, Coimbra, 2023, págs. 8 e 9.

dos processos (especiais) emergentes de acidente de trabalho e de doença profissional serão evidenciados no correspondente capítulo (XV).

4. Especialidades no processo laboral

No que tange ao desenvolvimento da instância processual, anotam-se, de seguida e como mais evidentes, as especificidades do processo laboral que respeitam a: citações e notificações (4.1.), início da instância (4.2.), processos com natureza urgente (4.3.), modificações subjetivas da instância (4.4.), apensação de ações (4.5.)[223] e suspensão e extinção da instância (4.6), como se passa a desenvolver.

4.1. Citações e notificações

Como expressamente resulta do disposto no art. 23º do CPT, às citações e notificações aplicam-se as regras estabelecidas no CPC (nos arts. 219º e sgs.) e, a nível europeu, no Regulamento (UE) nº 2020/1784 desenvolvido pelo Regulamento 2022/423, com as especialidades constantes dos (dois) artigos seguintes[224].

Uma destas especialidades traduz-se na necessidade da notificação da **decisão final** em qualquer processo laboral, diferentemente do que se dispõe no nº 1 do art. 247º do CPC, dever ser efetuada às partes, para além dos respetivos mandatários. Em consequência, deve ser enviada com a notificação a cópia de tal decisão, conforme se estabelece no art. 253º do CPC. Trata-se de uma eflorescência do princípio da imediação.

Acontece ainda que, quando a sentença for condenatória, deve ser junto aos autos "documento comprovativo da extinção da dívida" "no prazo de 30 dias", como previsto no art. 90º do CPT. Face àquela notificação direta, o réu (em regra, a empresa) não poderá arguir a sua falta de conhecimento. Contudo, a data que releva, nomeadamente para efeitos de recurso, é a data da notificação ao mandatário, e não à parte.

[223] Ainda no CPT se prevê alguma especificidade em relação ao CPC, no que tange à cumulação de pedidos e de causas de pedir (art. 28º). Na reconvenção (art. 30º) e na tentativa de conciliação (arts. 51º a 53º), temas estes que serão tratados, adiante, no capítulo XI, a propósito da tramitação do processo comum.

[224] Fora da UE v. Convenção Relativa à Citação e a Notificação no Estrangeiro de Atos Judiciais e Extrajudiciais em matérias Civil e Comercial (Haia, 15/11/1965), aprovada para ratificação pelo Decreto nº 210/71, de 18 de maio.

Prevenia-se ainda (no nº 2 do art. 24º do mesmo CPT) que a carta para notificação à parte de decisão final pudesse ser devolvida. Em tal eventualidade, ainda que a norma mandasse que se aplicavam "as regras relativas aos mandatários", deverá, numa interpretação atualizada, considerar-se aplicável o teor do nº 2 do art. 249º do CPC (ainda que não haja mandatário constituído) onde se preceitua que "a notificação não deixa de produzir efeito pelo facto de o expediente ser devolvido, desde que a remessa tenha sido feita para a residência ou sede da parte ou para o domicílio escolhido ....; nesse caso, ou no de a carta não ter sido entregue por ausência do destinatário, juntar-se-á ao processo o sobrescrito, presumindo-se a notificação feita no..."[225] terceiro dia posterior ao registo.

Quanto às **citações**, também o processo laboral foi pioneiro na sua realização através dos correios por meio de carta registada com aviso de receção, agora de modelo oficialmente aprovado (arts. 228º e 246º do CPC e início do nº 1 do art. 25º do CPT). Porém, atualmente, ao contrário do que acontece no processo civil (art. 226º), em regra, a citação ainda é precedida de despacho nesse sentido, conforme arts. 54º, 98º-F e 128º.

No que tange à citação de **pessoas coletivas**, há que ter em consideração as normas contidas nos art.s 246º, nº 4; 229º, nº 5 e 230º, nº 2 do CPC que validam a citação por carta registada para a sede que consta no R.N.P.C., ainda que esteja encerrada [226].

Relativamente às citações e notificações que segundo este art. 25º "não devem ser feitas por via postal nem por mandatário judicial", nem por agente de execução (como também se permite no art. 225º, nº 2, *c)* do CPC), haverá que distinguir se o destinatário mora em circunscrição com ou sem tribunal de trabalho. Havendo, obviamente tal tribunal deve ser o preferido. Contudo, se tais notificações exigirem "conhecimentos especializados", segundo o critério do juiz, o que poderá acontecer no âmbito dos processos emergentes de acidente de trabalho e doença profissional, deve a notificação (ou citação) ser deprecada sempre ao juízo do trabalho territorialmente competente, exceto quando as suas atribuições estiverem cometidas ao tribunal de comarca[227].

[225] Este é o texto quase integral do nº 4 do art. 254º do antigo CPC, que continha a regra correspondente no que concerne à notificação por carta registada dos mandatários.

[226] E que se encontra constitucionalmente consagrado pelo Ac. do TC, de 18-10-2022.

[227] O que, atualmente, apenas acontece em algumas ilhas da Região Autónoma dos Açores.

4.2. Início da instância

Em processo civil considera-se que a instância se inicia no momento em que é concretizada a propositura da ação, ou seja, "logo que seja recebida na secretaria a respetiva petição inicial", em regra por transmissão eletrónica de dados (art. 259º). No processo laboral, porque engloba processos de natureza oficiosa, já o início da instância pode resultar da iniciativa do Magistrado do MP, pois as participações e demais papéis que se destinem a servir de base a processos emergentes de acidentes de trabalho e de doenças profissionais e bem assim às ações de reconhecimento da existência de contrato de trabalho, são apresentados obrigatoriamente àquele magistrado junto do tribunal territorialmente competente que até "pode ordenar as diligências convenientes com precedência da distribuição" como se preceitua no art. 22º[228].

Tal não pode deixar de significar que antes mesmo do início do processo judicial, o representante do MP não possa ordenar um inquérito ou a autópsia em caso de acidente de trabalho ou também ordenar pedidos de informações, complementares ou de esclarecimentos, ou até a remessa para outro tribunal.

Mas uma vez recebida a participação do acidente de trabalho de uma das diversas entidades competentes[229] ou a participação da ACT de "situação de prestação de atividade autónoma, em condições análogas ao contrato de trabalho[230], inicia-se a respetiva instância e origina-se a sua distribuição pelas espécies correspondentes a processos emergentes de acidentes de trabalho (3ª) e processos especiais previstos neste Código (12ª), como resulta do disposto no art. 26º, nºs 3, 4 e 6. Destarte, deve concluir-se que, quer o processo comum laboral, quer todos os restantes processos especiais, vêem iniciadas as respetivas instâncias, como no processo civil, ou seja com a apresentação das respetivas petições iniciais. Mas como no processo especial da ação de impugnação da regularidade e licitude do despedimento não há petição inicial, ficou esclarecido através do preceituado no nº 5 do art. 26º do CPT, que a respetiva instância se "inicia com o rece-

[228] No dispositivo deste artigo referem-se as espécies 2ª e 3ª, quando, manifestamente, se tratam da 3ª e 4ª.

[229] LAT, arts. 86º a 92º.

[230] Lei nº 107/2009, de 14 de setembro (regime processual aplicável às contraordenações laborais e da segurança social), art. 15º-A, resultante das alterações introduzidas pela Leis nº 63/2013, de 27 de agosto, e 13/2023, de 3 de abril.

bimento do requerimento a que se refere o nº 2 do art. 387º do Código de Trabalho", o que está em plena consonância com o disposto no art. 98º-C do CPT, epigrafado como "início do processo".

4.3. Processos com natureza urgente

No processo civil, para além de alguns atos[231], apenas "os procedimentos cautelares revestem sempre caráter urgente, precedendo os respetivos atos qualquer outro serviço jurídico não urgente" nos termos do art. 363º do CPC[232].

No processo laboral, para além dos respetivos procedimentos cautelares, face ao apregoado princípio da celeridade processual, encontram-se classificados como urgentes diversos (para não dizer numerosos) processos como, desde logo, se marca no art. 26º e que são os seguintes:

a) A ação de impugnação da regularidade e licitude do despedimento;
b) A ação em que esteja em causa o despedimento de membro de estrutura de representação coletiva dos trabalhadores;
c) A ação em que esteja em causa o despedimento de trabalhadora grávida, puérpera ou lactante ou trabalhador no gozo de licença parental;
d) A ação de impugnação de despedimento coletivo;
e) As ações emergentes de acidente de trabalho e de doença profissional;
f) A ação de impugnação da confidencialidade de informações ou da recusa da sua prestação ou da realização de consultas;
g) A ação de tutela da personalidade do trabalhador;
h) As ações relativas à igualdade e não discriminação em função do sexo;
i) A ação de reconhecimento da existência de contrato de trabalho.

Mas tal urgência não é igual para todos estes processos, tendo, pelo menos, dois graus. Efetivamente, logo no nº 2, estabelece-se que, sem prejuízo das citações, notificações e atos que se destinem a evitar dano irreparável que se devem realizar mesmo durante as férias judiciais, os atos a

[231] Despacho urgente (art. 156º, nº 3); atos urgentes (art. 172º, nº 5); diligências na distribuição (art. 212º, nº 10); citação urgente (arts. 226º, nº 4 *f)* e 561º); processos cautelares (art. 363º); prestação de depoimento antecipado (art. 456º, nº 1); prazos para a interposição de recurso nos processo urgentes (art. 638º, nº 1)...

[232] Encontram-se ainda referências a processos urgentes na jurisdição de menores e no processo falimentar, bem como no contencioso administrativo e penal.

praticar nas ações referidas nas alíneas *f*), *g*) e *h*) e acima elencadas apenas têm lugar nas referidas férias judiciais quando, em despacho fundamentado, tal for determinado pelo juiz. Portanto, o tratamento destes processos, não havendo tal decisão expressa, passa apenas a ter precedência sobre os outros não urgentes[233].

Ainda que nem sempre seja lógico, tal urgência mantém-se mesmo no processamento dos recursos, bem como na fase executiva [234]. Aliás, para interposição dos recursos nos processos de natureza urgente, o prazo reduz-se a metade, ou seja, a 15 dias, como se preceitua no nº 2 do art. 80º. Mas os restantes prazos mantêm-se.

Como o tribunal deve, ao dirigir-se às partes e em particular nas citações, *utilizar preferencialmente linguagem simples e clara*, nos termos do artº 9º-A do CPC, tem o dever de assinalar na citação que se trata de processo urgente [235].

4.4. Modificação subjetiva da instância

Como já se aludiu (IV, nº 4), de conformidade com o princípio da estabilidade da instância, como estipulado no art. 260º do CPC, após a citação do réu "o procedimento deve manter-se o mesmo quanto às pessoas, ao pedido e à causa de pedir, salvo as possibilidades de modificação consignadas na lei". Mas logo de seguida se preveem diversos casos de modificação da instância, rematando-se com as situações provindas da reconvenção (art. 266º) e da apensação de ações (arts. 267º e 268º) que também a alteram.

Assim, uma de tais **modificações subjetivas**, que se traduz na substituição de alguma das partes (autor ou réu) pode resultar da substituição na relação substantiva em litígio, como, por exemplo, por cedência de créditos.

No processo laboral, como emanação do "favor laboratoris" e para proteger a integridade dos créditos laborais, através do disposto no nº 1 do art. 29º do CPT, fica vedada a modificação subjetiva da instância que resulte

[233] Isto considerando que os "processos com natureza urgente" ou "processos que a lei considere urgentes" serão aqueles que "correm" durante as férias judiciais (art. 138º, nº 1) e em que, como nos procedimentos cautelares, os respetivos atos precedam "qualquer outro serviço judicial não urgente", para além de prazo mais curto na interposição dos recursos (CPC, art. 638º, nº 1).

[234] Como, consistentemente, se tem julgado, conforme se pode ver nos Acórdãos do STJ de 03-06-2008, Proc. nº 08A1873 (Rel. Fonseca Ramos), de 09-01-2008, Proc. nº 07S4222 (Rel. Bravo Serra) e nº 449/10.OTTVFR, de 22-06-2022 (Rel. Júlio Gomes).

[235] V. Ac. TRC, de 11-09-2020, CJ, nº 305, pág. 60.

de "sucessão entre vivos da parte trabalhadora"[236]. Portanto, mesmo que o trabalhador ceda os seus créditos não pode o cessionário assumir a sua posição processual ou vir a interpor ação de condenação. Naturalmente, em caso de falecimento do trabalhador já os seus herdeiros se podem habilitar através do respetivo e aludido incidente previsto no art. 351º e sgs. do CPC.

No que tange às modificações de instância que provenham da reconvenção, como esta no processo laboral comum resulta da iniciativa do empregador que (normalmente assume a posição de réu) também se impõem algumas restrições no art. 30º, que serão evidenciadas mais adiante (capítulo IX, nº 7).

4.5. Apensação de ações

No que respeita à **apensação de ações**[237], prevista e regulada no art. 267º do CPC e que também provoca outra possível modificação da instância, prevê-se (no art. 31º) que o MP, como tal ou como mandatário do trabalhador, possa, respetivamente, ordenar ou requerer a apensação de ações.

Ainda, nos nºs 2 e 3, se impõe a **apensação de ações** que respeitam ao mesmo despedimento coletivo, o que está em consonância com o preceituado no normativo do respetivo processo especial, mais concretamente no art. 156º, nº 3, onde se impõe à empresa ré que requeira o chamamento para intervenção dos restantes trabalhadores abrangidos pelo mesmo despedimento. Daqui decorre que o mesmo despedimento coletivo pode originar vários processos e que algum ou alguns deles podem ter um ou mais autores coligados. Como o tribunal territorialmente competente é único (cfr. art. 16º), deve a secretaria judicial informar das "ações que se encontrem em condições de ser apensadas" (art. 31º, nº 3). Os processos serão apensados ao que tiver sido instaurado em primeiro lugar e, se penderam perante o mesmo juiz, deve este determinar a junção depois de ouvir as partes (CPC, art. 267º, nºs 2 e 4).

Também na regulação do processo especial para efetivação de direitos resultantes de acidente de trabalho se prevê, para além de diversos incidentes, cujos autos a ele devam ser apensos, que os eventuais processos para

[236] O que está em correspondência com o preceituado nos arts. 279º e 280º do CT.

[237] A apensação de ações é uma das formas previstas no CPC para, em determinados casos, se obterem vantagens manifestas de economia processual e se procurar evitar a contradição de julgados.

efetivação de direitos de terceiros conexos com acidentes de trabalho, também ficam sujeitos a apensação, conforme o disposto nos arts. 17º e 154º.

4.6. Suspensão e extinção da instância

A instância laboral pode suspender-se nos casos previstos no art. 269º do CPC, o último dos quais, admitido na alínea *d)*, é quando "a lei o determinar especialmente".

A mesma instância também se fina ou extingue por força das causas referidas no art. 277º, do mesmo CPC, que vão desde o julgamento até à impossibilidade ou inutilidade superveniente da lide.

Acontece que, desde há alguns anos, existe um modo especial de suspensão e de extinção da instância de certos processos, que se prevê no artº 17º-E, nº 1, do Código da Insolvência e Recuperação de Empresas (CIRE). Nela se estabelece que nestas ações de recuperação de empresas, a nomeação pelo juiz de um administrador judicial provisório *obsta à instauração de quaisquer ações executivas contra a empresa para cobrança de créditos durante um período máximo de quatro meses, e suspende quanto à empresa, durante o mesmo período, as ações em curso com idêntica finalidade.*

Assim acontecia com as execuções do foro laboral, embora se suscitassem divergências, em especial, quando estavam em causa direitos indisponíveis, nomeadamente os sentenciados em processo de acidente de trabalho, em que para além da empresa em recuperação devedora, em regra, é uma seguradora a principal responsável pelo cumprimento das prestações devidas ao sinistrado.[238]

A questão foi ultrapassada pela introdução (pelo DL nº 79/2017, de 30 de junho) de um nº 4 àquele artigo 17-E, onde, expressamente, se preceitua que *o disposto nos números anteriores não é aplicável a ações executivas para cobrança de créditos emergentes de contrato de trabalho, ou da sua violação ou cessação.* Em consequência, neste âmbito, deixou de ser possível aquela fonte de suspensão da instância.

[238] Ac. do STJ, de 17-03-2016, Rel. Ana Luísa Geraldes.

IX
Procedimentos Cautelares

1. Generalidades

Como se continua a proclamar, logo no art. 2º do CPC, a proteção jurídica dos cidadãos através dos tribunais deve fazer-se em "prazo razoável". Admite-se, pois, que pode não ser feita em prazo curto, o que é plausível em virtude das necessárias delongas desde logo na audição dos interessados, depois, na apreciação dos meios de prova para apurar os factos e, por fim, para decretar o direito e até para o executar. É que decidir sobre os direitos e os deveres das pessoas numa sociedade tendencialmente nivelada carece de elevado grau de segurança, e, portanto de algum cuidado e demora.

Porém, face à dinâmica das relações sociais, pode acontecer a decisão obtida no processo judicial já estar ultrapassada e já de nada servir na prática. Perante a esta possibilidade prevê-se no nº 2 do mesmo art. 2º, para além da "ação adequada a fazer reconhecer em juízo, a prevenir ou reparar a violação... do direito e a realizá-lo coercivamente", que ainda podem ter lugar "os procedimentos necessários para acautelar o efeito útil da ação"; nisto consistirá a providência cautelar.

Esta é a fundamentação para um género de processo judicial específico denominado procedimento cautelar, que visa, por forma célere, obter uma providência cautelar (conservatória ou antecipatória), isto é, uma decisão prévia, provisória ou interina relativamente à decisão final a tomar no processo principal[239]. Embora constituindo verdadeiros processos judiciais, o

[239] É, certamente, esta a única razão para que os procedimentos cautelares, na sistemática dos códigos de processo, não sejam regulados como processos, ainda que, na verdade material, o sejam.

CPC, para além de os designar como procedimentos cautelares, regula-os no Título IV, do Livro II, relativo ao processo em geral (arts. 362º a 409º), e não no Título VII, que integra as normas relativas às diferentes formas de processos.

É comum, na doutrina e na jurisprudência, considerar que todo e qualquer procedimento cautelar se destina a evitar, um perigo grave que ameaça o direito de alguém (***periculum in mora***), perigo este que é tão eminente que não se compadece com a demora da decisão ou da execução em processo normal, já em curso ou ainda a instaurar, merecendo uma medida judicial urgente. Para tal acontecer terá de se proceder a uma breve apreciação dos factos (***sumaria cognitio***) para se obter uma simples probabilidade ou verosimilhança da existência do direito (***fumus boni juris***) e do perigo invocado[240].

Através do procedimento cautelar ou se procura garantir um direito, como acontece no arresto ou na suspensão do despedimento, ou evitar um certo perigo ou prejuízo, como acontece no pedido de alimentos ou no arrolamento de bens.

Em situações mais vulgarizadas, o ritualismo processual já foi adequado pela lei. Temos, então, os procedimentos cautelares especificados[241], nominados ou tipificados. Para as restantes situações haverá de aplicar-se o procedimento cautelar comum, que, assim, tem âmbito residual.

Como se depreende do que ficou dito, todo e qualquer procedimento cautelar não visa obter uma decisão definitiva, mas, outrossim, uma decisão rápida ainda que provisória. Aquela será o objeto do processo principal. Existe, portanto, uma dependência do procedimento cautelar em relação ao processo principal. Todavia, cronologicamente, o processo tanto pode ser preliminar ao principal (ficando sujeito a distribuição) como pode constituir um incidente dele, portanto, sem carecer de distribuição prévia.

O processo principal tanto pode ser declarativo como executivo, sendo certo que os autos do procedimento cautelar lhe terão de ser apensados, face à sua natureza acessória.

240 Citando o Prof. Adelino da Palma Carlos, Jorge Augusto Pais de Amaral, Direito Processual Civil, 2013, 11ª ed., Almedina, pág. 32.

241 No CPC prevêem-se e regulam-se os seguintes procedimentos cautelares especificados: restituição provisória da posse (art. 377º), suspensão das deliberações sociais (art. 380º), alimentos provisórios (art. 384º), arbitramento de reparação provisória (art. 388º), arresto (art. 391º), embargo de obra nova (art. 397º) e arrolamento (art. 403º). Regulam-se outros procedimentos em leis avulsas.

Além da assinalada dependência formal, ainda a decisão final tomada no procedimento fica, em princípio, dependente da decisão final do processo principal, que sempre prevalecerá, como se enuncia no nº 3 do art. 371º do CPC. Mais, também a decisão sobre a matéria factual prevalece como reza o preceito do nº 4 do art. 364º, ao estabelecer que "nem o julgamento da matéria de facto, nem a decisão final proferida no procedimento cautelar, têm qualquer influência no julgamento da ação principal". Face a tal relação de dependência, haverá que considerar a possibilidade da caducidade da providência decretada no procedimento cautelar, nomeadamente no caso de suspensão do processo principal ou da sua não interposição em prazo determinado e curto (art. 373º do CPC).

Mas no art. 369º do CPC, veio a ficar prevista a figura da **inversão do contencioso**, a obter se o juiz "mediante requerimento, ..., na decisão que decrete a providência, ... dispensar o requerente do ónus de propositura da ação principal se a matéria adquirida no procedimento lhe permitir formar convicção segura acerca da existência do direito acautelado e se a natureza da providência decretada for adequada a realizar a composição definitiva do litígio". Tal inversão só não será viável no procedimento de suspensão do despedimento "quando for requerida a impugnação da regularidade e licitude do despedimento" como se confirma no nº 3 do art. 33º [242].

Também nos procedimentos cautelaras incidentais e, bem assim, naqueles que visam meras medidas conservatórias não faz sentido que as respetivas decisões se possam tornar definitivas através desta figura da inversão do contencioso.

Assinale-se ainda que alguns processos especiais regulados no CPT, possuem verdadeira natureza cautelar, como acontece com a fixação de pensão ou indemnização provisória (art. 121º a 125º) e com a suspensão da eficácia das deliberações e outros atos das associações sindicais ou de empregadores (art. 168º).

Atenta a natureza do procedimento cautelar, há que assinalar, para além de outras singularidades, que a providência pode ser tomada sem audiência prévia do requerido, pode ser estabelecida **sanção pecuniária compulsória** para assegurar a efetivação do direito embora provisoriamente declarado ou a executar (arts. 366º e 365º do CPC), para além de garantia

[242] Para desenvolvimento, v. A Inversão do Contencioso nos Procedimentos Cautelares Laborais, estudo de Sara Morais Costa Faria, *in* QL, Ano XXIII, nº 48, jan/jun 2016, pág. 61.

penal, já que se pode suscitar o crime de desobediência qualificada (art. 375º ainda do CPC).

2. Procedimentos cautelares laborais

Do cotejo da nova redação dos arts. 32º e 33º do CPT, pode concluir-se que o "processo ou procedimento" dos procedimentos cautelares laborais, quer o comum, quer os especificados, segue "o regime estabelecido no CPC para o procedimento cautelar comum"[243] mas com as especialidades previstas no CPT.

Deste modo, têm que se ter em conta as normas dos arts. 362º a 376º do CPC, considerando as especificidades do art. 32º do CPT quanto ao procedimento cautelar laboral **comum**, e dos arts. 34º a 46º, quanto aos procedimentos cautelares laborais **especificados**. Mas quando se tratar de algum procedimento cautelar especificado no CPC embora seja competente o tribunal de trabalho, então, conforme é lógico e se estabelece no art. 47º do CPT, observar-se-á o respetivo regime processual civil.

Perante este enquadramento, todos os procedimentos laborais, donde poderão resultar as providências cautelares, terão de respeitar as regras do CPC, dos seus arts. 362º e sgs. com algumas pequenas exceções resultantes do CPT. É naquela disposição que se centram os aludidos requisitos essenciais, ou seja, o *fumus boni juris et periculum in mora* para poder "requerer a providência conservatória ou antecipatória concretamente adequada a assegurar a efetividade do direito ameaçado".

O procedimento cautelar comum só deve ser utilizado, obviamente, quando não se adeque à situação algum dos procedimentos especificados ou tipificados. Mas em qualquer deles há sempre que salientar o seu carácter de urgência e a sua dependência de uma ação principal, em curso ou a intentar. Neste último caso, tal ação terá de ser interposta no prazo de 30 dias a contar da notificação do trânsito do decretamento da providência, sob pena desta caducar (art. 373º, nº 1 *a)* do CPC). O contraditório será respeitado "exceto quando a audiência puser em risco sério o fim ou a eficácia da providência" como se preceitua no art. 366º, nº 1 do CPC.

Sintetizando, como já enunciado, no CPT preveem-se, para além "dos procedimentos cautelares especificados regulados no CPC que forem apli-

[243] Para desenvolvimento, António Abrantes Geraldes, Temas da Reforma do Processo Civil, III, vol. 5. Procedimento Cautelar Comum, 4º ed., Almedina, Coimbra, 2010.

cáveis ao foro laboral e que seguem o regime estabelecido" naquele CPC (art. 47º), como por ex. no arresto; o procedimento cautelar comum (arts. 32º e 33º)[244] e ainda os procedimentos cautelares especificados seguintes:

- Suspensão do despedimento (individual ou coletivo) – arts. 34º a 40º-A;
- Proteção de segurança, higiene[245] e saúde no trabalho – arts. 44º a 46º, e o novo, de
- Suspensão de despedimento subsequente a auto de inspeção da ACT em caso de inadequação do vínculo laboral – art. 186º-S.

3. Procedimento cautelar comum

No que tange àquele procedimento cautelar comum, ele poderá ser aplicado nas hipóteses seguintes[246]:

- Transferência ilegítima do trabalhador para outro local de trabalho;
- Violação do direito do trabalhador à ocupação efetiva;
- Aplicação de sanções disciplinares proibidas por lei ou abusivas;
- Alteração das coordenadas temporais da prestação do trabalho;
- Mudança unilateral do horário de trabalho;
- Violação das normas sobre período de descanso;
- Violação das normas sobre gozo ou marcação de férias;
- Exercício ilegítimo do *ius variandi* ou do alargamento de funções;
- Privação, total ou parcial, da retribuição;
- Ofensa aos direitos de personalidade do trabalhador;
- Situações de discriminação;
- Violação das normas de proteção da parentalidade;
- Violação das regras sobre liberdade sindical; e
- Em caso de *lock out,* greve ilegal ou desrespeito pelos serviços mínimos.

Tendo como requerente da providência o empregador, parece que este apenas poderá lançar mão de tal procedimento em situações de des-

[244] Para desenvolvimento, Paulo Sousa Pinheiro, O Procedimento Cautelar Comum no Direito Processual do Trabalho, 2ª ed., Almedina, Coimbra, 2007.

[245] Na nova designação desta temática o termo "higiene" caiu, apenas se mantendo na lei processual por descuido do legislador, cfr. Lei nº 102/2009, de 10 de setembro.

[246] Na esteira de Paulo Sousa Pinheiro, ob. cit., pág. 141 e Curso de Direito Processual do Trabalho, Almedina, Coimbra, 2020, pág. 91.

respeito pelas normas que tutelam o exercício do direito à greve, naturalmente, por parte dos trabalhadores ou quando estes exerçam abusiva e continuadamente algum direito, como o uso pessoal de viatura da empregadora.

Conforme já referido e é expressamente preceituado no nº 1 do art. 32º do CPT, ao procedimento cautelar laboral comum e bem assim aos restantes procedimentos especificados "aplica-se o regime estabelecido no CPC para o procedimento cautelar comum" com as especialidades consagradas nas alíneas e números do mesmo artigo. Portanto, para todos os procedimentos cautelares laborais o seu paradigma é o procedimento comum civil, regulado no art. 362º, ou mais propriamente no art. 365º e sgs. do respetivo Código.

Compulsando as referidas normas adjetivas cíveis e laborais, temos que o processamento se inicia com um requerimento (semelhante a uma petição inicial) no tribunal competente (arts. 13º, 14º e 16º) "com a prova sumária do direito ameaçado e justificando o receio da lesão" contendo, portanto, a indicação dos meios de prova a utilizar.

Quer no procedimento cível, quer no laboral, o requerido será chamado a intervir no processo, "exceto quando a audiência puser em risco sério o fim ou a eficácia da providência" (art. 366º, nº 1 do CPC), o que terá de ser defendido pelo requerente. O chamamento do requerido far-se-á, em princípio, mediante citação.

Diferentemente do que acontece no procedimento cível[247], no processo laboral é logo marcada a data para a audiência final, no despacho liminar. Como acontece nos restantes articulados, também nos procedimentos cautelares "é obrigatória a dedução por artigos dos factos que interessam à fundamentação do pedido ou da defesa...", como se estabelece no art. 147º, nº 2 do CPC.

Sendo o requerido citado ou notificado, o prazo para a sua defesa ou oposição (com os meios de prova nela indicados) vai até à data, entretanto, marcada para a audiência final de julgamento.

Nesta audiência será feita a produção da prova, havendo lugar a uma "breve alegação oral pelos advogados", devendo a decisão ser "sucintamente fundamentada e ditada para a ata" (art. 32, nº 1, *c*)).

[247] Se for deferido o decretamento com dispensa de audição do requerido, será logo marcada a audiência. De contrário, será marcada com o despacho que notifique a oposição ao requerente.

Relativamente ao número de testemunhas de cada parte, é, em geral, de cinco o seu número máximo, *ex vi* da aplicação dos arts. 32º, nº 1 do CPT e 365º, nº 3 e 294º do CPC. De conformidade com o princípio da imediação no processo laboral, as partes devem comparecer à audiência a não ser em caso de impossibilidade a justificar até à mesma data (art. 32º, nº 2 do CPT). Nesta situação o mandatário deve ser possuidor de poderes especiais e em termos precisos (nºs 2 e 3)[248].

4. Suspensão de despedimento

4.1. Por iniciativa do trabalhador despedido

Este procedimento cautelar tem a sua base legal no disposto no art. 386º do Código de Trabalho, que logo marca o prazo de cinco dias úteis para a sua apresentação. Tem aplicação em qualquer das formas de despedimento previstas naquele Código, isto é, por facto imputável ao trabalhador, coletivo, por extinção de posto de trabalho e por inadaptação. Como se verá, de seguida, com a mesma finalidade, passou a estar regulado um segundo e, depois, um terceiro procedimento cautelar de suspensão de despedimento, mas oficiosos e não aplicáveis a todas as formas de despedimento.

Tem-se julgado que a *providência cautelar de suspensão do despedimento apenas tem lugar quando se configure um despedimento-sanção*[249] e não quando haja controvérsia sobre a natureza do contrato. É neste sentido o entendimento de Paulo Sousa Pinheiro, considerando que "continua a justificar-se a manutenção da jurisprudência firmada no Acórdão de Uniformização nº 1/2003"[250]. Também já foi decidido que "o decretamento da providência cautelar de suspensão de despedimento coletivo não pressupõe a alegação e prova do *periculum in mora* porque o art. 39º do Código do Processo do Trabalho o não exige"[251].

Na prática, face ao novo processo especial de impugnação judicial da regularidade e licitude do despedimento, este procedimento perdeu bastante do seu interesse. Quando, adiante se abordar este modelo processual, far-se-á o estudo da ligação com o procedimento cautelar, conforme

[248] Os poderes gerais e especiais dos mandatários judiciais prevêem-se no art. 45º do CPC.

[249] Ac. do TRC, de 03-03-2005, CJ, 2005, II, pág. 51.

[250] Procedimento Cautelar de Suspensão de Despedimento *in* Prontuário de Direito do Trabalho, CEJ, nºs 88/89, janeiro a agosto de 2011, pág. 162.

[251] Ac. do TRP, de 28-02-2011, [Des. Fernanda Soares] *in* CJ Ano XXXVI, Tomo I/2011, pág. 250.

é disciplinado no nº 5 [252] dos arts. 34º e 36º, onde se procura inserir aquele processo especial, no qual passa a valer a tentativa de conciliação efetuada no procedimento cautelar, que assim não é repetida. Mas daquela primeira norma resulta que, no requerimento inicial do procedimento, se deve requerer também a **impugnação judicial da regularidade e licitude do despedimento**, em substituição do formulário que lhe é inerente (art. 98º-D) caso este ainda não tenha sido apresentado, como será provável dado o curto prazo transcorrido após a data do despedimento que se pretende suspender por via judicial. Como já frisado, tendo sido requerida tal impugnação não será aplicável o regime da inversão do contencioso (art. 33º, nº 3).

No regime atual deste procedimento cautelar especificado de suspensão de despedimento, foi introduzido o nº 2 no art. 34º, prevendo o envio do duplicado da petição inicial ao trabalhador. Ora, como parece evidente, tal ato só tem sentido no caso do novíssimo procedimento cautelar previsto, agora, no art. 33º-B, *ex vi* da Lei nº 13/2023.

De resto, encontra-se bem explicitado o sistema dos **meios de prova**, nomeadamente quanto ao arrolamento das testemunhas, limitado a três, podendo ainda, fundamentadamente, utilizar-se os restantes meios de prova, para além dos documentos, que serão apresentados com os articulados. Entre estes avulta o processo disciplinar no despedimento individual ou a documentação procedimental que deve ser utilizada nas restantes formas de despedimento.

As partes devem comparecer pessoalmente na audiência final (de julgamento). Naturalmente, as pessoas coletivas devem-se fazer representar pelo titular ou titulares do seu órgão executivo, de conformidade com os seus estatutos. A falta de qualquer das partes terá que ser justificada no ato. Quando tal não acontecer poderá logo haver deferimento ou indeferimento da providência requerida, conforme se dispõe no art. 37º, desde que a parte não se encontre representada por mandatário com poderes especiais e desde que o tribunal esteja em poder de todos os meios necessários à tomada de decisão.

Também a falta de apresentação do processo disciplinar, no caso de despedimento com invocação de justa causa, ou da documentação neces-

[252] Correspondia ao nº 4, antes da alteração introduzida pelo art. 7º da Lei nº 13/2023, de 3 de abril.

sária nas restantes formas de despedimento poderá acarretar o decretamento da providência, sem apreciação do fundo da questão (art. 38º)[253].

Efetuada a audiência final, a decisão obedecerá às regras do art. 39º, que acabam por ter natureza substantiva. Deverá o juiz decretar a providência, para além do caso da falta de apresentação da aludida documentação, também quando "concluir pela *probabilidade séria de ilicitude* do despedimento". Acresce que, nos termos do nº 4 do art. 410º do Código do Trabalho, "a providência cautelar de suspensão de despedimento de trabalhador membro de estrutura da representação coletiva dos trabalhadores *só não é decretada* se o tribunal concluir pela existência de probabilidade séria de verificação de justa causa invocada". É, pois, diferente a perspetiva do julgamento de tal probabilidade séria.

A decisão que decreta a suspensão do despedimento "tem a força executiva relativamente às retribuições em dívida..." devendo o empregador demonstrar o seu pagamento sob pena de ficar sujeito à execução que pode correr oficiosamente, como acontece com os direitos laborais irrenunciáveis. Parece, pois, que a lei apenas impõe o pagamento das retribuições, admitindo que a reintegração possa não se concretizar. Neste sentido, escreveu Chambel Mourisco "não decorrendo da lei, por força da decisão que decrete a suspensão de despedimento, a obrigação do empregador reintegrar o trabalhador, não se vislumbra a possibilidade da instauração de uma execução para prestação de facto para obter esse objetivo, assim como a aplicação de uma sanção pecuniária compulsória por cada dia de atraso nos termos do art. 829º, nº 1, do Código Civil"[254].

Cremos que a jurisprudência se firmou em tal sentido, salientando-se o sumário do Acórdão do TRL, de 21/10/2010, que é do seguinte teor: "I – A suspensão de despedimento decretada na correspondente providência cautelar de suspensão não gera para o empregador a obrigação de reintegração efetiva do trabalhador, podendo o empregador, no entanto, optar por essa reintegração. II – Caso a entidade empregadora opte pela reintegração do trabalhador, deve comunica-lo a este, situação em que este só

[253] Agora, face à maior vinculação dos princípios do conhecimento oficioso e da prevalência da decisão de mérito, pode questionar-se se ao juiz não se deve impor a necessidade de promover a possibilidade de a parte sanar a falha sem pôr em causa a celeridade que se exige neste tipo de processo.

[254] A Força Executiva da Decisão que Suspende o Despedimento, estudo *in* Prontuário de Direito do Trabalho, nº 84, setembro-dezembro de 2009, CEJ/Coimbra Editora, pág. 242.

está obrigado a prestar trabalho a partir da data do trânsito em julgado da decisão que decretou a suspensão do despedimento"[255].

A sentença que decrete ou não a providência é sempre passível de recurso, cujo regime especial será evidenciado no capítulo XII.

4.2. Suspensão de despedimento subsequente a auto de inspeção da ACT

Através do art. 8º da Lei nº 13/2023, de 3 de abril, foi implementada uma novíssima e oficiosa forma de interposição do procedimento cautelar de suspensão de despedimento. Para tanto, foram acrescentados os nºs 3 e 4 ao art. 11º do Estatuto da IGT [256], onde se passa a dispor que *sempre que um inspetor do trabalho verifique* ***a existência de indícios de um despedimento*** *em violação das alíneas a), c) ou d) do artigo 381º e dos artigos 382º, 383º ou 384º do Código do Trabalho lavra um auto e notifica o empregador para regularizar a situação.* Ou seja, tal procedimento inspetivo deve ter lugar sempre que o agente da IGT tenha indicações de que houve um despedimento devido "a motivos políticos, ideológicos, étnicos ou religiosos ..."; ou sem que tenha sido precedido do respetivo procedimento"; ou sendo a trabalhadora grávida, puérpera ou lactante ou trabalhador em gozo de licença parental ...não tenha havido o prévio parecer da CITE; ou que tenham sido ultrapassados os prazos legais para o procedimento ou para o despedimento; ou que seja inválido o procedimento do despedimento; ou ainda que lhe pareça ilícito o despedimento coletivo ou por extinção do poste de trabalho. [257]

Não tendo sido regularizada a situação, isto é, não tenha o empresário readmitido o trabalhador despedido e apresentado o auto pelo inspetor do trabalho, o responsável pela unidade da ACT, *remete, em cinco dias, participação dos factos para os serviços do MP junto do tribunal (de trabalho) do lugar da prestação de trabalho ..." para fins de instauração de procedimento cautelar de suspensão de despedimento.* Não obstante o sentido impositivo desta norma, não pode deixar de se admitir que, quer o responsável da ACT, quer o Magis-

[255] Acórdão relatado pelo Des. Felizardo Paiva, *in* C.J., Ano XXXIV, Tomo IV/2010, pág. 60, onde se cita o Acórdão do mesmo TRL de 15-03-2006 (processo nº 190-2006-4).

[256] A Inspeção Geral do Trabalho, cujo estatuto consta da DL nº 102/2000, de 2 de junho, encontra-se integrada na Autoridade para as Condições de Trabalho (ACT), conforme DR nº 47/2012, de 31 de julho, cujo dirigente máximo é o Inspetor Geral do Trabalho.

[257] Fica apenas excluída a ilicitude do despedimento por inadaptação, donde se poderá concluir que o próprio legislador reconhece, implicitamente, que tal modo de cessação do contrato de trabalho, estando legalmente previsto, não tem aplicação prática.

trado do MP, deverão sopesar a situação e, justificando, poderão recusar o andamento o processo ou poderão exigir novas diligências.

Não se indicando qualquer prazo para comportar tal procedimento, não só em relação à sua tramitação, como ao seu início em relação à data do indiciado despedimento ilícito, parece-nos que a lacuna deve ser preenchida através da aplicação do preceituado no nº 2 do art. 387º do Código do Trabalho, ou seja "no prazo de 60 dias, contados a partir da receção da comunicação do despedimento" que é o prazo máximo para interpor a ação de impugnação judicial da regularidade e licitude do despedimento, como se dispõe no art. 98º-C.

Falando-se em "regularizar a situação" e não se mencionando a reintegração do trabalhador despedido, crê-se que poderá transformar-se o despedimento em revogação do contrato de trabalho por acordo, com previsto no art. 349º do Código do Trabalho. Ainda se admite que tal regularização possa passar pela recuperação formal do procedimento do despedimento.

Embora naquele nº 3 não seja estabelecido qualquer prazo para o empregador "regularizar a situação", impõe-se, no número seguinte, que se tal não acontecer, *a Autoridade para as Condições do Trabalho remete, em cinco dias, participação dos factos para os serviços do Ministério Público junto do tribunal do lugar da prestação de trabalho, acompanhada de todos os elementos de prova recolhidos, para fins de instauração de procedimento cautelar de suspensão de despedimento.*

Recebida tal documentação, de conformidade com o disposto no novo art. 33º-B do CPT, o MP *dispõe de 20 dias para instaurar o procedimento cautelar de suspensão de despedimento.* Para o efeito, deverá no requerimento inicial, expor sucintamente *a pretensão e os respetivos fundamentos, devendo juntar todos os elementos de prova recolhidos até ao momento.* Ao contrário do que aconteceu com o procedimento cautelar de inadequação do vínculo contratual, neste novíssimo procedimento não foi conferida, pelo menos expressamente, legitimidade ao Ministério Publico porquanto, no art. 5º do CPT, apenas se menciona os casos regulados no art. 186º-S.

Seguem-se os trâmites estabelecidos no art. 34º, já sumariados no número anterior, mas nos termos do novo nº 2, o *duplicado da petição inicial é remetido ao trabalhador simultaneamente com a notificação da data da audiência final, com a expressa advertência de que pode, no prazo de 5 dias, aderir aos factos apresentados pelo Ministério Público, apresentar articulado próprio e constituir mandatário.* Face à redação deste preceito, o trabalhador apenas "pode aderir aos factos apresentados", não podendo, por consequência, discordar deles podendo o seu interesse ser suplantado pelo do Estado!

Neste novo contexto, face ao curto prazo de cinco dias úteis que o trabalhador, por sua iniciativa continua a dispor para requerer a suspensão do seu despedimento, de harmonia com a norma dotada de imperatividade absoluta do art. 386º do Código do Trabalho, caso o deixe ultrapassar poderá recorrer à denúncia da situação perante a IGT, sugerindo que seja encetada esta nova forma de requerer a providência cautelar.

Mas como a impugnação judicial do despedimento (formal) continua a ter de ser apresentada no prazo de 60 dias a contar da data de receção da comunicação de tal despedimento, de harmonia com o preceituado no art. 388º do CT, não fará sentido que, decorrido tal prazo de caducidade, possa o MP vir a requerer a suspensão, mantendo-se tal direito de impugnação, exclusivamente, na titularidade do trabalhador.

4.3. Suspensão de despedimento subsequente a auto de inspeção da ACT em caso de inadequação do vínculo laboral

Acontece que com a alteração do art. 5º-A e aditamento do art. 186º-S, impostos, respetivamente, através dos art.s 3º e 4º da Lei nº 55/2017, de 17 de julho, passou a vigorar, no **âmbito do processo especial de reconhecimento da existência do contrato de trabalho (ARECT)**, um novo procedimento cautelar, a intentar pelo Ministério Público, destinado à suspensão de despedimento de aparente prestador de serviços.

Efetivamente, naquele novo art. 186º-S, no seu nº 1, passou a dispor-se que *sempre que o trabalhador tenha sido despedido entre a data da notificação do empregador do auto de inspeção...que presume a existência de contrato de trabalho e de trânsito em julgado da decisão judicial da ação de reconhecimento da existência de contrato de trabalho, o Ministério Público intenta procedimento cautelar de suspensão de despedimento, nos termos da alínea c) do art. 5º-A deste Código.* Mas neste último preceito apenas se confere a legitimidade para o MP intentar o referido procedimento cautelar, não se fazendo qualquer alusão às regras do art. 34º e seguintes, nem a qualquer intervenção do interessado, que segundo parece não será visto nem achado. Ainda, através do recente art. 33º-B, resultante do art. 18º da Lei nº 13/2023, com a epígrafe ***intervenção do Ministério Público***, apenas e tão somente se prevê a sua atuação em relação à participação prevista no nº 4 do art. 11º da Lei que aprova o Estatuto da Inspeção do Trabalho, isto é, ao procedimento para o reconhecimento da ilicitude do despedimento e não do vínculo como sendo de contrato de trabalho.

Verifica-se, assim, que para o legislador, desde que o inspetor da ACT conclua que existe um contrato de trabalho e não de prestação de serviço ou outro, passa logo a haver um trabalhador e um empregador e a ação judicial é um mero instrumento de confirmação da correspondente relação jurídico-laboral! Na verdade, se houver cessação de tal contrato até ao trânsito em julgado da sentença, seja em que sentido esta for, o MP "intenta o procedimento cautelar de suspensão de despedimento", o que inculca que o contrato, mesmo antes da sentença, já deve ser considerado como sendo de trabalho.

Em tal procedimento, o MP para demonstrar a ilegalidade do despedimento tem que fazer prova da existência do contrato de trabalho, até para o tribunal do trabalho ser o competente. Por esta razão, e pela referida falta de classificação do procedimento, dever-se-á concluir que o procedimento cautelar previsto no recente art. 186º-S do CPT será um novo procedimento cautelar especificado, como, aliás, logo é confirmado pelo preceito do nº 1, ao mandar aplicar supletivamente as normas do procedimento de suspensão de despedimento e como, expressamente, se crisma a epígrafe do novo art. 186º-S.

Mas nos nºs 2 e 3 do mesmo artigo ainda se impõe ao MP, mas agora "oficiosamente", que interponha o "procedimento cautelar" "caso tenha conhecimento, por qualquer meio, da existência de despedimento na situação a que se refere o nº 1 do artigo 15º-A da Lei nº 107/2009, de 14 de setembro, na redação atual..." ou seja, logo que o inspetor do trabalho "lavra o auto e notifica o empregador...".

Ainda no nº 3 se prevê uma terceira situação em que o MP "oficiosamente deverá interpor o procedimento cautelar". Será "sempre que a pessoa ou pessoas a quem a atividade é prestada (já não é o empregador) aleguem (certamente perante a ACT) "que o contrato que titula a referida atividade cessou, a qualquer título, durante o período referido no nº 1", ou seja entre a data de notificação ao empregador e o trânsito em julgado".

Por último, no nº 4, volta a reportar-se ao despedimento, mas agora que "ocorra antes da receção da participação dos factos prevista no nº 3 do artigo 15º-A da Lei nº 107/2009, de 14 de setembro, na sua redação atual". Também em tal caso, "o Ministério Público, até dois dias após o conhecimento da existência do despedimento, requer à ACT para, no prazo de cinco dias, remeter a referida participação, acompanhada de todos os elementos de prova recolhidos" para promover o dito procedimento cautelar.

São, pois, estas quatro situações em que o competente magistrado do MP deve interpor o citado procedimento cautelar.

5. Proteção da segurança e saúde no trabalho

A observância das regras de segurança e de saúde no trabalho assume evidente interesse em ordem a prevenir os acidentes de trabalho e as doenças, incluindo as profissionais[258]. É, pois, nesta perspetiva que se passou a regular este procedimento cautelar de natureza laboral.

Como resulta da sua denominação, este procedimento cautelar especificado, regulado nos arts. 44º a 46º, tem por objetivo obter judicialmente uma providência para fazer cessar situações que "se revelem suscetíveis de pôr em perigo, sério e eminente, a segurança ou a saúde dos trabalhadores..." através de meios adequados[259].

Têm legitimidade para o intentar os trabalhadores que "individual ou coletivamente" exerçam ou possam vir a exercer atividade no local em causa ou os seus representantes, portanto a respetiva estrutura de representação coletiva (arts. 5º e 44º, nº 1). Naturalmente, este procedimento cautelar não afasta as iniciativas dos trabalhadores e da sua estrutura de representação coletiva constituída pelos seus representantes para a segurança e saúde no trabalho, nem as operações de fiscalização da competência da ACT, como se prevê no art. 14º da Lei nº 102/2009, de 10 de setembro, sobre a promoção da segurança e saúde no trabalho, que, à partida, serão mais eficazes e expeditas e com menores custos.

Na sequência do requerimento inicial, sem ter que ouvir o empregador, mas nada impedindo que o faça, o juiz tomará as medidas que achar necessárias podendo, antes, determinar um exame sumário através da ACT, a realizar num prazo "não superior" a 10 dias. A não audiência da parte requerida resulta do disposto nos arts. 45º; 32º, nº 1 *b)* e 33º do CPT e 366º, nº 1, do CPC, todos interpretados *a contrario*, excetuando este art.

[258] Código do Trabalho, arts. 281º (princípios gerais em matéria de segurança e saúde no trabalho) e 282º (informação, consulta e formação dos trabalhadores) e Lei nº 102/2009, de 10 de setembro (regime jurídico da promoção da segurança e saúde no trabalho). A segurança e saúde no trabalho foram incluídas com princípio fundamental pela OIT, na sua 110ª Conferência, em Genebra, 2022.

[259] No direito substantivo, as regras sobre a prevenção e reparação de acidentes de trabalho e doenças profissionais constam do art. 5º e sgts da aludida Lei nº 102/2009, de 10 de setembro relativa à promoção da segurança e saúde no trabalho.

33º. Mas sendo a providência decretada, o requerido será citado para deduzir oposição se o desejar (art. 366º, nº 2 do CPC).

Como o processo resulta da iniciativa de particulares, não correndo oficiosamente, a execução da sentença condenatória terá de ser promovida pelo requerente ou requerentes, ainda que ela beneficie da garantia penal (art. 375º do CPC). Mas não tendo cabimento no âmbito da execução de direitos irrenunciáveis, prevista no art. 90º, deverá configurar-se como uma vulgar execução de prestação de facto (arts. 550º, nº 4 e 868º e sgs. do CPC). Poderá, no entanto, enquadrar a nova figura da inversão do contencioso.

6. Procedimentos especificados regulados no CPC

Conforme se preceitua no art. 47º do CPT, no foro laboral ainda podem correr outros procedimentos cautelares especificados regulados no CPC, de harmonia com o seu próprio regime processual civil.

Embora, a norma não especifique quais são tais procedimentos, pela natureza das coisas, na prática, face à especificidade das relações de trabalho subordinado poderão originar-se os seguintes procedimentos de:

- Suspensão de deliberações sociais de associações sindicais (art. 380º e sgs.);
- Arbitramento de reparação provisória (art. 388º e sgs.);
- Arresto (art. 391º e sgs.); e
- Arrolamento (art. 403º e sgs.).

X
Espécies e Formas de Processo

1. Espécies de processos

Como já se salientou, o CPT compõe-se, agora, para além do primeiro artigo, apenas do Livro I, respeitante tão somente ao processo civil, que se distribui pelos arts. 2º a 186º-R. Nele, logo após a disciplina dos procedimentos cautelares, segue-se a indicação das espécies e formas de processo, estipulando, no art. 48º, nº 1, que tem duas espécies[260]:

- de declaração ou declarativo – Título IV, e
- de execução ou executivo – Título V.

Por sua vez, o processo de declaração (art. 48º, nº 2), configura-se como:

- processo comum, e como um dos
- processos especiais, aplicáveis aos casos expressamente previstos na lei processual (Título VI).

Estes processos, consoante a sua finalidade, podem conter ações de simples apreciação de um direito ou facto, de condenação na prestação de uma coisa ou de um facto (como é usual) e até serem constitutivas de direitos ou deveres (CPC, art. 10º).

Os incidentes de instância (como referido em VIII-3), destinados a permitir resolver questões secundárias, podem implicar a constituição de processos ainda que não autónomos[261]. No âmbito do direito processual

[260] Tal configuração no CPC consta dos arts. 546º ao 551º.

[261] Cfr. Joel Timóteo Ramos Pereira, Prontuário de Fórmulas e Trâmites, vol. I – Processo Declarativo, *Quid Juris*, Lisboa, 2011, pág. 25.

laboral, para além dos regulados no CPC, prevêem-se alguns incidentes, nomeadamente, no processo especial emergente de acidentes de trabalho e doenças profissionais, onde correrão por apenso (art. 132º e outros).

Poder-se-á considerar ainda o processo de contraordenação, cuja disciplina consta de lei especial, aplicável *ex vi* do art. 186º-J do CPT (e que será o objeto do capítulo XXI).

2. Processo declarativo comum

Diferindo do revogado processo civil (e do que antes se passava no processo laboral) o processo declarativo (ou de declaração, como melhor consta no CPC) tem uma única forma de tramitação – a do processo comum (arts. 49º, 54º e segt.s do CPT). Não há, pois, atualmente, processo ordinário, sumário ou sumaríssimo em direito processual laboral, como também se deixou de prever no processo civil.

Porém, a esta forma comum do processo declarativo não se aplicavam subsidiariamente em primeira mão, as normas do processo ordinário cível, mas, outrossim, as normas do processo sumário (art. 49º, nº 2 do CPT)[262], o que se justificava pela necessidade de maior presteza e mais simplicidade[263]. Em consequência, face ao que se dispõe no art. 2º, nº 1 da Lei nº 41/2013, de 26 de junho, que aprovou o novo CPC, aquela referência ao processo sumário devia considerar-se feita ao processo declarativo comum, como, agora, é confirmado na nova redação daquele nº 2. Desta correlação resultam algumas especificidades, para além das do CPT, e que derivam diretamente da disciplina do processo de declaração na sua forma comum ou única[264]. Da antiga forma sumária provieram algumas particularidades do processo laboral, que ainda se mantêm, tais como:

- o julgamento das ações não contestadas pode ser efetuado mediante a adesão aos fundamentos alegados pelo autor na petição (arts. 57º do CPT e 784º do antigo CPC);

[262] A forma sumária do processo declarativo cível estava regulada nos arts. 783º a 791º do antigo CPC. Mas dele apenas tinham aplicação direta no foro laboral as normas dos arts. 788º (prazo de cumprimento de cartas) e 790º, parte inicial do nº 2 (adiamento da audiência de discussão e julgamento).

[263] Para desenvolvimento, *Requiem* pelo processo sumário laboral ..., estudo de Teresa Maria da Silva Bravo, in QL, Ano XXIII, nº 48, jan./jun. 2016, pág. 41.

[264] Embora haja a considerar a adequação prevista no art. 597º do CPC e a ação declarativa especial para cumprimento de obrigações pecuniárias emergentes de contratos e injunção (DL 269/98, de 1 de setembro).

- respostas às exceções e à reconvenção, considerando a alçada (arts. 60º do CPT e 785º e 786º do antigo CPC);
- audiência final só quando a complexidade da causa a justifique (arts. 62º, nº 1 do CPT e 787º do antigo CPC e atual art. 593º);
- discussão do aspeto jurídico da causa por via oral e as limitações de uma hora para a intervenção nos debates pelos advogados (arts. 72º, nº 3 do CPT e 790º do antigo CPC e atual art. 604º, nº 5);
- juiz singular (arts. 68º, nº 1 do CPT e 791º, nº 1 do antigo CPC e atual art. 599º);
- gravação da audiência (arts. 68º, nº 3 do CPT e antigo art. 791º, nº 2 do CPC); e,
- decisão imediata da matéria de facto (arts. 73º, nº 2 do CPT e antigo art. 791º, nº 3 do CPC).

De qualquer modo, como era óbvio, o normativo do processo ordinário civil acabava por aplicar-se subsidiariamente, na sua generalidade, porque ele próprio era tributário do processo sumário, de conformidade com o disposto no antigo nº 1 do art. 463º do CPC.

Na prática, hoje em dia, porque o processo civil acabou por inserir e adequar, no seu próprio normativo, muitos dos princípios e das regras do processo laboral, passou por haver maior uniformidade e aproximação, para além de bastante complementaridade entre os dois ordenamentos.

Na esteira do que se preceitua na alínea *a)* do nº 2 e no nº 3 do art. 1º e no nº 2 do art. 49º, ambos do CPT, deve-se concluir que, praticamente, todo o CPC se aplica subsidiariamente, com exceção das situações reguladas especificamente e das normas "que forem incompatíveis com a índole do processo regulado neste Código" de Processo do Trabalho. Ainda, mas agora devido ao seu campo de aplicação, por regra não serão relevantes para o processo laboral as normas que disciplinam os processos especiais civis, ou seja, as que constam no CPC a partir do seu art. 878º. De resto, muito provavelmente em próxima revisão do CPT, este será decepado de mais alguns dos seus artigos.

3. Processo executivo

Todo o processo executivo (ou melhor, de execução) tem de se alicerçar no direito declarado ao caso concreto, consubstanciado num documento escrito – o título executivo –, conforme resulta dos nºs 4, 5, e 6 do art. 10º do CPC. No foro laboral constituirão títulos executivos "todos os... que o CPC (no seu art. 703º) ou lei especial atribuem força executiva", para além dos autos de conciliação (art. 88º).

Atualmente, ao contrário do que ainda se estabelece no art. 50º do CPT, já não existem as formas do processo executivo nele previstas, como decorre do que se dispõe no art. 88º e sgs., nomeadamente em virtude da revogação dos arts. 89º, 90º e sgs., operada em 2009[265].

Hoje em dia, com a especificidade dos dois números daquele art. 90º, e com a possível exclusão da reclamação de créditos, prevista no art. 98º, são aplicáveis as regras do processo comum de execução, estabelecidos no CPC[266], conforme seja para:

- pagamento da quantia certa;
- entrega de coisa certa;
- prestação de facto.

Apenas se poderá aceitar haver um processo executivo específico quando estão em causa direitos irrenunciáveis ou indisponíveis, em que "o tribunal, oficiosamente, ordena o início do processo executivo, cujas diligências de execução são realizadas por oficial de justiça" (art. 90º, nº 2 e 722º do CPC). O mesmo acontecerá na execução da decisão final do procedimento cautelar da suspensão de despedimento *ex vi* do estatuído no nº 3 do art. 39º.

4. Processos especiais

Havendo um processo declarativo comum, logicamente, terão de haver processos especiais. Estes, que se aplicam "nos casos expressamente previstos na lei", como se refere no art. 48º, nº 3 do CPT, são os de:

I – Impugnação judicial da regularidade e licitude do despedimento (arts. 98º-B a 98º-P);

II – Emergentes de acidente de trabalho e de doença profissional (arts. 99º a 155º do CPT);

III – Impugnação de despedimento coletivo (arts. 156º a 161º do CPT);

[265] DL nº 295/2009, de 13 de outubro.

[266] Arts. 550º, 551º e 712º e sgs.

IV – Do contencioso das instituições de previdência, abono de família, associações sindicais, associações de empregadores ou comissões de trabalhadores, que agrupa os processos especiais seguintes:

A. Convocação de assembleias gerais (art. 163º);
B. Impugnação dos estatutos, deliberações de assembleias gerais ou atos eleitorais (arts. 164º a 169º);
C. Impugnação judicial de decisão disciplinar (arts. 170º a 172º);
D. Liquidação e partilha dos bens de instituições de previdência, de associações sindicais, de associações de empregadores ou de comissão de trabalhadores (arts. 173º a 182º, todos revogados); e de
E. Anulação e interpretação de cláusulas de convenções coletivas de trabalho (arts. 183º a 186º).

V – Impugnação da confidencialidade de informações ou da recusa da sua prestação ou da realização de consultas (arts. 186º-A a 186º-C);

VI – Tutela da personalidade do trabalhador (arts. 186º-D a 186º-F);

VII – Igualdade e não discriminação em função do sexo (arts. 186º-G a 186º-I); e, por último, de

VIII – Reconhecimento da existência de contrato de trabalho (arts. 186º-K a 186º-R)[267].

Para além de especiais, acresce a característica de alguns serem legalmente classificados como urgentes, conforme já se salientou (em VIII-4.3).

5. Custas processuais

Como resulta do CPC[268], todos os processos judiciais estão sujeitos a custas da responsabilidade das partes ou de outros intervenientes. Nos termos daquele Código e do RCP[269], tais custas processuais abrangem a *taxa*

[267] Introduzido pela Lei nº 63/2013, de 27 de agosto.

[268] Arts. 527º a 545º, onde se contêm os princípios gerais, as regras especiais sobre custas e ainda as regras sobre multas e indemnizações.

[269] O Regulamento das Custas Processuais foi aprovado pelo Decreto-Lei nº 34/2008, de 26 de fevereiro, tendo sofrido diversas alterações, as últimas das quais e através das leis de aprovação dos orçamentos do Estado de 2020 (Lei nº 2/2020, de 31 de março, art. 430º) e de 2023 (Lei nº 24-D/2022, de 30 de dezembro, art. 132º).

de justiça, os encargos e as custas de parte (CPC, art. 529º e RCP, art. 3º). Além das custas pode haver lugar, no âmbito do processo, ao pagamento de multas e outras penalidades.

A taxa de justiça corresponde ao montante devido pelo impulso processual do interessado. Isto significa, como escreve Joel Timóteo Ramos Pereira, que por cada ação, incidente ou recurso é obrigatória a prévia liquidação de taxa de justiça, em princípio, sem acréscimos posteriores[270]. É fixada em função do valor e complexidade da causa, em regra, de harmonia com os valores constantes da tabela I-A (art. 6º) [271]. Os encargos que podem integrar as custas de cada processo derivam do custo das despesas efetuadas pelo tribunal, que podem ir desde a concessão do apoio judiciário até à intervenção de peritos ou à necessidade de transportes. Por sua vez, através das custas de parte procura-se obter o reembolso à parte vencedora das suas despesas com o processo.

A taxa de justiça é expressa através da *unidade de conta processual* (UC), que pode ser, anual e automaticamente, atualizada de acordo com o indexante dos apoios sociais (IAS)[272] do ano anterior, correspondente a ¼ arredondado. A taxa de justiça, em regra, tem como base tributável o *valor da causa* (art. 11º)[273].

Existem, porém, diversas entidades que se encontram isentas do pagamento de custas (isenção subjetiva), nos termos do art. 4º do RCP. Entre outras, por terem mais interesse nos domínios do processo laboral, destacam-se as seguintes:

[270] Regulamento das Custas Processuais e Legislação Complementar, 2ª ed., *Quid Juris*, Lisboa, 2013, pág. 47.

[271] No CPT, apenas em dois processos especiais (regularidade e licitude do despedimento (art. 98º) e de acidente de trabalho (art. 120º) se estabelecem regras especiais sobre a atribuição do valor da causa. Em consequência, em todos os restantes processos aplicar-se-á o normativo do CPC e do RCP, nomeadamente o art. 306º, daquele CPC, que confere ao juiz o poder de fixar o valor e nos momentos em que o deve fazer.

[272] O IAS (indexante dos apoios sociais) foi criado pela Lei nº 53-B/2006, de 29 de dezembro, e tem sofrido atualizações, encontrando-se fixado para 2023 em € 480,43. Porém, desde 2009, que o valor da unidade de conta se mantém em € 102,00, por força das leis que têm aprovado os sucessivos orçamentos do Estado, sendo a última a Lei nº 24-D/2022, que aprovou o Orçamento para 2023, art. 132º.

[273] Salvador da Costa, As Custas Processuais, Análise e Comentário, Almedina, Coimbra, 2017, 6ª ed., pág. 30.

- *O MP (alínea a);*
- *As pessoas coletivas privadas sem fins lucrativos, quando atuem exclusivamente no âmbito das suas especiais atribuições ou para defenderem os interesses que lhes estão especialmente conferidos pelo respetivo estatuto ou nos termos da legislação que lhes seja aplicável (f);*
- *Os trabalhadores ou familiares, em matéria de direito do trabalho, quando sejam representados pelo Ministério Público ou pelos serviços jurídicos do sindicato, quando sejam gratuitos para o trabalhador, desde que o respetivo rendimento ilíquido à data da proposição da ação ou incidente ou, quando seja aplicável, à data do despedimento, não seja superior a 200 UC (h)*[274]*;*
- *O Fundo de Garantia Salarial, nas acções em que tenha de intervir (p);*
- *As sociedades civis ou comerciais, as cooperativas e os estabelecimentos individuais de responsabilidade limitada que estejam em situação de insolvência ou em processo de recuperação de empresa, nos termos da lei, salvo no que respeita às ações que tenham por objeto litígios relativos ao direito do trabalho (u).*

Ainda e já no que tange às isenções objetivas, isto é, resultantes da matéria em apreciação pelo tribunal, nos termos do nº 2 do mesmo artigo, ficam também isentos do pagamento de custas:

- *As remições obrigatórias de pensões (a);*
- *Os processos relativos... à intimação para a proteção de direitos, liberdades e garantias (b);*
- *Os processos de liquidação e partilha de bens de instituições de previdência social e associações sindicais e de classe (d).*

Como anota Edgar Valles[275], em caso de isenção de custas, a parte deve referir expressamente que está isenta, indicando a norma que concede tal benefício, embora não haja regra expressa que a tal obrigue. Parece, porém, ser a única forma de a sua alegação de isenção poder ser validada pelos demais intervenientes, nomeadamente, o tribunal.

[274] Nos termos do Ac. do STA nº 5/2013, publicado em 17/5/2013, Cons. António P. F. Henriques, "de acordo com as disposições articuladas das alíneas *f)* e *h)* do artigo 4º do Regulamento das Custas Processuais ...os sindicatos, quando litigam em defesa coletiva dos direitos individuais dos seus associados, só estão isentos de custas se prestarem serviço jurídico gratuito ao trabalhador e se o rendimento ilíquido deste não for superior a 200 UC".

[275] Custas Judiciais, Almedina, Coimbra, 2009, pág. 72.

No que se refere à taxa de justiça em processo contraordenacional, de harmonia com os nºs 7 e 8 do art. 8º do mesmo RCP será *devida taxa de justiça pela impugnação das decisões de autoridades administrativas, no âmbito de processos contraordenacionais, quando a coima não tenha sido previamente liquidada, no montante de 1 UC, podendo ser corrigida, a final, pelo juiz... Tal taxa é autoliquidada nos 10 dias subsequentes à notificação ao arguido da data da marcação da audiência. Nos restantes casos, a taxa de justiça é paga a final, sendo fixada pelo juiz tendo em vista a complexidade da causa, dentro dos limites fixados pela tabela III.*

A taxa de justiça é, em princípio, paga por uma única vez, podendo sê-lo em duas prestações e, neste caso, até lograr a dispensa do pagamento da segunda[276]. O pagamento desta segunda dependerá da marcação da audiência final o que acontecerá logo na audiência de partes, mas poderá não ter lugar nos processos emergentes de acidente de trabalho ou doença profissional (art. 14º-A, *i*)). Ainda poderá ser agravada para "litigantes em massa" nos casos das tabelas I-A e C, o que não se verificará em processo laborais.

Anota-se que haverá redução na taxa de justiça nos "processos de contencioso das instituições de segurança social ou de previdência social e dos organismos sindicais, nos processos para convocação de assembleia geral ou de órgão equivalente, nos processos para declaração de invalidade das respetivas deliberações e nas reclamações de decisões disciplinares" (RCP, art. 12º, nº 1 *c*)).

As custas de parte são pagas nos termos dos arts. 25º e 26º[277], devendo a parte que a elas tenha direito, "até dez dias após o trânsito em julgado ou após a notificação de que foi obtida a totalidade do pagamento ou do produto da penhora, consoante os casos, remeter para o tribunal, para a parte vencida e para ... o agente de execução", a respetiva nota discriminativa e justificativa. Relativamente a despesas a reembolsar, como julgado "não são atendíveis como encargos (para efeitos de reclamação de custas de parte) as despesas suportadas pela parte com deslocações de avião, táxis, estacionamento e alojamento de mandatários". E "cabe à testemunha requerer ao tribunal o pagamento das despesas de deslocação e a fixação de uma indemnização equitativa, não sendo elegíveis para efeitos de cus-

[276] Cfr art. 530º do CPC e arts. 13º a 14º-B do RCP, na redação conferida pela Lei nº 7/2012, de 13 de fevereiro. V. Joel Timóteo Ramos Pereira, ob. cit., pág. 63.

[277] do RCP, na redação dada pelo DL nº 86/2018, de 29 de outubro (14ª alteração!).

tas de parte (encargos) os valores diretamente pagos à testemunha pela parte a título de deslocações de avião, táxis e alojamento"[278].

De conformidade com o nº 2 do mesmo artigo, devem constar da nota justificativa, para além da necessária identificação da parte e do processo, as quantias pagas a título de taxa de justiça, encargos ou despesas e honorários do mandatário judicial (até 50% do somatório das taxas pagas) concluindo pelo valor a receber. Tal nota justificativa pode ser objeto de reclamação [279].

A conta de custas será elaborada de modo contínuo (art. 29º) pela secretaria do tribunal e será notificada aos interessados (partes e MP), que dela poderão apresentar *reclamação* (por erro de contagem), no prazo de 10 dias, ou requerer a sua *reforma* (por não se encontrar de harmonia com a lei ou com a decisão judicial), no prazo de 10 dias. As normas sobre o seu *pagamento* integram o art. 32º e sgs. e as da eventual *execução* (pelo MP ou pela parte vencedora) o art. 35º e sgs. A *prescrição* do crédito por custas ocorre ao fim de 5 anos (art. 37º ainda do Regulamento).

Nos recursos, a taxa de justiça é a da tabela I-B sendo paga apenas pelo recorrente se o recorrido não contra-alegar.

Nos incidentes e procedimentos cautelares aplica-se a tabela II.

Nos casos processados através da plataforma CITIUS tal taxa passava a 90% do valor indicado naquela tabela[280]. Atualmente, porém, em face das disposições da P. 280/2013, de 26 de agosto, conjugadas com o art. 144º do CPC, resulta que já não há lugar a tal desconto; apenas se mantendo nos casos em que haja peças que não sendo obrigatoriamente enviadas através daquela plataforma, a parte opte por fazê-lo, o que será raro.

[278] Ac. do TRL, de 22-02-2022, Proc. 2445/12.4TBPDL, Rel. Luís Filipe Pires de Sousa.

[279] Nos termos do art. 33º da Portaria nº 419-A/2009, de 17 de abril, com alterações, a última das quais é da P. 267/2018, que regula o modo de elaboração, contabilização, liquidação, pagamento, processamento e destino das custas processuais, multas e outras penalidades e Ac. do TC nº 280/2017, de 30 de junho, que declarou a inconstitucionalidade, com força obrigatória geral, da norma do nº 2 daquele artigo.

[280] Cfr nº 3 do art. 6º do RCP, na redação conferida pelo DL 52/2011, de 13 de abril.

XI
Processo Declarativo

1. Forma comum

Este será o processo adequado para dirimir a generalidade das questões emergentes da relação de trabalho subordinado resultantes do contrato (individual) do trabalho, desde as mais simples até às mais complexas e independentemente do valor atribuído à causa. Naturalmente, aplica-se quando a situação em concreto não se enquadre no âmbito de algum dos processos especiais, como resulta do preceituado no art. 48º, nº 3[281]. Em geral, quanto à finalidade, este processo comporta ações de condenação. Mas também poderão ser de simples apreciação ou constitutivas, de conformidade com o disposto no art. 10º, nºs 2 e 3 do CPC.[282]

Na sua conformação, como já referido, assume uma única forma ou moldura de tramitação. Daqui, provém a sua designação de processo comum (e não ordinário, sumário ou sumaríssimo, como no passado).

Atualmente, esta forma comum do processo laboral passou a ser tributária da correspondente forma do processo civil, que a inspira. Em consequência, perante a omissão normativa no regime do processo comum laboral, que é frequente, aplicar-se-ão, subsidiariamente e em primeira mão, as normas do processo comum civil (arts. 552º a 702º do CPC e 1º, nºs 2 *a)*, *c)* e *e)* e nº 3 do CPT).

[281] Na lógica do preceituado no nº 2 do art. 546º do CPC.

[282] Como acontece na ação a impugnar os pareceres da CITE (CT, arts. 57º e 63º) e na ação de reconhecimento da existência de contrato de trabalho, a qual corre em processo especial (capítulo XXI).

Em consequência, também ao processo laboral são aplicadas as novas tecnologias, nomeadamente, a tramitação eletrónica, como se prevê no art. 132º do CPC, alterado pelo DL nº 97/2019, de 26 de julho, que introduziu importantes inovações "em matéria de tramitação eletrónica, simplificação e agilização processual"[283],

Também, como começou a acontecer no processo civil (isto é regulado no CPC), em princípio o valor da causa não tem relevância para a caracterização da forma do processo laboral a seguir, nem interessa o valor das alçadas dos tribunais da 1ª instância ou da Relação[284-285]. Todavia, as alçadas já interessam para:

- dedução de reconvenção (art. 30º);
- possibilidade de resposta à contestação (art. 60º);
- admissibilidade de recurso em certas situações (art. 79º *a contrario*); e
- exclusão da reclamação de créditos (art. 98º, nº 1).

2. Tentativa de conciliação

A tentativa de conciliação continua a ser, quer na lei, quer na prática, uma das distinções mais marcantes em relação ao processo civil puro. Tem, obrigatoriamente, lugar:

- na audiência de partes (a realizar antes da apresentação da contestação) – art. 55º, nº 2;
- no início da audiência final – art. 70º nº 2;
- no início da audiência final do procedimento cautelar de suspensão de despedimento (art. 36º, nº 2); e
- em diversos processos especiais – arts. 98º-I, nº 2; 108º e 160º.

Facultativamente, por aplicação subsidiária do art. 594º nº 1 do CPC, em qualquer estado do processo, desde que:

[283] Rui Maurício, Citius – Processo Civil Eletrónico, Petrony, Lisboa, 2010 e J.M. Nogueira da Costa, Novas Tecnologias e Prática Processual, artigo *in* RMP, nº 127, jul-set 2011, pág. 221.

[284] Há a exceção prevista no art. 597º (ações de valor não superior a metade da alçada da Relação).

[285] Desde 2010, as alçadas são de € 5.000,00 para os tribunais de 1ª instância e de € 30.000,00 para os tribunais da Relação (LOSJ, art. 44º).

- as partes conjuntamente a requeiram, ou
- o juiz a considere oportuna.

Naturalmente, caso haja lugar a audiência prévia, esta poderá começar por uma tentativa de conciliação (arts. 62º do CPT e 591º do CPC).

Ainda as partes poderão apresentar, desde que fiquem prevenidos os direitos indisponíveis, e em qualquer altura do processo (arts. 283º, 289º do CPC):

- desistência do pedido,
- a sua confissão, ou
- transação.

O normativo da tentativa de conciliação consta, essencialmente, dos arts. 51º a 53º, que iniciam a disciplina do processo comum. Terá a sua aplicação de pleno na audiência de partes, mas deve ser observado sempre que ocorra tal esforço formal de conciliação.

Segundo o nº 2 daquele art. 51º, a tentativa de conciliação é presidida pelo juiz. Tal redundância deve-se ao facto de no anterior Código, ser presidida pelo magistrado do MP.

No que tange à forma a consubstanciar a tentativa de conciliação, deve ser lavrado um **auto** com os termos do que nela ocorrer, quer haja ou não acordo, ou este seja pleno ou parcial. Havendo acordo, este deve ser pormenorizado, nomeadamente no que respeita "a prestações, respetivos prazos e lugares de cumprimento" e ainda ao modo, para, assim, se procurar prevenir, tanto quanto possível, os desentendimentos.

Em caso da sua frustração, no todo ou em parte, devem constar do mesmo auto "os fundamentos que, no entendimento das partes, justificam a persistência do litígio" (art. 53º, nº 3). Na nossa interpretação deste último preceito, ainda nele devem constar as matérias em que tenha havido acordo e isto em respeito pelos princípios da economia e celeridade processuais, da verdade material e da aquisição processual.

Quanto ao **valor da conciliação** efetuada em audiência, portanto, perante o juiz, diferentemente do que acontece no processo civil, o auto não carece de homologação (não assumindo, pois, o nível de sentença) para produzir efeitos de caso julgado e de título executivo, mas devendo o magistrado verificar a capacidade das partes outorgantes, a legalidade do acordado e a disponibilidade dos direitos consignados (arts. 51º, nº 2;

52º; 53º, nºs 1 e 2 e 88º, *b)* do CPT)[286]. Ainda a desistência do pedido, a sua confissão ou a transação sobre ele, quando efetuadas em audiência de julgamento deverão ser concretizadas por termo no processo (art. 52º, nº 1 e 70º, nº 2, do CPT e 290º do CPC).

Também havia curiosidade em saber se o juiz deveria ou não, considerando os factos em causa, alvitrar as possíveis soluções jurídicas, de molde a esclarecer as partes e procurar que elas pusessem termo à demanda. Sabiamente, no nº 2 do art. 51º e na esteira do CPC (art. 594º, nº 3), passou a preceituar-se que deve "o juiz empenhar-se ativamente na obtenção da solução mais adequada aos termos do litígio". O facto de ainda não conhecer a contestação facilita-lhe tal missão.

Questão que se coloca é saber se faz sentido ser o juiz a dirigir a tentativa de conciliação, dado que, seguidamente, vai julgar a causa, nomeadamente, quando se frustra a diligência e na qual as partes já aduziram argumentos que o podem impressionar.

Ainda é discutível se a audiência de partes, cuja função central é a tentativa de conciliação, deva ter lugar após a petição e não depois da contestação, quando ambas as partes, igualmente, já tenham esgrimido os seus argumentos e já terão consciência do valor dos seus meios de prova disponíveis. Historicamente, as duas soluções já foram experimentadas, tendo-se voltado à forma inicial usada no Regulamento dos Tribunais Avindores de 1891.

3. Articulados. A petição inicial

Os articulados "são as peças em que as partes expõem os fundamentos da ação e da defesa e formulam os pedidos correspondentes", devendo, em geral, serem deduzidos (obviamente) por artigos, conforme se dispõe no art. 147º do CPC. Devem obedecer, na sua formulação e apresentação, às normas do art. 130º e segt.s do CPC (e da P nº 280/2013, de 26 de agosto). Em regra, serão a petição inicial[287], a contestação e a resposta à contestação, podendo, excecionalmente, haver articulados supervenientes.

No âmbito do Código do Trabalho há que ter em conta a prescrição de créditos emergentes de contrato de trabalho, sua violação ou cessação, que ocorre findo um ano a partir da cessação do contrato de trabalho, de

[286] José Eusébio Almeida, (Des)necessidade da Assinatura do Auto de Conciliação, estudo inserido no Prontuário de Direito do Trabalho, CEJ, nº 64, maio-agosto, 2003, Coimbra Editora, pág. 141.

[287] Os requisitos da petição constam do art. 552º do CPC.

conformidade com o nº 1 do seu art. 337º e isto sem prejuízo de outros prazos inferiores do direito de ação, nomeadamente para impugnar os despedimentos.

Com os dois primeiros (e, eventualmente com terceiro, se houver alteração do valor) é devido o pagamento de **taxa de justiça** e a junção (facultativa) do respetivo documento comprovativo, a não ser que se verifique isenção ou dispensa[288]. Mas, como já se julgou na Secção Social do TRL "não tendo a secretaria recusado a petição inicial desacompanhada do comprovativo do pagamento da taxa de justiça ou de concessão do apoio judiciário, não deve ser ordenado o desentranhamento da petição inicial e ser julgada extinta a instância, mas antes notificada a parte para, em determinado prazo, juntar os elementos em falta, sendo suspensa a instância se o não fizer"[289]. Não deixa de ser problemática esta solução à luz do que se dispõe no nº 5 do art. 552º do CPC para o caso em que a entrada da petição é, por razões de urgência, apenas acompanhada do pedido de apoio judiciário, que vem a ser indeferido. De qualquer modo, a falta do pagamento integral da taxa de justiça devida pelo autor poderá dar lugar à recusa do recebimento da petição pela secretaria ou a decisão de indeferimento liminar impedindo a citação do réu, ou, não acontecendo qualquer destas eventualidades, à absolvição de instância. Em tal caso, para que se verifiquem os efeitos interruptivos do decurso do prazo prescricional haverá que ter em conta o dispositivo dos arts. 323º a 327º do CC (interrupção da prescrição).

Assinala-se que foi julgada, com força obrigatória geral, a inconstitucionalidade da norma estabelecendo que o prazo interrompido pelo pedido de apoio se inicia com a notificação ao patrono nomeado da sua designação, "quando o requerente do apoio judiciário desconheça essa nomeação, por dela ainda não ter sido notificado"[290].

Na sua essencialidade, a **petição inicial** deverá conter, no seu primórdio, para lá da identificação do tribunal e das partes[291], a forma de processo

[288] CPC, arts. 145º e 530º e Regulamento das Custas Processuais, arts. 4º e sgs.

[289] Ac. de 29-11-2010, [Des. Seara Paixão] *in* C.J., Ano XXXV, Tomo IV/2010, pág. 151, mas, com o novo CPC, devem ser compulsados os arts. 552º, nºs 3 a 6; 558º, *f)* e 145º.

[290] Ac. do TC, de 13-10-2020, Proc. 515/2020, Rel. Fernando Ventura incidindo sobre a norma da alínea *a)* do nº 5 do artigo 24º da Lei nº 34/2004, de 29 de julho.

[291] Nomeadamente a indicação do número de identificação de pessoa coletiva, como se passou a exigir na versão do referido art. 552º, dada pelo DL 97/2019, de 26 de julho.

(endereço e cabeçalho ou introito). Segue-se a descrição dos elementos fáticos que sejam suficientes para caracterizar a existência de um contrato de trabalho entre o autor e o réu (normalmente ré, por, em regra, ser uma pessoa coletiva a empregadora) e, de imediato "os factos essenciais que constituem a causa de pedir e as razões de direito que servem de fundamento à ação" (narração), concluindo-se pela formulação do pedido ou pedidos (conclusão) – art. 552º do CPC[292]– e rematando-se com a indicação do valor da causa, dos meios de prova e a assinatura do mandatário (ou da própria parte se esta o poder fazer (*jus postulandi*), que também deve identificar o seu domicílio profissional.

Relativamente à descrição dos factos na petição, através do novo CPC, foi introduzida uma alteração deveras importante, por força da qual se pretende alcançar a verdade material em detrimento da chamada factualidade processual alegada, classicamente, a arrumar em factos provados (antiga especificação) e a provar (antigos questionário ou base instrutória). Para tanto, no novo CPC, começa por se mudar a forma de redigir ou de articular os factos e, consequentemente, a matéria a submeter a julgamento e, depois, a constar na sentença.

Basicamente, tal mudança foi introduzida através da alínea *d)* do art. 552º do CPC, por meio da frase: "deve o autor...expor os factos essenciais que constituem a causa de pedir". Tais factos essenciais devem entender-se à luz do disposto no art. 5º do mesmo CPC, que não deixa de admitir os factos instrumentais, complementares ou concretizadores, mas rezando que "às partes cabe alegar os factos essenciais que constituem a causa de pedir".

O que consta para a petição [art. 552º *d)*], vem a ser corroborado para a dedução de exceções (na contestação), na alínea *c)* do art. 572º, onde se impõe ao R. para "expor os factos essenciais em que se baseiam as exceções deduzidas...".

De tais **factos essenciais** (e não dos restantes) haverá de resultar "a delimitação dos termos do litígio" a definir na audiência prévia, se ela tiver lugar, como se prevê nos arts. 62º do CPT e 591º, nº 1, *c)* do CPC ou na audiência

[292] Face à inteira omissão do CPT quanto ao teor da petição inicial, que apenas se lhe refere no início do art. 54º, parece indiscutível a plena aplicação do normativo deste art. 552º do CPC. Neste dispositivo ainda se prevê a designação de agente de execução ou do mandatário para efeitos de citação (CPC, arts. 231º e 237º).

final (de julgamento). Como escrevem João Correia e outros[293] "o confronto do nº 1 do art. 5º com a alínea *a)* do nº 2 mostra que não há qualquer ónus de alegação quanto a *factos instrumentais* (isto é, factos que permitem a prova indiciária dos factos essenciais), menos ainda qualquer preclusão, devendo o juiz deles conhecer quando *"resultem da instrução da causa"*.

Daquelas duas frases frugais (dos arts. 5º e 552º) resulta, pois, que o autor tem o ónus de alegar os factos essenciais que constituem a causa de pedir. Para além destes, pode alegar factos instrumentais se estes forem necessários à dedução da causa de pedir. Mas só a falta daqueles é que pode levar à improcedência do pedido. Neste sentido já escreveu o Prof. Miguel Teixeira de Sousa, em 1997[294], relativamente aos factos relevantes, "incumbe às partes alegar os factos essenciais que integram a causa de pedir ou que fundamentam a exceção" (art. 264º, nº 1 do antigo CPC). O tribunal pode considerar os *factos complementares* que resultam da instrução e discussão da causa, desde que a parte interessada manifeste vontade de deles se aproveitar e à parte contrária tenha sido facultado quanto a eles o contraditório; o tribunal pode considerar mesmo oficiosamente, os factos instrumentais que resultem da instrução e julgamento"[295]. Aconteceu que, na prática processual, tal sistema nunca singrou, continuando a dar-se relevo a todos os factos, donde resultavam extensos articulados, às vezes, maiores do que romances. E isto ficou a dever-se à imposição de continuar a proceder-se à destrinça e enumeração de factos assentes e factos a provar, através da base instrutória (art. 511º do antigo CPC), modelo este que desapareceu no novo CPC e, depois, no processo laboral. De resto, entende-se que, pelo menos, o articulado da petição devia dividir-se pelos temas da prova, que constituiriam as respetivas epígrafes.

Em síntese: a narração exaustiva dos factos passou a ser despicienda, devendo da petição constar apenas os factos essenciais e os instrumentais ou complementares que forem necessários para a compreensão daqueles. Aliás, a prolixidade nos articulados e alegações pode ser objeto de uma taxa de justiça especial, a fixar no fim do processo, cfr. art. 530º, nº 7 do CPC.

[293] Introdução ao Estudo e à Aplicação do Código de Processo Civil de 2013, Almedina, Coimbra, 2013, pág. 19.

[294] Estudo sobre o Novo Processo Civil, Lex, Lisboa, 1997, pág. 70 e seguintes.

[295] Dada a semelhança, é de todo verosímil que tenha sido este texto a influenciar a redação do art. 5º do novo CPC.

Relativamente aqueles factos essenciais, instrumentais e complementares, sirvam de exemplo os seguintes:

> *O A. foi despedido pela R. no dia x* (facto essencial).
> *Através de carta registada datada de Y* (facto instrumental).
> *Recebida pela filha* (facto complementar).

De qualquer modo, caso a peça tenha pecado por insuficiência narrativa, o juiz tem a obrigação de convidar a parte a carrear novos factos (arts. 590º, nº 4 do CPC e 27º, nº 2, 61º e 62º do CPT). Não há, pois, preclusão, podendo assim virem a ser relatados mais factos para escudar os factos essenciais[296].

Para além dos assinalados, convém ainda realçar os apelidados *factos concludentes*, ou seja, aqueles que resultam tácita e logicamente de outros factos.[297]

Quanto a **juros de mora**, haverá que ter em consideração a jurisprudência uniformizada no sentido de que "se o autor não formula na petição inicial, nem em ulterior ampliação, pedido de juros de mora, o tribunal não pode condenar o réu no pagamento desses juros, exceto no processo para efetivação de direitos resultantes de acidentes de trabalho, *ex vi* da parte final do art. 135º. Tratando-se de dívida de retribuições devidas, a mora não se inicia com a citação, mas, outrossim, desde a data em que tais retribuições tiveram o seu vencimento[298].

Como já aflorado, no processo laboral, como também, agora, no processo civil, todos os **meios de prova**[299] têm de ser deduzidos nos articulados (arts. 35º e 63º, nº 1) com as limitações, quanto ao número de testemunhas

[296] Para maior desenvolvimento: João Correia e outros, cit. Introdução ao Estudo e à Aplicação do Código de Processo Civil de 2013, págs. 19 e 68; Paulo Ramos de Faria e outra, Primeiras Notas ao Novo Código do Processo Civil, Almedina, Coimbra, 2013, pág. 433; Jorge Augusto Pais de Amaral, Direito Processual Civil, Almedina, 2013, 11ª ed., pág.186.

[297] Como sumariado no Ac. do STJ, de 13-10-2020, Proc. 74181/178YIPRT, Rel. Freitas Neto: só pode concluir-se pela revogação bilateral tácita de um contrato se, nos termos do artº 217 do C. Civil, sem prejuízo da exigência de forma contida no nº 2 do preceito, se encontrarem provados os chamados "factos concludentes", isto é, aqueles factos que com toda a probabilidade revelam por parte dos contraentes a sua vontade de pôr fim ao contrato.

[298] Cfr Ac. do STJ, de 20-05-2020, Proc. Nº 27559/16.8T8LSB, Rel. Paula Sá Fernandes e anotado por José Eduardo Sapateiro in PDT, 2020-I, pág. 151.

[299] Sobre a obtenção de provas no estrangeiro em matéria civil e comercial, vigora a Convenção da Haia, de 18-03-1970, aprovada para ratificação pelo Decreto nº 764/74, de 30 de dezembro.

previsto no artigo seguinte. Cumpre assinalar que a indicação de alguns meios de prova carece de ser complementada, como acontece: no depoimento de parte, em que "devem indicar-se logo, de forma discriminada, os factos sobre que há de recair" (art. 452º, nº 2); no requerimento de perícia, em que, sob pena de rejeição, a parte indica "o respetivo objeto, enunciando as questões de facto que pretende ver esclarecidas..." (art. 475º, nº 1) e no rol de testemunhas, onde se deve informar, para além do mais, da sua apresentação em tribunal, audição por teleconferência ou necessidade de notificação para comparecer no tribunal (art. 500º e sgs.).

Como a audiência de julgamento passou a ser "sempre gravada" (art. 68º, nº 2) deixou de ser necessário requerimento em tal sentido.

Embora o momento próprio da apresentação dos meios de prova seja com os articulados, em virtude dos temas de prova que vierem a ser selecionados pode o conteúdo de tal requerimento ser alterado, como resulta da norma do art. 598º do CPC e isto sem prejuízo do que se dispõe no nº 2 do art. 63º do CPT e (598º, nº 2, do CPC), que permite a alteração ou aumento do rol de testemunhas até 20 dias antes da audiência final, sendo que tais testemunhas terão de ser apresentadas pela parte.

O **prazo** (classificado como de prescrição) para a interposição da ação declarativa em processo comum, por reflexo do disposto no art. 337º do CT é de um ano "a partir do dia seguinte àquele em que cessou o contrato de trabalho". Mas, na esteira da versão do Código de 2009, no novo processo especial, a oposição ao despedimento deverá ser apresentada através de requerimento em formulário próprio no prazo de 60 dias[300]. Como se verá, este novo processo configura-se como um inovador sistema, a utilizar em caso de despedimento, em que, dispensando-se a petição, o trabalhador apenas terá que invocar perante o tribunal a oposição ao seu despedimento[301]-[302].

De qualquer modo, para evitar a prescrição de créditos, caso faltem menos de cinco dias para se completar o correspondente prazo, deve ser requerida pelo autor a **citação urgente**, a qual precederá a distribuição, de conformidade com o que se estipula nos arts. 561º e 552º, nº 5 do CPC e 323º do Código Civil.

[300] CT, art. 387º (apreciação judicial do despedimento).

[301] Reforma das Relações Laborais, MTSS, Lisboa, 22 de abril de 2008 e art. 387º do CT.

[302] Para desenvolvimento v. estudo de Albino Mendes Baptista, O "Livro Branco das Relações Laborais" e a Acção de Impugnação do Despedimento *in* Minerva, Série II, nº 1, 2008, pág. 13.

O autor, em geral, o trabalhador, pode constituir mandatário ou solicitar a intervenção do MP, nos termos dos arts. 7º e 8º do CPT, como já se evidenciou, para além de poder requerer o **apoio judiciário**[303]. Em regra, será imperiosa a constituição de advogado como seu mandatário no processo (ou daquele magistrado, que o deixará de ser) dada a amplitude da possibilidade de recurso (art. 79º do CPT) e como resulta do disposto no art. 40º do CPC.

Diversamente do que acontece no processo civil geral, a petição, não sendo recusada pela secretaria nos casos indicados no art. 558º do CPC, depois de autuada como ação de processo comum (art. 21º *a)*) é distribuída por um dos juízes do juízo[304] e é dela feita conclusão ao magistrado para este lavrar **despacho liminar**, naturalmente, depois de proceder à sua análise, ainda que perfunctória. Através deste despacho, para além do indeferimento liminar "se na mesma se formular um pedido manifestamente improcedente ou se existirem evidentes exceções dilatórias insupríveis e de que se deva conhecer oficiosamente"[305], o juiz pode convidar o autor a completar ou esclarecer algum ponto da petição (art. 54º, nº 1, do CPT).

Se só se verificarem deficiências ou obscuridades que, de algum modo, possam comprometer o êxito da ação, deve o juiz mandar completá-las ou esclarecê-las, mediante **despacho de aperfeiçoamento** e, se tal não for cumprido, deve, então, indeferi-la[306] ou designar a audiência de partes (art. 54º nº 2 do CPT)[307].

Serão exceções dilatórias insupríveis de conhecimento oficioso, que levarão ao indeferimento liminar, a incompetência absoluta do tribunal, a infração às regras da competência em razão da matéria, da hierarquia e da competência internacional; a preterição de tribunal arbitral (art. 96º e

[303] Lei de acesso ao direito e aos tribunais – Lei nº 34/2004, com alterações; regulamento: Portaria nº 10/2008, de 3 de janeiro; critérios de prova e apreciação: Portaria nº 1085-A/2004, de 31 de agosto. O apoio judiciário desdobra-se em diversas modalidades, avultando a dispensa pagamento de taxa de justiça e demais encargos com o processo e a nomeação e pagamento da compensação do patrono (art. 16º).

[304] As operações de distribuição e registo são integralmente realizadas por meios eletrónicos, como previsto no art. 204º e sgs. do CPC, na redação dada pelo DL nº 97/2019, de 26 de julho.

[305] Ac. da Rel. de Lisboa, de 25-05-2005, Col. Jur., 2005, III, pág. 146.

[306] Idem.

[307] Citação simultânea para audiência de partes e para contestar – Ac. do STJ, de 13/9/2008, CJSTJ, 2006, II, pág. 260.

sgs. do CPC); a ineptidão da petição inicial (art. 186º do CPC); a ilegitimidade das partes, a litispendência e o caso julgado (art. 578º).

Não sendo verificadas quaisquer deficiências ou obscuridades ou tendo sido corrigidas e não se observando algumas das exceções mencionadas, "o juiz designa uma audiência de partes, a realizar no prazo de 15 dias". Na prática, lamentavelmente, também este prazo é considerado, muitas vezes, meramente indicativo.

Na sequência de tal despacho, terá de seguir-se a **citação do réu**, não para contestar, mas, outrossim, para comparecer à audiência de partes, embora possa e deva ser advertido de que, em caso de falta, passará a decorrer o prazo para contestar. Em tal ato de citação deve o réu receber cópia da petição e dos documentos (art. 54º, nº 4). Como decorre do nº 1 do art. 25º, em princípio, a citação deverá ser efetivada por via postal[308].

4. A audiência de partes

Não obstante a epígrafe do art. 55º, a verdade é que a audiência de partes começa a ser regulada logo nos nºs 2 a 5 do artigo anterior. Desde logo, impõe-se a **comparência pessoal** das partes, como emanação do princípio da imediação. Donde resulta que as pessoas coletivas, à partida, devem fazer-se representar pelos seus diretores, gerentes ou administradores com poderes suficientes para tal ato, de harmonia com os seus estatutos. Ainda terão de provar tal qualidade por documento idóneo, como por exemplo e a mais das vezes, a certidão do registo comercial.

Hoje em dia, naquele nº 3 do art. 54º, já se admite, expressamente, que o autor e o réu, como pessoa singular ou o(s) representante(s) da pessoa coletiva, "em caso de justificada impossibilidade de comparência" se possa fazer "representar por mandatário judicial com poderes especiais para confessar, desistir e transigir"[309]. Questão que se suscita é a de saber se tal justificação deve ser logo apresentada pelo mandatário ou durante o prazo geral que começará a decorrer após essa data. Nomeadamente, se o facto que motivou a falta tiver ocorrido nesse dia, a justificação só poderá posteriormente ser apresentada. Deste modo, a condenação como litigante

[308] E também do que se dispõe no art. 225º e sgts. ambos do CPC. Para além da citação pessoal por outros modos, ainda poderá ter lugar a citação edital, como previsto no nº 6 daquele art. 225º.

[309] Para tanto, os mandatários terão de estar munidos "de procuração que os autorize expressamente a praticar qualquer desses actos", como se estabelece no nº 2 do art. 45º do CPC.

de má-fé[310], através da competente multa, terá que ficar condicionada, já não até ao fim do prazo geral dos dez dias, mas, outrossim, de cinco dias imediatos, como resulta do estipulado no nº 3 do art. 603º do CPC, a propósito da justificação da falta à audiência final de "qualquer pessoa".

A audiência de partes é uma emanação do *jus postulandi* e do princípio da conciliação típico do tradicional processo laboral. Efetivamente, a audiência das partes tem por finalidade básica obter a **conciliação** das partes, atuando o juiz como simples mediador e no pressuposto que o litígio está declarado, mas não aberto. Caso resulte, lavra-se o respetivo termo, como acima se resumiu.

Estabelece-se (no nº 1 do art. 55º), que tal audiência se inicia por uma exposição sucinta dos fundamentos fáticos e jurídicos a apresentar pelo autor, que, assim, deverá fazer uma síntese da sua petição, considerando-se que a resposta, se o réu a quiser apresentar, também "não pode deixar de ser sucinta"[311]. Segue-se a tentativa de conciliação, nem sempre fácil face aos valores que estão em causa e aos ódios e malquerenças acumulados. De conformidade com o princípio da conciliação que continua a fazer-se sentir no processo laboral, e que, nos tempos que correm, volta a fazer todo o sentido, o juiz deve usar o seu prestígio para tentar o acordo entre as partes, demonstrando a relatividade dos direitos e deveres laborais e o risco inerente ao processo, nomeadamente, em virtude dos meios da prova.

Vislumbrando-se alguma possibilidade séria de ser alcançado o acordo, poderá ser suspensa a instância, a requerimento de ambas as partes, de conformidade com o estatuído no art. 272º, nº 4 do CPC (até três meses e "desde que dela não resulte o adiamento da audiência final").

Resultando a conciliação das partes, lavra-se o **auto**, onde devem constar, como já referido, os elementos indicados no art. 53º do CPT, ou seja:

- termos pormenorizados do acordo (prestações, prazos, lugares e modo de cumprimento); e,
- indicação dos pedidos abrangidos no acordo (quando não se tenha alcançado o acordo sobre todos).

310 CPC, art. 542º – responsabilidade no caso de má fé. Como no nº 5 do art. 54º se referem as sanções, parece que além da multa, poderá a parte contrária requerer a condenação do faltoso em indemnização por prejuízos causados.

311 Albino Mendes Baptista, Temas de Direito do Trabalho e de Direito Processual do Trabalho, Livraria Petrony, Lisboa, 2008, pág. 321.

Não se tendo alcançado um acordo sobre todos os pedidos, deverá no auto (ainda) ficar a constar os "fundamentos que, no entendimento das partes, justificam a **persistência do litígio**", isto é, as divergências que se mantêm entre elas. Esta exigência legal, na prática, normalmente, desprezada, ganha maior acutilância na lógica do novo CPC, pois, servirá para delimitar o litígio, como se prevê para a audiência prévia (art. 591º, nº 1 *c)*), nomeadamente quando esta diligência não tiver lugar, como adiante se aludirá. No âmbito dos preceitos do nº 2 deste art. 56º e na esteira do art. 27º, ainda se poderá decidir sobre a prática de algum ato que melhor se ajuste ao fim do processo, para além de eventuais adaptações – gestão do processo em concreto. As decisões inerentes, carecem de audição prévia das partes mas, em regra, serão irrecorríveis (art. 630º, nº 2).

Neste último caso (em que falta o acordo total), o réu fica notificado para apresentar a sua contestação no prazo legal de 10 dias, sem qualquer dilação, mas passível de alargamento até outro tanto tempo, conforme se prevê no art. 58º.

Também se impõe, mediante o acordo dos mandatários judiciais (presentes) a marcação da data (e hora) da **audiência final**, que poderá ser alterada havendo audiência prévia, conforme se prevê no nº 3 do art. 62º.

Naturalmente, as pessoas coletivas, para além do advogado, podem-se fazer representar por procuradores com os necessários poderes, inclusive algum dos seus quadros, como, por exemplo, o responsável pela gestão das pessoas na empresa. Questão que se põe é saber se, para legitimar a participação de tal pessoa, basta uma credencial em papel timbrado da empresa com a assinatura dos legais representantes sob carimbo ou terá de se apresentar munida de uma procuração emitida em respeito das regras do notariado. Segundo cremos, ao abrigo da regra da simplicidade dos atos, constante do art. 131º, nº 1 do CPC, a simples credencial será suficiente, desde que o advogado esteja munido de procuração forense com poderes especiais, pois só assim poderá vir a ser formalizada a conciliação se a ela se chegar.

5. Os efeitos da revelia

Como decorre do art. 57º "tendo o réu sido ou devendo considerar-se regularmente citado" a sua revelia pode ser ou não operante[312], dado que ape-

[312] Sobre os efeitos da revelia operante e não operante em processo civil, v. Jorge Augusto Pais do Amaral, Direito Processual Civl, 11ª ed., Almedina, Coimbra, 2013, pág. 250.

nas implicará a confissão dos factos articulados pelo autor. Pode, portanto, não ter efeito cominatório pleno, devendo-se conhecer do mérito da causa. Como escreve Lebre de Freitas, fica apenas "*precludido* o direito de contestar com o decurso do respetivo prazo"[313]. O mesmo acontece se o réu apenas juntar aos autos procuração a mandatário judicial (para acompanhar o processo e nele intervir, por exemplo, recorrendo).

Os factos assim confessados originarão a sentença que poderá não ser condenatória, pois deve "julgar conforme for de direito" conduzindo ou não à procedência da ação como previsto no nº 2. O efeito da revelia é, pois, cominatório semipleno, como acontece no processo ordinário civil (art. 567º).

Em situação de revelia, a sentença poderá, naturalmente, ser mais simples, podendo a enumeração dos factos ser substituída pela remissão para o petitório e a fundamentação jurídica ser sumária, não obstante se deverem observar os demais requisitos da sentença enumerados no art. 607º do CPC.

Não haverá cominação quando o réu tiver sido citado editalmente e noutros casos indicados no art. 568º do CPC.

6. A contestação

A contestação deve ser apresentada no prazo de apenas dez dias a contar da audiência de partes, sendo certo que tal prazo pode ser prorrogado até ao dobro, como já se salientou. Serve para "o réu individualizar a ação" e "expor as razões de facto e de direito por que se opõe à pretensão do autor, especificando separadamente as exceções que deduz", conforme se preceitua no art. 572º do CPC. Formalmente, acaba por dever conter as três partes como na petição, ou seja: introito, narração e conclusão.

Tal defesa tanto pode ser por impugnação como por exceção, ou por ambas as formas, como, muitas vezes, acontece. Na **impugnação** deve ser tomada posição definida perante os factos articulados na petição, nomeadamente os essenciais. A falta de impugnação especificada de alguns desses factos poderá originar a sua admissão por acordo tácito. A mesma regra se aplicará aos factos documentados e aos restantes meios de prova, devendo o réu tomar posição sobre todos os elementos da petição e res-

[313] A Cominação Semiplena na Impugnação de Despedimento Coletivo, *in* ROA, Ano 73, jan/mar 2013, pág. 186.

petivos documentos e meios de prova requeridos. Todavia, *a admissão de factos instrumentais pode ser afastada por prova posterior* (CPC, art.s 574º, nº 2, parte final).

As **exceções**, a especificar separadamente (alínea *c)* daquele art. 572º) podem ser dilatórias e perentórias, sendo algumas de conhecimento oficioso, carecendo a generalidade delas de ser invocadas e até à contestação, a não ser que venham a emergir da reconvenção (CPC, art. 571º, nº 2 e 576º e sgs.).

No caso de processo de impugnação de despedimento em que o autor não tenha optado pela indemnização, mantendo, assim, o seu potencial direito a ser reintegrado, é na contestação que o réu terá de deduzir os factos justificativos para a sua **oposição à reintegração** do trabalhador despedido, conforme o estatuído no art. 60º-A do CPT e 391º do CT. Naturalmente tais factos poderão merecer a resposta do autor, como previsto no nº 2 do mesmo artigo.

Em princípio, também, é devido com a contestação o pagamento da taxa de justiça, mas no caso da sua falta com regime diferente do que é previsto para a petição (art. 570º do CPC) como já frisado (no antecedente nº 3).

Como acontece no processo civil, também a contestação é notificada ao autor pela secretaria (CPC, arts. 575º e 220º, nº 3 e CPT, art. 59º). Só posteriormente passa a incumbir aos mandatários das partes providenciarem pela notificação entre eles das peças que originarem "através do sistema de informação de suporte à atividade dos tribunais nos termos previstos no art. 255º" (art. 221º do CPC). De resto, ainda nos termos do nº 2 deste artigo, o mandatário que assuma posteriormente o patrocínio de uma das partes deve comunicar o seu domicílio e endereço de correio eletrónico ao representante da contraparte.

7. A reconvenção

Ainda na contestação, mas separadamente, pode ser deduzido algum pedido reconvencional, nos termos dos arts. 583º, 552º, *d)* e *e)* e 266º do CPC e 30º do CPT. Salienta-se, contudo, que deste último preceito resulta uma limitação notória em relação ao processo civil, dado que a reconvenção laboral (em regra do empregador) só poderá assentar em facto jurídico que serve de fundamento à ação e nunca à defesa. Nesta direção o S.T.J. já decidiu que *o sentido da expressão «facto jurídico que serve de fundamento à ação» empregue na primeira parte do nº 1 do artigo 30º do CPT, pelo seu exato teor literal e pela sua inserção sistemática, só pode ser entendido como referindo-se à causa de pedir «ao facto jurídico concreto e específico invocado pelo autor como fundamento da sua pretensão»*[314]. Igualmente o Supremo julgou que *quando o pedido reconvencional tem por objeto a compensação de créditos, o réu, além de invocar o contra-crédito, tem que formular na contestação a declaração de compensação (arts. 847º e 848º, nº 1 do CC)*[315] ou, como a lei processual agora admite, *para obter o pagamento*. Também a reconvenção do foro laboral só é viável quando o valor da causa (indicado pelo autor) exceder a alçada do tribunal, o que afasta o uso da figura em ações de pequeno valor[316]. Também, não é possível formular reconvenção se a sua matéria implicar o uso de processo diferente, nomeadamente algum processo especial.

Por causa do novo processo especial de impugnação judicial da regularidade e licitude do despedimento, em que a reconvenção será formulada pelo trabalhador, logo no início do citado art. 30º, se excecionam as restrições nele estabelecidas.

Assim, a formulação do pedido reconvencional no processo do trabalho tem um regime próprio, mas havendo a considerar as regras para:

- O processo comum laboral; e para
- O processo especial de impugnação judicial da regularidade e ilicitude do despedimento (que, adiante, em XIV, nº 6), se falará).

Naquele regime, que poderemos chamar de laboral, a reconvenção apenas é admissível, quando:

- o valor da causa (inicialmente estabelecido e não depois da reconvenção) exceder a alçada do tribunal;
- o pedido (reconvencional) do réu emergir do facto jurídico que serve de fundamento à ação;
- o pedido (reconvencional) do réu corresponder à mesma espécie de processo[317].

[314] Ac. STJ, de 03-05-2006 (Cons. Pinto Hespanhol) doc. SJ200605030002514.

[315] Ac. STJ, de 22-11-2006 (Cons. Maria Laura Leonardo) doc. SJ200611220018224.

[316] Restaria saber se, iniciada outra ação em que o empregador seja o autor e o trabalhador o réu, poderia ser pedida a apensação, uma vez que a norma do art. 31º do CPT remete para o art. 267º do CPC.

[317] Como mencionado em IV, nº 7 *o)*, os juízos do trabalho têm também competência para conhecer das questões reconvencionais que com a ação tenham as relações de conexão referidas na alínea *o)* do art. 126º da LOSJ.

Em resumo, a lei processual do trabalho só admite a reconvenção nos processos com alguma relevância e não em processos em que se discutam prestações cujos valores, no total, ficam abaixo dos da alçada de 1ª instância. Também não a admite quando ao pedido reconvencional couber processo diferente. É, pois mais uma manifestação do "favor laboratoris" que, normalmente, assume a posição de autor e, portanto, de reconvindo e não de reconvinte.

No que tange ao modo de fazer operar processualmente a **compensação**, verifica-se que no novo CPC [art. 266º, nº 2 *c)*] a reconvenção passou a ser admissível quando o réu pretenda o reconhecimento de um crédito, quer para obter a sua compensação com débito ao autor, quer para obter a condenação no pagamento de parte que exceder o seu débito. Mas por força do art. 30º, em processo laboral, para além dos requisitos básicos, a compensação só é possível nos casos da alínea *o)* do nº 1 do art. 126º da LOSJ, que acaba por dar competência aos juízos do trabalho para julgarem a tal compensação de créditos com débitos, prevista no art. 847º e sgts do Código Civil. Nesta perspetiva e conjugando os três dispositivos (CPT, CPC e LOSJ), desde que reunidos os requisitos básicos (emergência do mesmo facto, valor da causa e forma de processo), o pedido reconvencional poderá destinar-se a obter a compensação e ainda o pagamento de crédito maior[318].

Assim, atualmente, a compensação de créditos, processualmente, apenas é viável mediante a dedução de reconvenção, não podendo ser suscitada como mera exceção.

8. A resposta à contestação e os articulados supervenientes

Havendo reconvenção a resposta é sempre possível (no prazo de 15 dias) sendo certo que até poderá ser para defender a sua inadmissibilidade, por exemplo, em virtude de o valor do processo não a permitir. Havendo alteração do valor da causa, como geralmente acontece, poderá haver que fazer acertos da taxa de justiça devida pelas partes.

Tendo o réu apresentado **documentos**, terá o autor direito ao exercício do contraditório bem como a pronunciar-se sobre outros meios de prova requeridos pelo autor, desde logo, no uso do princípio da audiência contraditória, como previsto no art. 415º do CPC e até alterar os seus nos limites traçados no nº 6 do art. 552º do mesmo CPC.

[318] Em sentido diferente, Ac. do TRL de 25-01-2017 (Rel. Sérgio Almeida) [dgsi] e Ac. do TRC, de 26-01-2017 [CJ T.1/2017].

Ainda em processo em que o autor seja o empregador que tenha impugnado a resolução do contrato de trabalho (apresentada pelo trabalhador)[319], como este poderá corrigir, na sua contestação, a irregularidade no procedimento, nos termos do nº 4 do art. 398º do Código do Trabalho, se o fizer, poderá o autor, no exercício do contraditório, responder ao réu sobre tal matéria (no prazo de 10 dias).

Como já antes foi referido, tendo havido oposição à reintegração do trabalhador no caso do seu despedimento, poderá o mesmo trabalhador, que é o autor, responder, conforme se previne no nº 2 do art. 60º-A, no prazo geral de 10 dias.

Os **articulados supervenientes** são admitidos nos termos do processo civil (arts. 588º e 589º) por iniciativa de qualquer uma das partes. Mas o seu âmbito fica alargado em consonância com o estipulado no art. 28º do CPT, porquanto nele se admite, mas apenas ao autor (que é normalmente o trabalhador), o aditamento de novos pedidos e causas de pedir, ou seja, a cumulação sucessiva de pedidos e de causas de pedir. Tal aditamento à petição inicial é viável "desde que a todos os pedidos corresponda a mesma forma de processo", pois, como se referiu, por razões de economia processual, nele se permite a dedução de novos factos até à data da audiência de julgamento, até porque a relação laboral poderá continuar a decorrer. Aliás, também podem ser invocados mesmo factos anteriores à petição (portanto, não supervenientes) desde que haja uma justificação, que até pode assentar no desconhecimento do trabalhador.

Naturalmente, em caso de serem trazidos ao processo novos factos (posteriores ou anteriores à petição) pelo autor, "o réu é notificado para contestar tanto a matéria do aditamento como a sua admissibilidade" como se preceitua no nº 4 daquele art. 28º. A decisão é passível de recurso autónomo, cfr. art. 79-A, nº 2, d).

Caso tenha sido deduzida alguma exceção, o tempo para a correspondente resposta depende da ocorrência ou não de algum dos factos acima narrados. Em caso afirmativo, o prazo para a **resposta à exceção** será o mesmo da resposta a tal facto (15 ou 10 dias), ficando, assim, debatida a matéria da exceção ou exceções, como, expressamente, se prevê no art. 502º, nº 1 *b)* do CPC. Em caso negativo, a resposta será dada "na audiência prévia ou, não havendo lugar a ela, no início da audiência final", con-

[319] Código do Trabalho, art. 394º e sgs..

forme se estatui no art. 60º, nº 5. Todavia, tal disposição não impede o juiz de solicitar ao autor, no âmbito do pré-saneador, que se pronuncie sobre a matéria de tal exceção.

9. Gestão inicial e pré-saneamento do processo

Finda a fase dos articulados e já na posse das posições expressas pelas partes, o juiz pode emitir, desde logo, se assim o entender por conveniente e de conformidade com o disposto no nº 1 do art. 61º, despacho nos termos e para os efeitos do art. 590º, nºs 2 a 7, do CPC, ou seja, o despacho **pré-saneador**.

Compaginando o que se preceitua nestas disposições processuais e ainda no art. 27º do CPT, conclui-se que este eventual despacho pré-saneador poderá ter alguma ou algumas das seguintes finalidades:

A) Providenciar pelo suprimento de exceções dilatórias, nos termos do nº 2 do art. 6º do CPC [e nº 2 do 27º do CPT], ou seja, *o juiz providencia oficiosamente pelo suprimento da falta de pressupostos processuais suscetíveis de sanação, determinando a realização dos atos necessários à regularização da instância ou, quando a sanação dependa de ato que deva ser praticado pelas partes, convidando estas a praticá-lo.*

B) Providenciar pelo aperfeiçoamento dos articulados, nos termos dos arts. 590º, nºs 2 *b)*, e 3 e 4 do CPC e 27º, nº 2 do CPT, ou seja, o juiz convida as partes a:
- *suprir ou corrigir as irregularidades dos articulados, fixando prazo para o suprimento ou correção do vício, designadamente quando careçam de requisitos legais ou a parte não haja apresentado documento essencial ou de que a lei faça depender o prosseguimento da causa.* e
- a suprir *as insuficiências ou imprecisões na exposição ou concretização da matéria de facto alegada, fixando prazo para a apresentação de articulado em que se complete ou corrija o inicialmente produzido.*

C) Mandar intervir na ação qualquer pessoa nesta fase ou ainda "até à audiência final", de conformidade com o estatuído no nº 2 do art. 27º do CPT.

D) Determinar a junção de documentos com vista a permitir a apreciação de exceções dilatórias ou o conhecimento, no todo ou em parte, do mérito da causa no despacho saneador [art. 590º, nº 1, *c)*]. Aliás, se a prova a produzir for apenas documental e já constar dos autos ou ficar a constar na sequência do determinado no despacho

pré-saneador, o juiz, depois de observado o contraditório (CPT, 61º, nº 2) poderá:
- julgar alguma exceção dilatória (ou nulidade) que ponha termo ao processo, ou mesmo
- decidir sobre o mérito da causa, lavrando, pois, despacho saneador sentença.

Mas, naturalmente, os factos objeto de esclarecimento, aditamento ou correção ficam sujeitos às regras gerais sobre contraditoriedade e prova [art.s 28º, nº 3 do CPT e 590º, nº 5 e 27º b) do CPC].

E as alterações à matéria de facto alegada, devem conformar-se com os limites estabelecidos no artigo 28º do CPT e até no art. 265º (do CPC – alteração do pedido e da causa de pedir na falta de acordo), *se forem introduzidas pelo autor,* e nos artigos 573º e 574º (também do CPC –oportunidade de dedução da defesa e ónus da impugnação), *quando o sejam pelo réu* (art. 590º, nº 6).

Ainda, e por ser lógico, *não cabe recurso do despacho de convite ao suprimento de irregularidades, insuficiências ou imprecisões dos articulados* (art. 590º, nº 7).

10. Saneamento

Tendo havido ou não pré-saneamento, mas prosseguindo o processo, o seu saneamento deverá ser concretizado nos termos do art. 62º. Assim, o juiz, usando o seu prudente arbítrio e não carecendo de fundamentar (arts. 154º *a contrario* e 591º do CPC), terá de decidir se a **complexidade da causa** justifica ou não a realização de audiência prévia (à do julgamento final), ao invés do que acontece no processo civil em que, em regra, deve ser marcada.

Neste contexto e encadeando o estipulado naqueles arts. 62º e 49º, nº 3, ambos do CPT, com o disposto nos arts. 591º a 596º do CPC, pode o saneamento do processo concretizar-se através de uma das três vias seguintes e conforme:

1. a causa seja considerada complexa justificando uma audiência prévia;
2. a causa seja considerada simples dispensando a audiência prévia; ou ainda
3. a causa não careça da realização de audiência prévia por se verificar algum dos casos de revelia não operante ou ainda porque o pro-

cesso irá findar através do despacho saneador devido à procedência de exceção dilatória já debatida nos articulados.

10.1. Com audiência prévia

Quando a complexidade da causa o justifique deve o juiz marcar uma audiência prévia, ficando sem efeito a data anteriormente designada para a audiência final, e observando as regras constantes do arts. 591º do CPC e 62º e 49º, nº 1 a 3 de CPT, para além das do art. 151º (marcação da data e hora com acordo dos advogados), até porque tal diligência não deve ser adiada, nem pela falta de partes ou de advogados, e deverá ser objeto de gravação (nºs 3 e 4 daquele art. 591º).

De acordo com tais regras, são os seguintes os atos ou fins previstos para os quais, no todo ou em parte (nº 2), a convocatória será dirigida:

a) *Realizar tentativa de conciliação, nos termos dos arts. 51º a 53º do CPT e 594º. do CPC.* Para tanto, para além dos mandatários, também as partes devem ser notificadas para comparecer, podendo disso ficar desobrigadas se os mandatários possuírem poderes especiais para desistir, confessar e transigir sobre o pedido. Se a audiência prévia for marcada apenas para a realização da tentativa de conciliação, não poderá ser marcada de novo. Devem ser observadas as regras dos arts. 51º a 53º, que excluem "as concretas soluções sugeridas pelo juiz", previstas no nº 4 do art. 594º do CPC.

b) *Facultar às partes a discussão de facto e de direito, nos casos em que ao juiz cumpra apreciar exceções dilatórias ou quando tencione conhecer, imediatamente, no todo ou em parte, do mérito da causa.*
Portanto, os mandatários explanarão as suas posições sobre os factos e o direito relativos a exceções dilatórias que hajam sido suscitadas para que o juiz, de seguida, possa decidir no despacho saneador que irá lavrar. Eventualmente, também se poderão pronunciar sobre o fundo da questão se o juiz os convidar para tal, evitando-se, assim, a decisão final inesperada.

c) *Discutir as posições das partes, com vista à delimitação dos termos do litígio.* Para, no caso de serem confusas (o que acontece muitas vezes), ficaram bem esclarecidas as posições assumidas pelas partes, de molde a ficar a saber-se, com precisão, quais são as verdadeiras questões controvertidas a resolver.

d) *Proferir despacho saneador, nos termos do nº 1 do art. 595º do CPC, para:*
   - Conhecer de exceções dilatórias e nulidades processuais que hajam sido suscitadas pelas partes ou que, face aos elementos constantes dos autos, deva apreciar oficiosamente (CPC, 196º e 200º, nº 2)
   - Conhecer imediatamente (ou em nova sessão) do mérito da causa, sempre que o estado do processo o permitir, sem necessidade de mais provas, a apreciação, total ou parcial, do ou dos pedidos deduzidos ou de alguma exceção perentória.

   O despacho saneador destina-se a resolver as questões procedimentais referidas e que podem impedir o desenvolvimento da lide, decisões estas que, transitadas, fazem caso julgado formal (no processo). Mas por não ter informação suficiente, o juiz pode relegar a decisão sobre tais questões para mais tarde, nomeadamente após o julgamento, o que não é recorrível.

   Ainda no despacho saneador se poderá conhecer das exceções que possam levar à absolvição da instância e até tomar decisão final sobre alguns ou todos os pedidos formulados, como referido.

e) *Determinar, após debate, a adequação formal, a simplificação ou a agilização processual, nos termos previstos do nº 1 e no artigo 547º do CPC;*

   Porque os dados já estão lançados, nesta fase intermédia, com a colaboração das partes, podem ser estabelecidas, em concreto, eventuais adaptações nos atos processuais que haverão de ter lugar.

f) *Proferir, após debate, o despacho previsto no nº 1 do art. 596º do CPC – identificação do objeto de litígio e enunciação dos temas da prova, o que pode ser objeto de reclamação pelas partes, sendo que o juiz pode abster-se de o proferir "sempre que a enunciação dos temas da prova se revestir de simplicidade"* (CPT, 49º, nº 3);

   A seguir ao despacho saneador, prosseguindo o processo, depois da pronúncia das partes, deve precisar-se o que está para ser decidido se tal ainda não estiver claro e que deve resultar do pedido ou pedidos formulados pelo autor e, eventualmente, pelo reconvinte.

   Como foram abolidas as figuras da "matéria assente" e da "base instrutória", com a "enunciação dos temas da prova" pretende-se ultrapassar a "quesitação" de pontos de factos, para permitir a livre indagação sobre as situações em causa. De qualquer modo, será de toda a conveniência que fiquem enunciados os temas da prova "já provados" como resulta das regras do ónus de impugnação do art. 574º do CPC.

Obviamente, tal despacho pode ser objeto de reclamação pelas partes. Mas a decisão que for proferida só é passível de recurso a interpor no recurso da decisão final, se houver.

Mas, como resulta do preceituado no nº 3 do art. 49º, o juiz laboral pode abster-se de proferir este despacho "sempre que a enunciação dos temas da prova se revestir de simplicidade".

g) *Programar, após audição dos mandatários, os atos a realizar na audiência final, remarcando a sua data se for necessário.*

Com a colaboração dos advogados, deve ser estabelecido um plano concreto para a audiência final e atos afins, para evitar os nefandos adiamentos.

Perante a relevância da audiência prévia e o dever de cooperação estabelecido no art. 7º do CPC, os mandatários deverão apresentar propostas para as decisões a tomar no âmbito de cada uma das matérias a debater, nomeadamente, para a conciliação, objeto do litígio, temas da prova assentes e a enunciar.

10.2. Com dispensa de audiência prévia

Considerando o juiz que a causa não justifica a convocação de audiência prévia, verificar-se-á a sua dispensa, de conformidade com o disposto nos arts. 61º, nº 1 do CPT e 593º do CPC. Assim, de conformidade com o nº 2 deste último artigo, "nos 20 dias subsequentes ao termo dos articulados, o juiz profere" os seguintes **despachos**, cujos conteúdos ficaram sintetizados no número anterior (10.1), sendo certo que apenas o primeiro (despacho saneador) será indispensável:

a) *Despacho saneador, nos termos do nº 1 do artigo 595º do CPC*; que será sempre necessário para confirmar os pressupostos fundamentais para o processo prosseguir ou para aí findar.

b) *Despacho a determinar a adequação formal, a simplificação ou a agilização processual, nos termos previstos no nº 1 do art. 6º e 547º do CPC* e 27º, nº 1 do CPT, portanto apenas utilizável quando o juiz assim o entender.

c) *Despacho com a "identificação do objeto do litígio e enunciação dos temas da prova previsto no nº 1 do artigo 596º*, muito útil, mas dispensável (por razões históricas), de acordo com o preceituado no nº 3, do art. 49º do CPT.

d) *Despacho destinado a programar os atos a realizar na audiência final, a estabelecer o número de sessões e a sua provável duração e a designar as respetivas datas, previsto no art. 591º, nº 1, g).*

Havendo dispensa da audiência prévia, aplicar-se-á, subsidiariamente o enunciado no nº 3 do referido art. 593º, ou seja: *Notificadas as partes, se alguma delas pretender reclamar dos despachos previstos nas alíneas b) a d) do número anterior, pode requerer, em 10 dias, a realização de audiência prévia; neste caso, a audiência deve realizar-se num dos 20 dias seguintes e destina-se a apreciar as questões suscitadas e, acessoriamente, a fazer uso do disposto na alínea c) do nº 1 do artigo 591º (discutir a posição das partes, com vista à delimitação do termos do litígio, e suprir as insuficiências ou imprecisões na exposição da matéria de facto que ainda subsistam ou se tornem patentes na sequência do debate)* caso tenha sido feita a enunciação dos temas da prova (art. 49º, nº 3).

Diferentemente, já será o recurso o modo de reação contra o teor do despacho saneador, havendo que ponderar se contém alguma decisão final de mérito ou não e se relegou para mais tarde alguma decisão (arts. 595º, nº 4 do CPC e 79º e 79º-A do CPT).

Como acima aludido (em 3 do nº 10), embora não previsto no CPT, ainda pode acontecer que, em vez da referida dispensa da audiência prévia, se verifique a **não realização de audiência** prévia, naturalmente, por não ser, de todo, necessária, como previsto no art. 592º do CPC, o que acontecerá:

a) em casos de revelia não operante [art. 568º, alíneas *b)* a *d)*], em que se emite logo despacho saneador e, eventualmente, de adequação formal e de identificação do objeto do litígio e enunciação dos temas da prova; e,

b) quando, havendo o processo de findar no despacho saneador pela procedência de exceção dilatória, esta já tenha sido debatida nos articulados (o que pode acontecer no âmbito do art. 60º do CPT, como antes referido) ou no pré-saneamento.

11. Outras decisões

Por último, há que referir, que o juiz, nesta fase processual e em todas as situações descritas, para além de verificar a admissibilidade da eventual reconvenção, dos pressupostos de conhecimento oficioso, eventuais nulidades típicas e verificar a adequação da forma processual utilizada, haverá de:

a) Ponderar os **meios de prova** apresentados ou requeridos, nomeadamente, a necessidade de notificação das testemunhas arroladas, o seu número e o seu modo de audição (CPT, 63º a 67º e CPC, 436º, 452º, 453º, 466º, 467º, 475º, 490º, 502º), exceto quando tiver sido proferido despacho saneador que tenha posto termo ao processo;
b) Fixar o **valor da causa**, de conformidade com o preceituado no art. 306º do CPC.

A aplicação do modo de saneamento e condensação do CPC, estabelecido para grande diversidade de situações, torna-se inadequado ao processo laboral, que é aplicável apenas às relações de trabalho e conexas. Em consequência, crê-se, que na prática, os juízes, usando os seus amplos poderes de gestão processual, nomeadamente os consignados no art. 27º, nº 1, irão, tendencialmente e por serem mais ajustadas, modelar esta fase às regras do **saneamento** previstas no processo para efetivação de direitos resultantes de acidente de **trabalho** e estabelecidas no art. 131º, das quais, em síntese, resultam as seguintes operações:

- Conhecer das exceções dilatórias e nulidades processuais;
- Conhecer imediatamente do mérito da causa ou de alguns dos pedidos sempre que for possível ou de exceção perentória;
- Considerar assentes os factos sobre que tenha havido acordo na tentativa de conciliação e nos articulados;
- Elaborar despacho destinado a identificar o objeto do litígio e a enunciar os temas da prova;
- Pronunciar-se sobre os meios de prova requeridos;
- Fixar o valor da causa;
- Manter ou alterar a data para a audiência final.

12. Instrução

No novo CPC a instrução, como fase processual, ficou dissipada por se entender que os meios de prova vão sendo carreados para os autos desde a petição até à audiência final, não ficando, assim, centrados, pelo menos cronologicamente, em etapa específica a merecer um grupo de normas próprio.

Materialmente, as coisas também se passam do mesmo modo no processo laboral. Porém, como antes acontecia no processo civil, mantêm-se, formalmente, tal fase da instrução, em secção própria. Deste modo, à instrução referem-se apenas os arts. 63º a 67º do CPT, nos quais se contempla apenas a prova testemunhal, para além da norma a impor a formulação nos articulados do requerimento sobre "quaisquer outras provas" (art. 63º, nº 1, *in fine*). Logo, haverá que observar as regras sobre os meios de prova do CPC inseridas no novo Título V do Livro II – direito probatório formal (e até do Código Civil – arts. 341º a 396º – direito probatório material).[320]

Neste contexto, também passaram a ter aplicação no processo laboral os dois novos meios de prova:

- por declarações de parte (art. 466º do CPC); e
- as verificações não judiciais qualificadas (art. 494º).

Como já se aludiu, a junção dos documentos, a apresentação do rol de testemunhas e o requerimento sobre outros meios de prova deverão ter lugar nos próprios articulados.

Quanto aos documentos eletrónicos, como já julgado, poderá ser exigível não a prova do seu envio, mas a prova da sua receção pelo destinatário do endereço a quem foi enviado[321]. Haverá que considerar a prova digital como "toda a informação criada ou obtida através de dispositivos de computação ... integrados ou não em redes digitais".[322]

O limite do número de **testemunhas** de cada parte é de 10, mas passando a 5 nas "ações de valor não superior à alçada do tribunal de primeira instância", mas conter mais dez em caso de reconvenção (art. 64º, nºs 1 e 2). Porém, o rol de testemunhas pode ser alterado (ou aditado) até 20 dias antes da audiência de julgamento (art. 63º, nº 2) e na audiência prévia pode ser modificado o requerimento probatório, mas passando a incumbir às partes a apresentação das testemunhas na audiência final (art. 598º do CPC).

Mas deixou de haver limitação ao número de **depoimentos** por cada facto (revogação do art. 65º do CPT), limitação esta que já havia deixado de vigorar no processo civil.

[320] A sua exposição exaustiva é apresentada por Luis Filipe Pires de Sousa, in Direito Probatório Material Comentado, Almedina, Coimbra, 2020.

[321] Ac. do TRP, de 07-11-2022, Proc. 15584/19.1T8PRT.P1, Rel. Rita Romeira.

[322] Ana Isa Dias Meireles, A Prova Digital no Processo Judicial, Almedina, Coimbra, 2023, pág. 101.

As testemunhas serão notificadas pela secretaria do juízo para comparecerem para a audiência final ou noutro local, onde serão inquiridas por meio de equipamento tecnológico. Só não serão notificadas para comparecerem se a sua indicação resultar de alteração ao rol ou a parte se comprometer a providenciar pela sua presença no tribunal. Ainda serão sempre notificadas pelo tribunal as testemunhas nos processos em que a causa de pedir for a prática do assédio[323].

Em princípio, para além das referidas testemunhas a apresentar, devem comparecer no local da audiência final as testemunhas residentes na área da competência territorial do juízo do trabalho (que será um distrito ou um ou mais municípios). Porém, destas, as testemunhas que residirem fora do município em que se situa o juízo do trabalho e por deferimento de requerimento delas ou da parte que as indica, poderão ser vistas e ouvidas, mediante equipamento tecnológico, a partir de um tribunal, do juízo, das instalações do município ou freguesia, quando protocolado ou de outro edifício público da área da sua residência (art. 67º adaptado ao novo art. 502º do CPC).

Relativamente às diligências em tribunal alheio haverá que respeitar as regras do art. 25º, que dão primazia ao juízo do trabalho.

Deixou de ser necessário requerer a *gravação da audiência* ou a intervenção do *tribunal coletivo*. Aquela por se tornar de efetivação geral e este por deixar de existir (revogação dos nºs 3 e 4 do art. 68º)[324]. Anota-se que a omissão de uma diligência probatória requerida poderá ser objeto de recurso de apelação, nos termos do art. 79º-A, nº 2, alínea *d)* do CPT.

Do antes referido despacho de **admissão ou rejeição de algum meio de prova**, poderá recorrer-se autonomamente, como previsto no art. 79º-A, nº 2 d).

13. Audiência final

A audiência final, antes denominada, com mais propriedade, de discussão e julgamento, deve ser marcada na audiência de partes, na audiência prévia, ou posteriormente, em casos especiais.

Diferentemente do que acontece em processo civil, as partes, nos termos do art. 71º, nº 1, "devem **comparecer pessoalmente** no dia (e hora) marcado para o julgamento". Para tanto, antes haverão de ter sido notifica-

323 Cfr Lei nº 73/2017, de 16 de agosto, art. 5º, que aditou um nº 2 ao art. 66º do CPT.

324 Era uma velharia do direito processual do trabalho, uma vez que na prática até sempre se procedia à gravação, pelo menos das audiências de julgamento.

das oficiosamente, como previsto no art. 247º, nº 2, do CPC, independentemente de ter sido ordenado ou requerido o seu depoimento de parte, cujo regime se contempla no art. 452º ainda do CPC. Sobre a sua comparência ou representação, nomeadamente das pessoas coletivas, dão-se aqui por reproduzidas as ideias apresentadas aquando da exposição sobre a audiência de partes (XI-4). Com a sua presença no tribunal, historicamente, procura-se facilitar a conciliação das partes, concretizando-se um dos princípios básicos do processo laboral, para além de poderem ser inquiridas pelo juiz e até produzirem declarações de parte[325].

Contudo, a sua falta injustificada à audiência final apenas terá repercussões negativas na produção da prova se não se fizer representar pelos respetivos mandatários judiciais, como se regula no art. 71º. Na verdade, em tal caso, se for só uma das partes a faltar (A. ou R.) "consideram-se provados os factos alegados pela outra parte que forem pessoais do faltoso" (nº 2), havendo, pois, uma presunção nesse sentido. Mas se faltarem as duas partes, diversamente, "consideram-se provados os factos alegados pelo autor que sejam pessoais do réu" (e não também os factos alegados pelo réu que sejam pessoais do autor). Esta dissimetria constitui um *favor laboratoris*, pois, como se sabe, em regra, o autor é o trabalhador e o réu é o empregador. De qualquer modo, em ambos os casos resulta que a produção de prova na audiência de julgamento conter-se-á nos restantes factos alegados que interessem para a boa decisão da causa.

Estando as partes representadas pelos seus advogados, mesmos faltando, sem justificação, ambas ou apenas uma delas, a audiência decorrerá normalmente.

Como mencionado, tais faltas, quer do autor, quer do réu, têm de ser injustificadas quando, estando devidamente notificados pelo tribunal, não apresentarem qualquer razão para a sua falta de comparência, ou, apresentarem, mas não ter sido julgada suficiente pelo juiz. Até quando têm de apresentar tal justificação? Pela natureza da situação, terá de ser até ao início da audiência, pois, em caso contrário, a passividade poderia beneficiar o infrator[326]. E, como se disse, até poderá haver justo impedimento, devendo logo ser oferecida a respetiva prova (CPC, art. 140º).

[325] Para desenvolvimento, Joana Vasconcelos "Sobre a imposição de comparência das partes em julgamento no processo laboral", estudo inserto no PDT, 2020-II, pág. 223.

[326] Mas no nº 3 do art. 603º do CPC estabelece-se que "a falta de qualquer pessoa que deva comparecer é justificada na própria audiência ou nos cinco dias imediatos, salvo ...".

Perante as regras expendidas e não tendo sido requerido ou decidido o depoimento de parte, acaba por deixar de ser obrigatória a presença pessoal das partes, desde que os seus advogados se apresentem munidos com procuração com poderes especiais para desistir, confessar e transacionar quanto ao pedido. E mesmo sem os referidos poderes especiais, o mandatário poderá confessar, desistir e transigir, sendo a nulidade daí resultante sanável através da ratificação tácita prevista no nº 3 do art. 291º do CPC.

Deste modo, inclusive, poderá realizar-se a **tentativa de conciliação**, no início da audiência, ficando o seu resultado registado na respetiva ata, como se preceitua no art. 70º, nºs 2 e 3. Naturalmente se houver desistência ou confissão do pedido ou transação plena sobre ele e sobre as custas, em que o juiz certifique na ata a capacidade das partes e a legalidade da conciliação, a audiência ficará sem efeito e extinguir-se-á a instância (CPT, arts. 70º, nºs 1 e 2 e 52º e CPC, arts. 277º *d)*, 289º e 290º).

Ainda será no início da audiência final que o mandatário do autor ou do reconvindo, não o tendo podido fazer nos articulados, poderá **responder à matéria das exceções** que tenham sido deduzidas, cfr art. 60º, nº 4.

Para além das partes e seus mandatários, deverão comparecer as **testemunhas arroladas** pelas partes e aceites pelo juiz ou estarem disponíveis para prestarem os seus depoimentos por teleconferência "em tempo real, a partir do tribunal, do juízo, de instalações do município ou da freguesia, quando protocolado, ou de outro edifício público da área da sua residência" (arts. 67º do CPT e 502º, nº 1, do CPC)[327] . Ainda poderão dever estar presentes peritos, tradutores e intérpretes, bem como o técnico, eventualmente, designado pelo juiz para esclarecimento de certas matérias complexas. Também estes participantes poderão utilizar a tradicional **videoconferência**, ou as modernas vias *webex* ou *whatsapp.*

A audiência final é, doravante, realizada sempre em **tribunal singular** composto pelo juiz do processo, como também acontece na sua instrução (art. 68º, nº 1). Detém os largos poderes traçados no arts. 150º e 602º e sgts do CPC. Ainda poderá ampliar os temas da prova, nos termos do art. 72º do CPT, como abaixo, melhor se exporá. Vão desde a simples direção dos trabalhos até à responsável conclusão sobre os factos provados e não provados.

A constituição do tribunal coletivo, como já assinalado, deixou de ser possível. De certo modo, foi "substituído" pela **gravação da audiência**,

[327] Regulamento (UE) 2020/1783, de 25-11-2020: Cooperação entre tribunais dos Estados Membros no domínio da obtenção de prova em matéria civil e criminal.

conforme se dispõe no art. 68º, nºs 1 e 2, que permite a reapreciação pelo tribunal superior da prova oral prestada, quando requerida por via de recurso. Esta gravação deverá obedecer aos requisitos estabelecidos no art. 155º do CPC e pode ser efetuada "em sistema vídeo ou sonoro, sem prejuízo de outros meios audiovisuais ou de outros processos técnicos semelhantes de que o tribunal possa dispor, devendo todos os intervenientes no ato ser informados da sua realização".[328]

Finda a audiência, a sua gravação deve ficar disponibilizada na secretaria do tribunal, decorridos dois dias, para que as partes a possam reproduzir, verificar e dela possam reclamar, no prazo de dez dias. Não será, pois, objeto de qualquer notificação, conforme o estatuído nos nºs 3 e 4 do art. 155º do CPC. Para além da gravação, neste artigo também é regulada a documentação dos demais atos presididos pelo juiz, através de **ata da audiência** "na qual são recolhidas as declarações, requerimentos, promoções e atos decisórios que tiverem ocorrido".

Procurando evitar o flagelo dos adiamentos da audiência de julgamento, que tantas delongas e desprestígio têm trazido para o sistema judicial, estabeleceu-se um sistema rígido constante dos arts. 603º do CPC e 70º, nº 1, do CPT, onde tais adiamentos apenas serão possíveis nas seguintes situações:

- houver impedimento do tribunal (de que deve ser dado conhecimento logo que conhecida a causa (CPC, art. 151º, nºs 4 a 7);
- faltar algum dos advogados sem que a marcação da audiência tenha sido efetivada com acordo prévio (art. 151º, nºs 1 a 3); ou
- ocorra motivo que constitua justo impedimento enquadrável nas normas do art. 140º do CPC.[329]

Nas ações de apreciação judicial do **despedimento**, "o empregador apenas pode invocar factos e fundamentos constantes de decisão de despedimento comunicada ao trabalhador" e "sem prejuízo da apreciação de vícios formais, o tribunal deve sempre pronunciar-se sobre a verificação e procedência dos fundamentos invocados para o despedimento"[330].

[328] Na redação conferida pelo DL nº 97/2019, de 26 de julho.

[329] Para além das situações de direito ao adiamento dos advogados em caso de maternidade, paternidade e luto conferido pelo DL 131/2009, de 1 de junho, alterado pelo DL nº 171/2019, de 12 de dezembro. V. ac. do TC nº 486/2010 (Rel. José Borges Soeiro), publicado no DR, 2ª série, de 27/01/2011.

[330] Código do Trabalho, art. 387º, nºs 3 e 4.

De maneira que já se evidenciou, existe a possibilidade da **ampliação da matéria de facto** (art. 72º, nº 1, 2 e 4 do CPT), através de aditamento aos temas da prova ou, não os havendo, tomá-los (os novos factos) em consideração na decisão da matéria de facto. Tal ampliação pode implicar alteração nos meios de prova. Como já se aludiu, "a todo o momento, ao longo da vida do processo, o juiz pode carrear para os autos factos que o habilitem a decidir"[331]. Ainda o poderá fazer findos os debates ou alegações finais "desde que tenha sido articulada, resulte da discussão e seja relevante para a boa decisão da causa"[332]. Discute-se se este poder do juiz de ampliar a matéria de facto também poderá constituir um dever. Dada a excecionalidade de tal procedimento, cremos que é um direito que assiste ao julgador, podendo a parte interessada apenas sugerir a sua utilização. Nesta perspetiva, a sua rejeição não gera qualquer irregularidade ou nulidade, que, aliás, teria de ser logo arguida, sob pena da sanação[333].

As **alegações finais** dos advogados são sempre orais e tanto respeitam à matéria de facto, como à de direito (art. 72º, nº 3) como, por "furto", também, agora, passou a ser no processo civil [art. 604º, nº 3 *e)*].

No **julgamento da matéria de facto**, como escreve Pais do Amaral[334]"são as regras do ónus da prova que definem o critério que o juiz deve adotar para proferir a decisão", as quais se inserem no preceituado pelo art. 342º e sgts do Código Civil [335].

No que diz respeito à interpretação e à integração das cláusulas e normas laborais, quer de origem legal, quer convencional, poderá haver lugar à observância do princípio do *favor laboratoris* ou do tratamento mais favorável ao trabalhador[336], mas não quanto à decisão sobre a matéria de facto: factos são factos.

Mas, com a revogação do nº 5 do art. 68º, como, atualmente, acontece no processo civil (art. 607º), a decisão sobre a matéria de facto apenas será

[331] Manuela Bento Fialho, O Juiz e o Processo Laboral Comum – Poderes e Limites, estudo inserido no PDT, nº 64, maio-agosto, 2003, Coimbra Editora, pág. 119.

[332] Aplica-se também a norma do art. 607º do CPC que permite ao juiz reabrir a audiência se considerar que precisa de mais esclarecimentos.

[333] Para desenvolvimento, v. estudo de Hermínia Oliveira e Suzana Silveira apresentado no VI Colóquio de Direito do Trabalho do STJ.

[334] Cit. Direito Processual Civil, pág. 301.

[335] Para desenvolvimento, António Monteiro Fernandes, A aplicação da regra geral do ónus da prova, estudo *in* PDT, 2021-II, pág. 95.

[336] Para desenvolvimento, por ex. Bernardo da Gama Lobo Xavier, Direito do Trabalho, Verbo, Lisboa, 2011, pág. 282.

conhecida através da sentença, que a conterá, sendo certo que esta pode ser logo proferida em termos mais simples e, assim, ficando gravada e assinalada na ata da audiência de julgamento (art. 73º, nºs 1 e 2).

14. Sentença

A sentença, como peça mais importante do processo, deve começar por identificar as partes e o objeto do litígio e enunciar as questões a solucionar, seguindo-se a fundamentação com a discriminação dos factos provados e não provados, a aplicação das normas jurídicas e a decisão final sobre o pedido ou pedidos, concluindo pela condenação em custas (CPC, art. 607º). Daquelas questões a solucionar, as primeiras serão as de natureza processual que ainda persistam e possam levar à absolvição da instância, impedindo a decisão de fundo.

Se a sentença não for logo declarada no fim da audiência, deverá ser emitida no prazo de 30 dias. (art. 73º), embora o juiz possa determinar a reabertura da audiência final para algum esclarecimento. Será logo notificada aos advogados e às partes e, eventualmente, ainda a outras entidades (art. 24º).

Conforme se dispõe no art. 74º do CPT, a condenação poderá ser em quantia superior ao pedido ou em objeto diverso dele mas apenas *quando isso resulte da aplicação da matéria provada* ou de factos notórios *de preceitos inderrogáveis de leis ou instrumentos de regulamentação coletiva de trabalho.* É, pois, defensável que tal poder apenas poderá ser exercido no âmbito dos direitos indisponíveis, como já se julgou no STJ, ao estabelecer-se que *a oficiosidade da* ***condenação extra vel ultra petitum*** *prevista no art. 74º do CPT só ocorre se estiverem em causa preceitos inderrogáveis da lei ou instrumentos de regulamentação colectiva de trabalho e quando os factos em que se funda tal condenação sejam os factos provados no processo, ou de que o juiz se possa servir nos termos do art. 412º do CPC*[337]. A mesma conclusão se deve tirar em relação aos direitos que se tornaram disponíveis após a cessação do contrato, como acontece com o direito à retribuição[338]. Naturalmente, tal decisão pressupõe o respeito pelo contraditório[339].

[337] Ac. do STJ, de 31-10-2007, Rel Bravo Serra, doc. nº SJ200710310020914.

[338] Ac. do STJ, de 20-12-2017, Rel. Ferreira Pinto.

[339] A possibilidade do julgamento ultra petita começou a ser admitida nos tribunais argentinos nos anos 30 do século passado, vindo a ser consagrada no art. 90º do seu Decreto nº 32.347, donde terá sido colhida para o CPT de 1963, pelo Prof. Oliveira Ascensão (cit. Curso de Direito Processual do Trabalho, FDL, 1964, págs. 41 e 5.

A sua pretendida inconstitucionalidade já foi denegada[340] e o exercício indevido de tal poder pelo juiz "configura-se como uma nulidade decisória que deve ser arguida no recurso"[341]. Em regra, como reconhece o Supremo, o juiz não pode conhecer senão "das questões suscitadas pelas partes (e) a decisão que proferir sobre essas questões não pode ultrapassar, nem em qualidade nem em quantidade os limites constantes do pedido formulado pelas partes individualizado em função da respetiva causa de pedir"[342]. Anota-se que, em processo civil, a condenação "em quantidade superior ou em objeto diverso do pedido" acarreta a nulidade da sentença, como se prevê no art. 615º, nº 1, *e)*.

Nos termos do nº 4 do art. 387º do CT, "em caso de apreciação judicial de **despedimento** por facto imputável ao trabalhador, sem prejuízo da apreciação de vícios formais, o tribunal deve sempre pronunciar-se sobre a verificação e procedência dos fundamentos invocados para o despedimento".

Havendo condenação na **reintegração do trabalhador**, tal "reintegração deve ser comprovada no processo mediante a junção aos autos do documento que demonstre o reinício do pagamento da retribuição", cfr nº 1 do art. 74º-A.

Parece, pois, que a reintegração se poderá quedar pelo pagamento da retribuição. Contudo, nos termos do nº 2 do mesmo artigo, depois do trânsito em julgado da sentença, pode o trabalhador requerer a fixação de **sanção compulsória** ao empregador "para a execução da prestação de facto", ou seja, para o ingresso no trabalho.

Para evitar a necessidade de liquidação, a sentença condenatória em valores monetários deve, tanto quanto possível, condenar em quantia certa. Caso não seja possível ao juiz fixar a condenação em quantia certa, então restará ao autor ou reconvinte requerer o incidente de **liquidação**, pois este "pode ser deduzido depois de proferida sentença de condenação genérica... e, caso seja admitido, a instância considera-se renovada" conforme se prevê no art. 358º, nº 2 do CPC. Só assim não acontecerá quando a liquidação apenas depender de simples cálculo aritmético.

[340] Ac. nº 605/95 do Tribunal Constitucional, Rel. Sousa Brito.

[341] Ac. do STJ, de 12-09-2007, Rel. Sousa Grandão, doc. nº SJ200709120012614.

[342] Ac. do STJ, de 19-05-2010, Rel. Vasques Dinis, *in* CJSTJ, Ano XVIII, Tomo II/2010, pág. 241.

Acontecendo haver lugar à dedução do **subsídio de desemprego**, no âmbito de aplicação do previsto no art. 390º, nº 2, *b)* do Código do Trabalho, a sentença deve ser comunicada ao Instituto da Segurança Social (art. 75º).

A **notificação da sentença** será feita, quer aos advogados, quer às próprias partes, tendo deixado de ser com aviso expresso do seu cumprimento no prazo de 10 dias após a data de trânsito em julgado, para logo poderem ser indicados bens à penhora... (CPT, arts. 24º e 90º). Apenas poderá haver execução oficiosa em caso de direitos irrenunciáveis. Em casos de condenação por prática de **assédio**, dela deve ser dado conhecimento ao ISS, IP. O mesmo acontecerá no caso de terem sido requeridos **reembolsos de prestações** pagas. Ainda a sentença deve, como todas, deve ser notificada ao MP, nos termos do art. 4º, nº 3 do seu Estatuto.

As eventuais **nulidades** que possam afetar a sentença deverão, nos termos do art. 77º, agora, ser arguidas como no processo civil, isto é, "perante o tribunal que proferiu a sentença, se esta não admitir recurso ordinário" ou, em caso contrário, por via de recurso, conforme previsto nos arts. 615 e 617º do CPC. Para além das causas de nulidade já referidas, o seu elenco e regime encontram-se traçados no art. 615º do CPC, devendo o preceito da alínea *e)* ser excluído do foro laboral, onde é permitida a *condemnatio extra vel ultra petitum,* como evidenciado.

Por último, ainda diferentemente do regime do CPC, há a considerar o alargamento do efeito do caso julgado a alguns trabalhadores, que se possam integrar em **litisconsórcio** ou que sejam representados por associação sindical (arts. 3º e 78º).

Questões que se podem suscitar ligam-se com a condenação *extra vel ultra petium,* pois pode perguntar-se se continuará a ter justificação esta exceção ao princípio do dispositivo de molde a concretizar-se a justiça material, dado que, em geral, hodiernamente, o nível cultural dos trabalhadores é superior.

Ainda na impugnação de sanção disciplinar que não o despedimento, questiona-se se poderá a sentença diminuir a sanção disciplinar quando julgar a sanção inadequada aos factos provados, pois a jurisprudência tende para o regime da cassação, ou seja, para a impossibilidade de tal adequação, anulando a sanção quando a julga desajustada aos factos provados, sem a substituir por outra que julgue apropriada (sistema de cassação). A decisão em tal sentido produz forte abalo na estrutura empresarial privada, quer perante a sua administração, quer perante a generalidade dos trabalhadores.

XII
Recursos

1. Recursos, reclamações e arguição de nulidades

Como concretização do princípio da celeridade processual, o CPT foi pioneiro na necessidade de fundamentar os recursos logo com o requerimento da sua interposição, para além de sempre estabelecer prazos mais reduzidos do que no processo civil [343] e isto para além de ter influenciado as sucessivas reformas do processo civil[344]. Todavia, na recente adequação ao CPC, olvidando-se aquele princípio, tais prazos passaram a ser os mesmos e que, no recurso de apelação podem ir até aos 40 dias!

No âmbito do foro laboral, para além dos recursos em matéria civil previstos no CPT (art. 79º e sgts), há que considerar os recursos em matéria contraordenacional social, previstos nos arts. 12º e 201º do CPT e regulados na respetiva lei de procedimento (Lei nº 107/2009, de 14 de setembro, art. 32º e sgts).

Contemplando os cíveis, lembra-se que o recurso para o tribunal da Relação é apenas[345] o de apelação e a revista da Relação para o STJ[346] (monismo recursório).

[343] Desde o CPT de 1963, em cujo art. 77º, nº 1, se preceituava: "o requerimento de interposição de recurso deverá conter a alegação do recorrente ..." e no artigo anterior se dispunha que os prazos para a interposição eram de 8 dias para o agravo e de 15 dias para a apelação.

[344] Cfr. António Santos Abrantes Geraldes, Recursos no Processo do Trabalho – Novo Regime, 2010, Almedina, Coimbra, pág. 10 e 11 e o Regime dos Recursos no Processo Laboral, PDT, 2022-II, pág. 85.

[345] A. Ribeiro Mendes, Do Dualismo ao Monismo – A Eliminação dos Recursos de Agravo na Reforma de 2007, estudo *in* As Recentes Reformas na Acção Executiva e nos Recursos, Coimbra Editora, 2010, pág. 273.

[346] Obviamente que estamos a considerar apenas os recursos ordinários e não os extraordinários, cujos regimes se aplicarão ao processo laboral nos termos estabelecidos

Porque o recurso de revista, atualmente, é tão somente disciplinado quanto ao parecer do MP, previsto no art. 87º, nº 3 do CPT, aos seus trâmites aplicar-se-á o regime do CPC, como, aliás, se estabelece no nº 6 do art. 81º do CPT. Portanto, apenas o recurso de apelação tem algumas normas disciplinadoras específicas no CPT, sendo que na sua maioria são duplicados do CPC.

Convirá não esquecer que, para além dos recursos, as decisões judiciais, em especial as interlocutórias, podem ser postas em causa também por via de **reclamações** (que, em regra, são apresentadas ao próprio juiz) e em situações legalmente previstas, como por exemplo, nas referidas decisões que fixarem pensão ou indemnização provisórias (arts. 122º e 124º) ou dos atos dos funcionários da secretaria judicial (art. 157º, nº 5 do CPC), da recusa da confiança do processo (art. 165º, nº 4 do CPC), da recusa do recebimento da petição (art. 559º, nº 1), do despacho "destinado a identificar o objeto do litígio e a enunciar os temas da prova" (art. 596º, nºs 1 e 2), da decisão que não admita o recurso (arts. 81º, nºs 2 a 4 do CPT e 641º, nº 6 e 643º do CPC) e do despacho do relator (art. 652º nº 3 e 479º ainda do CPC). Contudo, as decisões que vierem a ser preferidas em alguns destes casos poderão ser passíveis de recurso, agora, sempre de apelação, devendo atender-se às restrições em geral e às do art. 630º do mesmo CPC, não obstante o preceituado no art. 79º-A, nº 3 – impugnação no recurso interposto a final [347].

Independentemente dos recursos e das reclamações, poderá haver lugar à **arguição de nulidades processuais** propriamente ditas, de conformidade com o disposto no art. 195º e sgs. do CPC e 61º, nº 2 do CPT. Ainda podem ser suscitadas **nulidades da sentença** como se prevê nos arts. 77º do CPT e 615º do CPC. Por último, ainda pode ser requerida não só a reforma da sentença quanto a custas e multa e por lapso do juiz, como ainda a retificação de erros materiais (arts. 616º e 614º do CPC). Dos despachos que recaíram sobre tais arguições poderá haver recurso se se reunirem os respetivos pressupostos. Mas, relativamente ao recurso das decisões sobre nulidades processuais invocadas, há ainda que ter em conta as fortes res-

nos arts. 688º a 702º do CPC, *ex vi* do art. 1º, nº 2, *a)* do CPT. Como se sabe, os recursos extraordinários são o recurso para uniformização de jurisprudência e o de revisão.

[347] Neste sentido António Santos Abrantes Geraldes, Recursos no Novo Código de Processo Civil, Almedina, Coimbra, 2013, pág. 18.

trições estabelecidas no nº 2 do art. 630º do CPC, onde apenas se admite o recurso se os despachos "contenderem com os princípios da igualdade ou do contraditório, com a aquisição processual de factos e com a admissibilidade de meios probatórios".

No que concerne aos recursos em processo de execução laboral, questiona José Eduardo Sapateiro, face à remissão para as regras do CPC imposta no art. 98º-A, se se devem ou não observar as normas do recurso laboral do art. 79º-A e seguintes. Com bons argumentos, responde pela afirmativa, mas expressando dúvidas quanto ao prazo do recurso em execução de decisões tomadas em processos urgentes.[348]

2. Decisões recorríveis

Como se sabe, a possibilidade de interposição do recurso de apelação, em matéria de facto[349] e/ou de direito, em princípio, deriva do valor da causa que terá de ser superior à alçada do tribunal[350] de que se recorre *(a quo)* e bem assim da sucumbência em valor superior a metade dessa alçada, desde que determinada.

Diz-se em princípio, porque o recurso é sempre possível em certas questões[351]. Assim, o valor da causa para efeitos de recurso pode-se perspetivar pelo valor da sucumbência (arts. 79º do CPT e 629º do CPC). Também havendo coligação ativa, para efeitos de recurso, o valor a considerar será o peticionado por cada um dos autores e não a soma deles; igualmente não interessará o valor dos créditos vincendos[352].

Similarmente ao que se prevê no CPC (art. 629º, nº 2), também no processo laboral há exceções em que, independentemente do valor, mas

[348] Os Recursos em Processo do Trabalho, estudo inserido em Um Ano de Reforma do Processo do Trabalho: Balanço e Perspetivas, APODIT/AAFDL Editora, Lisboa, 2021, pág. 49.

[349] Sobre a reapreciação dos factos pela Relação, v. desenvolvida apreciação no Ac. do STJ de 03-10-2013, Proc. 220/10.0TBPNI. L1 , Rel. Cons. Gabriel Catarino, disponível em www.dgsi.pt.

[350] As alçadas estão definidas no art. 44º da LOSJ, onde se estabelece que "a admissibilidade dos recursos por efeitos das alçadas é regulada pela lei em vigor ao tempo em que foi instaurada a ação".

[351] Ainda o recurso pode depender da legitimidade do recorrente, do seu interesse processual (art. 631º do CPC) e até da gravação da prova produzida em julgamento (art. 68º, nº 2). Pode verificar-se a renúncia ao direito de recurso (art. 632º). As decisões de mero expediente não são passíveis de recurso.

[352] Estas duas proposições resultam do Ac. do STJ, de 10-12-2008, Rel. Sousa Peixoto, doc. SJ200812100034384.

sopesando a natureza da matéria em causa, o recurso para o tribunal da Relação é sempre possível (art. 79º do CPT). É o caso das decisões tomadas no âmbito dos processos seguintes:

- nas ações em que esteja em causa a categoria profissional, despedimento do trabalhador, sua reintegração e validade ou substância do contrato de trabalho;
- nos processos emergentes de acidente de trabalho ou de doença profissional;
- nos processos de contencioso das instituições de previdência e de abono de família, das associações sindicais; das associações de empregadores e das comissões de trabalhadores; e também
- na ação de reconhecimento de contrato de trabalho (art. 186º-P).

Ainda, na ação de anulação e interpretação de cláusulas de convenções coletivas de trabalho o recurso também é sempre possível, e até poderá ser de revista (*per saltum*) e não de apelação (art. 185º, nº 2).

Além destes casos, da decisão final no *procedimento cautelar de suspensão de despedimento* "cabe sempre recurso de apelação para a Relação", nos termos do art. 40º do CPT. E como neste caso, outros existem em que o recurso se queda na apelação (para a Relação), cfr. arts. 172º, nº 3 (impugnação judicial de decisão disciplinar a associados); 186º-C, nº 3 (impugnação da confidencialidade de informações) e 186º-F, nº 2, e P (ARECT).

Para além destas situações jus-laborais propriamente ditas[353], ainda o recurso será possível nos casos previstos no art. 629º do CPC, no nº 2, até ao Supremo (por ex. em matérias de violação das regras da competência internacional, do caso julgado formal, do valor da causa e da jurisprudência uniformizada) e no nº 3, apenas para a Relação (valor da causa nos procedimentos cautelares e indeferimento liminar). O mesmo acontece em casos de condenação da parte como litigante de má fé (art. 542º do CPC).

Concomitantemente, são diversas as decisões irrecorríveis, quer na perspetiva do CPC, quer na do CPT e vão dos despachos de mero expediente até ao indeferimento da inversão do contencioso e da decisão que fixe pensão ou indemnização provisória a acidentados do trabalho [354].

[353] Sem considerar algumas previsões dos processos especiais regulados no CPT.

[354] O elenco completo pode ser contemplado no antes citado estudo de José Eduardo Sapateiro.

3. Recurso de apelação

O recurso de apelação utiliza-se para impugnar as decisões finais ou, mais concretamente, as decisões proferidas pelo tribunal de 1ª instância que ponham "termo à causa ou ao procedimento cautelar ou incidente processado autonomamente" (sentença ou saneador/sentença) e do "despacho saneador que, sem pôr termo ao processo, decida do mérito da causa ou absolva da instância o réu ou algum dos réus quanto a algum ou a alguns dos pedidos". Mas, como se deixou de prever o recurso de agravo, será também de apelação o recurso das decisões interlocutórias mais e menos relevantes.

E quais são estas decisões interlocutórias mais relevantes? São as que se encontram, expressamente evidenciadas no nº 2 do art 79º-A [355], que vão desde as relativas ao impedimento do juiz, à competência do tribunal, à decisão que ordena a suspensão da instância até aos "demais casos previstos na lei".

Por seu turno, as decisões interlocutórias menos relevantes serão todas as restantes, cujo recurso de apelação já não será autónomo, pois tais decisões apenas podem ser impugnadas no recurso que venha a ser interposto da decisão final (por ex. art. 596º, nº 3 do CPC) e o seu objeto apenas será considerado se:

- poder influenciar a matéria do recurso principal, ou
- quando o seu provimento possa ter interesse para o recorrente.

Efetivamente, como as decisões imediatamente recorríveis passam a estar expressamente elencadas, as decisões não elencadas apenas "podem ser impugnadas no recurso que venha a ser interposto da decisão final" (nº 3 daquele art. 79º-A do CPT e nº 3 do art. 644º do CPC). Por não serem, à partida, relevantes, o direito a recorrer fica condicionado à verificação de recurso da decisão final. Portanto, se não houver este recurso da decisão final, o recurso de tais decisões interlocutórias não será viável pois, em princípio, deixou de ter qualquer interesse, dado que as partes aceitaram a decisão final. Porém, se aquele recurso ocorrer, já também se poderá deduzir no próprio recurso o da decisão interlocutória [356].

[355] Em número superior ao que consta no CPC, art. 644º.

[356] Cfr António Santos Abrantes Geraldes, Recursos – I Recursos no processo de trabalho, 5ª ed., Almedina, Coimbra, 2018, pág. 540.

Mas pode acontecer que não tendo sido apresentado recurso da decisão final, em alguma das referidas decisões interlocutórias tenha sido estabelecido um direito ou um dever para alguma das partes que nada tem a ver com a decisão final, mas que a afeta. Então, neste caso, a parte com interesse, que deverá demonstrar ser atendível, poderá recorrer de tal decisão, num recurso único, nos termos do nº 5 do mesmo art. 79º-A e 80º, a interpor após o trânsito em julgado e em 15 dias.

De qualquer modo, não se pode olvidar que todo e qualquer recurso está sujeito às regras de admissibilidade já salientadas, excetuando-se as especiais "decisões que admitem sempre recurso" e que há decisões irrecorríveis, como acontece, por ex. na determinação do local de audição de testemunhas [art. 67º, nº 2 *a)*] e no convite ao suprimento de irregularidades nos articulados (art. 590º, nº 7).

Há, porém, um caso de irrecorribilidade patente atendendo ao fim humanitário em causa, estabelecido no art. 124º, nº 1, onde se expressa que "da decisão que fixar a pensão ou indemnização provisória não há recurso", apenas podendo haver reclamação, o que implica a reapreciação do despacho. Mas, em princípio, também "não é admissível recurso das decisões de simplificação ou de agilização processual", como se estatui no nº 2 do art. 630º do CPC.

Ainda convirá registar que no art. 633º se disciplinam o **recurso independente e o recurso subordinado**, pois *se ambas as partes ficarem vencidas, cada uma delas pode recorrer na partes que lhe seja desfavorável*. Sobre o recurso subordinado foi emitido o Acórdão de Uniformização de Jurisprudência nº 1/2020.

4. Prazos e modos de interposição

Em regra, o prazo para a interposição do recurso da decisão final "que ponha termo à causa ou a procedimento cautelar", incluindo através do despacho saneador/sentença e similar [357], quer para a apelação, quer para a revista, passou a ser de 30 dias, a contar da notificação ao mandatário (arts. 80º e 24º, nº 1).

Porém, este prazo é diminuído para 15 dias nos processo com natureza urgente, nas decisões interlocutórias previstas nos nºs 2 e 5 do art. 79º-A

[357] A contagem dos prazos processuais deverá fazer-se de conformidade com o estatuído no art. 138º e sgs. do CPC.

do CPT (em 1ª instância) e nos nºs 2 e 4 do art. 671º do CPC (na Relação), como se estipula no nº 2 daquele art. 80º (e 638º do CPC).

Mas tais prazos também podem aumentar mais dez dias se o recurso tiver por objeto a reapreciação da prova gravada (nº3) [358].

Como já ficou aludido, o requerimento de interposição de recurso deve conter a respetiva alegação. A parte contrária dispõe de igual prazo para contra-alegar, bem como para pôr em causa os pressupostos inerentes ao recurso (art. 81º). Naturalmente, pode haver recurso subordinado, a apresentar em idêntico prazo para a alegação do recorrido (art. 81º, nº 5)[359].

Com os recursos, há que ter em conta as correspondentes regras sobre as taxas de justiça ou sua isenção ou não pagamento.

No que tange à invocação de **nulidades da sentença** deixou de dever constar do próprio requerimento do recurso, passando a seguir o regime processual civil (art. 77º). Assim, havendo recurso, será nas alegações que se deverão invocar e fundamentar as eventuais nulidades da sentença, competindo ao juiz apreciar aquando da decisão sobre a admissibilidade do mesmo recurso (art. 617º).

Também é idêntico o tratamento entre os dois ramos processuais no que tange à impugnação da matéria de facto (CPC, art. 640º), porquanto devem ser indicados os concretos pontos da matéria de facto a rever e, bem assim, os respetivos meios de prova e ainda a nova versão que deles resultará. Naturalmente, que nas conclusões do recurso também, ainda de forma sumária, devem ser plasmados estes três requisitos.

Como é sabido, o trânsito (ou caso) em julgado da sentença ocorre com a impossibilidade da sua impugnação, nomeadamente através de recurso ordinário (CPC, art. 580º). "Fica a ter força obrigatória dentro do processo e fora dele" excetuando o recurso extraordinário. Mas como reza o nº 2 do art. 619º, quando "o réu tiver sido condenado a prestar alimentos ou a satisfazer prestações dependentes de circunstâncias especiais... pode a sentença ser alterada desde que se modifiquem as circunstância que deter-

[358] A gravação da prova é feita nos termos dos arts. 68º, nº 2 do CPT e 155º e 422º do CPC, chamando-se a atenção para o especial regime da invocação da nulidade da prova (art. 155º, nºs 3 e 4 do CPC). Da decisão da Relação sobre a matéria da facto não haverá recurso (art. 662º, nº 4 do CPC).

[359] A remissão genérica para o regime dos recursos no CPC parece permitir concluir que pode também o recorrido ampliar o objeto do recurso, nos termos do art. 636º do CPC.

minaram a condenação". Será o caso das pensões devidas por acidentes de trabalho e doenças profissionais, como adiante se relatará (capítulo XV).

5. Efeitos

Em consonância com os princípios da celeridade, a apelação laboral tem, em regra, efeito meramente devolutivo e sem necessidade de declaração em tal sentido, como se dispõe no art. 83º, nº 1. Apenas tem efeitos suspensivos nos casos residuais previstos nas alíneas *b)* a *e)* do nº 3 do art. 647º do CPC.

Porém, o recorrente poderá requerer o efeito suspensivo, na interposição do recurso, mediante a prestação de uma caução "da importância em que foi condenado" a prestar no prazo fixado pelo juiz, até 10 dias (arts. 83º do CPT e 650º do CPC). Relativamente ao valor da caução, ainda que lavrado em 2006 e reportando-se ao Código anterior, pelo STJ foi uniformizada a jurisprudência nos seguintes termos: "o montante da caução que a parte vencida tem a faculdade de prestar, nos termos do artigo 79º, nº 1, do Código de Processo do Trabalho de 1981, para obter o efeito suspensivo do recurso de apelação, deve corresponder ao quantitativo provável do crédito, abrangendo quer a parte líquida quer a parte ilíquida da condenação"[360].

Este incidente da prestação de caução é processado nos próprios autos e não em apenso[361], como é estipulado no nº 5 do mesmo art. 83º e, assim, divergindo da tramitação do incidente para prestação de caução no regime cível e na suspensão do despedimento. De resto "é idónea a caução depositada em conta do IGFIJ, à ordem da secretaria, por meio de documento único de cobrança" [362], devendo o respetivo pagamento ser comprovado tempestivamente nos autos.

Como já se adiantou, a atribuição do efeito suspensivo no recurso que decrete a providência cautelar de suspensão de despedimento só é possível por depósito de quantia correspondente a seis meses de retribuições (art. 40º, nº 3).

[360] Publicado no Diário da República, 1ª série, de 24 de outubro de 2006 (Rel Cons. Sousa Grandão).

[361] A prestação de caução é regulada, como processo especial, no art. 906º e sgs. da CPC. Como incidente de uma causa seria processada por apenso, nos termos do art. 915º e poderia ter natureza urgente.

[362] Ac. do TRP, de 08-01-2018, Proc. 5443/15.2T8PRT-A.P1, Rel. Teresa Sá Lopes.

6. Subida e julgamento

Em princípio, sobem ao tribunal superior nos próprios autos as apelações da decisão final, que, normalmente, constam de sentença, mas também podem resultar de simples despacho. As restantes sobem em separado, isto é, em novos autos organizados para o efeito. É o que resulta dos arts. 83º-A do CPT e 645º do CPC.

Como o recurso é apresentado no tribunal *a quo*, ou seja, o que proferiu a decisão sob recurso, deverá o respetivo juiz verificar a sua admissibilidade, a tempestividade, conferir a legitimidade do recorrente a recorribilidade da decisão, apreciar as eventuais nulidades da sentença, (podendo supri-las ou reformar a sentença – art. 77º), o pagamento de taxa de justiça ou sua isenção e, bem assim, as alegações com conclusões, nomeadamente a indicação (e registo) dos factos que se consideram indevidamente apurados, os respetivos meios probatórios e a proposta de decisão defendida como sendo a correta (arts. 82º, nº 1 do CPT e 641º do CPC).

Também o despacho a negar (ou a permitir indevidamente) a subida de algum recurso ao tribunal superior é passível de reclamação. O indeferimento de tal reclamação implica a sua subida ao tribunal superior para que decida a questão no prazo de dez dias (art. 82º, nº 2 do CPT e 643º do CPC). Não há, pois, suscetibilidade de recurso em tal matéria, mas resultando efeito semelhante da reclamação.

No julgamento do recurso de apelação é observado o dispositivo do CPC, mas, como se preceitua no art. 87º, nº 3, o parecer do MP é notificado às partes que poderão responder, exercendo o contraditório.

Também "as decisões interlocutórias impugnadas com a sentença final..." não podem ser objeto de revista a não ser "nos casos em que o recurso é sempre admissível" e em caso de contradição de julgados (671º, nº 2).

7. Recurso nos procedimentos cautelares

Nos procedimentos cautelares em geral há que ter em conta as regras do art. 370º do CPC, que restringem o recurso em matéria de inversão do contencioso e ainda quanto ao recurso de revista, que, em regra, é vedado.

Por se tratar de decisão interlocutória prevista ou que põe termo a um processo classificado como urgente, o prazo de interposição é de 15 dias, de conformidade com o estatuído no nº 1 dos arts. 79º-A e nº 2 do 80º, acabando aquele para remeter para o art. 638º, nº 1 do CPC. Por sua vez, este prazo pode ser acrescido de 10 dias se o recurso tiver por objeto a prova gravada. Em consequência, aquela decisão só transitará em julgado vinte e cinco dias após a data da notificação aos mandatários (arts. 24º, nº 4 e 80º, nº 3), o que se encontra na esteira dos arts 370º e 363º do CPC aplicáveis *ex vi* do art. 32º, nº 1.

Porém, como acima se referiu, no procedimento cautelar especial de suspensão de despedimento a decisão final que decrete ou não a providência é passível de recurso para a Relação, portanto independentemente do valor dado à causa, conforme se dispõe no nº 1 do art. 40º.

Tal recurso de apelação tem, como é regra, efeito meramente devolutivo. Mas se a decisão recorrida tiver decretado a requerida suspensão do despedimento, o efeito suspensivo só é viável se o recorrente "depositar no tribunal a quantia correspondente a seis meses de retribuição do recorrido, acrescida das correspondentes contribuições para a segurança social". E, subsistindo a situação de desemprego, o recorrido pode requerer o pagamento ao tribunal "a quo" da sua retribuição "por força do depósito", portanto, até ao seu montante. De resto, sem prejuízo do que se acaba de dizer, segundo jurisprudência uniformizada, "não são devidas ao trabalhador retribuições entre a data do despedimento e o trânsito em julgado do acórdão do Tribunal da Relação que confirme a suspensão do despedimento"[363].

Segundo Abílio Neto, o referido depósito "deve ter lugar em simultâneo com o ato de interposição do próprio recurso, através da dedução do incidente regulado no (atual) art. 915º do CPC, sendo ineficaz quando tenha lugar em data posterior" [364].

8. Recurso de revista e *per saltum*

Como já ficou assinalado é apenas uma a especialidade prevista na lei processual laboral no que respeita a este recurso de revista (para o STJ), que se consubstancia na emissão de parecer do magistrado do MP.

Assinala-se, contudo, que conforme se estabelece no nº 1 do art. 80º do CPT, o prazo de interposição deste recurso de revista passou também a ser de 30 dias, naturalmente a contar da notificação do acórdão da Relação proferido no recurso de apelação. E será de 15 dias na revista apresentada no âmbito dos nºs 2 e 4 do art. 671º do CPC (certos acórdãos proferidos na pendência do processo na Relação).

[363] Ac. do STJ nº 6/2016, publicado em 18 de março, Rel. Leones Dantas.

[364] Código de Processo do Trabalho Anotado, 5ª ed., Ediforum, Lisboa, 2011, pág. 123.

Igualmente para além da alçada, também "se aplica ao foro laboral o regime restritivo previsto no art. 671º, nº 3, que estabelece a ***dupla conforme***"[365]. Em consequência, o recurso de revista, em princípio, não será viável quando o tribunal da Relação confirmar, sem voto de vencido e sem fundamentação essencialmente diferente, a decisão de primeira instância.

Por outro lado, há a ter em conta a **revista excecional** prevista e regulada no art. 672º do CPC (que até ultrapassa a regra da dupla conforme) que pode ser deduzida numa das seguintes situações:

- questão de relevância jurídica;
- estejam em causa interesses de particular relevância social;
- contradição entre acórdãos dos tribunais superiores (na vigência da mesma lei e sobre a mesma questão fundamental de direito).

Estando em causa um despedimento individual julgado ilícito, o Supremo decidiu que "não há dados que suportem o entendimento de que estão em causa interesses de particular relevância social, pelo que não se preenche o fundamento da revista excecional"[366].

Também tem interesse para o direito processual laboral, o **recurso "per saltum"** previsto no art. 678º do CPC, o qual é interposto de uma sentença ou do saneador-sentença, diretamente para o Supremo, acontecendo o mesmo com o **julgamento ampliado da revista para uniformização da jurisprudência** (art. 686º). Para tanto é necessário fazer uma interpretação extensiva das "secções cíveis" de molde a ser englobada a secção social do STJ. Estes acórdãos serão publicados na 1ª série do Diário da República com numeração anual própria, como resulta da Lei Formulária.

Neste foco, convém realçar que no processo laboral especial de "ação de anulação e interpretação de cláusulas de convenções coletivas de trabalho", disciplinado nos arts. 183º a 186º do CPT, o acórdão do STJ "tem o valor ampliado da revista em processo civil e é publicado na 1ª série-A do jornal oficial (Diário da República, portanto, 1ª série) e no *Boletim do Trabalho e Emprego*" ou, procedendo à integração do preceito, apenas num dos jornais oficiais da RAM ou RAA, caso a convenção coletiva em causa, tenha âmbito regional.

[365] António Santos Abrantes Geraldes, cit. Recursos no Processo de Trabalho, pág. 158.

[366] Ac. do STJ, de 17-12-2009 [Rel. Cons. Mário Pereira] in CJSTJ, Ano XVIII, Tomo III/2009, pág. 264.

Naturalmente, que, se faltar o acordo das partes ou havendo algum facto em discussão, o recurso será, inicialmente, de apelação e, só, depois deste, independentemente da dupla conforme, poderá ser "de revista até ao Supremo Tribunal de Justiça", como continua a preceituar-se no nº 2 do art. 185º.

XIII
Processo de Execução

1. Execução laboral

De harmonia com a LOSJ (art. 126º, nº 1, *m)*), os juízos do trabalho, mesmo nas circunscrições abrangidas por juízos de execução, têm competência para a execução não só das suas decisões[367], como de outros títulos executivos que respeitem a matéria da sua competência, incluindo as coimas em matéria de direito do trabalho e da segurança social, quer tenham sido aplicadas pelas entidades administrativas, quer pelo próprio tribunal[368-369].

Em consequência, as decisões dos tribunais ou juízos do trabalho são executadas no seu âmbito, mesmo que na comarca existam juízos de execução. Haverá ainda que ter presente as disposições especiais sobre execuções, nomeadamente as de competência para a execução fundada em sentença (art. 90º do CPC e as seguintes aplicáveis às novas comarcas).

Para encetar tais execuções (ou quaisquer outras), é necessário que o direito (do credor) já se encontre definido através do denominado **título executivo**. Nos domínios de direito processual de trabalho podem ainda ser títulos executivos (para além dos que se preveem no art. 703º do CPC),

[367] Incluindo de cheque consubstanciando uma prestação retributiva originada no cumprimento de contrato de trabalho (Ac. do TRP, de 30-04-98). Mas não a sentença brasileira devidamente revista e confirmada em Portugal por não constituir título executivo bastante contra empresa portuguesa porque esta não foi demandada, nem condenada na ação declarativa em que aquela sentença foi proferida (Ac. do STJ, de 13-01-2010 [Rel. Cons. Sousa Peixoto] in CJSTJ, Ano XVIII, Tomo 1/2010, pág. 235).

[368] Conforme Abílio Neto, cit. Código de Processo do Trabalho Anotado, 5ª ed., pág. 273.

[369] A relação entre as ex-secções de execução e de trabalho já está esboçada por Rui Pinto, *in* Manual da Execução e Despejo, Coimbra Editora, 2013, pág. 66.

os autos assinados no âmbito do SML, no serviço de mediação dos julgados de paz, os autos de conciliação (art. 88º do CPT) e as decisões finais sobre os procedimentos cautelares de suspensão de despedimento para as retribuições em dívida[370] (art. 39º nºs 2 e 3 e 43º do CPT). Conforme se salientou (no capítulo VII, nº 3), os acordos extrajudiciais promovidos pelo magistrado do MP, no processo prévio ao declarativo, consubstanciados em documento por ele autenticado, não podia deixar de constituir título executivo, quer por interpretação extensiva do art. 88º, quer pelo poder de autenticação conferido a outras entidades pelo DL 76-A/2006, de 29 de março, como, doravante, fica legalmente confirmado pela introdução da alínea *c)* ao art. 88º. Também as decisões dos tribunais arbitrais, dentro das suas competências em matéria laboral, podem constituir títulos executivos.

Também, conforme art. 53º do CPC, será imprescindível a legitimidade quer do exequente, quer do executado, os quais devem estar identificados no título executivo.

Diferentemente do que se passava até 2009[371], o processo de execução laboral passou a ficar uniformizado com o correspondente processo civil, regulado no art. 724º e sgs. do CPC, como, pleonasticamente, se evidencia no art. 98º-A do CPT. Assim, haverá a execução laboral de iniciar-se com o requerimento executivo[372] e a designação do agente de execução, que iniciará as diligências prévias com vista à penhora de direitos sobre bens ou outros, passando-se, depois, à citação do executado. Ainda o agente de execução pode ser substituído por oficial de justiça (CPC, art. 722º). Também a sua função pode ser desempenhada por advogado com o curso de agente de execução.

O requerimento executivo, é apresentado em formulário próprio, dirigido ao juízo do trabalho competente, através da sua inserção no sistema informático[373]. A sua apreciação é feita pelo agente de execução, que poderá submetê-lo a despacho liminar do juiz, quando verifique existir algum fundamento ou nos casos previstos no art. 726º do CPC.

[370] Desde que "o empregador, até ao último dia de cada mês subsequente à decisão"... não "juntar documento comprovativo dos seus pagamentos", conforme se dispõe na parte final do nº 2 do art. 39º.

[371] E na sequência da reforma estabelecida pelo DL nº 226/2008, de 20 de novembro.

[372] Regulado no extenso art. 810º do CPC.

[373] Mas, na sequência da reforma de 2013, o processo apenas é distribuído após o pagamento de uma provisão inicial destinada ao agente de execução.

Nas execuções, o juiz, para além da supervisão do processo, nele intervém nas questões revestidas de natureza jurisdicional ou na sequência de intervenção provocada por parte do agente de execução, do exequente, do executado ou de terceiro com interesse para tanto.

Atualmente, de conformidade com o disposto no art. 626º do CPC, o autor ou reconvinte poderá requerer (por meio eletrónico) e ainda em sede de ação declarativa, a denominada execução imediata da sentença, isto é, que a sentença que vier a ser proferida seja imediatamente executada, podendo logo indicar o agente de execução e os bens a penhorar. Em tal situação, logo após o trânsito em julgado, a secretaria envia ao agente cópia da sentença para imediata penhora dos bens do executado. Tal execução só será suspensa se a sentença for cumprida no prazo de 20 dias.

O trânsito em julgado da sentença nem sempre constitui requisito da sua exequibilidade, pois pode ser instaurada execução de sentença que tenha sido objeto de recurso com efeito meramente devolutivo. Todavia, em tal situação, "não pode o exequente ou qualquer credor ser pago sem prestar caução" (CPC, arts. 702º e 704º).

A obrigação constante de título executivo deve ser certa, líquida e exigível[374]. Quando o não for, o exequente tem de providenciar, a título de questão prévia, para que assim passe a ser ao instaurar a execução (CPC, arts. 704º, nº 6; 712º e 716º). Segundo Joel Timóteo Ramos Pereira,[375] "tratando-se de liquidação fundada em sentença (liquidação em execução de sentença), os preceitos introduzidos pela reforma do processo executivo são omissos quanto à sua tramitação ...por conseguinte, não havendo agora tramitação específica, deverá ser seguida a tramitação prevista no incidente dos arts. 358º e sgs. do CPC", ou seja, o incidente de liquidação.

Hoje em dia, na generalidade dos casos, a penhora deve ser efetuada (pelo agente de execução) sem citação prévia do executado, conforme se encontra previsto no art. 727º do CPC. Mesmo nos restantes casos, o exequente poderá requerer a dispensa da citação prévia do executado.

O executado pode defender-se por **oposição à execução**, através da apresentação de embargos[376], para além da oposição à penhora (arts. 784º e sgs.).

[374] Para além de liberta de alguma condição ou outra dependência, cfr. art. 715º e sgs. do CPC.

[375] Ob. cit., volume IV, Processo Executivo, Tomo I, 5ª ed. (2011), pág. 54.

[376] Os embargos de terceiro poderão ser utilizados quando a penhora ou outro ato judicial de apreensão ou entrega de bens ofenda direitos de terceiro (art. 342º do CPC).

A execução, inclusive no âmbito das relações laborais subordinadas, pode ser específica e por sucedâneo em valor equivalente. Pode assumir uma das três formas:

- Para pagamento de quantia certa, como seja: pensão, retribuição ou indemnização (art. 724º e sgs.).
- Para entrega de coisa certa, nomeadamente objeto retido pelo empregador ou pelo trabalhador (art. 859º do CPC).
- Para prestação de facto fungível ou não fungível, como por exemplo, a reintegração do trabalhador ou concessão de cuidado médico e para prestação de facto negativo, como seja a proibição de ameaças ou certas práticas de assédio e ainda com ou sem execução de sanção pecuniária (art. 868º do CPC).

Poderão, no entanto, no processo executivo laboral verificar-se algumas especificidades, aliás de pouco relevo, que se passam a analisar.

2. Especificidades eventuais

A primeira destas especificidades diz respeito à execução de **direitos irrenunciáveis** ou indisponíveis, prevista no art. 90º do CPT.

Efetivamente, ao titular de tais direitos irrenunciáveis é concedido um prazo de 30 dias a contar do trânsito em julgado da sentença para apresentar o seu requerimento executivo[377]. Mas se não tiver tal iniciativa e se não for comprovada a "extinção de dívida no prazo" indicado, "o tribunal, oficiosamente, ordena o início do processo executivo, cujas diligências de execução são realizadas pelo oficial de justiça" e não pelo agente de execução. Pode, nesta situação, haver execução oficiosa, também aplicável na execução "com trato sucessivo" da decisão final no procedimento cautelar de suspensão de despedimento, conforme se dispõe no nº 3 do art. 39º.

Na esteira do expressado por Abílio Neto[378], devem considerar-se como irrenunciáveis os créditos de indemnizações e pensões emergentes de acidente de trabalho e de doença profissional e os derivados da tutela dos direitos de personalidade e proteção da parentalidade. Cremos que tam-

[377] A abertura do procedimento extra-judicial pré-executivo (PEPEX), aprovado pela Lei n,º 32/2014, de 30 de maio, e regulamentado pela P. 349/2015, de outubro, deverá servir para demonstrar o início da cobrança.

[378] Ob. cit., pág. 215.

bém se devam considerar irrenunciáveis, os créditos salariais correspondentes à retribuição mínima mensal e a férias enquanto se mantiver a relação jurídico-laboral.

Outra especificidade é relativa à **exclusão de reclamação de créditos** em certas execuções. Mais concretamente, nas execuções para pagamento de quantia certa baseadas em qualquer título, não é admitida a reclamação de créditos[379] desde que:

- o seu valor não exceda a alçada do tribunal de primeira instância (€ 5.000,00); e,
- recaia sobre bens móveis ou direitos que não tenham sido dados de penhor, com exceção de estabelecimento comercial.

Mas ainda dentro deste quadro, em termos diferentes dos que são estabelecidos no art. 788º do CPC, há exceções no sentido de ser possível e lícita a reclamação de créditos por outros credores que gozem do direito de retenção ou de garantia real, com registo anterior ao da penhora ou até posteriormente mesmo sem serem citados para a reclamação.

Embora sem cunho legal, pode ser observado o apelidado Código Mundial de Execução Digital, emitido pela União Internacional dos Hussiers de Justice (UIHJ), cuja tradução foi acolhida pela Ordem dos Solicitadores e dos Agentes de Execução, em janeiro de 2022.

3. Execução em matéria contraordenacional

A decisão condenatória de **aplicação de coima** em matéria laboral (e da segurança social) que não se mostre cumprida no prazo de 10 dias "após o caráter definitivo ou o trânsito em julgado da decisão" ou quando não seja autorizado o seu pagamento em prestações assume, naturalmente, a natureza de título executivo, de harmonia com o disposto nos art.s 25º, 26º e 27º do procedimento aplicável às contraordenações laborais e de segurança social estabelecido na Lei nº 107/2009, de 14 de setembro. Com a sua revisão e republicação ocorrida com a Lei nº 13/2023, a partir de 1 de maio do mesmo ano, nos termos do novo art. 62º-A, a competência para a instauração e instrução do processo de execução dos valores das coimas e custas passou para o Instituto de Gestão Financeira da Segurança Social,

[379] A reclamação de créditos está regulada no art. 788º e sgs. do CPC, sendo concedida "ao credor que goze de garantia real sobre bens penhorados...".

IP, mais concretamente para as suas **secções de processo executivo**, criadas pelo DL nº 42/2001, de 9 de fevereiro, já com diversas alterações.[380]

Tal título insere-se na categoria da alínea *d)*, do nº 1, do art. 703º do CPC, dado que, por disposição especial, lhe foi atribuída força executiva. Face à assinalada alteração legislativa, deixou de servir de base à execução [art. 88º, *a)*] a mover no juízo do trabalho territorialmente competente pelo respetivo magistrado do MP, que seria o da área do executado (LOSJ, 126º, nº 1, *m)* e nº 2 e RGC, arts. 89º a 91º). Mas, em caso de decisão condenatória que implique o **pagamento de créditos a trabalhadores**, que não tenham sido satisfeitos, a referida decisão também serve de base à execução "aplicando-se as normas do processo comum de execução para pagamento de quantia certa", nos termos do art. 564º, nº 3, do Código do Trabalho.

4. Garantias dos créditos laborais

Aos créditos dos trabalhadores em relação ao seu empregador que se encontrem em incumprimento ou mora, para além da garantia geral[381], assiste-lhes uma garantia especial, mais concretamente os **privilégios creditórios**, mobiliário geral e imobiliário especial sobre os imóveis (pertencentes ao património imobilizado da empresa) onde o trabalhador presta a sua atividade, como é enunciado no nº 1 do art. 333º do CT, e não os que são construídos para revenda[382]. A concessão de tais direitos por esta disposição legal, numa perspetiva mais ampla do que na lei anterior[383], tem em atenção a natureza e "a origem de tais créditos"[384], conforme resulta da sua noção legal traçada no art. 733º do CC.

Em consequência, aqueles créditos gozam do privilégio, isto é, têm *preferência*[385] no pagamento em relação a outros credores, sobre o produto da venda dos bens móveis e certos imóveis do devedor. E serão mesmo graduados acima de outros credores privilegiados, nomeadamente do Estado

[380] Na parte IV do nosso Código dos Regimes Contributivos e Legislação Complementar Anotados, 2ª ed., Almedina, Coimbra, 2022, apresenta-se ampla informação sobre estas secções de processo executivo e o seu funcionamento.

[381] Código Civil, art. 601º: *Pelo cumprimento da obrigação respondem todos os bens do devedor suscetíveis de penhora...* A relação destes bens penhoráveis resulta do art. 735º e sgs. do CPC.

[382] Ac. do STJ de 13-01-2015, Rel. Fernandes do Vale [dgsi].

[383] Lei dos Salários em Atraso – Lei nº 17/86, de 14 de junho, com alterações, nomeadamente pela Lei nº 96/2001, de 20 de agosto, sobre privilégios creditórios.

[384] Antunes Varela, Das Obrigações em Geral, vol. II, 7ª ed., Almedina, Coimbra, 1997, pág. 571.

[385] Salvador da Costa, O Concurso de Credores, Almedina, Coimbra, 1998, pág. 170.

como credor de diversos impostos e da segurança social. *Significa isto*, como escreve Joana Vasconcelos, *que tais créditos prevalecem, não apenas sobre os demais créditos com privilégio mobiliário geral, como, ainda, sobre os créditos com privilégio mobiliário especial enunciados naquele preceito, cedendo unicamente perante os privilégios por despesas de justiça, previsto no art. 746º do Código Civil*[386].

Este regime veio colocar os créditos laborais numa ótima posição para serem ressarcidos na sequência da execução dos bens da entidade empregadora. Anota-se ainda que "o privilégio creditório (mobiliário ou imobiliário) abrange os juros relativos aos últimos dois anos, se forem devidos" (art. 734º do CC) como é o caso dos créditos laborais culposamente em mora (art. 323º, nºs 1 e 2, do CT).

5. Graduação dos créditos laborais

Como referido, os privilégios creditórios laborais permitem a graduação dos créditos laborais, e, portanto, a sua satisfação, em princípio, antes de outros créditos também com privilégios, como sejam as contribuições em dívida à segurança social, os créditos fiscais e das autarquias. Por outras palavras, os créditos dos trabalhadores reivindicados judicialmente, em caso de venda judicial do património do devedor, quer em processo de execução (civil, laboral ou fiscal), quer no processo de insolvência, gozam de preferência no pagamento (pelo produto dos indicados bens). Preferência esta que ultrapassará a de todos os restantes créditos, nomeadamente os estatais e com garantia real (hipoteca, penhor)[387] e apenas decai em relação aos créditos que gozem de privilégio mobiliário mais forte, resultantes de despesas do funeral, doença e sustento do devedor (os quais, obviamente, não se verificam quanto a pessoas coletivas) e os créditos da justiça. Porque não estão sujeitos a registo "constituem uma garantia oculta"[388].

Face aos interesses em causa, tem-se discutido se tais privilégios devem ou não preferir às garantias reais, nomeadamente às hipotecas. Apreciando a questão, o Tribunal Constitucional julgou, com força obrigatória geral, a

[386] Sobre a Garantia dos Créditos Laborais no Código do Trabalho, artigo *in* Estudos de Direito do Trabalho em Homenagem ao Professor Manuel Alonso Olea, 2ª ed., Almedina, Coimbra, 2004, pág. 325.

[387] António Carvalho Martins, Concurso de Credores Reclamação ... 2ª ed. Coimbra Editora, 2001, pág.110.

[388] L. Miguel Pestana de Vasconcelos, Direito das Garantias, 2ª ed., Almedina, Coimbra, 2013, pág. 400.

favor da prevalência da hipoteca em relação aos privilégios creditórios do Estado e da segurança social. Todavia, ainda que em relação à lei laboral anterior, julgou, já em 22 de outubro de 2003, que "o privilégio imobiliário geral... conferido aos créditos emergentes do contrato individual de trabalho prefere à hipoteca"[389].

Acontece, porém, que o **Código da Insolvência** e da Recuperação de Empresas (CIRE),[390] que entrou em vigor em 15 de setembro de 2004, parece não estar em consonância com o aduzido sistema do Código do Trabalho. Na realidade, "a contrario" do estipulado no art. 97º daquele CIRE, os privilégios que assistem aos créditos dos trabalhadores, ao invés de outros a favor do Estado, autarquias e segurança social (todos com mais de 12 meses), não se extinguem com a declaração da insolvência. Porém, depois de se regular os pagamentos das dívidas da massa insolvente (no art. 172º) impõe-se que "liquidados os bens onerados com *garantia real e abatidas as correspondentes despesas, é imediatamente feito o pagamento aos credores garantidos* em respeito com a prioridade que lhes caiba". No mesmo sentido, sob a epígrafe pagamento aos credores privilegiados, dispõe-se no nº 1 do art. 175º, que "o pagamento dos créditos privilegiados é *feito à custa dos bens não afetos a garantias reais prevalecentes*, com respeito da prioridade que lhes caiba, e na proporção dos seus montantes, quanto aos que sejam igualmente privilegiados"[391].

Assim, parece que em processo de insolvência do produto da venda dos bens, em primeiro lugar serão pagas as dívidas da massa insolvente, a seguir serão pagas as dívidas com garantia real pelo produto dos bens sobre os quais recaiam, depois serão pagos os créditos privilegiados dos trabalhadores, seguindo-se o pagamento aos credores comuns e subordinados[392]. Como escreve o Conselheiro Salvador da Costa *os créditos laborais envolvidos de privilégio mobiliário geral ou imobiliário geral não preferem no*

[389] Acórdão nº 498/2003, publicado no Diário da República, 2ª série, de 3/1/2004 (www.tribunalconstitucional.pt).

[390] Aprovado pelo DL. nº 53/2004, de 18 de março, após autorização legislativa conferida pela Lei nº 39/2003, de 22 de agosto e alterado e republicado pelo DL nº 200/2004, de 18 de agosto, na última versão dada pelo DL nº 57/2022, de 25 de agosto.

[391] O itálico usado nas duas frases é nosso. Para o CIRE os créditos sobre a insolvência são classificados como garantidos (por garantias reais), privilegiados, comuns e subordinados (art. 47º, nº 4 *a*)).

[392] Neste sentido A. Raposo Subtil, Matos Esteves, Maria João Esteves e Luís M. Martins, Código da Insolvência e da Recuperação de Empresas, Vida Económica, Porto, 2004, pág.

processo de insolvência aos direitos de créditos garantidos por penhor ou hipoteca, respectivamente. E adianta, *assim, no processo de insolvência, os direitos de crédito garantidos por hipoteca sobre imóveis apreendidos para a massa prevalecem sobre os direitos de crédito da titularidade dos trabalhadores garantidos por privilégios imobiliários gerais relativos àqueles bens*[393]. Mas em sentido diferente julgou o STJ, já em 2010[394]. Anota-se ainda que no âmbito do processo especial de revitalização (PER), os créditos laborais não gozam de tratamento especial (Lei nº 16/2012, de 20 de abril).

Deixando o processo de insolvência e considerando o **processo de execução** verifica-se que a graduação dos créditos terá lugar de harmonia com o estatuído no art. 791º do CPC, que é complementado pelas disposições do capítulo do CC relativas às garantias das obrigações (art. 601º e sgs.), onde se insere o regime dos privilégios creditórios. É neste regime, que avulta o art. 751º[395] contendo o seguinte dispositivo: "os privilégios imobiliários especiais... preferem à consignação de rendimentos, à hipoteca ou ao direito de retenção, ainda que estas garantias sejam anteriores".

Deste modo, ao contrário do que acontecerá no processo de insolvência, no processo de execução, propriamente dito, a graduação dos créditos laborais far-se-á conforme o preceituado no nº 2 do art. 333º do CT. Salienta-se ainda que aos trabalhadores assiste um direito de reclamação dos seus créditos mais favorável, como resulta no nº 6 do art. 788º do CPC. Neste sentido, opina o Conselheiro Salvador da Costa ao escrever que o privilégio imobiliário, *deixou de abranger todos os imóveis do empregador ao tempo da penhora ou acto equivalente, e passou a abranger apenas aqueles em que os trabalhadores exercem ou exerceram a sua actividade profissional, mas assumiu a virtualidade de ser oponível a terceiros que adquiram o prédio ou algum direito real sobre ele e de preferir à consignação de rendimentos, à hipoteca e ao direito de retenção ainda que estas últimas garantias sejam de constituição anterior*[396].

Nas **execuções fiscais**, no seu sentido mais amplo e que se inserem no âmbito do Código de Procedimento e de Processo Tributário[397], atento o

254. No mesmo sentido, Ana Prata e outros, Código da Insolvência e da Recuperação de Empresas Anotado, Almedina, Coimbra, 2013, pág.486.

393 O Concurso de Credores, 3ª ed., Almedina, Coimbra, 2005, pág. 364.

394 Ac. de 08-06-2010, Rel. Cons. Maria dos Prazeres Pizarro Beleza, Proc. 3147/04 [dgsi].

395 Na redação conferida pelo DL nº 38/2003, de 8 de março, entrada em vigor em 15/9/2003 (reforma da ação executiva).

396 Ob. cit., pág. 318.

397 E Regime Geral das Infrações Tributárias – Lei nº 15/2001, de 5 de junho.

disposto nos seus arts. 2º *e)* e 148º e sgs. deverão observar-se as mesmas regras da execução civil que se acabam de aludir. Efetivamente, tal Código não contém normas específicas sobre a graduação de créditos, e nele apenas se prevê a reclamação de créditos pelos credores que gozem de garantia real (art. 240º), sendo certo que, nos termos do artigo anterior, os credores preferentes serão citados por anúncio e éditos de 20 dias.

6. O título executivo europeu

Conforme deriva da lei da organização judicial é reconhecida competência aos tribunais de trabalho para as execuções fundadas nas suas decisões ou noutros títulos executivos ressalvada a competência atribuída a outros tribunais.

Assim, desde que inserido nas matérias da competência dos juízos do trabalho, também se podem desenvolver processos baseados em título executivo europeu. Este é um certificado com validade em quase toda a União[398] permitindo que as decisões e as transações judiciais e até outros instrumentos que provem haver créditos não contestados possam servir de instrumento executivo noutro Estado. Situa-se no campo de direito privado, nomeadamente em matéria civil e comercial, mas também na área laboral, que não é excluída[399].

A possibilidade de a autoridade judicial de algum Estado poder suspender a execução de uma decisão certificada como título executivo europeu atendendo a "circunstâncias excecionais", previstas no art. 23º do Regulamento 805/2004 foi precisada em Acórdão do TJUE [400].

[398] Regulamento (CE) nº 805/2004, do Parlamento e do Conselho, de 21/4/2004, alterado pelo Regulamento nº 2022/2040, de 19 de outubro.

[399] Para desenvolvimento v. Paula Costa e Silva, O Título Executivo Europeu, Coimbra Editora, 2005.

[400] De 16-02-2023, Proc. C-393/21 – Lufthansa Technik – Aero Alzey, www.curia.europa.eu.

PROCESSOS ESPECIAIS

XIV
Ação de Impugnação Judicial da Regularidade e Licitude do Despedimento

1. Âmbito do processo

De conformidade com a norma, de cariz protetor, do nº 1 do art. 387º do CT "a regularidade e licitude do despedimento só pode ser apreciada pelo tribunal judicial"[401]-[402]. Naturalmente, o tribunal judicial competente é o juízo do trabalho do tribunal da comarca. É, portanto, afastada de tal competência o tribunal arbitral ou outro meio alternativo. Na sua vertente territorial, tal competência é delimitada pelas regras dos arts. 10º e 14º do CPT.

Por outro lado, em consonância com o disposto no nº 2 do mesmo artigo do CT, a impugnação judicial do despedimento (nem todas as suas formas, como se verá) passou a exercer-se mediante um processo judicial especial, que tem por objetivo, proclamado oficialmente, a celeridade no julgamento, o que logo se verifica pelo encurtamento do prazo para propor a ação em tribunal. No essencial inverte-se a lógica processual, transferindo quase todas as "despesas" do processo para o ex-empregador, que pôs em causa a "segurança no emprego", prevista no art. 53º da CRP, passando a ser, simultaneamente, requerido e "autor" no processo judicial e, isto, depois de ter sido obrigado a instruir um processo ou procedimento para poder declar o despedimento.

[401] Os fundamentos constam do Livro Branco das Relações Laborais, MTSS, 2007, pág. 110. Ainda o Livro Verde das Relações Laborais, MTSS, 2006. Resulta do acordo de concertação social, de 25 de junho de 2008 (www.ces.pt). A sua fundamentação consta do preâmbulo do DL nº 480/99, de 9 de novembro, através do qual se reviu o CPT.

[402] Inspirado no art. 103º e sgs. da antiga Ley de Procedimiento Laboral espanhola, aprovada pelo Real Decreto Legislativo 2/1995, de 7 de abril.

Enumera o legislador a "regularidade" e a "licitude" do despedimento". Parece, "primo conspectu" que os termos de tal distinção se reportariam à regularidade processual e à licitude substancial do despedimento. Mas tal entendimento deixa algumas dúvidas porque a ilicitude do despedimento, conforme expresso nos arts. 381º a 385º, também pode resultar de aspetos meramente formais ou processuais. Mas o interesse da distinção entre a "regularidade" e a "licitude" do despedimento, não pode deixar de ser aquela, que se fundamenta na parte inicial do texto do nº 2 do art. 389º do CT, onde se declara que "no caso de mera irregularidade fundada em deficiência de procedimento por omissão de diligências probatórias", que se contrapõe ao "despedimento declarado ilícito" previsto no nº 1.

Em desfavor do trabalhador despedido é o novo **prazo de caducidade**[403] para iniciar este processo, que passou a ser de 60 dias "contados a partir da receção da comunicação de despedimento ou da data da cessação do contrato, se posterior"[404], subentenda-se, relativamente àquela comunicação. Acontece que, incongruentemente, o prazo geral de prescrição dos créditos do trabalhador sobre o empregador mantém-se em "um ano a partir do dia seguinte àquele em que cessou o contrato de trabalho", nos precisos termos do nº 1 do art. 337º do mesmo Código do Trabalho. E tais créditos não são apenas os emergentes de contrato de trabalho e da sua violação, mas também os créditos resultantes de cessação de contrato, mas que não se enquadram no âmbito desta nova ação com processo especial, como sejam direitos que se vençam com o finamento do contrato, como por exemplo, as prestações de um seguro, de um fundo de pensões ou de ressarcimento por formação profissional não ministrada.

Mas, dada a configuração do art. 387º, nºs 1 e 2, do artigo seguinte do CT e da primeira parte do art. 98º-C do CPT torna-se evidente que neste processo especial apenas cabe a "regularidade e licitude" de qualquer despedimento, desde que este seja:

- individual,
- comunicado por escrito,
- e o contrato de trabalho seja incontroverso.

403 *Ex vi* do disposto no nº 2 do art. 298º do CC, mas não sendo de conhecimento oficioso.

404 Exceto no caso do despedimento coletivo, em que se manteve tal prazo em seis meses (art. 388º do CT).

Portanto, só podem ser apreciados através deste processo especial que, assim, apenas se aplicará à impugnação judicial do despedimento individual, a cessação do contrato de trabalho:

- por facto imputável ao trabalhador (art. 351º e sgs. do CT);
- por extinção de posto de trabalho (art. 367º e sgs. do CT); e,
- por inadaptação (art. 373º e sgs. do CT).

Em consequência, se o despedimento individual for verbal ou tacitamente concretizado, se se basear na caducidade do contrato ou for discutível a natureza do contrato, já o processo a utilizar será o comum, cujo prazo para a sua dedução é ainda de um ano (e de prescrição), conforme se dispõe no art. 337º do CT, mesmo quando tenha havido "uma alegada verificação de um despedimento legal, em momento ulterior confirmado por decisão escrita"[405]. O mesmo acontecerá em caso da cessação do contrato resultar da revogação por acordo ou se a questão dimanar de qualquer outro direito ou dever resultantes do contrato de trabalho[406].

Aquele requisito de que este novel processo apenas se aplicará ao despedimento cuja decisão seja ***comunicada por escrito*** não resulta do texto do art. 387º do CT, tendo sido introduzido pela lei de autorização legislativa[407] e, assim, ficado a constar do nº 1 do art. 98º-C do CPT.

O regime deste novo processo (como as restantes inovações e alterações ao CPT) passou a vigorar em 1 de Janeiro de 2010[408], "aplicando-se às ações que se iniciem após a sua entrada em vigor", nos termos do art. 6º do DL nº 295/2009. No entanto, logo se pôs a questão de saber se se aplicaria aos despedimentos individuais operados, por escrito, nos 60 dias anteriores.

Em consonância com o princípio da aplicação imediata da lei processual, ínsito na parte final do nº 2 do art. 12º do Código Civil, deveria a

[405] Ac. do STJ, de 05-06-2013, Proc. 247/11.4TTGMR.P1.S1, Rel. Cons. Isabel São Marcos [dgsi].

[406] Cfr. Messias Carvalho, Acção de Impugnação Judicial de Regularidade e Licitude do Despedimento, Estudos nº 5, IFPA, Porto, 2010, pág. 8.

[407] Lei nº 76/2009, de 13 de agosto, art. 2º, alínea *n)*, em que se prevê a aplicação "aos casos em que seja comunicada por escrito ao trabalhador a decisão de despedimento individual, seja por facto imputável ao trabalhador, seja por extinção do posto de trabalho, seja ainda por inadaptação".

[408] DL nº 295/2009, de 13 de outubro, altamente retificado pela Declaração nº 86/2009, publicada em 23 de novembro, art. 9º, nº 1.

nova lei já se aplicar à impugnação de tais despedimentos, que ainda não se tivesse verificado[409]. No entanto, não foi esta a lógica que prevaleceu, considerando-se que o novo regime "só é aplicável aos despedimentos individuais cujo procedimento se inicia após a entrada em vigor da legislação que reviu o CPT, ou seja, a partir de 01/01/2010"[410].

2. Requerimento inicial

Na perspetiva de que a impugnação do despedimento deve ser simples e rápida, para além do indicado prazo de 60 dias[411], deve o processo iniciar-se pela *"apresentação de requerimento em formulário próprio"*[412], subscrito pelo trabalhador ou pelo seu mandatário, conforme é determinado no art. 98º-C do CPT. Naturalmente, sendo dois ou mais empregadores terá que se fazer um enxerto ao formulário.

Como resulta da parte final do antecedente art. 98º-C, o requerimento tanto pode ser entregue em "formulário eletrónico ou em suporte de papel" [413]. O suporte de papel inclui o que é remetido por fax ou telecópia, desde que seja observado o formulário referido, a que a lei (no art. 98º-E) também designa de modelo[414].

Ainda quanto ao requerimento conforme o formulário, admite-se (no art. 98º-E) que a secretaria, ou melhor o funcionário responsável pela secretaria, recuse o seu recebimento, mediante decisão tomada por escrito, com alguns dos fundamentos óbvios (falta de utilização do modelo próprio, da identificação das partes ou da assinatura).

Mas há ainda outro fundamento para a recusa e que já não nos parece curial. Trata-se de falta de junção da "decisão de despedimento". Pois, para além de falta de rigor de tal frase, que se tem de entender como referindo a falta do documento (escrito) onde consta a declaração de despedimento, verifica-se que está em conformidade com a lei processual (início do nº 1

[409] Neste sentido, Messias Carvalho, ob. cit., págs. 8 a 14.

[410] Cfr. Ac. do TRL, de 19-05-2010, Rel. José Feteira, publicado *in* TSS, agosto/setembro de 2010, pág. 21. No mesmo sentido Ac. do T.R.L. de 05-05- 2010, [Rel. Des. Isabel Tapadinhas] in CJ Ano XXXV, Tomo III/2010, pág. 147.

[411] Embora o trabalhador despedido tenha todo o interesse em apresentar tal requerimento dentro dos 30 dias após o despedimento, para evitar o desconto na compensação que lhe será atribuída em caso da ilicitude do despedimento, cfr. art. 390º, nº 2 *b)*, do CT.

[412] Aprovado pela Portaria nº 1460-C/2009, de 31 de dezembro.

[413] Por via eletrónica: www.citius.pt ....

[414] Sobre a forma dos atos v. art. 131º e sgs. do CPC e, sobre a sua comunicação, o art. 172º.

do art. 98º-C do CPT) mas não com a lei substantiva (art. 387º do CT) que não prevê tal requisito, como já sublinhámos.

A autonomia da secretaria do tribunal, sendo de louvar, não poderá vincular o tribunal, pelo que nos parece poder haver reclamação para o juiz de tal recusa, de conformidade com a regra geral traçada no nº 5 do art. 157º do CPC (e até 559º, nº 1).

Relativamente à taxa de justiça inicial, a sua isenção de pagamento não está expressamente prevista para tal requerimento, sendo, à partida devida nos termos do Regulamento das Custas Processuais (RCP)[415], mas como não assume o escopo de uma petição, nem tal pagamento se prevê na minuta oficial, conclui-se que não é devida. A desnecessidade expressa de constituição de advogado, estabelecida logo no art. 98º-B, não implica, por si só, a isenção do pagamento da taxa de justiça, que apenas se verificará se o trabalhador despedido for representado pelo MP ou pelos serviços jurídicos (gratuitos) do seu sindicato e não tenha rendimento superior a 200 UC, conforme o disposto na alínea *h)* do art. 4º do RCP, ou ainda se lhe tiver sido concedido apoio judiciário (ou o tiver requerido)[416].

Porém, há que considerar o especial regime do art. 98º-P do CPT, quanto ao **valor da causa**, o qual será determinado, a final, pelo juiz "tendo em conta a utilidade económica do pedido, designadamente o valor de indemnização, créditos e salários *(sic)* que tenham sido reconhecidos". Mas para efeito de recurso em primeiro grau, o valor pode não interessar, dado que é sempre possível o recurso para a Relação, de conformidade com o preceituado na alínea *a)* do art. 79º.

3. Ação e procedimento cautelar

Previne-se ainda (no nº 2 do mesmo art. 98º-C do CPT) a hipótese do trabalhador despedido haver requerido (nos 5 dias úteis após o despedimento[417]) a providência cautelar da suspensão de tal despedimento[418]. Como em tal caso, o trabalhador tem de requerer a impugnação judicial de regularidade e licitude do despedimento na própria petição do procedimento, *ex vi* do

[415] Cfr. art. 530º, nº 1 do CPC.

[416] Nos termos dos arts. 15º *b)* do RCP e 552º, nº 4 do CPC.

[417] De conformidade com o preceituado nos arts. 386º do CT e 34º do CPT.

[418] Neste artigo voltou a chamar-se providência, quando, quer no CPC (art. 362º e sgs.), quer no próprio CPT (art. 32º e sgs.), muito corretamente, se passou a distinguir o procedimento da providência (que dele poderá resultar).

preceituado no nº 4 do art. 34º, fica, logicamente, dispensado de utilizar um novo requerimento com observância do dito formulário.

Aquele dispositivo do nº 2 do art. 98º-C não está em inteira consonância com o do nº 4 do art. 34º do CPT, onde, apenas implicitamente, se prevê que antes de intentado o procedimento cautelar, possa já ter sido deduzido, através do formulário, o pedido para a ação especial de impugnação judicial de regularidade e licitude do despedimento. Caso assim tenha acontecido, embora pouco provável, também tal facto terá de ser evidenciado no requerimento inicial do procedimento cautelar, sob pena deste ficar extinto. Na verdade, a existência dos dois processos urgentes (que, dada a sua natureza têm de ser apensados) terá de ser compatibilizada com a exigência legal e lógica no sentido de haver uma única tentativa de conciliação, para evitar que uma delas tenha lugar na audiência prévia da ação e a outra no início da audiência final do procedimento cautelar, com as inerentes delongas e aproveitamentos.

Assim sendo, terá de concluir-se que no requerimento inicial do **procedimento cautelar** (contra alguma das referidas formas de despedimento) terá de se alegar e demonstrar que já foi apresentada em tribunal a ação com processo especial ou, então, deduzi-la nesse mesmo requerimento[419]. Sendo assim terá de questionar-se se tal ação não poderá ser apresentada num dos cinquenta e tal dias posteriores ao da apresentação do requerimento inicial do procedimento cautelar. Face à imperatividade da norma do nº 4 do art. 34º do CPT, parece que a resposta terá de ser negativa.

A falta da interposição da ação antes ou no próprio requerimento inicial do procedimento implicará a extinção do procedimento cautelar, ou melhor dizendo, a extinção da respetiva instância por impossibilidade ou inutilidade superveniente da lide (art. 277º, *e)* do CPC). Em tal situação poderá ser proposta a ação com processo especial mediante o referido requerimento desde que ainda não tenha transcorrido o aludido prazo de 60 dias, que, como já referido, é de caducidade e apenas se interrompe nos casos previstos no art. 332º do Código Civil.

No que tange à relação entre o procedimento cautelar e a ação principal, quer do ponto de vista material, quer meramente formal ou procedimental, terá que se observar o relacionamento estatuído no art. 364º do

[419] Na prática, melhor será fazê-lo em requerimento a apresentar em anexo ao requerimento inicial do procedimento que, naturalmente, o mencionará. Assim, será facilitada a abertura dos autos do processo principal.

CPC, onde se estabelece a dependência do procedimento em relação à ação, desde logo por não ser viável a inversão do contencioso.

Decorrendo os dois processos (procedimento cautelar e ação) haverá que observar a norma coordenadora contida no nº 3 do art. 98º-F do CPT, que impõe que a audiência de partes da ação "antecede a audiência final do procedimento cautelar". A sua lógica é evidente, porquanto se na ação houver acordo, este repercutir-se-á no procedimento. O mesmo acontecerá se a audiência de partes ficar suspensa para se tentar chegar a acordo. De resto, sendo os dois processos urgentes, tendencialmente, as diligências seguirão a par e passo nesta primeira fase.

Faltando no requerimento inicial do procedimento, o referido pedido de impugnação judicial da regularidade e licitude do despedimento ou a informação do que já foi apresentado o formulário respetivo, pergunta-se se o juiz deverá logo no seu despacho inicial julgar extinto o procedimento. Face à regra básica do nºs 1 e 2 *b)* do art. 27º, a resposta é negativa, devendo o julgador convidar o requerente a formular tal requerimento ou dar tal informação.

De qualquer modo, perante tal requerimento de impugnação do despedimento, haverá o juiz de aceitá-lo e mandar notificar o requerido para apresentar o seu "articulado para motivar o despedimento". E como resultará do sistema estabelecido no art. 98º-I, o correspondente despacho apenas será lavrado após a frustração da tentativa de conciliação que se realizará obrigatoriamente no início da audiência final (do procedimento) estabelecida no nº 2 do art. 36º e que irá iniciar-se. Porém, nada impede que o juiz, usando os seus poderes de gestão processual, lavre ou mande notificar tal despacho em momento posterior, nomeadamente finda audiência, que pode prolongar-se por mais de uma sessão.

Não havendo acordo em tal tentativa de conciliação e vindo a ser apresentado o aludido articulado do (ex) empregador, como será normal, passam a existir dois processos, devendo o do procedimento cautelar ser apensado ao de impugnação do despedimento, que é o principal, como referido e se estabelece no nº 2 do art. 364º do CPC.

O referido articulado do empregador, porque responde ao despacho emitido no âmbito do procedimento, terá que ser apresentado ainda no âmbito do respetivo processo. Assim, deverá ser a secretaria a providenciar pela distribuição, de conformidade com as regras dos arts. 206º do CPC e 21º, 2ª do CPT.

4. Audiência de partes

Não tendo sido requerido o procedimento cautelar de suspensão do despedimento e tendo sido recebido pela secretaria o requerimento no referido formulário e com o documento em anexo (contendo a decisão do despedimento) inicia-se o processo que se incorpora na segunda espécie de documentos sujeitos a distribuição (por uma das unidades de processos do juízo do trabalho[420])[421].

É de assinalar que este processo denominado como ação de impugnação da regularidade e licitude do despedimento tem natureza urgente correndo, processualmente falando, em férias judiciais e iniciando-se a respetiva instância com o recebimento do aludido requerimento, tudo como se estipula nos arts. 26º do CPT e 259º do CPC, o que será determinante para o cumprimento do referido prazo de apresentação no tribunal.

Na sequência da distribuição, é o requerimento apresentado ao juiz que deve marcar uma audiência de partes, a realizar no prazo de 15 dias, mas que na realidade será quando o juiz dispuser de tempo para o efeito, dado que os prazos para os juízes são considerados meramente orientadores!

Marcada a audiência de partes, haverá notificação do trabalhador requerente e citação do empregador, para nela comparecerem ambos pessoalmente, como também está previsto no processo comum (arts. 98º-G e 54º).

O regime de **faltas** de ambas as partes e suas consequências passou, agora, a ser equivalente. Efetivamente, tanto o trabalhador como o empregador (leia-se como sendo o gerente, administrador ou diretor, um ou mais, com poderes para o ato[422]) só poderão faltar e substituir-se por mandatário judicial com poderes especiais para confessar transigir ou desistir[423]mediante justificação (logo apresentada, ou, pelo menos, comunicada). Naturalmente, qualquer uma das partes, comparecendo, também, facultativamente, se pode acompanhar por advogado com simples poderes forenses. Assim, a mediação entre as partes, que era uma característica do processo laboral, fica esbatida, dado que pode ser substituída pela nego-

[420] A distribuição está prevista e disciplinada no art. 203º e sgs. do CPC. Às unidades de processos referem-se os arts. 138º e 143º da LOSJ e o nº 3 do art. 41º do seu Regulamento.

[421] A distribuição passou a ser efetuada duas vezes por dia, de forma automática (CPC, art. 218º).

[422] De conformidade com o contrato de sociedade comercial ou estatutos das restantes pessoas coletivas.

[423] Arts. 45 e 287º e sgs. do CPC.

ciação entre os mandatários, desde que se apresentem com poderes especiais para confessar, transigir e desistir.

Neste cenário, a falta de uma ou de ambas as partes, apenas terá relevância se as mesmas não forem representadas pelos respetivos advogados dotados dos ditos poderes especiais. No regime atual, qualquer uma delas, se faltar à audiência, dispõe de 10 dias para justificar a sua falta (nº 1 dos arts. 98º-G e H), naturalmente quando se considere devidamente citado o empregador ou notificado o empregado, pois, em contrário não haverá, juridicamente, qualquer falta. Em consequência, tal dispositivo impõe que o processo fique a aguardar, durante tal período, pela apresentação do requerimento de justificação da falta. Caso venha a ser apresentado tal requerimento com pedido de justificação e este venha a ser aceite, o juiz deverá marcar nova data para a realização da audiência de partes (nº 3 do art. 98º-G e parte final do nº 1 do art. 98º-H).

Não vindo o empregador a justificar a sua falta, até ao fim do referido período de dez dias, o juiz:

- marcará a data para a audiência final (de julgamento); e
- ordenará que ele ainda seja notificado para, no prazo de 15 dias, apresentar articulado para motivar o despedimento; e
- juntar o procedimento disciplinar (no caso de despedimento por facto imputável ao trabalhador); ou
- os documentos comprovativos do cumprimento das formalidades exigidos (nos casos de despedimento por extinção do posto de trabalho ou por inadaptação), e
- ainda será notificado para apresentar o rol de testemunhas e solicitar outras provas.

Em complemento ficará sujeito às sanções para a **litigância de má fé**, ou seja, "em multa e numa indemnização à parte contrária se esta a pedir", de conformidade com o disposto nos art.s 542º, nº 1 e 543º do CPC.

Caso o mesmo empregador, depois de tal notificação, nada responda, será condenado de preceito nos termos estabelecidos no CT (art. 98º-G, nº 4 *b)* J, nºs 4 e 5 do CPT).

Relativamente à eventual **falta do trabalhador** sem constituição de mandatário, como acima referido, também implica a marcação de nova data para a audiência de partes se ele vier a apresentar justificação no prazo de 10 dias e tal justificação for aceite.

Mas se tal falta não vier a ser justificada, então, o juiz " fixa a data e hora para a audiência final (de julgamento) e ordena a notificação do empregador (de tal falta injustificada), de tal data e hora e para, no prazo de 15 dias, apresentar o referido articulado, procedimento ou documentos, rol de testemunhas e requerer outras provas.

Tendo sido marcada segunda data para a audiência de partes e o trabalhador voltar a faltar (sem se representar) haverá que destrinçar se houve justificação da sua falta ou não houve. Se houve justificação e, portanto, a segunda falta também não se deveu a culpa sua, o juiz "ordena a notificação do empregador e fixa a data da audiência final para ele apresentar o articulado para motivar o despedimento e juntar o procedimento, etc. Se tal segunda falta não for justificada, "o juiz determina a absolvição do pedido.

Não se encontra prevista condenação de má fé para o trabalhador requerente e faltoso, o que não impedirá o juiz de a decretar.

No caso de ambas as partes faltarem injustificadamente, se vierem a justificar, haverá nova marcação. Caso contrário, o juiz absolve o empregador do pedido.

Todavia, não havendo no requerimento inicial um pedido, mas uma declaração, como anota Adalberto Costa[424], "faltando aqui a substância, a matéria, os factos que motivam o pedido, este não pode existir enquanto tal, e, se este não existe, não pode haver absolvição dele". Em rigor, deveria haver mera absolvição da instância, com a inerente possibilidade da sua renovação, nos termos do art. 279º do CPC. Mas a verdade é que a lei ficciona a existência de um verdadeiro pedido de impugnação do despedimento e é deste que o requerido fica absolvido. Poderá, pois, o mesmo requerente utilizar o processo comum para obter a condenação em pedidos diferentes, como seja o pagamento de trabalho suplementar.

Encontrando-se as partes presentes (ou ausentes, mas com justificação aceite e devidamente representadas), a **audiência de partes** inicia-se pela exposição sucinta pelo empregador dos fundamentos de facto que motivaram o despedimento. Não estabelece a lei, mas não poderá deixar de permitir-se, de imediato, réplica por parte do trabalhador ou do seu representante.

Segue-se a tentativa de conciliação "nos termos e para os efeitos dos artigos 52º e 53º", olvidando-se, deste modo, a importante nova regra do

[424] Código de Processo do Trabalho Anotado e Comentado, Vida Económica, Porto, 2012, pág. 220.

nº 2 do art. 51º. Contudo, perante o elemento sistemático da interpretação, deve considerar-se que também esta tentativa de conciliação "destina-se a pôr termo ao litígio mediante acordo equitativo, devendo o juiz empenhar-se ativamente na obtenção da solução mais adequada aos termos do litígio". Naturalmente, pode verificar-se alguma suspensão ou adiamento da diligência para se permitir alcançar tal solução.

Não haverá dúvidas de que a conciliação entre as partes pode extravasar a matéria em causa que se cinge ao despedimento. Pode, portanto, incidir sobre eventuais créditos de qualquer uma das partes sobre a outra, para além de poder ficar estabelecida cláusula abdicatória[425].

Recordando o disposto no nº 3 do art. 53º do CPT, salienta-se que "frustrando-se, total ou parcialmente, a conciliação, ficam consignados no respetivo auto os fundamentos que, no entendimento das partes, justificam a persistência do litígio".

Não havendo conciliação mas verificando o juiz (por ele ou por requerimento de alguma das partes) que, afinal, não houve despedimento mas há outras reclamações do requerente "absolve da instância o empregador, e informa o trabalhador do prazo que dispõe para intentar ação em processo comum" (art. 98º – I, nº 3), mesmo que ele esteja representado por advogado.

Não se verificando tal inadequação da pretensão e não havendo acordo, é ordenada a notificação do empregador para apresentar o já citado articulado de motivação do despedimento com o procedimento disciplinar ou os documentos referidos, para além do rol de testemunhas e requerimento de quaisquer outras provas, mas, agora, no indicado prazo de 15 dias[426], para além da fixação da data para a audiência final, como acontece na audiência de partes no processo comum.

5. Articulado de motivação do despedimento

O designado "articulado do empregador... para motivar ou justificar o despedimento", sendo configurado como a petição não pode deixar de ser uma verdadeira contestação ao requerimento apresentado pelo requerente, que é o trabalhador despedido. Devido a esta contradição é que legalmente é denominado, simplesmente, como "articulado de motivação".

[425] Cfr. Messias Carvalho, ob. cit., pág. 28.

[426] Diferente do prazo para contestar no processo comum que é de 10 dias (art. 56º *a)*).

A falta da sua apresentação no aludido prazo de 15 dias, que é um prazo perentório, extingue o direito de praticar o ato, atento o preceituado no art. 139º, nº 3 do CPC[427]. Em consequência "a sua inobservância, quer quanto à apresentação do articulado do empregador, quer quanto à falta dos documentos, produz o efeito cominatório pleno, ou seja, a declaração da ilicitude do despedimento, com todas as suas consequências"[428]. O mesmo acontecerá se tal articulado for apresentado com deficiências que levem ao seu indeferimento liminar.

O empregador não só terá de alegar os factos que determinaram o despedimento e que constam da sua comunicação, apurados através do processo disciplinar instaurado, como ainda os meios para, de novo e agora no tribunal, fazer a sua prova, já que, ao fim e ao cabo, o processo disciplinar de nada serve em sentido de tal prova, mas apenas em contrário, como será o caso das irregularidades previstas no art. 382º do CT.

Para além da impugnação dos factos, ainda o empregador se poderá defender por exceção, nomeadamente, quanto à caducidade do direito à ação do trabalhador despedido ou da sua inadequação, ou até da incompetência do tribunal. Eventualmente, poderá deduzir em "reconvenção" algum pedido contra o trabalhador que derive do despedimento impugnado e esteja de conformidade com o estatuído nos arts. 30º e 60º do CPT. A tal propósito, Abílio Neto acrescenta que "contanto o juiz autorize a cumulação ... o que se justifica por razões de economia processual"[429]. Assim, a reconvenção neste processo terá um campo muito restrito dada a sua natureza e fim. Mas justificar-se-á, por exemplo, para obter a condenação na devolução de bens da empresa (computador portátil, aparelhos ou suportes móveis, catálogos) [430].

Ainda no seu "articulado" deve o empregador defender, antecipadamente, a **não reintegração do trabalhador**, para o caso deste vir a ter vencimento na causa e não optar pela indemnização "até ao termo da discussão em audiência final de julgamento"[431]. Para tanto terá de invocar "os

[427] Passível das exceções previstas nos nºs 4 e sgs. do mesmo art. 139º.

[428] Cfr. ac. do TRP, de 12-11-2012, Proc. nº 1758/11.7TTPRT.P1, Rel. Manuel Joaquim Ferreira da Costa, [dgsi].

[429] Código de Processo do Trabalho Anotado, 5ª ed., Ediforum, Lisboa, 2011, pág. 287.

[430] Em sentido contrário, Ac. do TRL de 17-06-2015 (Rel. Jerónimo Freitas) [dgsi].

[431] De conformidade com o disposto no art. 391º, nº 1 do CT e com os condicionalismos previstos nos números seguintes e no artigo imediato.

factos e circunstâncias que fundamentam a sua pretensão e apresentar os meios de prova para o efeito" (nº 2 do art. 98º-J e 60º-A).

Igualmente, dentro da mesma lógica, será neste articulado, que, por cautela e antecipação, o empregador terá de invocar e deduzir os meios de prova para as possíveis deduções ao **valor da compensação** em caso de despedimento ilícito, previstas nas três alíneas do art. 390º do CT (importâncias recebidas por causa do despedimento, as retribuições vencidas até à propositura da ação se tal não ocorrer dentro dos 30 dias após o despedimento e o subsídio de desemprego recebido).

Este "articulado" terá que obedecer aos requisitos comuns da petição e da contestação no processo civil comum, estabelecidos nos arts. 552º e 569º e sgs., ambos do CPC, e que vão desde a designação do tribunal e identificação do processo, até à comprovação do pagamento da taxa de justiça, passando pela indicação do valor da causa, ainda que a sua fixação, a final, compita ao juiz. Por esta razão, a **taxa de justiça** inicial será apenas de 0,5 UC (linha 1 da tabela I-B), de conformidade com o definido no art. 12º, nº 1 *e)* do RCP e confirmado no art. 98º-P, nº 1.

Para além do articulado, o empregador tem de apresentar "o procedimento (processo) disciplinar ou os documentos comprovativos do cumprimento das formalidades exigidas", isto no caso de o despedimento ter resultado de extinção de posto de trabalho ou de inadaptação[432]. A falta de apresentação daquele procedimento ou destes documentos conjuntamente com o "articulado" (ou a não aceitação da justificação da sua falta à audiência de partes) acarretará a condenação de preceito, como se infere da leitura do nº 3 do art. 98º-J e já se evidenciou, passível de recurso a interpor no prazo de 10 dias (arts. 79º-A, nº 2, *e)* e 80º, nº 2).

Ainda em caso de revelia do empregador, como se aludiu, haverá sentença condenatória[433] na reintegração, ou na indemnização em sua substituição, e no pagamento das retribuições até ao trânsito em julgado da sentença. E em tal situação, ainda será sentenciado para que o trabalhador possa vir, no prazo de 15 dias, peticionar outros "créditos emergentes do contrato de trabalho, da sua violação ou cessação". Neste caso, refere, agora, a lei, por mor do princípio do contraditório, volta o ex-empregador ou empregador de novo, a ser notificado desta nova petição para se

[432] Previstos nos arts. 369º e sgs. e 376º e sgs., todos do CT.

[433] Ainda que se possa verificar alguma das exceções previstas no art. 568º do CPC.

pronunciar, se o desejar, em novo prazo de 15 dias (art. 98º-J). Como o empregador, provavelmente, continuará em situação de revelia virá a ser automaticamente condenado.

6. Contestação do trabalhador e resposta

Apresentado o articulado pelo empresário, o trabalhador é notificado para aduzir a sua contestação, querendo, no prazo de 15 dias, nos termos do nº 1 do art. 98º-L.

Obviamente, caso não conteste ou apenas tenha juntado procuração forense, "consideram-se confessados os factos articulados pelo empregador (passe o pleonasmo) no seu articulado, sendo logo proferida sentença a julgar a causa conforme for de direito", desvalorizando-se, assim, o requerido através do formulário.

Contestando, como será normal, deverão em tal peça ser observados os elementos previstos no art. 572º e sgs. do CPC, mas, evidentemente, não se "opõe à pretensão do autor", mas, outrossim, à justificação do despedimento deduzida pelo empregador no seu "articulado". Será ainda com ela comprovado o pagamento da taxa de justiça no valor indicado, a não ser que se justifique a isenção ou o apoio judiciário, como já mencionado, não obstante, agora já poder quantificar o valor do pedido.

Poderá ainda, para além da impugnação, defender-se por exceção e apresentar **reconvenção**, nomeadamente "para peticionar créditos emergentes do contrato de trabalho, independentemente do valor da ação", ultrapassando-se, deste modo, a limitação imposta no art. 60º, nº 1.

Neste caso de reconvenção, o empregador poderá responder, replicando, em 15 dias. Tal resposta também é admissível em caso da defesa por exceção, mas nesta eventualidade, a resposta será em 10 dias. Naturalmente havendo reconvenção e exceção, o prazo para ambas as respostas será o maior, como no processo comum acontecia, não se admitindo, agora, a mera a resposta às exceções, como resulta do disposto no nº 1 do art. 584º do CPC.

Será também na sua contestação que o trabalhador despedido responderá ao eventual pedido da sua não reintegração e do doseamento das compensações devidas pela ilicitude do despedimento para a hipótese de assim vir a ser julgado.

Em qualquer dos casos, sendo o trabalhador uma das "partes deve(m) apresentar os meios ou requerer a produção de prova nos respetivos articulados (nº 6 do art. 98º-L).

Questão que por vezes se coloca é de saber se o pedido na condenação de indemnização por despedimento ilícito deve ser deduzido por via reconvencional, o que nos parece não ter consistência, na medida em que é uma natural decorrência da lei.

7. Especificidades no julgamento

Terminada a fase dos articulados, segue-se a tramitação posterior do processo comum prevista no art. 61º e seguintes, o que significa que se passará a proceder ao pré-saneamento do processo (se necessário) e ao saneamento com audiência prévia (se a complexidade da causa o justificar) previstos para aquele processo comum, bem como a observar a restante regulamentação deste procedimento. Porém, haverá ainda mais duas especificidades estabelecidas no art. 98º-M e que são as seguintes:

- a prova a produzir em audiência de julgamento iniciar-se-á com a oferecida pelo empregador[434] ao contrário do que acontece no processo comum laboral e civil;
- a sentença deve pronunciar-se sobre eventuais vícios formais, mas sempre sobre a verificação e procedência dos fundamentos invocados para o despedimento (CT, art. 387º, nº 4).

A lei substantiva mantém a regra de que na ação de apreciação judicial do despedimento, o empregador apenas pode invocar factos e fundamentos constantes da decisão do despedimento comunicada ao trabalhador (art. 387º, nº 2 do CT). Portanto, o princípio da verdade material, pelo menos nesta matéria, não se poderá observar quando da sua aplicação possam resultar benefícios para o empregador. Assim, se depois do despedimento, o empregador tiver conhecimento que, para além dos factos que o motivaram, o trabalhador ainda havia cometido um furto ou abuso de confiança, tais factos nenhuma repercussão poderão ter no processo laboral, ainda que possam originar uma outra condenação em processo criminal[435].

Por outro lado, e certamente como "moeda de troca", na sentença destes processos de impugnação de despedimento, o tribunal podendo ou não

[434] O que reforça o entendimento do que ele é o autor.

[435] Sendo deferida a reintegração, pode questionar-se se poderá o forçado empregador a iniciar novo procedimento por causa desses factos, mesmo que a reintegração venha a ocorrer mais de um ano após o conhecimento.

apreciar os vícios formais ocorridos na tramitação do processo disciplinar ou de inquérito, "deve sempre pronunciar-se sobre a verificação e procedência dos fundamentos invocados para o despedimento". Exige-se, pois, do juiz que ele faça a apreciação de todos os fundamentos invocados pelo empregador para o despedimento, o que, faltando na sentença, poderá implicar a sua nulidade, de harmonia com o previsto no art. 615º do CPC.

Pior do que isto ainda são os condicionamentos que se impõem ao juiz quanto aos efeitos da ilicitude e que constam dos artigos seguintes do CT (389º a 392º), constituindo um quadro bastante rígido de consequências, que bem podem levar, e frequentemente levam, a decisões manifestamente injustas, ainda que legais, o que não pode deixar de ser chocante para um juiz, digno da sua nobre missão de fazer justiça.

Segundo julgou o STJ e como relatado por Mário Belo Morgado, "a legalidade do despedimento por extinção do posto de trabalho deve ser aferida segundo os critérios empresariais utilizados pelo empregador, competindo ao julgador unicamente verificar a exatidão ou veracidade dos motivos de mercado, estruturais ou tecnológicos que foram invocados e a existência de um nexo causal entre esses motivos e o despedimento, por forma a que, segundo juízos de razoabilidade, se possa concluir que aqueles eram idóneos a justificá-lo" [436].

8. Pagamento de retribuições intercalares pelo Estado

Para atenuar os enormes prejuízos decorrentes da excessiva demora na decisão dos processos judiciais, que ao longo de anos têm advindo para os empregadores em Portugal e, consequentemente, para a economia nacional e para os que pretendem ingressar no mercado do trabalho, acabou por ser instituída, através dos arts. 98º-N e 98º-O, esta nova figura do "pagamento de retribuições intercalares pelo Estado" inspirada na lei espanhola, onde tal instituto já vigora desde 1980[437]. Curiosamente ou não, na prática judicial, passou a ser um importante impulsionador da celeridade deste processo, em detrimento e por oposição ao processo comum.

[436] Ac. de 02-11-2022, Proc. 10764/18.OT8SNT.L2.S1.

[437] Estatuto de los Trabajadores, 2023 art. 56, nº 5: *Cuando la sentencia que declare la improcedencia del despido se dicte transcurridos más de noventa días hábiles desde la fecha en que se presentó la demanda, el empresario podrá reclamar del Estado el abono de la percepción económica a la que se refiere el apartado 2, correspondiente al tiempo que exceda de dichos noventa días hábiles.*

Nesta nova figura, essencialmente, o legislador parte da ideia que este processo especial e urgente de impugnação do despedimento individual deverá estar julgado em primeira instância no prazo de um ano. E como uma das consequências da sentença que julgue ilícito o despedimento é o pagamento das retribuições desde a respetiva data, o Estado passa a assumir tal encargo, caso o tribunal não tome a decisão final naquele período de tempo (com alguns descontos, como abaixo se evidenciará). Naturalmente, havendo recurso da sentença que julgue ilícito o despedimento, o dever de pagamento das retribuições voltará a impender sobre o empregador. Porém, se a decisão final, que transitar, vier a julgar lícito o despedimento, nem o empregador, nem o Estado terão que pagar qualquer retribuição. Portanto, se já a tiverem pago, nomeadamente, porque o recurso não teve efeito suspensivo, haverá lugar à sua restituição pelo trabalhador que, a final, se concluiu ter sido legalmente despedido. Todavia, se tiver sido reintegrado no posto de trabalho, não poderá ser restituída a correspondente retribuição, *ex vi* do que se dispõe no nº 1 do art. 122º do CT (efeitos da invalidade de contrato de trabalho), que se aplica analogicamente.

Tal pagamento será determinado na sentença que julgue ilícito (ou irregular) o despedimento. Face aos termos do referido art. 98º-N, tal sentenciamento não carece de ser requerido. E caso seja olvidado pelo juiz, originará uma nulidade da sentença, consubstanciada em omissão de pronúncia (arts. 615º, nº 1, *d)* do CPC e 77º do CPT).

O pagamento intercalar engloba apenas as retribuições devidas ao trabalhador despedido no período a contar "após o decurso de 12 meses desde a apresentação do formulário...até a notificação da decisão de 1ª instância". Tomando em consideração também o que se encontra estipulado na alínea *b)* do nº 2 do art. 390º do CT, devemos concluir, que o empregador será responsável pelo pagamento das retribuições, que vierem a ser devidas ao trabalhador despedido pelo julgamento da ilicitude do seu despedimento:

- desde a data da cessação do contrato (se o formulário for apresentado num dos 30 dias subsequentes);
- ou desde o dia da apresentação do formulário (se este for apresentado depois do período de 30 dias após o despedimento – e até ao 60º dia);
- ***até*** ao fim do decurso dos 12 meses após a data da apresentação do formulário;

e ainda pelas retribuições que vierem a ser devidas:

- após a data da notificação da sentença que determine a reintegração e até à efetiva reintegração do trabalhador;
- a não ser que o despedimento venha a ser julgado lícito por via de recurso.

Em consequência deste regime, o Estado poderá ser chamado a pagar:

- as retribuições devidas após o decurso do referido período de 12 meses, cuja contagem se iniciará como acima se deixa indicado e que sofrerá as suspensões que abaixo se mencionarão,
- até ao dia da notificação da sentença que decrete a ilicitude do despedimento;
- podendo ficar desobrigado de tal pagamento se, por via de recurso, o despedimento vier a ser julgado lícito[438].

A data da notificação da sentença que interessa para o efeito será a do dia de notificação ao mandatário e não à parte, como resulta do disposto no art. 24º, nº 4 do CPT (e 247º do CPC), "presumindo-se esta feita no 3º dia posterior ao da elaboração (no Citius) ou no 1º dia útil seguinte a esse, quando o não seja" (art. 248º do CPC).

Na situação vertente, o serviço de tesouraria do Estado não se insere nas finanças públicas, sendo "a entidade competente da área da segurança social", ou seja, o Instituto da Segurança Social, IP – ISS[439] o qual, naturalmente, deve ser notificado (pelo tribunal) da decisão que o obrigue ao referido pagamento, bem como dos eventuais recursos e do seu desfecho, pois, como se salientou, também nada terá a pagar ao trabalhador se a decisão final confirmar a licitude e a regularidade do despedimento. A razão desta obrigação de pagamento impender sobre o ISS dever-se-á ao facto de ser este o instituto público responsável pelo cumprimento das prestações do subsídio de desemprego, cujo pagamento (se estiver a acontecer) ficará suspenso ao satisfazer as retribuições.

[438] Parece que o MP terá legitimidade para, em defesa dos interesses do povo ou do Estado, recorrer de sentença que, indevidamente, decrete a ilicitude do despedimento sem que haja recurso do empregador.

[439] Embora se preveja (no nº 4 do art. 98º-N) uma dotação orçamental para suporte de tal encargo, o que tem acontecido em todos os orçamentos do Estado.

Relativamente ao aludido espaço de tempo inicial de 12 meses (em que o pagamento das retribuições pode ser devido pela empresa), salienta-se, conforme se estatui no art. 98º-O, na nova redação, que o mesmo não corre continuadamente, pois no seu decurso "não se incluem", ou seja, suspende--se, durante os seguintes períodos em que ocorra:

- a suspensão da instância, nos termos do art. 269º do CPC;
- a mediação[440], tentativa de conciliação e aperfeiçoamento dos articulados (arts. 51º e outros e 27º, nº 2);
- férias judiciais[441];
- em que a causa esteve a aguardar o impulso processual das partes por razão que lhe é imputável.

Daqui decorre, que o Estado apenas poderá vir a ser chamado a pagar as retribuições ao trabalhador ilicitamente despedido a partir de data posterior ao fim do referido período inicial dos 12 meses, contado nos termos indicados.

Ainda se suscita a questão de saber se nestes períodos de suspensão a favor do Estado, que bem se compreendem, deverá ser o empregador a pagar as retribuições se o despedimento vier a ser julgado ilícito, dado que tal hipótese ainda não se encontra prevista no art. 390º do CT. Parece que a resposta deverá ser negativa e apenas quando a suspensão resultar de acordo das partes ou da iniciativa do trabalhador.

Outra questão coloca-se nos pagamentos intercalares pelo ISS, consistindo em saber como se deduzirá o período das férias judiciais se o processo é urgente (arts. 98º-D *c)* e 26º, nº 1 *a)*). O facto, porém, é que a lei é expressa e clara, dispensando interpretações: os períodos de férias não contam para efeito do decurso dos referidos doze meses.

Para além da sua peculiar configuração, este processo laboral especial de impugnação judicial da regularidade e licitude do despedimento suscita uma outra questão ao reduzir o prazo de caducidade para o seu acionamento para 60 dias (CT, art. 387º, nº 2), quando o prazo para fazer valer

[440] A mediação pode fazer suspender o processo, de conformidade com o disposto nos arts. 27º-A do CPT e 273º do CPC. Porém, como já salientado, "a regularidade e licitude do despedimento só pode ser apreciada pelo tribunal judicial", nos termos do nº 1 do art. 387º do CT.

[441] O que contraria a urgência do processo, estabelecida no art. 26º, nº 1 *a)* do CPT.

os direitos após a cessação do contrato se mantém, como é tradicional, num ano e é classificado como de prescrição (CT, art. 337º, nº1). Donde resulta que, após o decurso do prazo de caducidade de 60 dias já não pode ser questionado o despedimento, mas continua a ser possível a discussão de créditos laborais.

Ainda é questionável porque não há responsabilidade do Estado nos atrasos de julgamento dos despedimentos em processo comum. Aliás também deviam ser classificados como urgentes quando neles se debate o despedimento.

XV
Processos Emergentes de Acidente de Trabalho e de Doença Profissional

1. Generalidades

Como processos especiais dos mais típicos do direito processual laboral, avultam os processos emergentes de acidente de trabalho e de doença profissional, cuja disciplina básica preenche o capítulo II do título VI do CPT (arts. 99º a 155º) [442].

Tais processos, segundo as quatro secções do citado capítulo, são tipificados pelo modo seguinte:

I – Processo para a *efetivação de direitos* resultantes de acidente de trabalho (arts. 99º a 150º);

II – Processo para *declaração de extinção de direitos* resultantes de acidente de trabalho (arts. 151º a 153º);

III – Processo para *efetivação de direitos de terceiros* conexos com acidente de trabalho (art. 154º); e

IV – Processo para *efetivação de direitos resultantes de doença profissional* (art. 155º).

Face a estas designações e tendo em conta a sucessão e até a extensão do regime jurídico de cada um, facilmente se conclui que o primeiro – o processo para efetivação de direitos resultantes de acidente de trabalho – é o processo, de longe, mais utilizado, para além de paradigmático, pois inspira e dá corpo normativo ao último, isto é, ao processo para efetivação de direitos resultantes de doença profissional.

[442] O Tribunal da Relação do Porto disponibiliza no seu sítio da Internet um amplo Caderno Temático sobre Acidentes de Trabalho.

Os dois processos das Secções II e III, respetivamente, para declaração de extinção de direitos e para a efetivação de direitos de terceiros conexos com acidente de trabalho, dependem quase sempre de um prévio processo para a efetivação de direitos resultantes de acidente de trabalho, correndo como seus apensos, de conformidade com o estatuído nos arts. 153º e 154º nº 1[443] e ainda no art. 17º do CPT.

Salienta-se, no entanto, que aqueles dois processos para a declaração de extinção e para a efetivação de direitos de terceiros seguem "os termos de processo comum" como consta do seu regime e não os termos do processo para efetivação de direitos, ainda que seja destes que, em regra, dependem.

Como é óbvio, os regimes processuais existem para declarar e executar os direitos e deveres previstos nas normas de natureza substantiva. Ora, nesta matéria, tais normas contêm-se, atualmente e a vigorar a partir de 1 de janeiro de 2010, na Lei nº 98/2009, de 4 de setembro – **Lei dos Acidentes de Trabalho** e Doenças Profissionais, Incluindo a Reabilitação e Reintegração Profissionais (LAT) – emitida na esteira dos arts. 283º e 284º do CT[444]. Porém, este novo regime legal apenas se aplica aos acidentes ocorridos e às doenças profissionais diagnosticadas a partir daquela data, ou seja, do ano de 2010.

Cabe realçar que nesta temática existe uma grande intimidade entre o direito substantivo e adjetivo. Crê-se, inclusive, que o *direito processual infortunístico* apenas se torna plenamente compreensível com o domínio da referida LAT e dos seus regulamentos. Perante este entendimento, afigura-se necessário aflorar, pelo menos, alguns dos seus institutos e conceitos.

Assim, e desde logo, convirá ter presente o **conceito de acidente de trabalho**, caracterizado, tecnicamente, como aquele "que se verifique no local e no tempo de trabalho e produza direta ou indiretamente lesão corporal, perturbação funcional ou doença de que resulte redução na capacidade

[443] O processo para efetivação de direitos de terceiros conexos com acidente de trabalho pode não correr por apenso caso, eventualmente, não tenha havido processo principal porque, por exemplo, se ter verificado incapacidade temporária diminuta com responsabilidade transferida para seguradora, cfr. arts. 154º, nº 1 (parte final) do CPT e 90º, nº 3 da LAT.

[444] Que se conexiona com a Lei nº 102/2009, de 10 de setembro – Promoção da segurança e saúde no trabalho. No âmbito da Administração Pública – acidentes em serviço – rege o DL nº 503/99, de 20 de novembro, com alterações. Aos trabalhadores independentes aplica-se o DL 159/99, de 11 de maio. Aquela Lei, para além de revogar, veio substituir a Lei nº 100/97, de 13 de setembro, que ainda se continua a aplicar a processos antigos.

de trabalho ou de ganho ou a morte" (art. 8º da LAT)[445]. Deve anotar-se que, no âmbito destes acidentes, os conceitos de local e de tempo de trabalho são mais alargados do que no regime do contrato de trabalho[446]. Foi estendido às situações que ocorram em regime de **teletrabalho**, através do aditamento imposto pelo art. 4º da Lei nº 83/2021, de 6 de dezembro.

Como se sabe, a responsabilização pelos danos resultantes destes eventos assenta no mecanismo da **responsabilidade civil objetiva ou pelo risco**, que tem o seu regime básico nos arts. 483º, nº 2 e 499º do Código Civil. Contendo-se, porém, num regime próprio centrado no risco profissional e na incapacidade para o trabalho. Na verdade, as indemnizações pelos danos causados pelo acidente de trabalho quedam-se pelas reparações em espécie ou em dinheiro enumeradas no art. 23º da LAT. É, portanto, excluído o ressarcimento dos danos morais, de relação e até patrimoniais.

Haverá ainda a ter em conta, de harmonia com o estatuído no art. 78º da LAT, que os créditos provenientes do direito à reparação estabelecida nesta lei são inalienáveis, impenhoráveis e irrenunciáveis e gozam das garantias consignadas no Código do Trabalho (privilégios creditórios e responsabilidade solidária das sociedades e sócios – arts. 333º a 335º).

Acontece com alguma frequência ser o acidente de trabalho também de viação. Para tanto poderá o trabalhador ser o condutor ou passageiro de viatura sinistrada ou simples peão ou ciclomotorista. Naturalmente tem o trabalhador de estar a exercer a sua atividade profissional no local e tempo de trabalho ou em deslocação dele ou para ele ou ainda noutras situações previstas no art. 8º da LAT. Em tal eventualidade, haverá que considerar o disposto no regime do seguro obrigatório de responsabilidade civil automóvel (DL nº 291/2007, de 21 de agosto) que no nº 1 do seu art. 26º dispõe: "quando o acidente for simultaneamente de viação e de trabalho, aplicar-se-ão as disposições deste decreto-lei tendo em atenção as constantes de legislação especial de acidentes de trabalho".

[445] Esta é a noção legal básica, cujos contornos são traçados ainda no próprio art. 8º e nos artigos seguintes, através de regras de delimitação, estendendo e excluindo o conceito em relação a diversas situações.

[446] Em Portugal verificam-se anualmente cerca de 200.00 acidentes de trabalho. Entre eles, em 2022, verificaram-se 134 mortais e 510 graves (www.act.pt). Implicam mais de 6 milhões de dias de trabalho perdidos (GEP e Pordata).

Poderá, assim, para além do processo emergente do acidente de trabalho correr outro de responsabilidade civil. Mas "as indemnizações consequentes ao acidente de viação e ao sinistro laboral – assente em critérios distintos e cada uma delas com a sua funcionalidade própria – não são cumuláveis, mas antes complementares até ao ressarcimento total do prejuízo causado, pelo que não haverá tal concurso de responsabilidade conduzindo a que o lesado/sinistrado possa acumular no seu património um duplo ressarcimento pelo mesmo dano concreto" [447] . Deste modo sendo o acidente de trabalho também de viação poderá haver um segundo processo civil e/ou criminal, para além do processo emergente do acidente de trabalho, mas as indemnizações não serão cumuláveis[448], como, adiante, melhor se explanará (nº 8).

2. Processo para efetivação de direitos resultantes de acidente de trabalho. Seu início

Através deste processo judicial especial visa-se, essencialmente, o controlo sobre a registo e a caracterização dos acidentes de trabalho ocorridos no âmbito das entidades empregadoras de natureza privada, o apuramento das suas sequelas e a determinação dos seus responsáveis e a concretização das reparações correspondentes legalmente estabelecidas.

O processo para a efetivação de direitos resultantes de acidente de trabalho é um procedimento especial, tendo natureza urgente (art. 26º nºs 1, *e)* e 3 do CPT) e de acesso limitado (arts. 164º do CPC, 105º, nº 4 do CPT e 28º e 29º da LPDP), desenvolvendo-se oficiosamente e logo após o recebimento pelo MP da participação do acidente. É, portanto, nele secundarizado o princípio do dispositivo (das partes), correndo independentemente da vontade do próprio trabalhador acidentado, ainda que seja este o seu beneficiário.[449]

Tal processo é regido, essencialmente, no art. 99º e sgs. do CPT e correrá pelo juízo do trabalho territorialmente competente. Em consequência, a **participação do acidente** de trabalho deverá ser dirigida a tal juízo,

[447] Ac. do STJ de 11-12-2012 (Rel. Lopes do Rego) [www.dgsi.pt].

[448] Regime do seguro obrigatório de responsabilidade civil automóvel (DL nº 291/2007, de 21 de agosto, art. 26º, nº 1). Ac.s de STJ de 11-12-2012 (Rel. Lopes do Rego), de 07-05-2014 (Rel. Granja da Fonseca), de 13-05-2014 (Rel. João Camilo) e de 06-07-2017 (Rel. António Piçarra [www.dgsi.pt].

[449] Para desenvolvimento, Jorge Manuel Loureiro, Processo Judicial de Acidentes de Trabalho, Almedina/CJ, Coimbra, 2021.

como decorre do art. 15º do CPT, que será, em princípio, o do lugar onde o acidente ocorreu. Excecionalmente, pode ainda ser competente o tribunal do trabalho do domicílio do sinistrado, quando o acidente tenha ocorrido no estrangeiro, se assim for requerido pelo mesmo sinistrado ou ainda se para tal local tiver sido enviada (indevidamente) a participação[450].

Aquela participação (e documentos anexos), porque importa "começo de causa"[451], é distribuído no tribunal como sendo da 3ª espécie (que origina os processos emergentes de acidentes de trabalho), conforme se dispõe no art. 21º.

Em regra, o processo emergente de acidente de trabalho corre contra a seguradora do empregador do sinistrado e/ou contra este ou, por vezes, também contra terceiro e, eventualmente, contra o Fundo de Acidentes de Trabalho – FAT[452].

Como processo laboral, é enformado pelo princípio da conciliação e, em consequência, tem um ritualismo curioso, pois compõe-se de uma primeira fase conciliatória e, gorando-se esta, total ou parcialmente, então, também de uma fase contenciosa.

3. A fase conciliatória

Como já referido, este processo inicia-se com a distribuição da participação do acidente, que origina a sua fase conciliatória dirigida pelo magistrado do MP (art.s 26º, nº 3 e 99º, nº 1 do CPT), que, obviamente, atua como tal e não como representante do trabalhador. E atuando como magistrado, não haverá recurso hierárquico, mas apenas reclamação para o juíz, que já em tal fase pode intervir, como salienta Viriato Reis [453].

De harmonia com o preceituado nos arts. 86º a 92º da LAT, são diversas as entidades sobre as quais recai o dever de dar participação do acidente de trabalho, que vão desde o própro trabalhador sinistrado e seus familiares até ao diretor de estabelecimento hospitalar, passando pelo empre-

[450] Ainda pode ser competente o tribunal da área do maior número de beneficiários ou o da primeira localidade em que aporte o barco ou avião em que o acidente se tenha verificado, como consta dos nºs 5 e 6 do art. 15º do CPT.

[451] Na expressão do art. 206º, nº 1, *a)* do CPC, onde se dispõe que a distribuição tem por fim "distribuir com igualdade o serviço do tribunal" (art. 203º).

[452] Criado e regulado pelo DL nº 142/99, de 30 de abril. Funciona junto da Autoridade de Supervisão de Seguros e Fundos de Pensões (ASF), ex Instituto de Seguros de Portugal, IP.

[453] O processo por acidentes de trabalho: algumas particularidades, comunicação no CEJ em 27/05/2022 e texto inserto no PDT, 2022-II, pág. 351.

gador e a sua seguradora[454]. Em caso de morte do trabalhador o acidente de trabalho deve ser comunicado de imediato (pelas seguradoras) ou até 48 horas. Em regra, o empregador comunica o acidente à sua seguradora e esta, em caso de incapacidade permanente, participa ao tribunal, até ao prazo de 8 dias a contar da alta clínica e em todos os casos em que se verifique haver incapacidade temporária que ultrapasse os 12 meses. Em resumo, apenas poderão deixar de ser comunicadas aos tribunais de trabalho os acidentes cobertos pelo seguro donde resulte uma incapacidade temporária inferior a 12 meses[455]. A falta ou o atraso de tais participações pode originar uma contraordenação (LAT, art. 171º, nº 3)[456].

Nesta primeira fase, que se destina a obter a conciliação entre as partes, perante o conteúdo da participação, poderão desencadear-se três tipos de procedimento ou tramitação do processo, com dinâmica sequencial própria face ao respetivo objeto e que se distinguem:

- no caso de morte (art. 100º);
- nos casos de incapacidade permanente (art. 101º); e
- nos outros casos (em geral, com incapacidade temporária) (art. 102º).

Estes dois últimos tipos de tramitação não diferem muito, mas distinguem-se bem do primeiro. Iremos, pois, fazer a síntese do processamento em caso de morte e em caso de incapacidade permanente e temporária.

Previamente, na primeira decisão do Magistrado do MP, como preceituado no art. 104º e compendiando João Monteiro[457], podem, entre outros, ser tomados alguns dos seguintes procedimentos e decisões:

- Aferição da competência em razão do território do tribunal para conhecer do acidente participado;
- Verificação do cumprimento por parte da empresa de seguros dos prazos legais de participação (obrigatória) do acidente ao tribunal;

[454] Esta participação será através de meio eletrónico, tendo o seu regime legal estabelecido na Lei nº 98/2009, de 4 de setembro, no DL nº 106/2017, de 29 de agosto, e na P. nº 14/2018, de 11 de janeiro.

[455] Cfr. LAT, art. 23º e sgs. no que respeita à reparação dos danos emergentes dos acidentes de trabalho.

[456] A enumeração esquemática dos casos de participação dos acidentes de trabalho pode ver-se *in* Fernando Cabral, Segurança e Saúde do Trabalho, Verlag Dashöfer, Lisboa, 2011, pág. 269.

[457] Fase Conciliatória do Processo para a Efetivação de Direitos Resultantes de Acidente de Trabalho, estudo *in* Prontuário de Direito do Trabalho, nº 87, setembro-dezembro de 2010, CEJ – Coimbra Editora, pág. 135.

- Determinação do montante da retribuição do sinistro à data do acidente;
- Apuramento da necessidade de requisição à ACT do inquérito urgente e sumário sobre as circunstâncias em que ocorreu o acidente;
- Análise da documentação remetida pela entidade seguradora com a participação do acidente;
- Verificação da correção da fixação das incapacidades temporárias e do pagamento das correspondentes indemnizações ao sinistrado por parte da entidade seguradora;
- Requisição e junção da certidão do assento de nascimento do sinistrado;
- Extração e remessa de certidão do processo ao foro criminal competente sempre que, em resultado do acidente, não seja de excluir a existência de responsabilidade criminal.

Na decorrência do acidente de trabalho, pode ter havido prestações pagas pela segurança social, relativamente às quais o ISS, IP terá direito ao seu reembolso sendo para tanto citado o centro regional da segurança social respetivo, de conformidade com o disposto no DL nº 59/89, de 22 de fevereiro[458].

3.1. Acidente com morte do sinistrado

Nesta situação, o MP indagará sobre as circunstâncias em que ocorreu o acidente, nomeadamente através de relatório da ACT (IGT), que não terá força probatória plena[459], requisitará o relatório da autópsia e procurará determinar quem são os usufruidores ou herdeiros do sinistrado, que se enquadram na categoria de "beneficiários legais", nomeadamente pelo modo de obtenção de informações previsto no CPC, art. 172º, nº 4.

Caso não sejam encontrados tais beneficiários, haverá lugar à afixação de editais e publicação de anúncios (arts. 100º, nº 4 do CPT e 225º, nº 6, 243º e 244º do CPC). Se estas diligências se revelarem infrutíferas, o pro-

[458] No caso de morte ou invalidez é citado o Centro Nacional de Pensões (art. 3º do DL 59/89, de 22 de fevereiro).

[459] Ainda que seja um documento autêntico, podem os factos nele descritos ser apreciados pelo tribunal, cfr. Ac. do STJ de 24-02-2010, no Proc. nº 709/03.7TTBRG.P1.S1-4ª.

cesso fica arquivado provisoriamente, durante um ano, aguardando o surgimento de algum daqueles beneficiários (art. 100º nºs 4 e 5 do CPT). Findo tal período sem ter surgido algum beneficiário, será liquidada a retribuição anual do sinistrado em triplo, exceto se houver remição, a qual deve ser paga pelo responsável pela reparação do acidente ao FAT (arts. 100º, nº 6 do CPT e 63º da LAT).

Aparecendo, como é normal, algum ou todos os beneficiários, haverá lugar à marcação de uma tentativa de conciliação, caso, entretanto, não se tenha verificado um acordo passível de homologação. Tal diligência destina-se a apurar quais os familiares a quem deverá ser atribuída pensão ou subsídio pela morte do sinistrado.

Conforme resulta da LAT (arts. 56º a 66º), a reparação pela morte do sinistrado em acidente de trabalho reconduz-se a prestações em dinheiro, concretizáveis mediante a atribuição de pensão por morte a certos familiares (com possível cumulação e rateio) e de subsídios para compensar os encargos decorrentes do falecimento do sinistrado e ainda as despesas de funeral, podendo estas ser pagas a não familiar "que comprovadamente tiver efetuado o pagamento..." (art. 66º, nº 4, da LAT).

3.2. Acidente com incapacidade permanente

Nestas situações de incapacidade permanente para o trabalho ou de incapacidade temporária, em regra, superior a 12 meses (ou menos em alguns casos singulares)[460], uma vez recebida a participação do acidente, em regra de uma seguradora, o magistrado do MP deverá dirigir a instrução do processo, providenciando pela realização de perícia médica[461] (antes designada por exame médico), em princípio, através da delegação ou gabinete médico-legal do Instituto Nacional de Medicina Legal e Ciências Forenses (INMLCF, IP)[462], pois, é crucial saber da rigorosa situação médica decor-

[460] V. arts. 102º do CPT e 90º, nº 3 da LAT.

[461] O regime jurídico das perícias médico-legais e forenses contém-se na Lei nº 45/2004, de 19 de agosto. Nela se prevê a existência de delegações e gabinetes médico-legais do ex-Instituto Nacional Médico-Legal.

[462] O Instituto Nacional de Medicina Legal e Ciências Forense, IP tem a sua orgânica aprovada pelo DL nº 166/2012, de 31 de julho, tendo como uma das suas atribuições *"cooperar com os tribunais... realizando os exames e perícias de medicina legal e forense que lhe forem solicitados.."* (art. 3º, nº 2, *b*)). Na sua estrutura figuram as delegações e gabinetes médico-legais nas principais comarcas (19/2013, de 21 de janeiro). Tem regulamento interno publicado no D.R., II série, nº 89, de 7 de maio de 2010.

rente do acidente. Só depois de apurada a incapacidade, se procede a tentativa de conciliação (arts. 102º e 108º do CPT).

Entretanto, logo após o acidente, a vítima deverá ter começado a usufruir, para além de prestações em dinheiro[463], das prestações em espécie adequadas à situação, que se encontram elencadas no art. 25º da LAT, e que começam nos primeiros socorros[464], vão desde a assistência médica, cirúrgica, medicamentosa e de enfermagem, até ao "apoio psicoterapêutico, sempre que necessário, à família"[465]. É nesta sequência que deve ser emitido pelo médico assistente o boletim de exame e, possivelmente, o boletim de alta, de que uma cópia será enviada para o tribunal onde foi instaurado o processo após a participação, para ser considerado na perícia médica. Também deverá conter uma declaração fundamentada sobre o grau de incapacidade permanente ou temporária[466].

No âmbito do processo judicial, a perícia médica será realizada pelos serviços médico-legais (perito médico), que com base no exame da documentação (boletins e anexos) e do sinistrado, deverá avaliar a sua situação clínica, qualificando e determinando o grau de incapacidade para o trabalho, ou seja, a sua desvalorização, considerando ainda o estado geral do sinistrado, a sua idade e profissão. Para tanto, deverá observar e aplicar a Tabela Nacional de Incapacidades por Acidente de Trabalho e Doenças Profissionais[467]. Esta desvalorização deverá ser determinada através de um coeficiente expresso em percentagem, que irá de 0% até 100%, isto é, da situação de curado sem qualquer desvalorização até à incapacidade abso-

[463] Entre as quais avulta a indemnização por incapacidade temporária para o trabalho (LAT, arts. 47º, nº 1 *a)* e 48º a 50º) para, tendencialmente, compensar a perda da retribuição.

[464] Que devem ser prestados mesmo em caso de força maior e em outras situações que excluem a responsabilidade (art. 26º da LAT).

[465] A responsabilidade incumbe à "pessoa singular ou coletiva de direito privado ou de direito público, não abrangida por legislação especial, relativamente ao trabalhador ao seu serviço" ou à seguradora para quem obrigatoriamente transferiu tal responsabilidade (arts. 7º, 79º e 80º da LAT).

[466] Este boletim de exame e alta está previsto no art. 35º da LAT, onde também se impõe o dever de cooperação com o tribunal, que pode solicitar todos os esclarecimentos (art. 37º).

[467] Aprovada pelo DL nº 352/2007, de 23 de outubro, que também incorpora a Tabela Indicativa para a Avaliação da Incapacidade em Direito Civil, constante da nossa coletânea Legislação sobre Incapacidades em Direito do Trabalho, Cível e Administrativo, Dislivro, Lisboa, 2007, pág. 13. Para interpretação da possibilidade de reconversão prevista na Tabela, v. Ac. do STJ nº 10/2014, publicado no DR, de 30/6/2014.

luta para todo e qualquer trabalho, cujo "grau de incapacidade é expresso pela unidade" (art. 21º, nº 3 da LAT e Anexo I da referida Tabela Nacional). Por outras palavras, se a pessoa não tiver nenhuma patologia relevante, a sua capacidade (para o trabalho) corresponde a 100% (ou a 1). Resultando do acidente alguma incapacidade, não sendo total, haverá de corresponder a uma percentagem. Mas se a pessoa acidentada já antes detinha alguma incapacidade, será a partir desta que se quantifica a nova incapacidade.

A incapacidade deve classificar-se quanto ao tempo e à sua amplitude ou grau. Nesta perspetiva, pode haver incapacidade permanente ou temporária, podendo cada uma destas ser absoluta (sempre de 1 (ou 100%) (IPA) ou parcial (de 0,..% a 1 (ou 100%) (IPP). Ainda na incapacidade absoluta haverá que determinar se é para todo e qualquer trabalho ou se é apenas para o trabalho habitual (pensa-se, por exemplo, no caso de um motorista, que poderá deixar de poder conduzir, mas exercer outra profissão).

Da perícia médica haverá de resultar um auto ou relatório pericial de exame médico, de conformidade com o modelo oficial. Da verificação da situação, poderá ainda a desvalorização observada pelo perito médico ser considerada provisória, donde a incapacidade será classificada como temporária.

Neste último caso, na tentativa de conciliação procurar-se-á obter um acordo temporário, enquanto se verificar aquela provisoriedade (no máximo até 18 meses).

Ainda pode acontecer que o perito médico, para a sua avaliação, careça de elementos complementares de diagnósticos (exames, análises, etc.) ou até do parecer de um médico especialista. Também nestes casos fixará uma incapacidade provisória. Por causa destas diligências haverá lugar à marcação do novo exame médico e de nova tentativa de conciliação. Mas também pode acontecer que venha a ser determinada pelo perito do tribunal uma incapacidade permanente, quer absoluta, quer parcial. Neste caso, seguir-se-á a tentativa de conciliação com o objeto adiante indicado.

Ainda, como se prevê no art. 107º do CPT, pode também ser necessário proceder à perícia de "doença física ou mental dos beneficiários legais suscetível de afetar sensivelmente a sua capacidade de trabalho". Conforme anota Abílio Neto "a relevância da deficiência ou doença crónica dos beneficiários legais (cônjuge, ex-cônjuge, pessoa que vivia em união de facto com o sinistrado, filhos, ascendentes ou outros parentes sucessíveis) está regulada, nomeadamente, no art. 62º da atual LAT, sendo a eles que este artigo 107º estende a possibilidade de serem submetidos a exame médico, em termos similares aos dos próprios sinistrados, no sentido de apreciar a existência e o grau da deficiência ou doença ou a probabilidade de evolução favorável"[468].

3.3. Acidente com incapacidade temporária

Para além das situações de incapacidade permanente, ainda o Magistrado do MP, nos termos do nº 1 do art. 102º, deve solicitar a perícia médica seguida de tentativa de conciliação nos casos de incapacidade temporária em que o sinistrado:

- não estiver curado quando for recebida a participação e estiver sem tratamento adequado;
- não estiver a receber a indemnização;
- não se conformar com a alta (da situação de doença, concedida pelo médico da seguradora), com a natureza da incapacidade ou o grau de desvalorização (atribuídos pela seguradora);
- estiver de baixa por mais de 12 meses.

Caso o sinistrado se considere curado sem qualquer desvalorização e apenas reclame o pagamento de indemnização em falta ou de outra prestação que ache devida então, em tal caso, apenas haverá lugar a tentativa de conciliação, podendo ser dispensado o exame médico (nº 2 do mesmo art. 102º).

Portanto, o acidente de trabalho só não será objeto de controlo judicial, isto é, só não originará o correspondente processo judicial, quando ficarem reunidos, cumulativamente, os seguintes requisitos:

- a responsabilidade estiver, validamente, transferida para uma seguradora;
- dele resultar uma incapacidade temporária para o trabalho até 12 meses; e
- não se suscitarem divergências quanto à cura e tratamento ou indemnizações ou outras questões acessórias.

[468] Código de Processo do Trabalho Anotado, 5ª ed., jan. 2011, pág. 301.

3.4. Tentativa de conciliação

Recebida a participação do acidente, seguir-se-á uma das tramitações enunciadas, que se integra sempre na mencionada fase conciliatória, dirigida pelo magistrado do MP a qual culminará com uma tentativa de conciliação (arts. 99º e 108º a 116º), que pode ser deprecada a outro tribunal do trabalho, como escreve João Monteiro[469].

Terá, como intervenientes (que, naturalmente, deverão ser convocados) o sinistrado ou, em caso da sua morte, os seus beneficiários legais, o empregador ou a sua seguradora[470], cuja identificação deverá constar da participação do acidente. Como anota Abílio Neto, "uma das causas mais frequentes do adiamento da tentativa de conciliação resulta da necessidade de intervenção de novo responsável, por se constatar, em face de declarações colhidas naquele ato, que a transferência da responsabilidade para a seguradora não abrange a totalidade do salário (art. 79º da atual LAT)"[471].

Como, indiretamente, resulta do preceituado no art. 112º do Código, a tentativa de conciliação tem por objeto procurar obter acordo, nomeadamente, quanto:

- à existência e caracterização do acidente como de trabalho;
- ao nexo causal entre a lesão e o acidente de trabalho;
- à retribuição do trabalhador sinistrado;

[469] Ob. citada, pág. 161, salientando-se que entre os tribunais situados nas áreas metropolitanas de Lisboa e Porto não há lugar a tais deprecadas, cfr. nº 6 do art. 108º e isto para além do que se dispõe no art. 25º, nºs 2 e 3, ambos do CPT.

[470] As companhias de seguros com o ramo dos acidentes de trabalho eram "obrigadas a manter, nas localidades sedes dos tribunais de trabalho, um representante que possa receber as citações, notificações e correspondência dos mesmos tribunais" que também as podiam representar na tentativa de conciliação que não fosse adiada "por razão imputável à empresa de seguros". Com a revogação do art. 65º do DL 143/99, de 30 de abril, que regulamentava a antiga LAT e que continha tal previsão, devem as seguradoras ser citadas e notificadas na sua sede ou se tiverem sede no estrangeiro, nas suas sucursais, filiais, ou delegações (art. 13º do CPC) e terão de se fazer representar por mandatário acreditado no tribunal. Parece que tal mandatário deveria ser um advogado (art. 67º da Lei nº 145/2019, de 9 de setembro – Estatuto da Ordem dos Advogados). Porém, face ao disposto no art. 40º do CPC (*a contrario*) e nº 8 do art. 1º da Lei nº 49/2004, de 24 de agosto, cremos que as seguradoras, nesta tentativa de conciliação, poderão fazer-se representar pelos seus representantes legais, empregados, funcionários ou agentes.

[471] Código cit., pág. 303.

- à entidade (ou entidades) responsáveis;
- à natureza e grau da incapacidade.[472]

Naturalmente, a questão básica que se pode suscitar tem a ver com a classificação do acidente como sendo de trabalho ou não[473]-[474], seguindo-se as restantes questões enunciadas, sendo certo que também se podem levantar dificuldades entre os herdeiros do sinistrado falecido, como já se fez alusão.

Caso venha a concluir-se que a incapacidade é temporária ou o seu grau ainda é provisório, haverá lugar a novo exame médico e a nova tentativa de conciliação, até que cesse a incapacidade ou esta se torne permanente. Portanto, até que se possa apurar, com elevado grau de certeza, o resultado do sinistro na pessoa do trabalhador sinistrado.

Para além dos interessados poderem ter chegado a acordo, a tentativa de conciliação pode ser adiada por falta de algum dos notificados ou de informações documentais relevantes (art. 108º). A falta de comparência repetida da entidade responsável pode levar à dispensa do ato e à presunção da veracidade dos factos narrados pelo sinistrado, como resulta do disposto no nº 5 do art. 108º[475].

Na fase conciliatória, como se aludiu, já se procede à instrução do processo, o qual passará a integrar todos os elementos documentais resultantes das investigações efetuadas, nomeadamente pela ACT, declarações das partes e eventuais perícias médico-legais e forenses, para além de pareceres médicos, culminando com o mencionado relatório pericial médico, em que para além do mais, deverá constar, ainda que em termos provisórios, a natureza e grau de incapacidade do sinistrado (art. 106º do CPT).

Excluindo o caso de morte do sinistrado, é após esta definição da incapacidade pelo perito médico que, normalmente, logo a seguir, se realiza

[472] Ainda a seguradora, o sinistrado ou o seu familiar poderão levantar alguma questão causadora do agravamento da responsabilidade, como se prevê na LAT, art. 18º.

[473] A delimitação do acidente de trabalho consta dos arts. 8º a 11º da LAT. Para tal caracterização, entre muitos outros, pode ver-se o Ac. do STJ, de 19/11/2008, (Cons. Mário Pereira) doc. SJ200811190024664.

[474] A natureza, determinação e graduação da incapacidade para o trabalho encontram-se definidas nos arts. 19º a 22º da LAT.

[475] Disposição esta com tal presunção já julgada constitucional pelo Acórdão do TC 270/2005, publicado no D.R., 2ª Série, de 6/07/2005.

a tentativa de conciliação. Nela procura-se que por acordo, com base em proposta apresentada pelo magistrado do MP, se fixem as obrigações das partes ou, em regra, as obrigações da seguradora ou, eventualmente, do empregador nomeadamente, quanto a indemnizações devidas pelos períodos de incapacidade para o trabalho, quer parcial, quer absoluta e ao grau de incapacidade permanente. Se o grau de incapacidade for ainda provisório ou temporário também o acordo será de vigência provisória ou temporária.

Como o quantitativo de tais indemnizações, incluindo as pensões, se fundamenta, em regra, no valor da retribuição auferida pelo trabalhador sinistrado, tal valor assume, desde logo, grande relevância. Mas porque o conceito de retribuição é definido na LAT (art. 71º) em termos mais amplos do que no CT acontece, por muitas vezes, que a responsabilidade não se encontra transferida para a seguradora por inteiro. Daqui resultará a necessidade de o empregador também intervir na tentativa de conciliação, naturalmente, através de notificação para o efeito.

Extrajudicialmente, como resulta do estatuído no nº 2 do art. 114º, também tal acordo pode ser alcançado, mas terá de ser submetido à apreciação do MP, desde logo, para averiguar de eventual ofensa à indisponibilidade dos direitos do sinistrado.

Os autos do acordo contêm para além da identificação dos intervenientes, a indicação precisa dos direitos e obrigações e "ainda a descrição pormenorizada do acidente e dos factos que servem de fundamento aos referidos direitos e obrigações" (art. 111º). Se não houver o acordo ou este não for pleno, no mesmo auto constarão os factos aceites e não aceites pelos intervenientes, respeitantes às referidas matérias e que são as essenciais em qualquer processo emergente de acidente de trabalho.

Os factos aceites, obviamente pela parte que deles não aproveita [476], ficarão a valer no processo, fazendo caso julgado formal e, consequentemente, ter-se-ão como assentes na fase contenciosa, como, se confirma na alínea *c)* do art. 131º.

Embora o processo seja dirigido pelo magistrado do MP, como já se aludiu, havendo acordo, este carece de homologação (imediata) pelo juiz, que obviamente, a poderá recusar (art. 114º do CPT) o que provocará nova ten-

[476] É a confissão como definida no art. 352º e sgts do CC, em especial no art. 356º – confissão judicial escrita – com a inerente força probatória plena (art. 358º, nº 1).

tativa de conciliação para se procurar sanar as razões aduzidas pelo juiz[477]. Tal recusa resultará de qualquer ilegalidade que se poderá verificar face à natureza imperativa da LAT, consignada no seu art. 12º e, bem assim, das aludidas inalienabilidade, impenhorabilidade e irrenunciabilidade dos créditos e garantias do trabalhador (art. 78º da mesma Lei). De tal despacho negativo, poderá qualquer interveniente, incluindo o MP recorrer, no prazo de 15 dias (arts. 79º-A, nº 2, alínea *h)* e nº 2 do art. 80º).

Este despacho homologatório pelo juíz do acordo celebrado perante o MP não se configura como uma sentença, desde logo, porque o texto do art. 124º do CPT não lhe confere tal dignidade. Diferentemente, em processo comum, a desistência, a confissão e o acordo das partes concretizados na audiência de conciliação, portanto, perante o juiz, já não carecem de homologação para produzir efeitos de caso julgado, como se estabelece no art. 52º. De qualquer modo, em ambos os casos os acordos alcançados constituem títulos executivos (art. 88º *b)*).

Perante eventuais obrigações assumidas pelo empregador (não pela seguradora) pode ser necessário que aquele preste alguma caução ou constitua reservas matemáticas[478]. Em tal caso, no despacho de homologação deve ordenar-se o envio à ASF de uma cópia do acordo com a homologação, de conformidade com o estabelecido no art. 137º, nº 1[479].

Ainda interessará considerar o alcance do acordo, ficando "vedado aos beneficiários, na mesma ação ou em ação autónoma instaurada para o efeito, pedirem a condenação da entidade empregadora no pagamento dos danos morais gerados em consequência do mesmo acidente e com fundamento na violação culposa de regras de segurança"[480], como previsto no art. 18º, nº 1 da LAT.

Como se trata de um processo oficioso não há lugar ao pagamento de taxas de justiça, nesta fase conciliatória. Aliás, neste processo, em geral, o sinistrado e sua família poderão estar isentos de custas, de conformidade com o disposto na alínea *h)* do nº 1 e nº 6 do art. 4º do RCP. O valor da causa haverá de resultar das regras do art. 120º do CPT.

[477] Para maior desenvolvimento, ver A Fase Conciliatória do Processo Especial Emergente de Acidentes de Trabalho, comunicação do Procurador Vítor Melo, inserida em Estudos do Instituto de Direito do Trabalho, vol. V, IDT/Almedina, Coimbra, 2007, pág. 58.

[478] De conformidade com as normas dos arts. 84º e 85º da LAT.

[479] Como adverte Álvaro Lopes Cardoso, cit. Manual, II vol. pág. 133.

[480] Ac. do TRL, de 06-12-2010 [Des. Fernandes Isidoro] *in* CJ, Ano XXXV, Tomo V/2010, pág. 244.

3.5. Eventual apreciação judicial do acordo

Ainda se previne uma situação insólita, mas que acontece. Há acordo generalizado, ou melhor "as autoridades responsáveis reconhecem as obrigações legais que correspondem aos elementos de facto verificados através do processo," mas "o sinistrado ou os respetivos familiares se limita(re)m à recusa do que lhes é devido" (art. 116º).

Em tal situação (em regra por o sinistrado ou familiar considerar o valor legal da indemnização ou da pensão diminuto, ou seja, não conducente com os prejuízos sofridos, o que acontece devido ao mecanismo da responsabilidade civil objetiva ou pelo risco) o magistrado do MP poderá promover para que o juiz profira decisão sobre o mérito da causa (i.é, não sentença normal, mas simplificada) e fixe o seu valor, "podendo limitar-se à parte decisória, precedida da identificação das partes e da sucinta fundamentação de facto e de direito do julgado", cfr art. 73º, nº 3.

Tal decisão judicial, para além de confirmar a legalidade do "acordado", confere-lhe o expresso valor de sentença, que, não sendo posta em causa por via de recurso, transitará em julgado [481].

3.6. Procedimento cautelar de arbitramento

Durante a fase de conciliação, que pode ser morosa, pode acontecer que o trabalhador sinistrado não receba qualquer prestação indemnizatória, desde logo por não haver certeza sobre a entidade empregadora ou mesmo sobre a seguradora responsável. Caso tal aconteça na fase contenciosa, como se verá, o CPT contempla os dispositivos apropriados para ultrapassar a situação, que será aflitiva, cfr arts. 121º a 125º (fixação de indemnização ou de indemnização provisória).

Mas sendo a fase conciliatória dirigida pelo magistrado do MP competente, falece-lhe a legitimidade para tomar decisões judiciais, propriamente ditas.

Contudo, a dificuldade poderá ser ultrapassada mediante o procedimento especificado civil de arbitramento de reparação provisória, regulado nos arts. 388º a 390º do CPC, cuja utilização no foro laboral está, expressamente, prevista no art. 47º do CPT[482].

[481] Como menciona Alberto Leite Ferreira, tal disposição provém do Código de Processo nos Tribunais do Trabalho, de 1941 (art. 77º), onde se previa que os termos do acordo não seriam, por certo, alterados no decurso do processo, donde se concluía pela não fundamentação da recusa, *in* Código de Processo do Trabalho Anotado, 4ª ed., Coimbra Editora, 1996, pág. 535.

[482] Neste sentido Ac. do TRE, de 14-09-2017, Proc. 328/16.8T8BJA-A.E1, Rel. Paulo Amaral.

4. Fase contenciosa

4.1. Petição e/ou requerimento de junta médica

Nesta nova etapa, o processo, que se mantém nos mesmos autos da fase conciliatória, passa para a superintendência do juiz, reiniciando-se com a petição e ou requerimento de junta para nova perícia médica (arts. 117º e 126º e sgts e/ou 138º).

É em tal petição inicial que se expõem os fundamentos para a resolução das questões a que não se chegou a acordo na tentativa de conciliação, concluindo-se pelo pedido. Pode, inclusive, o sinistrado, ora autor, formular o pedido de ressarcimento da totalidade dos prejuízos, incluindo, pois, danos morais, nas situações especiais previstas no art. 18º da LAT, nomeadamente quando o acidente resulta da falta de observância das regras de segurança.

A sua dedução deve ocorrer no prazo de 20 dias (prorrogável a favor do MP), a contar da data da não conciliação ou da não homologação (art. 119º). Será apresentada pelo sinistrado ou pelo beneficiário e não pelo responsável ou responsáveis pela reparação que, outrossim, passa(m) à posição de autor(es).

O teor da petição deverá obedecer às regras inerentes, como já salientado em relação ao processo comum, inclusive quanto à taxa de justiça, ainda que o valor da causa tenha regras específicas[483]. Também o rol de testemunhas pode ser apresentado depois do despacho saneador no prazo de 10 dias, como se dispõe no art. 133º. Todavia no confronto desta disposição com a do art. 63º, nº 1, deve-se concluir que "quaisquer outras provas" devem ser apresentadas com os articulados [484].

Caso tenha recebido, durante o período de incapacidade (ou o familiar por morte do sinistrado), prestações da segurança social, o autor deve fazer tal declaração e identificar na petição a sua qualidade de beneficiário, vindo o ISS, IP a ser citado para, no prazo da contestação, deduzir

[483] Não sendo o sinistrado representado pelo magistrado do MP, nem havendo apoio judiciário, será devida taxa de justiça, que poderá ser paga em duas prestações (arts. 4º, nº 1 *a)* e *h)* e 14º-A *i)* do RCP). O valor da causa haverá de resultar do valor das pensões ou das indemnizações pedidas, que poderá ser alterado pelo juiz, de conformidade com o preceituado no art. 120º e adiante referido (nº 8). Igual taxa será devida pelo requerimento de junta médica.

[484] Desde logo, "os documentos destinados a fazer prova dos fundamentos da ação ou da defesa devem ser apresentados com o articulado em que se aleguem os factos correspondentes" (CPC, art. 423º, nº 1).

pedido de reembolso de montantes que tenham pago em consequência do acidente de trabalho [485].

Para além da petição ou não sendo esta deduzida, também poderá haver um **requerimento** no caso do sinistrado, do responsável ou de ambos não aceitarem o resultado da perícia médica realizada na fase conciliatória para que assim a questão da incapacidade venha a ser avaliada por junta médica (e não já por um único perito médico). Dada a sua relevância, o procedimento para a fixação da incapacidade, consequente a tal requerimento, será tratado em número posterior (4.6).

A representação do sinistrado será assumida pelo MP, caso ele não nomeie advogado (arts. 7º, 9º e 119º), o qual "não se realizando acordo recolhe logo os elementos necessários à elaboração e apresentação da petição inicial" nos termos do art. 113º.

Com exceção da questão da incapacidade, todas as restantes questões a dirimir centram-se no **processo principal**, incluindo a fixação de indemnização provisória se tiver sido pedida ou for imposta por lei (art. 126º). Ainda uma outra questão que se poderá suscitar é a da determinação da entidade responsável pelo acidente e pela reparação dos seus danos. Em tal caso, a lei consigna ao juiz poderes para "mandar intervir na ação qualquer entidade que julgue ser eventual responsável" (arts. 27º e 127º). Haverá, pois, um incidente de intervenção provocada oficiosamente suscitado e não por qualquer das partes, como se prevê no art. 316º do CPC. Aliás, o juiz até à audiência final (de discussão e julgamento) deve, para além de mandar intervir na ação qualquer pessoa e mandar realizar outros atos para suprir a eventual falta de pressupostos, convidar as partes a completar e a corrigir os articulados, de conformidade com as regras traçadas no art. 27º do CPT. Neste contexto, parece óbvio que a ação possa ser movida contra entidades que não intervieram na fase conciliatória.

O juiz pode determinar, em qualquer altura do processo, mediante requerimento fundamentado do interessado, que a entidade que tiver custeado inicialmente o tratamento ao sinistrado continue a fazê-lo, para além de poder proceder à notificação judicial para a prestação de ajudas técnicas e outros dispositivos técnicos de compensação das limitações funcionais

[485] De conformidade com o estipulado nos arts. 1º do Decreto-Lei nº 59/89, de 22 de fevereiro (reembolso de prestações em processos judiciais) e 67º da Lei nº 4/2007, de 16 de janeiro (Lei de bases da segurança social).

(LAT, arts. 41º a 43º). Também pode ser decidido pelo juiz a sua substituição por pagamento em dinheiro (art. 42º da mesma Lei).

Ainda na petição, pelo sinistrado poderá ser requerida a condenação no pagamento de **pensão provisória**, nas condições adiante referidas (4.5).

Por outro lado, prevê-se a hipótese de o magistrado do MP não ter suficiente informação sobre os factos ocorridos para preparar a petição condignamente, o que pode acontecer por desleixo ou mesmo por recusa do sinistrado ou seus familiares. Em tais casos poderá haver prorrogação do prazo para apresentar a petição e até suspensão da instância. (art. 119º, nº 2 a 4). [486]

4.2. Contestação

Neste processo principal, o juiz mandará citar o réu para contestar (no prazo de 15 dias). Na contestação, o réu (ou réus) pode(m) impugnar e excecionar quanto à petição e deverá(ão) responder ao requerimento para fixação da incapacidade (se também tiver sido apresentado), deduzindo, inclusive, os seus quesitos[487]. Naturalmente, ainda pode indicar outra entidade como também (ou por si só) sendo responsável pelo acidente e suas sequelas. Aliás, nesta matéria até se poderá gerar controvérsia entre os diversos réus iniciais ou chamados a intervir devendo uns ser notificados da contestação dos outros para responderem em cinco dias sobre tal questão (arts. 129º e 127º). Será, por exemplo, no caso da seguradora defender e pretender comprovar que a empregadora (e sua segurada) não respeitou as regras sobre segurança e saúde no trabalho o que originou o acidente (LAT, art. 18º) para, vindo a ser condenada, poder, depois, exercer o direito de regresso, nos termos do nº 3 do art. 79º da mesma LAT[488].

Caso na contestação sejam deduzidos fatos geradores de alguma resposta ou exceção ou esta seja expressamente suscitada, poderá haver **resposta à contestação**. Todavia, com base no disposto no nº 3 do art. 129º,

[486] Tais favorecimentos ao trabalhador sinistrado e familiares bem se justificam, pois, por vezes, as deficiências no tratamento e no exame médicos, as demoras, os adiamentos e as frustrações são tantas, que, aliados à dor provocada pelo evento, causam a prostração psicológica.

[487] A prova pericial, em geral, encontra-se regulada no art. 467º e sgs. do CPC.

[488] V. como exemplos os ac.s do STJ, de 06-05-2015 (Rel. Cons. António Leones Dantas) [dgsi] e nº 6/2013, publicado em 05-03-2013.

pode defender-se a impossibilidade da resposta às exceções[489], o que não parece lógico, dado que, de seguida, não será curial conhecer das exceções dilatórias sem haver sido observado o contraditório. Haverá que considerar o disposto no art. 65º, nº 5 e o que se comentou sobre tal comando.

Porém, já no que tange à reconvenção, face ao estatuído no art. 30º, dificilmente terá cabimento.

A contestação de um dos réus aproveita aos restantes que não contestem, como resulta do preceituado no art. 129º, nº 2, embora só em "relação aos fatos que o contestante impugnar", como se preceitua na alínea *a)* do art. 568º do CPC, havendo, pois, revelia não operante parcial. Porém, a falta de contestação do único ou de todos os réus implica a "confissão dos fatos articulados na petição e será logo proferida sentença a julgar a causa conforme for de direito", podendo, inclusive, verificar-se a condenação *extra vel ultra petitum* (arts. 130º, 57º e 74º). A condenação acontecerá em caso de revelia absoluta ou relativa[490], que será sempre operante, desde que não se tenha verificado a citação edital ou não sendo o réu incapaz.

Também a natureza ou grau da incapacidade terá de resultar do relatório pericial e, portanto, de um documento escrito, razão pela qual não poderá ser julgado logo procedente o pedido que nele não se estribar (art. 568º, *d)* do CPC).

4.3. Despacho saneador e instrução

Depois da fase dos articulados, diferentemente do que, civilisticamente, passou a prever-se para o processo comum, haverá sempre lugar, tão somente, a despacho saneador, mas seguindo-se depois os termos daquele processo declarativo comum (art. 131º, nº 2 do CPT) com uma especificidade, já aludida, quanto à apresentação do rol de testemunhas (e restantes meios de prova), cujo prazo, só então, decorrerá por 10 dias (art. 133º do mesmo CPT).

Através do despacho saneador, o juiz, não estando impedido de usar dos amplos poderes de gestão processual consignados no art. 27º, incluindo os previstos para o despacho pré-saneador (art 61º), poderá:

489 V. Ac. do TRP de 09-07-2014, Proc. 297/11.0TTBCT.P1 Rel. João Nunes [dgsi].

490 Diferentemente do que acontece na revelia absoluta, na relativa é constituído mandatário no processo, que assim pode acompanhar os atos subsequentes, cfr. José Lebre de Freitas, A Ação Declarativa Comum à Luz do Código de Processo Civil de 2013, 3ª ed., Coimbra Editora, 2013, pág. 88.

- conhecer das exceções e nulidades processuais;
- e até do mérito da causa, no todo ou em parte, se os autos já o permitirem;

mas, prosseguindo os autos, como é usual:

- considera assentes os factos "sobre os quais tenha havido acordo na tentativa de conciliação e nos articulados";
- identifica o objeto do litígio; e
- fixa os temas da prova nos termos previstos no art. 596º do CPC.

Também deverá marcar a data para a audiência final, sem prejuízo da audição dos procuradores das partes, como disposto no art. 151º do CPC; para além de

- fixar o valor da causa de conformidade com o preceituado no art. 306º ainda do CPC, tendo em consideração as regras peculiares deste processo contidas no art. 120º; e
- pode ainda aceitar ou rejeitar os meios de prova apresentados ou requeridos (CPC, arts. 152º e 411º), sendo certo que o rol de testemunhas poderá ser apresentado depois, como abaixo se refere.

De conformidade com o estatuído nos nºs 2 e 3 daquele art. 596º, as partes poderão apresentar reclamação, mas da decisão que vier a ser dada, apenas poderão recorrer na apelação que venha a ser interposta da sentença.

Tendo havido também requerimento para reavaliação da incapacidade por junta médica, ainda é nesta fase, que o juiz deverá determinar o desdobramento do processo, mandando constituir o apenso.

Segue-se a notificação às partes e apresentação, por estas, do rol de testemunhas, ainda que, avisadamente, já o devessem ter feito nos articulados, passando-se a observar os termos do processo comum até culminar na sentença final (arts. 131º, nº 2 e 133º), mas com algumas especificidades de que se dará conta.

4.4. Audiência final, sentença e recurso

Da aplicação do processo comum resulta que, na audiência final, deverão ser observadas as regras sobre a tentativa obrigatória de conciliação, sobre a consequência da não comparência das partes em julgamento e sobre a discussão e julgamento da matéria de facto, incluindo, pois, a ampliação dos temas da prova antes estabelecidos (arts. 70º a 72º).

Como especialidade existe uma quanto à presença na audiência de julgamento dos peritos médicos, que apenas se verificará "quando o juiz o determinar", o que equivale a dizer que pode denegar o pedido das partes em tal sentido (art. 134º), até porque deverá ter presidido à junta.

A possibilidade do juiz poder punir com multa as pessoas faltosas a qualquer diligência para que tenham sido convocadas, inclusive pelo magistrado do MP, quer sejam partes, advogados, testemunhas, peritos ou técnicos, encontra-se reforçadamente prevista no art. 136º e precisado o seu quantitativo entre 0,5 UC a 5 UC, no art. 27º, nº 1 do RCP. Deve-se à natureza oficiosa e humanística deste processo[491]. Não obstante o local da inserção daquele artigo, tal decisão não deverá, em princípio, ser decidida na sentença, mas quando a falta se verificou ou quando esgotado o prazo para a sua justificação.

No que tange ao tempo para a sentença ser emitida, de harmonia com o estabelecido no art. 73º, pode ser proferida até 30 dias após a conclusão do julgamento. Porém, também pode ser logo declarada, oralmente, pelo juiz, quando a simplicidade das questões o permitir, ficando, assim, gravada e apensa referenciada na ata.

Neste caso, a sentença pode ser simplificada e "limitar-se à parte decisória, precedida da identificação das partes e da sucinta fundamentação de facto e de direito do julgado". *A contrario sensu* quando a sentença for posteriormente emitida, então, já terá de obedecer aos numerosos requisitos dos arts. 152º e sgts e 607º e sgts do CPC. Mas em tal interpretação, não podem criar-se demoras incompatíveis com a "índole" do processo laboral, em especial, do processo infortunístico, nem se poderá contrariar o disposto no art. 135º que, obviamente, deve ser respeitado ante as correspondentes normas do CPC.

Em relação ao conteúdo da sentença deve, naturalmente, ser considerada a matéria fática assente na fase conciliatória e nos articulados (art. 131º, nº 1, *c*)) e na audiência final. Também "o juiz considera definitivamente assentes as questões que não tenham sido discutidas na fase contenciosa" mas, subentenda-se, que o foram na fase conciliatória sem ter havido acordo, nomeadamente as de natureza presuntiva (LAT, art. 3º sgts) e que, portanto, devem ser tomadas em consideração[492] e até outra

[491] Cfr Alberto Leite Ferreira, ob. cit., pág. 611.

[492] Idem, pág. 606.

que não tenha sido discutida na fase contenciosa, mas que seja pertinente. Devem ainda ser integradas as decisões tomadas no processo principal e nos processos apensos (nomeadamente o grau de incapacidade fixado pelo juiz na sequência da deliberação da junta médica e indemnizações ou pensões provisórias). Têm, igualmente, de ser fixados juros de mora em caso de condenação em prestações pecuniárias em atraso, independentemente de culpa e relativamente aos prazos de vencimento estabelecidos no art. 72º da LAT e mesmo que não tenham sido pedidos[493].

Pelas razões expostas, poderá haver condenação *extra vel ultra petitum*. E, por último, ainda deve ser fixado o valor à causa em termos definitivos e o regime das custas a suportar.

O recurso para a Relação é sempre viável, independentemente do valor, conforme reza a alínea *b)* do art. 79º, com o efeito e modo de subida já antes evidenciados. Obviamente, o recurso de revista já está condicionado aos respetivos requisitos.

Quando houver que prestar caução ou constituir reserva matemática, serão os respetivos cálculos efetuados pela Autoridade de Supervisão de Seguros e Fundos de Pensões (ASF) que substituiu o Instituto de Seguros de Portugal, IP[494] à qual deverá ser dada a necessária informação pelo tribunal (arts. 137º do CPT e 84º e 85º da LAT).

4.5. Incidente para pensão ou indemnização provisórias

A impossibilidade de trabalhar e a consequente perda de rendimento, que pode ser vital para o sinistrado e seu agregado familiar são consequências usuais dos acidentes de trabalho. Mas, por vezes, surgem situações complexas em que não há contrato de seguro, ou nem se sabe quem é o responsável, ou este está desaparecido, ou é discutível a existência do acidente de trabalho. Entretanto, também a avaliação do dano corporal ou prejuízo funcional sofrido em consequência do acidente de trabalho com redução da capacidade de ganho só pode ter lugar após a cura ou a consolidação das lesões.

[493] O regime da mora, por ser imperativo, é diferente do regime traçado no Código Civil (art. 806º) como é jurisprudência constante, nomeadamente Ac. do STJ nº 9/2015, publicado em 24 de junho de 2015. A jurisprudência é constante em tal sentido, cfr. Abílio Neto, ob. cit., pág. 357º a 362º.

[494] Com estatuto aprovado pelo DL nº 1/2015, de 6 de janeiro (www.asf.com.pt).

Sendo esta a questão nuclear do processo e face às suas delongas, prevê-se (nos arts. 121º a 123º do CPT e 52º da LAT), para atenuar a situação do sinistrado, que a seu requerimento, possa pelo juiz (e, portanto, só na fase contenciosa), ser fixada provisoriamente uma pensão ou uma indemnização, em síntese, nos casos seguintes:

- havendo acordo acerca da existência e caracterização do acidente como sendo de trabalho;
- não havendo acordo sobre a transferência da responsabilidade; e,
- mesmo não havendo acordo sobre a existência ou a caraterização do acidentes como sendo de trabalho, mas havendo situação de necessidade[495];
- quando julgadas as questões no processo principal, ainda não haja condenação definitiva, e até,
- quando haja suspeita de fuga às responsabilidades.

Face ao seu objetivo, esta decisão, que consubstancia uma condenação provisória ou cautelar, não é, pela sua especial natureza, suscetível de recurso, mas, tão somente, de mera reclamação para o próprio juiz e é "imediatamente exequível, dispensando-se a prestação de caução" (art. 124º).

4.6. Fixação da incapacidade para o trabalho

Como já ficou mencionado, para fixação do grau (e, eventualmente, da natureza) da incapacidade para o trabalho advinda de acidente, não sendo aceite por acordo dos interessados o resultado da perícia médica na fase de conciliação, deverá ser requisitada (em princípio, em requerimento autónomo da petição ou consubstanciando esta, se for a única questão a dirimir[496]) nova perícia mas, agora, a realizar por junta médica, portanto, de composição coletiva.

Este requerimento, a apresentar pela parte ou partes discordantes, deve ser fundamentado e ser acompanhado dos quesitos para serem objeto de resposta pelos peritos médicos [497]. Originará uns novos autos para a fixação da incapacidade que correrão por apenso ao processo principal, exceto

[495] Neste caso, em princípio, a pensão ou indemnização será paga pelo Fundo de Acidentes de Trabalho (FAT) – DL 142/99, de 30 de abril- cfr. art. 82º da LAT (antigo art. 39º da antiga LAT, que ainda é referido no art. 122º do CPT).

[496] De conformidade com o estatuído no arts. 117º, 118º e 132º.

[497] A utilização da prova pericial encontra-se regulada no art. 467º e sgts do CPC.

se não houver quaisquer outras questões em aberto para iniciar tal processo principal (arts. 119º, 126º e 132º). Neste último caso, tal requerimento passa a equivaler à petição, nomeadamente para efeito de taxa de justiça.

Anote-se ainda que não tendo havido acordo na fase conciliatória sobre a fixação da natureza e grau da incapacidade para o trabalho mas, se depois, o trabalhador ou o seu representante (ou até a entidade responsável) não apresentar, no prazo legal ou na sua prorrogação, o citado requerimento, a natureza e grau de incapacidade já consignados no relatório pericial podem acabar por prevalecer, merecendo ou não despacho homologatório, como previsto na parte inicial do art. 135º relativo à sentença.

Tal junta será constituída por três peritos médicos, sendo um nomeado pelo tribunal (dos referidos serviços médico-legais) e cada um dos outros dois pelas partes (art. 139º do CPT) podendo intervir ainda mais dois médicos especialistas. A deliberação tomada pela junta será notificada às partes[498] e apreciada pelo juiz que decidirá, em regra, confirmando o seu resultado, ainda que possa determinar ou requisitar a realização de outros exames e pareceres e tomar decisão diferente.

Finalmente, será proferida decisão sobre o mérito, fixando a natureza e o grau de incapacidade, as consequentes indemnizações a pagar, para além do valor da causa (se a decisão for tomada no processo principal, por não haver outras questões a julgar).

É com base no coeficiente global de incapacidade para o trabalho e numa percentagem da retribuição anual (que poderá ir de 50 a 80%) que será calculado quer o valor das indemnizações por incapacidade temporária para o trabalho, quer das pensões por morte ou por incapacidade permanente para o trabalho, de harmonia com as regras dos arts. 71º, 48º e 79º da LAT.

Para além do recurso, a interpor a final, tal incapacidade apenas poderá ser alterada em posterior incidente de revisão (art. 140º), como adiante se mencionará.

4.7. Incidente por falecimento do autor

Durante o decurso do processo, falecendo o autor, naturalmente, suspende-se a instância, como também decorre do art. 270º do CPC, até que

[498] De harmonia com a decisão proferida pelo TEDH, de 28-05-2014 (Affaire Martins Silva v. Portugal), cfr Ac. do TRP, de 06-10-2014 (Rel. Paula Leal de Carvalho) [dgsi].

seja efetuada a habilitação dos seus herdeiros[499]. Porém, sendo o autor o sinistrado, como normalmente é, tornar-se-á forçoso haver alteração do pedido, porquanto se verificará a caducidade de direitos e a alterarão as prestações a favor dos sucessores. Nos termos do art. 141º, citam-se por éditos (com dispensa de anúncios) os seus herdeiros para, querendo, deduzirem a habilitação, naturalmente, se, entretanto, já não tiverem providenciado em tal sentido. Crê-se que não obstante o texto legal, antes, deverá a secretaria utilizar os meios informáticos hoje disponibilizados (art. 172º, nº 4).

Mas também o magistrado do MP deve averiguar se a morte resultou direta ou indiretamente do acidente de trabalho em causa no processo, por isso ter repercussão nas eventuais prestações devidas aos herdeiros. Em caso afirmativo, deve aquele magistrado providenciar pela autuação de processo por morte, havendo lugar à reforma do pedido, como consta da epígrafe da Divisão V (acima do art. 141º). Este novo processo correrá por apenso (arts. 142º e 100º) e poderá levar a tentativa de conciliação, na qual intervirão os herdeiros, como é óbvio e já foi relatado. Caso se venha a frustrar a tentativa de conciliação, poderá vir a originar-se nova fase contenciosa, agora, apenas para acautelar os eventuais direitos dos beneficiários legais do sinistrado, indicados no art. 57º e sgs. da LAT, que também poderão ser representados pelo MP.

Havendo suspensão da instância que durasse por mais de um ano, passava à situação de interrupção, como se previa nos arts. 285º e 286º do antigo CPC e no revogado art. 143º do CPT. Mas, agora, haverá apenas suspensão que poderá cessar nos termos dos arts. 144º do CPT e 276º do CPC[500].

4.8. Incidentes de revisão da incapacidade

Como se deixou observado, o processo para a efetivação de direitos resultantes de acidente de trabalho visa, essencialmente, confirmar o acidente como de trabalho, verificar da assistência devida, fixar a incapacidade laboral dele resultante e atribuir a correspondente indemnização ou pensão.

Mas, findo o processo judicial, como é da natureza das coisas, a situação pode alterar-se, o que acontece com alguma frequência. Como se encontra

[499] O incidente de habilitação encontra-se disciplinado no art. 351º e sgs. do CPC.

[500] O começo e desenvolvimento da instância, a sua suspensão e a extinção são regulados a partir do art. 259º, *maxime* nos arts. 275º e 276º do CPC que tratam da suspensão e do seu fim.

previsto no art. 70º da LAT, onde se regula a revisão das prestações, *quando se verifique uma modificação na capacidade de trabalho ou de ganho do sinistrado proveniente de agravamento, recidiva* (reaparecimento da doença), *recaída ou melhoria da lesão ou doença que deu origem à reparação...*[501] E logo na lei substantiva, se estabelece que a revista da situação pode ser requerida pelo sinistrado (ou beneficiário legal) ou pelo responsável pelo pagamento (segurador, empregador ou FAT), ainda que só possa acontecer, no máximo, uma vez em cada ano.

Para tanto, há que reabrir o processo judicial, nos termos do incidente de revisão de incapacidade regulado nos art.s 145º a 147º. Mas também pode ter que se iniciar um processo novo, no caso específico previsto no nº 8 do mesmo art. 145º em que *sendo responsável uma seguradora, o acidente não tenha sido participado ao tribunal por o sinistrado ter sido considerado curado sem incapacidade.*

Não se pode olvidar que a revisão da incapacidade ou da pensão não podem ser confundidas com a sua atualização legal da pensão, em princípio anual, como previsto no art. 6º do DL 142/99, de 30 de abril.

Aquele incidente de revisão da incapacidade em juízo, em rigor, desdobra-se nas três subespécies seguintes:

- Revisão da incapacidade a pedido do sinistrado;
- Revisão ou anulação da pensão a pedido da entidade responsável; e
- Revisão da pensão a pedido de beneficiário legal (do sinistrado).

O pedido de revisão movido pelo sinistrado tramitará por apenso ao processo em que foi fixada a incapacidade para o trabalho. Iniciar-se-á mediante *simples requerimento* do interessado (em geral o trabalhador sinistrado), com a descrição dos factos e contendo, em anexo, a indicação dos quesitos, pois, de seguida, o juiz deverá mandar submeter o requerente a perícia médica, em similitude com o procedimento observado na fase inicial do processo principal (art.s 105º a 107º).

Só depois do parecer médico é que haverá notificação ao requerido e ao requerente. Se tal parecer for em sentido negativo, não se justificará a notificação da entidade requerida, a não ser que o próprio juiz ordene a realização de junta médica, como previsto no nº 6 do mesmo art. 145º.

[501] Cfr. como exemplo, Ac. do STJ, de 30-03-2017 (Rel. Ana Luísa Geraldes) [www.dgsi.pt].

Naturalmente, após aquela notificação, no prazo de 10 dias, qualquer das partes poderá requerer a reapreciação da situação clínica por junta médica, como na fase contenciosa (art.s 138º a 140º).

Ainda dentro do mesmo prazo, a entidade requerida pode declarar que pretende contestar os fundamentos do pedido, tendo mais dez dias para apresentar as respetivas alegações com a indicação dos meios de prova, como se determina no nº 1 do art. 146º. Semelhante direito assiste à outra parte.

O procedimento é um pouco diferente quando a revisão (total ou parcial) é requerida pela entidade responsável pela reparação dos danos resultantes do acidente (seguradora em regra, mas também podendo ser a empregadora ou até o FAT). Tal acontece porque este pedido em geral, assenta em factos estranhos à melhoria da situação clínica ou mesmo da cura, mas, outrossim em situações como sejam as alterações familiares. Neste caso, conforme, diretamente, se previne no art. 146º se ... *a questão só puder ser decidida com a produção de outros meios de prova* tal terá se declarado.

Gerando-se controvérsia, após a audição do pensionista sinistrado e requerido através da sua resposta com os meios de prova apresentada no prazo de 10 dias, seguem-se os termos do processo comum, devendo logo ser marcada a audiência final, sendo ainda possível alterar ou aditar o rol de testemunhas, como permitido no nº 2 do art. 63º, mas admitindo-se que os peritos médicos possam comparecer, como acontece no processo especial emergente de acidentes de trabalho (art. 134º).

No caso do pedido de revisão (aumento) da pensão pelo beneficiário legal (do sinistrado), que, como dito no art. 147º, terá como fundamento o *agravamento ou superveniência de doença física ou mental que afete a sua capacidade de ganho,* o incidente seguirá o formalismo idêntico ao do pedido de revisão da incapacidade pelo próprio sinistrado. Mas havendo necessidade de prova documental, depois de exercido o contraditório, haverá decisão no próprio incidente, isto é, *sem mais formalidades.*

Por último, como enunciado no nº 8 do art. 145º, pode acontecer que o pedido de revisão, não seja da incapacidade, mas, outrossim, para estabelecer tal incapacidade. Tal situação apenas poderá ser originada em acidente de trabalho aceite pela seguradora, que presta assistência ao sinistrado, mas que não é participado ao tribunal e, consequentemente, sem que tenha sido atribuído qualquer grau de incapacidade permanente (e a consequente pensão). Na verdade, nem sempre a seguradora é obrigada a proceder a tal participação judicial, como é tacitamente admitido no art. 90º da LAT, isto é, quando haja incapacidade temporário até 12 meses, com cura plena do sinistrado, portanto sem atribuição de qualquer pensão.

Contudo se, posteriormente, se verificar alguma recidiva verificando-se, portanto, que a cura, afinal, não foi definitiva, o sinistrado pode lançar mão deste procedimento especialíssimo, pois o seu requerimento não visa a revisão, mas sim a atribuição da incapacidade. Neste contexto, o requerimento deve identificar a seguradora, descrever o acidente, mencionar o período de incapacidade que lhe foi atribuído e a declaração da alta sem incapacidade[502]. Crê-se que não poderá deixar de ser distribuído como um processo emergente de acidente de trabalho (3ª espécie – art. 21º), mas seguindo *com as necessárias adaptações* as regras dos art.s 145º e 146º. Como o acidente foi participado à seguradora e por esta aceite como tal, concomitantemente, instruiu o respetivo processo que deverá apresentar ao tribunal com a sua resposta.

4.9. Outros incidentes típicos

No âmbito dos processos por acidentes de trabalho podem considerar-se como típicos os seguintes incidentes, que se podem suscitar durante a tramitação do processo principal ou depois deste se concluir:

- *Prestação de caução ou constituição de reservas matemáticas* (arts. 84º e 85º da LAT, 137º do CPT e 906º e sgs. do CPC) quando deva ser prestada caução pelo empregador responsável (obrigação de caucionamento de pensões) ou constituída reserva matemática sob a supervisão da ASF, ex Instituto de Seguros de Portugal, IP[503];
- *Remição da pensão facultativa e obrigatória* (arts. 75º da LAT e 148º a 150º do CPT) quando a pensão anual vitalícia devida a sinistrado com incapacidade permanente parcial for inferior a 30% e em relação a pensão anual vitalícia devida a beneficiário legal, desde que em qualquer dos casos, o valor da pensão anual não seja superior a

[502] O tema foi tratado, através de saudável controvérsia, no Acórdão do TRP, de 17-05-2021, Proc. nº 4830/20.9T8VNG-A.PI (www.dgsi), relatado por Teresa Sá Lopes e com declaração de voto de Rita Romeira.

[503] As bases técnicas, bem como as respetivas tabelas práticas, constam da P. nº 11/2000, de 13 de janeiro.

seis vezes o valor da retribuição mínima nacional[504]. As remições obrigatórias ficam isentas de custas (RCP art. 4º, nº 2 *a)*)[505].

Embora inominados, podem classificar-se como incidentes da instância, a fixação de incapacidade para o trabalho, de pensão ou de indemnização provisórias, como se prevê nos arts. 121º a 125º.

5. Processo para declaração de extinção de direitos resultantes de acidente de trabalho

Não obstante a sua especial natureza, os direitos resultantes de acidente de trabalho, como sejam os diversos direitos de índole patrimonial, conforme o disposto nos arts. 179º da LAT e 151º e 152º do CPT, podem cessar por prescrição no prazo de cinco anos (a partir da data do seu vencimento e na sequência do conhecimento pessoal da fixação das prestações), por caducidade do direito de ação (um ano, a contar da data da alta clínica ou da morte) e por caducidade do direito a pensão (art. 152º do CPT) em razão de algumas vicissitudes na vida humana, como sejam, morte, certa idade, segundas núpcias ou união de facto[506]. O próprio beneficiário do direito pode ter interesse na declaração da sua caducidade[507].

Englobam-se nesta especial categoria de processo emergente de acidente de trabalho, segundo o nº 1 do art. 151º do CPT, as ações para:

- declaração de prescrição ou suspensão de direito a pensões; e
- declaração de perda de direito a indemnizações.

Segundo o preceituado no mesmo número, tais ações "seguem, com as necessárias adaptações, os termos do processo comum ... mas o juiz pode oficiosamente ordenar exames ou outras diligências que considere necessárias". Como se exceciona a aplicação dos arts. 61º e 62º, deverá concluir-se que neste processo, não há lugar nem para o despacho pré-saneador, nem para a audiência prévia, dada a simplicidade da causa.

[504] O modo de cálculo do capital de remição das pensões e valores do seu caucionamento consta da Portaria nº 11/2000, de 13 de janeiro. A norma do nº 2 do art. 75º foi julgada inconstitucional na parte em que impede a remição parcial de pensões anuais vitalícias correspondentes a incapacidade inferior a 30% (Ac. do TC nº 172/2014, publicado em 10/3/2014).

[505] V. como exemplo, Ac. do TRL, de 18-11-2015 (Rel. Paula Sá Fernandes) [dgsi].

[506] De conformidade com o estabelecido nos arts. 132º a 134º da LAT.

[507] V. como exemplo o Ac. da Rel. de Coimbra de 09-10-2008, *in* C.J. 2008, 4º, pág. 65.

Prevêem-se e regulam-se no artigo seguinte, dois específicos procedimentos, o último dos quais é classificado como incidente, ainda que de solução óbvia, e que são:

- a necessidade do autor, que será a entidade responsável pelo pagamento (seguradora ou empresa), apresentar os meios de prova, que poderão ter de ser por documentos para demonstrar a caducidade do direito a pensão em razão da idade, morte, segundas núpcias ou união de facto; e
- a remessa para visto do magistrado do MP quando se verifique a caducidade da pensão devido à morte do sinistrado, para ele investigar das causas da morte e, se for necessário, providenciar pelas "diligências necessárias para determinação dos seus beneficiários legais" e promover a tentativa de conciliação, tudo nos termos dos arts. 142º a 144º e 100º.

Quer este processo, quer este seu incidente, segundo o preceituado no art. 153º, correrão, logicamente, por apenso ao processo principal (para efetivação dos direitos resultantes de acidente de trabalho), que só não existirá em casos raros.

6. Processo para efetivação de direitos de terceiros conexos com acidente de trabalho

O acidentado do trabalho (e até alguns dos seus familiares) tem, naturalmente, direito a uma série de prestações em espécie, nomeadamente, em transportes, cuidados médicos e de enfermagem, tudo como resulta do art. 25º e sgs. da LAT, nomeadamente no seu art. 29º, onde se estabelece que "nenhum médico pode negar-se a prestar assistência clínica a sinistrado do trabalho ..".

Nesta sequência, no art. 126º, nº 1, *d)*, da LOSJ, confere-se competência material aos juízos do trabalho para as "questões de enfermagem ou hospitalares, de fornecimento de medicamentos emergentes da prestação de serviços clínicos, de aparelhos de prótese e ortopedia ou de quaisquer outros serviços ou prestações efetuadas ou pagos em benefício de vítimas de acidentes de trabalho ou doenças profissionais".

Como a responsabilidade pelo pagamento de tais serviços recai, não sobre o sinistrado, mas sobre o empregador (ou a sua seguradora), de conformidade com o disposto no art. 7º da LAT, é por demais evidente a conveniência da efetivação judicial de tal responsabilidade, quando necessária, se fazer em processo especial conjunto ou derivado do processo principal do acidente de trabalho, que originou tais despesas e encargos. Tal forma processual, prevista no art. 154º será usada por tais credores.

Quando estes credores forem entidades hospitalares ou instituições de assistência, hoje, instituições particulares de solidariedade social, poderão ser patrocinados pelo magistrado do MP do juízo do trabalho competente.

O mesmo poderá acontecer quando forem "pessoas que, por determinação do tribunal houverem prestado os serviços ou efetuado os fornecimentos..." aos acidentados do trabalho, como acima aludido [art. 7º, alíneas *b)* e *cc)*].

Igualmente, do acidente de trabalho podem resultar direitos a indemnização a favor de terceiros (em relação ao sinistrado), como sejam alguns dos seus familiares, nas situações em que se verifique a atuação culposa do empregador, seu representante ou entidade por aquele contratada e por empresa utilizadora de mão de obra, conforme previsto no art. 18º da LAT.

É, assim, nestes contextos, que se prevê e se regula no art. 154º do CPT, este processo especial para efetivação de direitos de terceiro conexos com acidente de trabalho.

De especial, para além da sua inserção no foro laboral e da sua dependência do citado processo resultante do acidente de trabalho, do qual constituirá um apenso, segue a tramitação do processo comum. Naturalmente as decisões tomadas no processo principal, nomeadamente sobre "o objeto e a qualificação do sinistro como acidente de trabalho ou a determinação da entidade responsável" serão nele incontroversas.

7. Processo de ressarcimento das despesas suportadas pela seguradora

Há que distinguir este tipo de processo dos anteriores, essencialmente, porque embora decorrendo também de acidente de trabalho, a questão a solucionar tem sido considerada meramente civil.

Ocorre quando a seguradora assume o **direito de regresso** sobre o empregador, seu segurado e cliente, de conformidade com o disposto no art. 18º da LAT. Tal pode acontecer quando, tendo cumprido as prestações devidas a um sinistrado, de conformidade com o regime legal imperativo e a respetiva apólice uniforme, se venha a julgar, no respetivo processo, que o acidente de trabalho resultou da atuação culposa do empregador.

Havendo processo judicial para o exercício de tal direito pela seguradora, contrariando, como se crê, o espírito do art. 154º e o pragmatismo judiciário, a jurisprudência tem concluído que é necessário um novo processo no **juízo cível** competente, como se pode concluir do Acórdão do STJ, de 13-10-2020, *in* CJ – STJ, Ano XXVII, Tomo III/2020, pág. 70.

8. Processo por acidente causado por outro trabalhador ou por terceiro

No comum das situações, o acidente de trabalho ocorre sem a interferência de outras pessoas. Mas pode acontecer, como se previne no artº 17º da LAT, que tal acidente seja causado, quer por outro trabalhador da mesma empresa ou do mesmo grupo de trabalho[508] ou por um terceiro, ou seja, por uma pessoa estranha à empresa ou a tal grupo de trabalho. Neste último caso, avultam os **acidentes de trabalho que, simultaneamente, são acidentes de viação.** Acontecem não só nos acidentes *in itinere*, mas ainda quando os trabalhadores estão a laborar fora do espaço empresarial, nomeadamente em viaturas, como é o caso dos motoristas.

Em tais casos, para além do correspondente processo emergente do acidente de trabalho, emergirão ainda processos cível ou criminal, onde serão pedidas e julgadas as indemnizações pelos danos causados ao trabalhador sinistrado pelos referidos "outro trabalhador" ou "terceiro" com base nas regras de responsabilidade cível subjetiva ou objetiva. Como é obvio tais processos correrão pelos tribunais materialmente competentes, ou seja, os juízos do trabalho, cíveis e criminais. Em tais casos, haverá que respeitar as normas do citado artigo 17º e, nas suas omissões, as decisões prevalecentes que a jurisprudência tem vindo a criar, que se passam a compendiar.

Desde logo, nos termos do nº 1, é assegurado ao trabalhador que foi vítima de tal acidente de trabalho a inerente reparação estabelecida na LAT. Mas a satisfação de tal direito (ou mesmo a instauração do correspondente processo), não impede que o mesmo trabalhador possa exigir o ressarcimento de todos os danos por si sofridos perante o causador do acidente através de processo cível ou criminal, em curso ou a instaurar. Caso, este causador do acidente tenha a sua responsabilidade cível transferida para uma seguradora, deverá ser esta a acionada. Portanto, em qualquer

[508] Entende-se que ao distinguir-se o acidente causado "por outro trabalhador ou por terceiro", impõe a *ratio legis* que se pretende separar os empregados da mesma empresa ou não mas que estão a trabalhar em conjunto com o sinistrado, das restantes pessoas que nada tem a ver com tal trabalho.

dos casos, sempre o sinistrado tem assegurado o seu direito às prestações reparadoras estabelecidas na LAT, que são da responsabilidade da sua entidade empregadora (ou da seguradora, para quem tenha transferido a sua responsabilidade por acidentes de trabalho, como é obrigatório, em geral). Em caso de morte do sinistrado, assistirá aos seus sucessores o direito às prestações indemnizatórias de conformidade com a LAT e, igualmente, poderão exercitá-lo judicialmente.

Naturalmente, este direito do trabalhador sinistrado contra o "outro trabalhador ou terceiro" poderá, através da figura da **sub-rogação** [509], trasladar-se para o empregador ou para a sua seguradora enquanto pagadores das prestações que àquele foram devidas, caso tal direito não tenha sido exercido judicialmente no prazo de um ano a contar da data do acidente, tudo conforme resulta do nº 4. "Para que se reconheça a sub-rogação da seguradora que suportou a indemnização, esta tem de alegar e provar a culpa do terceiro a quem imputa a responsabilidade pelo acidente" [510].

E que prazo tem o sub-rogante para exercer tal direito? Como não está expressamente indicado, têm variado as decisões judiciais. Como salienta Sílvia Saraiva, "tem-se vindo a entender que o prazo de prescrição do reembolso das quantias pagas ... é de três anos (nº 2, do artigo 498º, do Código Civil), pelo que esse prazo de três anos não tem de coincidir com a data do acidente" [511].

Ainda pode acontecer que algum dos institutos da segurança social tenha pago prestações ao sinistrado, nomeadamente subsídio de doença. Em tal caso, aplicar-se-á o dispositivo do art. 70º da Lei de bases da SS (Lei nº 4/2007, de 16 de janeiro) que, com a epígrafe responsabilidade civil de terceiros, estabelece que *no caso de concorrência pelo mesmo facto do direito a prestações pecuniárias dos regimes de segurança social com o de indemnização a suportar por terceiros, as instituições de segurança social ficam sub-rogadas nos direitos do lesado até ao limite do valor das prestações que lhes cabe conceder.* O mesmo poderá acontecer com as despesas com cuidados de saúde prestados pelo SNS, sendo da *exclusiva competência do estabelecimento de saúde, E. P. E., e do estabelecimento de saúde, S. P. A., a cobrança das receitas e taxas provenientes*

[509] Como previsto no art. 592º do Código Civil.

[510] Ac. do TRC, de 8-10-2019, relatado por Fonte Ramos *in* CJ, XLIV, pág. 297.

[511] "Confluência de responsabilidades pela eclosão de acidente simultaneamente de trabalho e de viação no regime traçado pelo artigo 17º da Lei nº 98/2009, de 04/09", estudo publicado na Revista do CEJ, 2021-II, pág. 266.

da sua atividade, nos termos do art. 93º, nº 7 da Lei nº 52/2022, de 4 de agosto, e DL nº 218/99, de 15 de junho (cobrança das dívidas hospitalares).

Mas mesmo que o trabalhador sinistrado exerça judicialmente o seu referido direito, o seu empregador e/ou a respetiva seguradora, ainda assim, podem intervir como parte principal no processo[512], por forma espontânea ou provocada, prevenindo, deste modo, a eventual incúria ou alguma transação indevida (nº 5).

Ainda nos nºs 2 e 3, em respeito ao **princípio da não cumulação de indemnizações,** estabelece-se que o sinistrado não poderá ser duplamente indemnizado pelos mesmos danos. Em consequência, se a indemnização do causador do acidente for superior à devida pelo empregador (ou sua seguradora) este fica desonerado da sua obrigação e tem direito a ser reembolsado. Se for inferior só ficará desonerado na medida correspondente. Haverá, no entanto, que considerar a diferente natureza das prestações indemnizatórias cíveis e infortunísticas, não podendo algumas daquelas serem trocadas por estas, como acontece nos danos morais e patrimoniais.

9. Processo para efetivação de direitos resultantes de doença profissional

Deve entender-se como doença profissional aquela que como tal seja classificada na Lista das Doenças Profissionais[513] e, eventualmente ainda outras doenças "desde que se prove serem consequência necessária e direta da atividade exercida e não representem normal desgaste do organismo" (art. 94º da LAT).

O regime das doenças profissionais integra também a LAT, mais concretamente o seu capítulo III (arts. 93º a 153º). Aquela Lista das Doenças Profissionais[514], face ao desenvolvimento científico, vai sendo revista por uma

[512] De conformidade com o estipulado nos art.s 311º e 316º do CPC.

[513] Aprovada pelo DR nº 6/2001 e alterado e republicado pelo DR nº 76/2007, de 17 de julho. Contém o código de cada uma das doenças e bem assim a referência temporal para a sua caracterização. Consta da nossa coletânea de Legislação sobre Incapacidades, Dislivro, pág. 281. A doença Covid19 foi considerada profissional dos trabalhadores do setor da saúde (art. 262º-B da Lei nº 2/2020, de 31 de março (que aprovou o Orçamento do Estado para 2020), na redação conferida pela Lei nº 27-A/2020, de 24 de julho. Existe a Recomendação (UE) 2022/2337 da Comissão, de 28-11-2022, relativa à lista europeia das doenças profissionais.

[514] A composição, competência e funcionamento da Comissão Nacional de Revisão da Lista das Doenças Profissionais, prevista no nº 2 do art. 283º do CT consta do DR nº 3/2019, de 12 de fevereiro.

Comissão Nacional[515]. Caso um trabalhador apresente alguma patologia não prevista em tal lista, compete-lhe apresentar prova da origem da sua doença para ela poder vir a ser certificada como profissional e não natural.

Como a eventualidade de doenças profissionais foi integrada como um dos riscos sociais cobertos pelo **sistema previdencial** da segurança social[516], a sua gestão pertence, atualmente, ao Instituto da Segurança Social, I.P.[517], através do seu serviço central especializado denominado Departamento de Proteção contra os Riscos Profissionais – DPRP [518]. Deste modo, caso, ilicitamente, o empregador não inscreva algum trabalhador na respetiva instituição de segurança social como beneficiário[519], este não terá a referida proteção, sendo o empregador (ou eventualmente a seguradora) a responsável, ainda que tal situação se encontre mitigada[520].

Essencialmente, para que a doença seja classificada como profissional, terá de haver um parecer inicial do médico assistente ou do trabalho, que será, obrigatoriamente, comunicado ao referido DPRP. Neste, através dos seus serviços médicos especializados, situados em Lisboa e no Porto, será ou não certificada a doença como profissional[521]. Em caso afirmativo, será verificada a incapacidade para o trabalho, incumbindo ao ISS providenciar pelas prestações reparadoras, tudo de forma semelhante ao que acontece com os acidentes de trabalho, mas de modo mais favorável do que se tratasse de doença natural.

Em consequência, não há fase conciliatória, decorrendo o procedimento médico e administrativo na esfera do DPRP. Caso se verifique divergências entre o beneficiário e o ISS, desde logo quanto à certificação da doença

[515] A Comissão Nacional de Revisão da Lista das Doenças Profissionais encontra-se regulamentada no DR 3/2019, de 12 de fevereiro.

[516] Cfr. Alcides Martins, Legislação da Segurança Social Tomo I – Sistemas Previdencial e Complementar, Dislivro, Lisboa, 2007, pág. 203.

[517] Lei orgânica – DL 83/2012, de 30 de março, art.s 3º, nº 1 e 8º.

[518] Antes Centro Nacional de Proteção contra Riscos Profissionais, que havia substituído a Caixa Nacional de Seguros de Doenças Profissionais.

[519] Código do Regimes Contributivos do Sistema Previdencial da Segurança Social, art. 6º e sgs.. O comentário destes artigos constam *in* Alcides Martins, Código dos Regimes Contributivos e Legislação Complementar, 2ª ed., Coimbra 2022, pág. 27.

[520] Cfr. estudo de António Amaro Rodrigues denominado Notas sobre especificidades da reparação das doenças profissionais *in* Prontuário de Direito do Trabalho, nº 83, maio-agosto de 2009, CEJ/Coimbra Editora, pág.175.

[521] Este procedimento para a certificação da doença profissional também é aplicado no âmbito da Administração Pública – DL nº 503/99, de 20 de novembro.

como profissional, quanto à natureza e grau da incapacidade atribuída, reembolsos de despesas, valores da indemnização e de pensões, então, é que o beneficiário poderá iniciar a fase contenciosa, interpondo a ação e/ou apresentando requerimento para junta médica no juízo do trabalho competente, de forma semelhante ao processo por acidentes de trabalho (arts. 155º e 117º do CPT).

Nomeadamente, no processo principal poderá ser apreciado o litígio relativo à existência ou não do nexo causal entre a atividade profissional ou local de trabalho e a doença, para se concluir ou não pela sua existência, natureza e grau de incapacidade para o trabalho. Pode acontecer que se conclua pela existência da doença profissional, mas sem incapacidade para o trabalho, havendo, em tal caso, apenas a concessão de prestações em espécie, como medicamentos e tratamentos.

10. Valor da causa

Perante a especificidade de todos estes processos emergentes de acidente de trabalho e de doença profissional, estatuem-se regras próprias sobre o valor da causa no art. 120º do CPT, para além daquelas que se encontram fixadas no art. 296º e sgs. do CPC.

Em suma, o valor destas causas também deve representar a utilidade económica ínsita no pedido formulado. Assim, o seu quantitativo resultará da soma do valor das prestações pedidas. Porém, como as pensões se repercutem no tempo, o seu cálculo para o valor da causa será "igual ao do resultado da multiplicação de cada pensão pela respetiva taxa constante das tabelas práticas aplicáveis ao cálculo do capital da remição".[522]

Como tal repercussão temporal também se verifica nas indemnizações por incapacidade temporária a pagar no futuro, o seu valor processual haverá de resultar do quíntuplo do seu valor anual. Já relativamente às prestações indemnizatórias vencidas a sua repercussão no valor do processo haverá de resultar, como na regra básica, da sua simples soma aritmética. No que tange aos incidentes pode-lhe ser atribuído valor específico, consoante a que se prevê no art. 307º do CPC.

O valor da causa corresponderá à base tributária para efeitos da taxa de justiça, de harmonia com o preceituado no art. 11º do RCP. Em consequên-

[522] De conformidade com as regras da Portaria nº 11/2000, de 13 de janeiro, as tabelas técnicas assentam num coeficiente consoante a idade do beneficiário da pensão.

cia, na fase contenciosa do processo para efetivação de direitos resultantes de acidente de trabalho e de doenças profissionais e nos processos para declaração de extinção de direitos e para efetivação de direitos de terceiros conexos com acidentes de trabalho há sujeição a custas processuais, que abrangem a taxa de justiça, os encargos e as custas de parte. Porém, os trabalhadores e seus familiares poderão estar isentos, nos termos da alínea *h)* do nº 1 do art. 4º do citado RCP, "quando sejam representados pelo MP ou pelos serviços jurídicos do sindicato ... desde que os respetivos rendimentos ... não superiores a 200 Uc". E isto para além da modalidade do apoio judiciário (Lei nº 34/2004, de 29 de julho).

11. Caducidade do direito de ação

No que se refere aos direitos estabelecidos na LAT, o seu exercício caduca ao fim de um ano a contar da alta clínica formalmente comunicada ao sinistrado ou da data da sua morte, por força do disposto no art. 179º, nº 1.

Esta comunicação formal tem sido considerada essencial para o início da contagem do prazo e não tem repercussões em muitas situações como já assinalado.

Como escreve Viriato Reis "a caducidade do direito de ação configura uma exceção perentória que determina a absolvição do pedido e, consequentemente, o arquivamento do processo, sendo que essa decisão deverá caber ao Juiz, sob promoção do Ministério Público. Se o sinistrado não se conformar com a decisão, pode ... a ela reagir apresentando recurso" [523].

[523] Estudo cit. *in* PDT, 2022-II, pág. 358.

XVI
Processo de Impugnação de Despedimento Coletivo

1. Generalidades

Nos artigos 156º a 161º do CPT regula-se este processo especial, em termos conciliáveis com as normas do CT que disciplinam o despedimento coletivo (arts. 359º a 366º). Tem por objetivo averiguar da legalidade de despedimentos coletivos efetivados que venham a ser impugnados. Os seus autores pretendem obter a declaração da ilicitude (ou irregularidade) de tal despedimento, em consonância com o disposto nos arts. 381º e 383º do CT[524]. Aliás, tal ilicitude também "apenas pode ser declarada pelo tribunal" (art. 387º, nº 1 do CT) e "na ação de apreciação judicial do despedimento, o empregador apenas pode invocar factos e fundamentos constantes de decisão de despedimento comunicado ao trabalhador" (nº 3 dos arts. 388º e 387º).

É também um processo com natureza urgente, *ex vi* do disposto no art. 26º, *d)*, do CPT e distribuído como sendo da 5ª espécie (art. 21º).

"Presume-se que o trabalhador aceita o despedimento quando recebe a compensação prevista" como consta no nº 4 do art. 366º do CT. Portanto, em tal caso verificar-se-á a **caducidade ou renúncia** do seu direito a esta ação [525]. Mas o trabalhador poderá ilidir tal presunção devolvendo, simultaneamente, aquela compensação ou vindo a provar que tal não lhe foi possível.

[524] Tem as suas coordenadas na Diretiva nº 98/59/CE, do Conselho, de 20 de julho, relativa à aproximação das legislações dos Estados membros respeitantes aos despedimentos coletivos, como referido na alínea *g)* do art. 2º da Lei de aprovação do Código do Trabalho.

[525] Como confirmado, considerando a constitucionalidade do preceito, no ac. do STJ, de 16-11-2017, proc. 9224/1.OT2SNT.L1.S1, Rel. Ferreira Pinto.

Não obstante o despedimento ser coletivo, "cada um dos trabalhadores é titular do direito de ação" como escreve Luís Miguel Monteiro, que também adianta que "a apreciação judicial do procedimento de despedimento coletivo é instrumental da declaração de ilicitude deste, a fazer em sede de processo especial"[526]. Daqui a necessidade das regras especiais a dar competência territorial ao "tribunal do lugar onde se situa o estabelecimento da prestação de trabalho" (art. 16º, nº 1, do CPT) ou o estabelecimento "com maior número de trabalhadores despedidos" (nº 2). Também a regra do litisconsórcio do art. 3º poderá ser aplicável, prevendo-se a obrigatoriedade da apensação destas ações "até ao saneador", no nº 2 do art. 31º, quando não tenha havido coligação.

Como particularidade, salienta-se que o prazo (de caducidade) para intentar esta ação com processo especial é de seis meses "contados da data da cessação do contrato" (art. 388º, nº 2 do CT). É, pois, um prazo diferente dos dois restantes para impugnar judicialmente as outras formas de despedimento. Todavia, no que tange ao procedimento cautelar para suspensão de despedimento já existe um único prazo de cinco dias úteis para todas as formas de despedimento, "a contar da data da receção da (sua) comunicação..." e não da data efetiva do despedimento (art. 386º do CT).

Convirá salientar que o processo de impugnação de despedimento coletivo pode ter apenas um autor se os restantes trabalhadores visados chegaram a acordo com a empresa ou acabaram por aceitar o despedimento. Assim já foi julgado pela Relação de Lisboa ao concluir que "no caso de o despedimento se iniciar como coletivo não perde essa característica se a empresa no âmbito do processo chegou a acordo para a cessação dos respetivos contratos de trabalho com todos os trabalhadores exceto com um"[527]. Portanto, o que tem de ser coletivo é o despedimento, pelo menos no seu início, e não o seu processo (judicial) de impugnação[528]. Aliás, o mesmo pode acontecer durante o decurso do processo judicial.

[526] Processo de Impugnação de Despedimento Coletivo, comunicação inserida *in* Estudos do Instituto de Direito do Trabalho, vol. V, IDT/Almedina, Coimbra, 2007, pág. 77 e estudo inserido em PDT, 2020-I, pág. 201.

[527] Ac. do TRL de 02-11-2005, Proc. nº 4764/2005-4, Rel. Guilherme Pires (JusNet). Em sentido diferente julgou-se no acórdão da mesma Relação de 17-09-2012.

[528] Porque sendo o despedimento coletivo um único, em regra, cada um dos trabalhadores é parte no seu contrato de trabalho. Mas, excecionalmente, pode haver um grupo de pessoas, ou seja, em conjunto, como pode ser o caso da orquestra, da companha ou do trabalho por "empreitada", em que vigora um contrato único para todos os trabalhadores.

2. Articulados

A petição, a apresentar por algum, alguns ou todos os trabalhadores despedidos coletivamente que não tenham aceitado a compensação (ou que a devolveram) não tem qualquer especial conformação, incumbindo à secretaria providenciar pela citação do réu (art. 563º do CPC). Assim, recebida a petição, segue-se a citação da empresa ré, sendo o prazo para contestar de 15 dias. Não há, pois, lugar a audiência de partes.

Questão que se suscita consiste em saber se no petitório de impugnação do despedimento coletivo se podem inserir outros pedidos como sejam o pagamento de créditos salariais, compensação por férias não gozadas. A resposta não pode deixar de ser negativa, pois, para além deste processo ser especial e vocacionado para aquele fim ainda é urgente, e portanto, não se devendo "demorar" com outras questões que devem ser analisadas através do processo comum. Mas o argumento decisivo deriva da específica configuração ou tramitação do processo que se centra em assessoria técnica que apenas poderá avaliar os fundamentos invocados para o despedimento. E por esta razão o julgamento deve ser feito no despacho saneador. Aliás, se houver "termos subsequentes" andarão à roda dos factos relativos ao despedimento e não a outros a ele estranhos.

E se a empresa não contestar, será condenada de preceito? A resposta é negativa como defendeu o ilustre Desembargador Seara Paixão, ao sumariar que "no processo especial de impugnação do despedimento coletivo não há lugar à aplicação subsidiária das disposições do processo civil uma vez que as normas de processo comum de trabalho regulam de forma completa o efeito para a falta de contestação. ... Considerando que o processo especial de impugnação de despedimento coletivo não prevê cominação para a falta de contestação, não há que ordenar a repetição da citação uma vez que esta foi feita nos termos legais, sem indicação da cominação"[529].

Para além da contestação, deve ser apresentada a documentação pertinente resultante do procedimento previsto no CT, nos arts. 419º e sgs., para além de outros meios de prova, inclusive o rol de testemunhas. Também naquele acórdão se concluiu que neste ... "processo especial exige-se que o réu apresente com a contestação o processo de despedimento ou os documentos que o integrem. A apresentação desses documentos em procedimento cautelar anterior à ação, com apensação ao processo de des-

[529] Ac. do TRL, de 19-12-2012, Proc. nº 2861/11 *in* JusNet.

pedimento, tem o mesmo efeito da apresentação desses documentos no prazo da contestação". Neste sentido, ainda Lebre de Freitas defende que o empregador tem "o dever de juntar o processo de despedimento, mas não tem o ónus de contestar"[530].

Ainda na contestação deve ser requerido o chamamento para intervenção dos restantes trabalhadores abrangidos pelo despedimento coletivo (art. 156º do CPT) de molde a existir apenas um processo. Se o réu o não fizer poderão os outros trabalhadores acionar a empresa em processos separados, mas também poderão operar em litisconsórcio voluntário entre os trabalhadores despedidos, conforme já decidido pelo STJ[531], ainda que o julgamento possa ser em separado (art. 161º). Trata-se de uma intervenção provocada pelo réu que se processará nos termos do art. 319º do CPC. De resto, "a apensação de ações emergentes de despedimento coletivo é obrigatória até ao despacho saneador, sendo ordenada oficiosamente logo que conhecida a sua existência", devendo a secretaria "informar os magistrados das ações que se encontrem em condições de ser apensadas", como se preceitua no art. 31º nºs 1 e 2.

3. Condenação de preceito

A ilicitude do despedimento coletivo resulta da falta de algum dos fundamentos gerais ou especiais estabelecidos, de forma imperativa, nos arts. 381º e 383º do CT. Entre tais fundamentos avulta a necessidade de documentar ou formalizar diversos atos procedimentais estabelecidos no art. 360º e sgts do mesmo CT. Por seu turno, os efeitos da ilicitude do despedimento, em todas as suas modalidades, encontram-se disciplinados, de forma imperativa e padronizada nos arts. 389º a 391º do mesmo CT. Todavia, há três aspetos que carecem de julgamento pelo juiz ou decisão pelos autores e que são.

- a fixação do valor da indemnização por danos morais (CT, art. 389º, nº 1 *a)*;
- a opção pela reintegração ou indemnização (idem, art. 391º, nº 1); e
- havendo opção por esta indemnização, até ao termo da audiência final, o seu valor que haverá de situar-se entre 15 e 45 dias de retri-

[530] A Cominação Semiplena na Impugnação de Despedimento Coletivo, *in* ROA, Ano 73, jan/mar 2013, pág. 210.

[531] Ac. de 28-06-2001, CJ, 2º vol., pág. 293.

buição base e diuturnidades por cada ano completo ou fração de antiguidade, que não pode ser inferior a três meses de retribuição base e diuturnidades.

Assim, se a empresa ré, estando devidamente citada, não apresenta a sua contestação e/ou não apresenta a referida documentação, o decretamento da ilicitude do despedimento torna-se inexorável. Todavia, era problemática a condenação imediata ou de preceito, na medida em que não se sabia ainda qual o valor da indemnização pelos danos morais, nem qual a opção do trabalhador despedido, pois não o tendo feito na petição, detinha ainda o direito de optar por receber indemnização em vez de reintegração no seu posto de trabalho.

Na recente adequação ao CPC, de forma pragmática mas desrespeitadora do direito substantivo, a questão acabou por ser ultrapassada pelo mesmo modo que já acontecia no processo da ação de impugnação da regularidade e licitude do despedimento (singular) (art. 98º-J, nºs 3 e 4). Assim, também no presente processo de impugnação do despedimento coletivo, passou, através do aditamento dos nºs 5 a 7 ao art. 156º, a expressarem-se as consequências da falta de contestação ou, mesmo havendo contestação, da falta da junção aos autos dos "documentos comprovativos do cumprimento das formalidades previstas nas normas reguladoras do despedimento coletivo". Tais consequências, que resultam do direito adjetivo (revelia absoluta operante) e do direito substantivo (ilicitude por falta da prova do procedimento e de outros elementos a deduzir na contestação), implicam, desde logo, a declaração ou decretamento pelo juiz da ilicitude do despedimento de cada trabalhador afetado, mas:

- igualmente condena o réu a reintegrar o autor no mesmo estabelecimento da empresa ou a pagar-lhe a indemnização por antiguidade, se esta já tiver sido pedida pelo autor, pelo valor mínimo, não lhe permitindo, assim, que ele possa optar até ao fim da audiência pela indemnização e produzir prova para obter valor mais elevado (e até 45 dias por mês);
- ordena a notificação da parte da sentença já emitida;
- ordena a notificação do trabalhador para, querendo, apresentar novo articulado, peticionando:
- outros créditos emergentes do contrato de trabalho; e
- a indemnização pelos danos morais.

Caso a empresa ré venha a apresentar contestação ao novo articulado do trabalhador ou trabalhadores despedidos, o que será insólito mas que pode acontecer, então passam a observar-se os termos do processo comum, não a partir da fase de saneamento, mas a partir do art. 57º (efeitos da revelia), o que dificilmente se compreende dado que tais efeitos já estão produzidos e vazados em sentença.

4. Matéria da impugnação

Na esteira do escrito por Bernardo Lobo Xavier[532], a impugnação do despedimento coletivo poderá inserir-se nos seguintes planos:

- formal, pondo-se em causa a regularidade do procedimento;
- material, discutindo-se as circunstâncias alegadas pelo empregador;
- valorativo, apreciando os critérios para a decisão e para a escolha dos trabalhadores (arts. 359º a 366º e 381º e 383º do CT).

Naturalmente, este controlo valorativo, pode incluir-se no controlo material, como motivação do despedimento, como é entendido por João Monteiro ao escrever "preconiza-se um controlo jurisdicional que também incida sobre a proporcionalidade entre a motivação apresentada e a decisão de proceder ao despedimento coletivo e sobre a racionalidade dessa decisão, fundando-se, no essencial, esse entendimento na exigência constitucional de justa causa (comprovada) para que haja despedimento e no necessário equilíbrio e ponderação de todos os interesses e valores constitucionais em jogo, mormente, a liberdade de iniciativa económica privada (art. 61º CRP) *versus* segurança no emprego (art. 53º CRP)"[533]. Explica-se por razões históricas, concordando com Filipe Fraústo da Silva[534] nesta "questão da sindicabilidade judicial dos critérios de escolha dos concretos trabalhadores a atingir num despedimento coletivo".

A ação de impugnação do despedimento coletivo, face à sua génese, pode ser desencadeada antes ou depois do processo de insolvência. Vindo a ser declarada a insolvência, deixará de ter sentido, verificando-se, a impossibilidade ou inutilidade superveniente da lide (CPC, art. 277º *e)*), por-

[532] O Despedimento Coletivo no Dimensionamento da Empresa, Verbo, Lisboa, 2000, pág. 557.

[533] O Controlo Jurisdicional do Despedimento Coletivo – Breves Considerações *in* Prontuário de Direito do Trabalho, nº 84, setembro-dezembro de 2009, CEJ/Coimbra Editora, pág. 233.

[534] QL, ano XVII, nº 35-36, jan/dez 2010, pág. 84.

quanto, como julgou o STJ "os eventuais direitos de crédito ... terão de ser objeto de reclamação no processo de insolvência"[535]. Todavia, de harmonia com o estatuído no art. 347º do CT, "a declaração judicial de insolvência do empregador não faz cessar o contrato de trabalho..." para além de "a cessação ... dever ser antecedida de procedimento previsto nos artigos 360º e seguintes, com as necessárias adaptações". Assim, apenas ocorrerá a inutilidade superveniente da lide quando, em assembleia geral de credores realizada nos termos do CIRE, se delibere a liquidação da sociedade. Mesmo nesta situação, apenas no caso de os créditos não merecerem contestação haverá inutilidade superveniente da lide.

5. Assessoria técnica e audiência prévia

Tendo o autor (ou AA) formulado pedido de declaração de improcedência dos fundamentos do despedimento coletivo, "o juiz nomeará um assessor qualificado na matéria", que deverá, naturalmente, ter formação em economia ou gestão de empresas, o qual, a requerimento de qualquer das partes, pode vir a ser acompanhado por mais dois assessores, passando, assim, a haver uma perícia colegial, como previsto no art. 468º do CPC. No seguimento do disposto nos nºs 2 e 3 deste art. 468º e no nº 2 do art. 157º do CPT é forçoso concluir que "as partes que pretendam usar da faculdade ... devem indicar logo os respetivos ..." assessores qualificados na matéria, qualidade esta que deverão demonstrar.

As regras para a designação dos assessores constam do CPC para a nomeação dos peritos, no art. 467º e sgs., que ficam ainda sujeitos ao mesmo regime de impedimentos, suspeições, escusa e dispensa legal (arts. 470º e 115º e sgs. do mesmo CPC). Tais assessores devem, pois, ser considerados como peritos, devendo a sua nomeação e atuação conformar-se com o regime do processo civil[536].

Ainda cada uma das partes pode designar um técnico para assistir o/ou os três assessores, que serão os técnicos de parte, nos termos do nº 3 do art. 157º. E como os autores podem ser diversos, prevendo-se a hipótese de não acordarem sobre o nome do seu técnico, no preceito do nº 4 do art. 157º, estabelecem-se as pertinentes e curiais regras para ultrapassar

[535] Ac. do STJ, de 25-03-2010, Rel. Cons. Pinto Espanhol, *in* CJSTJ, Ano XVIII, Tomo I/2010, pág. 262.

[536] CPC, arts. 467º e sgs. e Ac. TRL de 16-01-2008, Proc. 7884/2007-4.

o impasse, começando pela regra da maioria, sendo indicado, em caso de empate, o que tiver sido apresentado ou proposto em primeiro lugar.

São os assessores que, depois de examinarem a documentação junta aos autos e outra que solicitarem e, bem assim, de se deslocarem à empresa, deverão elaborar um relatório. Naturalmente, o julgador pode precisar a atividade do assessor[537]. Caso os técnicos de parte discordem do teor do relatório, que, logicamente, lhes deve ser apresentado ainda em projeto, poderão apresentar, de seguida, os fundamentos da sua posição, obviamente para serem levados em conta, em primeiro lugar, pelos assessores e, em último lugar, pelo juiz.

Em seguida haverá lugar a uma audiência prévia, "nos termos e para os efeitos" do art. 591º do CPC, onde se disciplina tal audiência. Para além dos outros fins, nomeadamente tentativa de conciliação, discussão da matéria de exceções dilatórias, delimitação dos termos do litígio, deverá ser proferido despacho saneador "nos termos do nº 1 do artigo 595º", isto é, para conhecer das eventuais exceções e nulidades e para "conhecer imediatamente do mérito da causa" ...do pedido ou de exceção perentória. Mas face ao preceituado no nº 3 do art. 160º, parece que o juiz em tal despacho saneador terá que decidir se foram cumpridas as formalidades legais e se procedem os fundamentos invocados para o despedimento coletivo, pois já tem ao seu alcance todo o expediente procedimental e o relatório técnico, passando tal decisão a ter "para todos os efeitos, o valor de sentença", como se decreta no nº 4 do mesmo artigo. Portanto, havendo despacho saneador e porque se contêm no processo elementos suficientes, nele já se terá de sentenciar relativamente ao cumprimento das formalidades legais do despedimento coletivo e se procedem os fundamentos invocados para tal despedimento. Em tal caso, o prosseguimento do processo, se ocorrer, servirá apenas para apurar questões marginais ao despedimento coletivo (antiguidade, retribuição, categoria profissional) que poderão influenciar o julgamento da legalidade de tal despedimento em relação a todos ou a alguns dos trabalhadores.

Mas a verdade é que a resolução de alguma destas questões acarretará o julgamento da licitude ou ilicitude do despedimento de harmonia com o disposto na alínea *c)* do art. 383º do CT. Foi, nesta perspetiva que acabou por formar-se uma corrente jurisprudencial aparentemente *contra legem*, como se pode alcançar do recente aresto do STJ, onde se sumaria que "no

[537] António Luís Carvalhão, referido Prontuário, pág. 93.

processo de impugnação de despedimento coletivo, uma vez junto o relatório, o despacho saneador a proferir, na sequência da Audiência Preliminar, decidirá se foram cumpridas as formalidades legais do despedimento e se procedem os fundamentos invocados para o mesmo. O tribunal recorrido não estava obrigado a decidir, no saneador, sobre os fundamentos invocados para o despedimento coletivo, nem a conhecer logo de pedido, como fez, devendo relegar o seu conhecimento para final, uma vez que ainda não estão apurados os factos necessários e suficientes para a decisão, segundo as várias soluções plausíveis da questão de direito"[538]. Agora, tal entendimento passou a ser lei, como decorre da introdução da parte final do nº 3.

No que concerne ao fundo da questão, já haverá consenso no julgamento do despedimento coletivo, pois conforme decidido pelo STJ *a legalidade do despedimento terá de ser aferida segundo os critérios empresariais utilizados pelo empregador, competindo ao julgador unicamente verificar a exatidão dos motivos estruturais, tecnológicos ou conjunturais que foram invocados e a existência de um nexo causal entre esses motivos e o despedimento, por forma a que por juízos de razoabilidade, se possa concluir aqueles eram idóneos a determinar uma diminuição de pessoal por via do despedimento coletivo dos trabalhadores.*[539] O mesmo vem sendo julgado relativamente "à avaliação do mérito do desempenho, efetuado pelos responsáveis superiores hierárquicos, tendo em conta a necessidade dos recursos" [540].

6. Julgamento

Voltando à tramitação processual, não havendo saneador–sentença relativamente ao pedido no seu todo e a eventuais exceções, conforme se estabelece no art. 161º, também terá lugar a audiência final que "pode ser marcada separadamente com referência a cada um dos trabalhadores" nos termos do processo comum.

Em regra, neste processo especial, deverá haver despacho saneador com valor de sentença. Porém, acontecendo existir ainda algum facto a esclarecer ou a comprovar, pode ser ou não lavrada base instrutória.

[538] Ac. do STJ, de 08-05-2013, Proc. 3020/09, Rel. Cons. Fernandes da Silva *in* JusNet e CJSTJ, nº 248, Tomo II/2013, pág. 233. No mesmo sentido, acórdão do STJ, de 08-10-1997, CJSTJ, Tomo III, proclamando que a disposição não impõe ao julgador uma obrigação inelutável de decidir, logo no saneador, os pontos nele referidos.

[539] Ac. do STJ, de 24-05-2006, Rel. Fernandes Cadilha, Doc SJ200605240003794.

[540] Ac. do STJ, de 03-03-2010, Rel. Vasques Dinis, *in* CJSTJ, Ano XVIII, Tomo I/2010, pág. 244.

Curiosamente, e como acima referido, poderá haver julgamentos individualizados para algum ou alguns autores, naturalmente quando existam factos diversos a provar.

Conforme resulta, expressamente, da parte final do art. 161º, nesta fase, a tramitação será a do processo comum.

XVII
Processo de Contencioso de Instituições de Previdência, Abono de Família, Associações Sindicais, Associações de Empregadores ou Comissões de Trabalhadores

1. Regras comuns aos diversos processos

Neste capítulo IV do título dos processos especiais previstos no CPT, arruma-se uma série de processos, mas com lógica duvidosa. Na verdade, falar-se, hoje em dia, em instituições de previdência e de abono de família é invocar uma realidade ultrapassada, como abaixo se explicitará. Também "meter no mesmo saco" as associações sindicais e de empregadores com as comissões de trabalhadores, cujas estruturas organizativas são bem diversas, não é muito compreensível. Mas, na verdade, entre todos eles há um escopo comum: reportam-se aos eventuais litígios que emergem no associativismo de raiz laboral.

Com exceção do último, os subprocessos especiais previstos neste capítulo, configuram-se predominantemente como processos de jurisdição voluntária[541]. Apenas poderão ter alguma aplicação no contencioso interno (isto é, derivado do seu funcionamento) restrito das associações sindicais e, agora, também dos empregadores e, bem assim, no âmbito das comissões de trabalhadores.

Não obstante a sua inserção sob o mesmo capítulo, parece-nos de todo evidente que o processo de anulação e interpretação de cláusulas de convenções coletivas (arts. 183º a 186º), não sendo um puro processo de jurisdição voluntária, por certo que não é de contencioso interno, pois o conflito

[541] Regulados na parte final do CPC, arts. 986º e sgs..

que visa dirimir trava-se, em regra, entre uma associação sindical e uma empresa ou associação empresarial.

Processualmente, de idêntico entre todos aqueles processos, haverá apenas as seguintes três regras:

- seguem os termos do processo comum, ressalvando as regras específicas estabelecidas nos arts. 163º e sgs.; mas,
- sem haver lugar a audiência prévia; e,
- sempre com possibilidade de recurso para a Relação, independentemente do valor da causa e da sucumbência (art. 79º, *c)*).

Ainda em diversos destes processos, na fixação da taxa de justiça deve atender-se "ao valor indicado na 1.1 da tabela I-B", de conformidade com o estatuído no art. 12º, nº 1 *c)* e nº 2, do RCP.

2. Processos de contencioso de instituições de previdência e abono de família

Em tempos idos e enquanto vigorou a estrutura corporativa do Estado, todas as organizações dos setores do trabalho e da previdência eram tuteladas pelo Instituto Nacional do Trabalho e Previdência (INTP) sendo os tribunais do trabalho os competentes para solucionar os seus litígios.

É apenas por esta razão histórica que, neste capítulo, continua a surgir a referência aos processos de contencioso de instituições de previdência e abono de família. Na verdade, estes processos deixaram de ter qualquer aplicação, dado que as entidades neles previstas – as caixas de previdência e de abono de família – já não existem, sendo a sua utilização "quase invisível"[542]. De resto, também a designação deixa a desejar, já que a invocação de "instituições de previdência" deixou de ser correta perante a implantação do sistema de segurança social, resultante das sucessivas Leis de Bases[543].

Atualmente, vigora a Lei de bases da segurança social com o nº 4/2007, de 16 de janeiro[544], na qual ainda se prevê, no art. 106º, a sua aplicação às

[542] José Eusébio Almeida, Processo de Contencioso das Instituições de Previdência, Abono de Família e Associações Sindicais, estudo inserto *in* Estudos do Instituto de Direito do Trabalho, FDL/IDT, Almedina, Coimbra, 2007, pág. 97.

[543] Apenas fazia sentido na perspetiva da antiga Lei nº 2115, de 18 de junho de 1962.

[544] Alterada pela Lei nº 83-A/2013, de 30 de dezembro, que a republica.

"instituições de previdência" criadas até ao DL nº 549/77, de 31 de dezembro. Acontece, porém, que, entretanto, as caixas de previdência e de abono de família, que ainda restavam foram extintas por fusão no Instituto da Segurança Social, I.P. através do DL nº 26/2012, de 6 de fevereiro. Deste modo, apenas existem as Caixa de Previdência dos Advogados e Solicitadores e a do Ministério da Educação, que nunca foram tuteladas pelo INTP, mas, respetivamente, pelos Ministérios da Justiça e da Educação, sujeitando-se ao contencioso administrativo, como tem sido jurisprudência constante[545].

O mesmo acontece, atualmente, no âmbito das relações da segurança social, incluindo na área do seu sistema previdencial[546], porquanto "as ações e omissões da administração no âmbito do sistema de segurança social são suscetíveis de reação contenciosa nos termos do Código de Processo nos **Tribunais Administrativos**" conforme art. 77º da referida Lei nº 4/2007, incluindo o seu contencioso tributário[547].

Perante este enquadramento, passou a estar desajustado, relativamente aos tribunais de trabalho, o que constava nas Leis de Organização e Funcionamento dos Tribunais Judiciais e, agora, continua a constar na Lei da Organização do Sistema Judiciário, onde, se consigna que os juízos do trabalho terão competência para conhecer *das questões entre instituições de previdência ou de abono de família e seus beneficiários, quando respeitem a direitos, poderes ou obrigações legais, regulamentares ou estatutárias de umas ou outros, sem prejuízo da competência própria dos tribunais administrativos e fiscais* (art. 126º, *f*). Na verdade, nos tempos que correm, na moderna área da segurança social, os juízos do trabalho apenas são competentes para conhecer e solucionar as questões entre o ISS, IP e os seus beneficiários no âmbito das doenças profissionais (art. 155º) e com os seus contribuintes no âmbito dos recursos em matéria contraordenacional (art. 201º).

[545] Por ex. ac. do TRC, de 16-01-2018, Proc. 6611/17.8CBR.C2, Rel. António Pires Robalo, onde se cita diversa jurisprudência.

[546] que englobou todas as caixa de previdência e de abono de família, distritais, sindicais, de atividade, de empresa e outras.

[547] Cfr artigo de Pedro Gonçalves Leonardo, Contencioso da Segurança Social, *in* Temas de Direito Tributário, 2018, CEJ, pág. 43.

3. Processos das associações sindicais e de empregadores ou comissões de trabalhadores

Ainda aos juízos do trabalho lhe assiste competência material para dirimir *as questões entre associações sindicais e sócios ou pessoas por eles representados...*, o que, numa interpretação muito lata, englobará também as questões entre as comissões de trabalhadores e os seus representados.

No que tange à competência territorial do tribunal, esta pertence ao "juízo do trabalho da respetiva sede", como preceituado na parte final do nº 1 do art. 18º do CPT, sendo certo que, eventualmente, poderá também tal competência pertencer ao juízo do trabalho do domicílio do autor (nº 2).

Como já se ventilou, "nos processos de contencioso das instituições de previdência e de abono de família, das associações sindicais, das associações de empregadores e das comissões de trabalhadores" é sempre possível o recurso para a Relação, conforme se expressa na alínea *c)* do art. 79º.

É ainda de evidenciar que o MP tem legitimidade ativa para acionar alguns destes processos, nos termos do art. 5º-A, alíneas *a)* e *b)* do CPT, o que deve ser conexionado com o que se dispõe nos arts. 439º e 447º do Código do Trabalho sobre o controlo da legalidade da constituição e dos estatutos das comissões de trabalhadores e das associações sindicais e de empregadores.

Neste capítulo IV, através das suas secções II a VI, estatuem-se algumas regras específicas, agora, para quatro espécies de processos, que, no respeito da epígrafe, deveriam se integrar no "contencioso de instituições de previdência, abono de família, associações sindicais, associações de empregadores ou comissões de trabalhadores". Todavia, nenhum desses quatro processos se refere a todas estas entidades, como se alcança, desde logo, da sua enumeração, que é a seguinte:

- Secção II – Convocação de assembleias gerais ... ou órgão equivalente de instituição de previdência ou de associação sindical;
- Secção III – Impugnação de estatutos, deliberações de assembleias gerais ou atos eleitorais ... e outros atos de órgãos de instituições de previdência, associações sindicais, associações de empregadores ou comissões de trabalhadores;
- Secção IV – Impugnação judicial de decisão disciplinar
- *Secção V – Liquidação e partilha de bens de instituições de previdência, associações sindicais, associações de empregadores ou de comissões de trabalhadores* – Revogada;

- Secção VI – Ação de anulação e interpretação de cláusulas de convenções coletivas de trabalho.

De seguida, tecem-se algumas considerações sumárias sobre tais processos.

4. Convocação de assembleias gerais

Pelo texto do art. 163º, este processo não se aplicaria às associações de empregadores, mas, face à denominação do capítulo e ao âmbito do dispositivo do artigo seguinte, tem de se considerar que há uma lacuna (ou mero lapso do legislador) a integrar no sentido oposto.

Considerando que a convocação de assembleias não é litigiosa, afigura-se que este tipo processual têm mais cariz de jurisdição voluntária do que contenciosa, mas é nesta ótica que se encontra regulado no CPT [548]. (art. 173º).

Não obstante os termos legais utilizados, respeitará à convocação das assembleias gerais de associações sindicais e das associações de empregadores[549] mas até das reuniões de trabalhadores a convocar pela comissão de trabalhadores[550], pois constituem um órgão equivalente à assembleia geral.

Este processo especial haverá de resultar de um requerimento (configurado como uma petição inicial) apresentado, no juízo do trabalho competente, pelo associado ou membro da associação, que, naturalmente, deverá documentar tal qualidade para demonstrar a sua legitimidade, e bem assim os estatutos, nomeadamente na parte relativa à convocação da assembleia. Em suma, terá de demonstrar que, ao contrário do que impõe a lei ou os estatutos, a assembleia geral ou órgão equivalente não foram convocados[551].

Ficando o juiz convencido da correta fundamentação do pedido, ordenará ao órgão competente dentro da associação para convocar a assembleia em 10 dias, ou para, em igual prazo, deduzir as razões para não proceder a tal convocação. Nada se referindo quanto à agenda ou ordem de trabalhos

[548] Os processos de jurisdição voluntária, por não haver neles qualquer conflito, nem jurisdição contenciosa, não constituem, numa aceção rigorosa, verdadeiros processos judiciais. Apenas assim têm de ser considerados por a sua regulação se conter no CPC (art. 986º e sgs.).

[549] Art. 440º e sgs. do CT.

[550] Art. 419º do CT.

[551] No CPC, encontra-se previsto, como processo de jurisdição voluntária e no âmbito das sociedades comerciais, o da convocação de assembleias gerais (art. 1057º).

de tal assembleia, parece óbvio que o requerente a terá de aduzir e o juiz aceitar.

Não sendo convocada a assembleia, nem apresentada fundamentação convincente para a sua não realização, será o juiz a convocá-la, fixando a data e local e, podendo ainda, "nomear a pessoa que presidirá". Deverá também ser o próprio tribunal a tratar das inerentes formalidades da convocação, "mas à custa da instituição ou associação".

5. Impugnação dos estatutos, deliberações de assembleias gerais ou atos eleitorais

Conforme resulta do art. 5º-A, o MP tem legitimidade ativa nas ações relativas ao **controlo da legalidade** da constituição e dos estatutos de associações sindicais, associações de empregadores e comissões de trabalhadores[552].

O controlo da legalidade da constituição e dos estatutos das comissões de trabalhadores encontra-se, expressamente, previsto no art. 439º do CT. Em relação a estes estatutos e das restantes instituições indicadas, apenas tem legitimidade o MP "por iniciativa própria ou a requerimento de qualquer interessado", como reza o art. 164º-A.

Mas no art. 164º, prevê-se que qualquer interessado, através de ação de **declaração de nulidade**, possa obter a apreciação jurisdicional das deliberações e outros atos de órgãos das instituições acima epigrafadas (instituições de previdência, associações sindicais e de empregadores e comissões de trabalhadores) "por violação de lei, quer de fundo, quer de forma".

Haverá que intentar o respetivo processo, no prazo de 20 dias, após o conhecimento (dentro de 5 anos) por quem tenha legitimidade, isto é, que seja associado (em pleno gozo de tal direito) ou trabalhador (com contrato de trabalho em vigor) da empresa (no caso das comissões de trabalhadores) e pode visar a declaração de invalidade da deliberação tomada por qualquer órgão (assembleia geral, direção, conselho fiscal ou equivalente ou pela comissão de trabalhadores). O prazo será de 15 dias, caso se pretenda impugnar as deliberações relativas à *eleição dos corpos gerentes.*

Relativamente à **impugnação de atos eleitorais** para os órgãos das referidas pessoas coletivas terá legitimidade apenas "quem tenha ficado ven-

[552] O modo de constituição destas entidades encontra-se regulado no Código do Trabalho, nos arts. 445º e sgs. (associações sindicais e de empregadores) e 430º e sgs. (comissões de trabalhadores).

cido". O prazo para intentar o procedimento é de 10 dias a contar da data da "eleição ou do conhecimento da irregularidade, se posterior" (art. 164º-B).

A falta de contestação não tem efeito cominativo, como resulta do nº 2 do art. 165º, mas o réu é obrigado a providenciar pela apresentação da documentação pertinente.

Ainda pode ser requerida a **suspensão de eficácia** dos atos ou disposições impugnadas (art. 168º) para evitar dano apreciável, que pode ser logo decretada ou após a contestação[553]. Tratar-se-á de procedimento cautelar, sem ter tal classificação.

Naturalmente, antes do processo judicial devem ser utilizados os mecanismos internos de impugnação, como por exemplo a reclamação ou recurso para a assembleia geral do ato praticado (ou, eventual, omissão) por outro órgão.

6. Impugnação judicial de decisão disciplinar

Recorrendo ao texto da epígrafe do capítulo e olvidando o teor dos restantes artigos que indicam o seu âmbito pessoal, deve concluir-se que este processo se destina a ser utilizado pelos membros ou associados das referidas pessoas coletivas e não pelos seus trabalhadores, a cujas relações de trabalho se aplicam as normas do CT[554].

Tal sanção disciplinar deverá resultar da violação da lei ou dos estatutos e a sua aplicação deve depender do exercício do contraditório.

O prazo para intentar este processo especial é apenas de 15 dias a contar da notificação da decisão (art. 170º)[555]. O processo disciplinar aqui em causa, em princípio, apenas será ferido de nulidade "quando o arguido não seja ouvido ou não tenham sido efetuadas as diligências por ele requeridas que repute essenciais"[556]. Mas, obviamente, outras regras constantes dos estatutos ou regulamentos internos deverão ser observadas.

Reafirmando o que já resulta do preceituado no art. 79º, *c)* e no nº 3 do art. 172º, volta a estabelecer-se que da sentença "cabe apenas recurso para a Relação".

[553] No Código de Processo nos Tribunais Administrativos, prevê-se a providência cautelar de suspensão da eficácia de um ato administrativo (art. 182/2018, de 22 de julho).

[554] E da Portaria (de condições de trabalho) nº 736/2006, de 26 de julho, com alterações, sendo a última da Portaria nº 218/2022, de 1 de setembro.

[555] A constitucionalidade do nº 1 deste artigo foi considerada no Ac. do T.C. de 30/04/2008, publicado no DR, II Série, de 22-07-2008.

[556] Ac. do TRL de 08-07-2009 – Proc. 4363/05.3TTLSBG.L1.

Como já foi julgado "é processualmente admissível a providência cautelar não especificada como preliminar ou incidente da ação especial de impugnação de decisão disciplinar aplicada pelas associações sindicais aos seus associados ou beneficiários"[557].

7. Liquidação e partilha dos bens

Esta forma processual deixou de existir, pois era regulada nos arts. 173º a 182º, que foram revogados pelo art. 7º, alínea *a)* da recente Lei de adequação ao CPC.

Mas a competência material do juízo do trabalho advêm-lhe do preceituado no art. 126º, nº 1, k), da LOSJ.

Neste processo, como era lógico, o juiz teria de nomear liquidatários, que iriam compendiar, avaliar e partilhar os bens existentes, prestando contas que seriam julgadas.

Face ao patente interesse coletivo, por força do disposto na alínea *d)* do nº 2 do RCP, estes "processos de liquidação e partilha de bens de instituições de previdência social e associações sindicais e de classe" (sic) ficam isentos de custas[558].

A extinção das associações sindicais e de empregadores e o cancelamento do seu registo deve obedecer às regras do art. 456º do Código do Trabalho.

No art. 182º manda-se aplicar, subsidiariamente, "o processo especial de liquidação judicial de sociedades regulado no Código de Processo Civil". Este processo especial era, efetivamente, regulado nos arts. 1122º a 1130º do antigo CPC, que deixaram de ter correspondência no Código de 2013. E tal aconteceu porque já vigorava o regime jurídico dos procedimentos administrativos de dissolução e de liquidação de entidades comerciais, aprovado pelo DL nº 76-A/2006, de 29 de março. É, pois, este regime que se deverá observar complementarmente às normas do CT.

8. Ação de anulação e interpretação de cláusulas de convenções coletivas de trabalho

Para estas ações a legitimidade haverá de resultar do disposto no art. 4º, pertencendo às associações sindicais e de empregadores outorgantes

[557] Ac. de 18-05-2005, Proc. nº 1608/2005-4, Rel. José Luís Ramalho Pinto (JusNet).

[558] As associações de classe devem ser, nesta desajustada terminologia, as associações sindicais, de empregadores e as comissões de trabalhadores.

das convenções coletivas de trabalho[559] e, bem assim, aos trabalhadores e empregadores diretamente interessados, isto é, cujas relações laborais sejam disciplinadas pela mesma convenção coletiva. Mas neste último caso, o direito à ação terá de ser exercido contra todos os outorgantes da convenção coletiva, incluindo a associação em que o autor se encontra inscrito[560].

Um sindicato, por exemplo, não tem legitimidade para pedir a anulação de irct de que não seja parte [561]. Naturalmente, o acordo de empresa, sendo uma convenção coletiva outorgada por uma empresa e não por uma associação de empregadores também está incluído. As dúvidas que se levantam andam ao redor da aplicação da convenção por força de uma portaria de extensão emitida de conformidade com a previsão do art. 514º do CT. Neste caso, a convenção aplica-se em virtude do ato administrativo, o que quebrará aquela legitimidade.

Parafraseando o Prof. Luís Gonçalves da Silva, o facto deste processo especial se denominar "ação de anulação" não pode deixar de se aplicar quando estiverem em causa questões derivadas da nulidade, da ineficácia ou até da inexistência de cláusulas de qualquer convenção coletiva[562].

A competência material dos juízos do trabalho resulta logo da alínea *a)* do nº 1 do art. 126º da LOSJ.

Através do pedido inicial, onde deverão ser identificados todos os outorgantes da convenção coletiva, cujo texto, publicado (digitalmente) no BTE, será junto, defende-se e haverá de justificar-se a anulação ou certa interpretação de uma ou mais cláusulas da mesma convenção. Após a citação dos restantes outorgantes, não se segue a contestação, mas, outrossim, alegações por escrito, a apresentar no prazo de 20 dias com todos os meios de prova, pese embora não ter a sua falta efeitos cominativos. Tudo isto acontece porque não estão em causa factos controversos, mas tão somente a apreciação jurídica de alguma ou algumas cláusulas do instrumento de regulamentação coletiva, o que só remotamente pode implicar a análise de alguma factualidade.

[559] A sua celebração e conteúdo constituem a matéria dos arts. 491º e sgs. do Código do Trabalho.

[560] Há pelo menos um caso movido por uma empresa sócia da associação de empregadores outorgante, de que resultou o ac. do STJ nº 1/2019, publicado em 19 de março, Rel. Ferreira Pinto e bem o ac. do TC nº 49/2019, Rel. Lino Rodrigues Ribeiro.

[561] V. ac. do STJ, de 06-06-2007, Rel. Maria Laura Leonardo.

[562] Da Acção de Anulação e Interpretação de Cláusulas de Convenções Coletivas de Trabalho, IDT/Almedina, Coimbra, 2021, pág. 98.

Ainda poderá haver audiência de julgamento, dado que ao processo se passará a aplicar o regime da forma comum do processo laboral, com exclusão da audiência preliminar e da tentativa de conciliação. Mas o mais provável será haver saneador-sentença.

Assinala-se como grande curiosidade que "da decisão final cabe sempre recurso de revista até ao Supremo" (art. 185º, nº 2). Portanto, a parte vencida poderá, desde logo, recorrer para a Relação, de conformidade com a permissão da alínea *c)* do art. 79º, pois o processo em análise enquadra-se na categoria nela prevista. Mas como cabe sempre recurso de revista e porque estão em causa apenas questões de direito, tal recurso também poderá ser "per saltum", isto é, da decisão de 1ª instância diretamente para o Supremo, em correspondência com as normas complementares do art. 678º do CPC[563].

Como já na Secção Social do STJ se acordou, "as cláusulas regulativas das convenções coletivas de trabalho são interpretadas segundo o disposto no art. 9º do Código Civil"[564]. Aliás, existe unanimidade no que tange à interpretação de tais cláusulas como se de normas jurídicas se tratasse. Naquelas que regulam as relações entre as partes outorgantes já serão de aplicar as regras sobre a interpretação dos negócios jurídicos (arts. 236º a 239º do CC).

Como se aludiu, este último modelo processual tem sido, por vezes, utilizado, vindo o respetivo acórdão do STJ a ter o valor ampliado da revista em processo civil[565], isto é, servindo para uniformização de jurisprudência e devendo, por isso, ser publicado na 1ª série do Diário da República e no BTE ou no JORAM ou JORAA.

563 Que era o que normalmente acontecia. Todavia, em dois dos mais recentes processos houve recurso de apelação (acórdãos nº 10/2016 (Rel. Cons. Ribeiro Cardoso) publicado em 14/6/2016 e nº 14/2015 (Rel. Cons. Melo Lima), publicado em 29/10/2015. Mas já houve recurso "per saltum" no Acórdão nº 6/2015 (Rel. António Leones Dantas), publicado em 5/05/2015.

564 Ac. do STJ nº 8/2005 (DR nº 216, SérieI-A, de 10/11/2005).

565 CPC, arts. 686º e 687º.

XVIII
Impugnação da Confidencialidade de Informações ou da Recusa da sua Prestação ou da Realização de Consultas

1. Fundamento

Este processo especial foi inserido no CPT, integrando os arts. 186º-A a 186º-C, de molde a permitir, com especificidade, a apreciação judicial de uma nova temática prevista no Código do Trabalho, na versão de 2009, sobre a oportunidade e confidencialidade de informações relativas à empresa fornecidas pelo seu órgão gestor às organizações dos seus trabalhadores.

Na realidade, como resulta do art. 404º do CT, os trabalhadores, para a "defesa e prossecução coletiva dos seus direitos e interesses, podem constituir organizações, genericamente, denominadas estruturas de representação coletiva dos trabalhadores (ercts). Estas, para além das associações sindicais e conselhos de empresa europeus [566], podem ser comissões de trabalhadores e representantes para a segurança e saúde no trabalho, cujo âmbito se centra na respetiva empresa.

Em especial, as comissões de trabalhadores, numa ótica de colaboração e interesse comum, usufruem de um amplo direito de informação sobre a atividade da empresa e até da sua estratégia e objetivos, o qual é pormenorizado nas nove alíneas do art. 424º do CT onde se prevê o fornecimento de dados sobre os planos gerais de atividade e orçamento da empresa até às modalidades de financiamento, passando pela previsão, volume e administração de vendas. Estabelecendo-se ainda que a recusa da prestação de

[566] Os conselhos de empresa europeus têm o seu regime na Lei nº 96/2009, de 3 de setembro.

tais informações pode constituir contraordenação grave. Ainda no artigo seguinte, se estabelece o direito de consulta da comissão de trabalhadores numa série de matérias.

Ficando os trabalhadores que compõem a comissão de trabalhadores (e outras estruturas) a conhecer tais dados ou informações torna-se de todo evidente que não os poderão divulgar, nomeadamente os mais sensíveis, sob pena de poderem causar graves prejuízos à empresa, desde logo, perante a concorrência. Daqui, vigora a norma do art. 412º em que se determina que qualquer membro de ercts "não pode revelar aos trabalhadores ou a terceiros informações que tenha recebido, no âmbito do direito de informação ou consulta, com menção expressa da respetiva confidencialidade (nº 1), mesmo depois de cessar o seu contrato de trabalho. Mas, outrossim, admite-se ainda na norma do nº 3, que "o empregador não é obrigado a prestar informações ou a proceder a consultas cuja natureza seja suscetível de prejudicar ou afetar gravemente o funcionamento da empresa ou estabelecimento".

Portanto, considerando o órgão de gestão da empresa que a informação é confidencial e classificando-a como tal, o membro da erct recetor não a pode divulgar mesmo aos trabalhadores nela interessados. Ainda o mesmo órgão gestor poderá mesmo recusar dar a informação por considerar que a sua divulgação pode prejudicar com gravidade a atividade da empresa. Também pode recusar-se a proceder a consultas.

Segundo David Carvalho Martins e Tiago Sequeira Mousinho, a partilha da informação confidencial ... assenta na colaboração ... reforçando um espetro lateral da nova Economia Colaborativa, de *Digital Markets*.[567] Diferentemente, cremos que o legislador laboral português, em geral, desconfiando da honorabilidade dos empregadores, acabou por impor um controlo e judicial relativamente:

- à classificação de tais informações como confidenciais;
- bem como à recusa da sua prestação à erct, nomeadamente à comissão de trabalhadores; e ainda quanto
- à não realização de consultas.

[567] Impugnação da confidencialidade, tutela da personalidade do trabalhador e da igualdade e não discriminação em função do sexo: temas revisitados, estudo inserido em Um Ano de Reforma do Processo do Trabalho: Balanço e Perspetivas, Estudos APODIT 8, Coordenação: Maria do Rosário Palma Ramalho e Teresa Coelho Moreira, AAFDL Editora, Lisboa, 2021, pág. 179.

Tal controlo judicial será efetivado através da forma processual a que se dedica este capítulo. É, pois, no disposto do nº 2 deste art. 413º do CT que assenta e tem o seu fundamento este novo processo laboral especial.

2. Tramitação

Para encetar o processo, a referida estrutura de trabalhadores apresenta a sua petição no juízo do trabalho competente, que é o da área do domicílio da empresa ré, de conformidade com a regra geral do art. 13º, nº 1, do CPT. Recorde-se que as estruturas de representação coletiva dos trabalhadores são parte legítima nestas ações *ex vi* do nº 6 do art. 5º, mesmo que não tenham personalidade jurídica, de conformidade com o preceituado logo no art. 2º-A do CPT.

Em tal petitório alega os fundamentos da sua posição, porquanto "indica os pontos de facto que interessa averiguar e requer as providências que repute convenientes", vindo o empregador a ser citado para contestar, no prazo de 15 dias.

Não havendo lugar à marcação de audiência de partes, nem à análise de alguma documentação essencial, parece dispensável o despacho liminar do juiz, podendo logo o oficial da secretaria providenciar pela citação da empresa ré, de harmonia com o disposto nos arts. 54º do CPT (*a contrario*) e 562º e 226º do CPC.

Esta ação tem natureza urgente, mas mitigada, pois alguns atos só serão praticados em férias judiciais quando tal for determinado pelo juiz (arts. 26º, nº 1, *e)* e nº 2 e também nº 2 do art. 186º-B do CPT).

Findo o prazo para a contestação, a decisão será logo tomada, a não ser que se justifique proceder a diligências complementares de prova, que serão ordenadas pelo julgador.

Tal decisão é apenas suscetível de recurso para a Relação e com efeito suspensivo. Aliás, como estão em causa interesses imateriais ou difusos, deve ser atribuído à ação "valor equivalente à alçada da Relação e mais" 0,01 de euro, como previsto no art. 303º, nº 1, do CPC.

A requerimento da autora pode ainda estabelecer-se uma sanção pecuniária compulsória, para, assim, coagir ao cumprimento do julgado, a qual deverá ser "fixada segundo critérios de razoabilidade, sem prejuízo da indemnização a que houver lugar", nos termos do nº 2 do art. 829º-A do CC. Assim, aquela sanção e esta indemnização, curiosamente, serão devidas pela empresa a erct, o que será inviável quando esta não tenha personalidade jurídica.

XIX
Tutela da Personalidade do Trabalhador

1. Objeto e fundamento

Este processo especial configura-se mais como um procedimento cautelar pois, conforme se prevê no art. 186º-D, visa "evitar a consumação de qualquer violação dos direitos de personalidade do trabalhador ou atenuar os efeitos da ofensa já praticada".

Terá servido de inspiração ao novo processo especial civil regulado no art. 878º do CPC, denominado " tutela da personalidade".

Assenta a sua razão de ser na efetivação dos direitos laborais de personalidade, cujo elenco e regime se encontram estabelecidos nos arts. 14º a 22º do Código do Trabalho, onde, concretamente, se preveem os direitos de:

- liberdade de expressão e de opinião;
- integridade física e moral;
- reserva da intimidade da vida privada;
- proteção de dados pessoais;
- reserva em testes e exames médicos e em meios de vigilância à distância; e,
- confidencialidade de mensagens e de acesso à informação.

2. Tramitação

Naturalmente, o processo haverá de iniciar-se com uma petição ou **requerimento do interessado** com "oferecimento das provas", dirigido ao juízo do trabalho e contra o autor da ameaça ou ofensa, que será identificado. E, se este agente ameaçador não for o empresário, mesmo assim, também o empregador terá de ser acionado, certamente por não ter exercido na empresa a vigilância necessária para evitar a falta que estará em causa e ainda para poder vir a ser condenado a tomar determinadas providências na sua organização empresarial.

Tendo o requerimento sido recebido pelo juiz, este deve logo marcar a audiência de julgamento em curto prazo (até 20 dias) mandando citar o réu ou réus. Depois da sua citação, os requeridos podem contestar, não em 10 dias como dantes, mas até ao dia da audiência, devendo logo apresentar os meios de prova indicados.

Esta audiência inicia-se por uma tentativa de conciliação e se tal se frustrar, procede-se, de seguida, a julgamento sumário, devendo logo proferir-se a sentença "sucintamente fundamentada", ou seja, sentença simplificada, de conformidade com o disposto no nº 3 dos arts. 186º-E e 73º.

Mas dado o especial objeto deste processo, vindo o juiz a "reconhecer a possibilidade de lesão iminente e irreversível da personalidade física ou moral..." pode tomar uma decisão provisória e, portanto, suscetível de ser, findo o julgamento, alterada, confirmada ou até revogada. É irrecorrível, mas será reclamável, como se prevê na decisão similar prevista no art. 124º. Ainda para ser tomada tal decisão é necessário que, em alternativa, o juiz não tenha elementos seguros sobre a ameaça ou consumação da ofensa e haja fortes razões para não exercer o contraditório.

Naturalmente, quando o réu não tiver sido ouvido antes de ser tomada tal decisão provisória, depois de citado terá 20 dias para contestar e apresentar os seus meios de prova, seguindo-se a audiência final de julgamento.

O processo também tem natureza urgente conforme, duplamente, é estabelecido nos arts. 186º-F, nº 1 e 26º, nº 1, *g)* e nº 2, mas não será objeto de tramitação em férias, a não ser que haja despacho judicial em tal sentido.

Nada é referido em especial sobre o recurso, embora se diga (pleonasticamente) que, na respetiva fase, o processo tem natureza urgente. Portanto, apenas se deve considerar a alçada do tribunal. Mas, como mencionado no processo do capítulo anterior, o valor a atribuir a este processo será o de um cêntimo acima do valor da alçada da Relação, o que permitirá, em princípio, que o recurso de apelação seja sempre possível e, eventualmente, o de revista também. O efeito do recurso será, em princípio, meramente devolutivo, conforme resulta do disposto no art. 83º.

Relativamente à execução da decisão, impõe-se, agora, no nº 3 do art. 186º-F, que será efetuada oficiosamente e nos próprios autos "sempre que a medida executiva integre a realização da providência decretada" para além de também haver lugar à imediata liquidação da sanção pecuniária compulsória. Não haverá, assim, que respeitar os condicionalismos para a execução de direitos irrenunciáveis estabelecidos no art. 90º.

Quanto à legitimidade passiva, julgou-se em Acórdão da Relação de Lisboa que "invocando a trabalhadora uma situação de assédio moral, traduzida numa prolongada perseguição profissional da qual terão sido mentores os seus superiores hierárquicos e executantes os seus colegas de trabalho, não importa aferir da existência da conexão laboral entre as partes, basta que os superiores hierárquicos e os colegas de trabalho tenham interesse em contradizer a ação, tal como a trabalhadora a configura, para que dela sejam partes legítimas".

Ainda no mesmo acórdão quanto à competência material, julgou-se que "a violação dos direitos de personalidade em que se consubstancia o assédio moral não pode deixar de ser considerado um ato ilícito. O Tribunal de Trabalho é competente para apreciar dos atos ilícitos praticados nas relações de trabalho, entre trabalhadores ao serviço da mesma entidade, sendo tais atos praticados na execução do serviço e por motivo deste"[568].

[568] Ac. de 21-03-2012, Proc. nº 2755/10.5TTLSB, Rel. Ramalho Pinto.

XX
Igualdade e Não Discriminação em Função do Sexo

1. Fundamento

Este processo especial foi inserido no CPT para viabilizar, de forma mais eficaz, os direitos consignados na temática da igualdade e não discriminação, que se disciplina, normativamente, nos arts. 23º a 32º do CT e ainda, no que tange às cláusulas dos instrumentos de regulamentação coletiva de trabalho, onde se incluem as convenções coletivas, no art. 479º do mesmo Código.

Naquelas disposições do CT estabelecem-se, como emanação do princípio da igualdade inserto no art. 13º da CRP, um conjunto de normas para salvaguardar a igualdade e a não discriminação nas relações de trabalho, bem como no acesso ao emprego (recrutamento), na formação profissional e em especial em função do sexo em situações de assédio e no que tange ao valor das retribuições.

Acontece ainda que o Código do Trabalho não se queda pela relação jurídico-laboral bilateral, também, como resulta das regras dos seus arts. 26º e 479º, ainda procura que sejam anuladas as cláusulas dos instrumentos de regulamentação coletiva ou a decisão arbitral (que resultam das relações coletivas) que possam afetar a igualdade ou a não discriminação entre trabalhadores, nomeadamente de diferente género. Mais concretamente, no art. 26º, proíbem-se quaisquer normas discriminatórias nas convenções coletivas, nos regulamentos internos das empresas e até nos estatutos das associações de trabalhadores e de empregadores, que logo comina com a nulidade.

Aliás, no seguimento da legislação comunitária, no plano técnico administrativo, a tutela deste instituto é da competência da Comissão para a

Igualdade no Trabalho e Emprego – CITE[569], que nestes processos tem a obrigação de dar informação ao tribunal e tem o direito a receber a decisão final "para efeitos de registo".

2. Espécies

Analisado o texto do art. 186º-G, verifica-se que em cada um dos seus números, se prevê um processo diferente embora ambos visem pugnar pela igualdade e não discriminação, porquanto:

- no nº 1, o processo tem natureza civil e a sua causa de pedir radica no âmbito das relações laborais na empresa ou no recrutamento de trabalhadores sendo, portanto, promovido por algum trabalhador ou candidato a emprego;
- no nº 2, o processo tem natureza oficiosa sendo a sua interposição deduzida apenas pelo magistrado do MP, cuja legitimidade lhe advém do estipulado na alínea *b)* do art. 5º-A.

Aliás, têm tramitação diversa. No caso do nº 1, "aplicam-se as disposições correspondentes do processo comum ..."; na situação do nº 2, o processo "segue os trâmites da ação prevista nos artigos 183º e seguintes", ou seja, da ação de anulação e interpretação de cláusulas de convenções coletivas de trabalho.

De comum têm a necessidade de solicitar informação à CITE e, bem assim, dar-lhe conhecimento da decisão final (arts. 186º-H e I).

Como se referiu, este processo do nº 2 emana do que se dispõe no art. 479º do CT, quanto à apreciação relativa à igualdade e não discriminação, de forma preventiva, nas convenções coletivas. Porque ele próprio já contém normas de natureza procedimental, salienta-se que dispõe o seguinte:

> *1 – No prazo de 30 dias a contar da publicação de instrumento de regulamentação coletiva de trabalho negocial ou decisão arbitral em processo de arbitragem obrigatória ou necessária, o serviço competente do ministério responsável pela área laboral*[570]*, ouvidos os interessados, procede à apreciação fundamentada da legalidade das suas disposições em matéria de igualdade e não discriminação.*

[569] A sua estrutura orgânica consta do DL nº 76/2012, de 26 de março. Detém o sítio www.cite.gov.pt onde se inserem os seus pareceres.

[570] Tal serviço é a DGERT – Direção Geral do Emprego e das Relações de Trabalho, que se integra no MTSS – Ministério do Trabalho, Solidariedade e Segurança Social – DL nº 251-A/2015, com alterações.

2 – Caso delibere no sentido da existência de disposições discrimenatórias, o serviço competente do ministério responsável pela área laboral notifica as partes nos instrumentos de regulamentação coletiva de trabalho que contenham aquelas disposições para, no prazo de 60 dias, procederem às respetivas alterações.

3 – Decorrido o prazo previsto no número anterior sem que se verifiquem as necessárias alterações, o serviço competente do ministério responsável pela área laboral envia a sua apreciação ao magistrado do Ministério Público junto do tribunal competente, acompanhado dos documentos relevantes, nomeadamente de cópia da ata da deliberação e das pronúncias dos interessados.

4 – Para efeito do número anterior, considera-se competente, pela ordem a seguir indicada, o tribunal em cuja área tenham sede:

a) Todas as associações sindicais e associações de empregadores ou empresas celebrantes da convenção coletiva;

b) O maior número das entidades referidas;

c) Qualquer das entidades referidas.

5 – Caso constate a existência de disposição ilegal na matéria em causa, o magistrado do Ministério Público promove, no prazo de 15 dias, a declaração judicial da nulidade dessas disposições.

6 – A decisão judicial que declare a nulidade de disposição é remetida pelo tribunal ao serviço competente do ministério responsável pela área laboral, para efeito de publicação no Boletim do Trabalho e Emprego[571].

Ora este processo é o especial que se prevê no nº 2 do art. 186º-G do CPT, denominado de "igualdade e não discriminação em função do sexo". De especial, repete-se, nele se impõe ao juiz que solicite à Comissão para a Igualdade no Trabalho e Emprego – CITE[572] "informação sobre o registo de qualquer decisão judicial relevante para a causa", à qual também deverá comunicar a sua decisão final.

É o magistrado do MP que tem expressa legitimidade para mover este processo, consoante se estipula na alínea *b)* do art. 5º-A do CPT.

Também o seu processamento tem natureza urgente, mas os atos em férias serão apenas praticados quando assim for determinado fundamentadamente, conforme se estabelece no art. 26º, nº 1, *h)* e nº 2. Trata-se pois de urgência mitigada.

[571] Como exemplo, no BTE, nº 36, de 29/9/2012, foram publicadas três sentenças do Tribunal do Trabalho de Lisboa, desse ano e do anterior, transitadas em julgado, contendo declarações judiciais de nulidade de cláusulas de convenções coletivas de trabalho.

[572] www.cite.gov.pt.

XXI
Reconhecimento da Existência de Contrato de Trabalho

1. Introdução

Desde há alguns anos a esta parte, tornou-se muito frequente algumas organizações empresariais, e até estaduais, admitirem trabalhadores para a prestação de trabalho subordinado através da formalização de contratos de prestação de serviço (e de "estágio" e até de "voluntariado") em vez do correspondente contrato de trabalho.

Tal ilegalidade resulta da profunda alteração que o mundo está simultaneamente a sofrer e a beneficiar, e que é geradora de instabilidade económica e da consequente precariedade no emprego. Também o próprio sistema legal que se foi constituindo em Portugal e que tornou o despedimento individual quase impossível ou demasiado oneroso para a típica empresa portuguesa (com 9 trabalhadores, com insípida estrutura organizativa e com débil base financeira) não favorece a durabilidade típica do contrato de trabalho. Protege o emprego dos empregados, nomeadamente no setor público empresarial, mas obstaculiza o novo emprego em geral, obrigando algumas camadas de trabalhadores, em regra jovens, a terem de aceitar precárias condições de trabalho já fora do sistema legal, constituindo a chamada segmentação do mercado de trabalho e a sua terceirização.

Há ainda a evidenciar que os referidos cripto contratos de prestação de serviços, ou "a falsos recibos verdes"[573], como é comum designá-los, ainda são utilizados por empregadores menos escrupulosos para obviar aos encargos para a segurança social, que, objetivamente, são demasiado

[573] É já comum falar-se na "geração dos recibos verdes".

elevados (23,75% da retribuição), embora tal ínvio objetivo tenha sido atenuado através da figura da "entidade contratante", que paga pelo menos 80% do rendimento total a trabalhador independente, ficando adstrita a uma taxa de 5% para a segurança social (arts. 140º, 150º, nº 3 e 5 e 168º, nº 4, do CRCSPSS).

Em tais situações de ilegalidade, a ACT tinha poderes muito relativos, pois a questão de saber se o contrato devia ser de trabalho ou de prestação de serviço era de natureza privada e passível de ser julgada apenas por iniciativa do trabalhador interessado. Restava-lhe, pois, o poder de erigir processo pela contraordenação prevista no nºs 2 a 4 do art. 12º do Código do Trabalho.

Procurando obviar a esta dificuldade, através da Lei nº 63/2013, de 27 de agosto, procedeu-se à "instituição de mecanismos de combate à utilização indevida do contrato de prestação de serviços em relação de trabalho subordinado". Para tanto, foi alterado o art. 2º e aditado o novo art. 15º-A à Lei nº 107/2009, de 14 de setembro, que estabelece o regime processual aplicável às contraordenações laborais e de segurança social e ainda foi criado, no âmbito do CPT, a **ação de reconhecimento da existência de contrato de trabalho** (ARECT) disciplinada nos novos arts. 186º-K a 186º-R com uma estrutura incomum [574].

Por meio da Lei nº 55/2017, de 17 de julho [575] foi alargado o âmbito da referida ação judicial e, bem assim, "os mecanismos processuais de combate à ocultação de relações de trabalho subordinado..." alterando os referidos arts. 2º, nº 3 e 15º-A, nºs 1 e 3 da Lei nº 107/2009 e o regime da aludida ARECT e criando ainda um novo procedimento cautelar. Essencialmente, a alteração daquela Lei visou alargar a atuação da inspeção do trabalho para todos os casos de escamoteamento/obnubilação do contrato de trabalho para além do falso contrato de prestação de serviço, como sejam as aparentes situações de estágio, de voluntariado e de bolsas.

Com idêntico objetivo, surgiu o programa de regularização dos vínculos precários na Administração Pública e no Setor Empresarial do Estado, que, sendo uma medida administrativa, não pôde obstar à instauração e desenvolvimento da ARECT, como parece ser jurisprudência constante [576].

574 Para desenvolvimento, v. A Ação de Impugnação da Regularidade e Licitude do Despedimento, CEJ, abril de 2015.

575 Derivou do Projeto de Lei nº 105/XIII (1ª), apresentado em 19 de janeiro de 2016.

576 Ac.s de 08 e 19-01-2018, respetivamente do TRP (Rel. Fernanda Soares) e do TRC (Rel. Paula Maria Roberto).

2. Procedimento da ACT

Por meio do dispositivo do novo nº 3 do art. 2º da Lei nº 107/2009, para além do poder já detido de erigir o procedimento contraordenacional, concede-se ainda poderes à ACT para a instauração do "procedimento a adotar em caso de inadequação do vínculo que titula a prestação de uma atividade em condições correspondentes às do contrato de trabalho", o qual passou a estar previsto no remodelado art. 15º-A [577]. Detetada tal situação, o inspetor do trabalho "lavra um auto e notifica o empregador para no prazo de dez dias, regularizar a situação, ou se pronunciar dizendo o que tiver por conveniente". Face a tal notificação, se o "empregador" aceitar que é mesmo empregador e que o contrato era mesmo de trabalho, vigorando desde a data considerada pelo inspetor, este procedimento será arquivado. Mas poder-se-á ainda manter o aludido procedimento contraordenacional, pois além de reconhecimento e da formalização do contrato como sendo de trabalho, haverá lugar ao pagamento das contribuições (incluindo as quotizações) à segurança social correspondentes.

Caso, por outro lado, o "empregador" não aceite que o contrato é, efetivamente, de trabalho e nada diga ou diga isso mesmo, então, a ACT, através de um seu dirigente, e no prazo de cinco dias, remete "participação dos factos para os serviços do Ministério Público junto do tribunal do lugar da prestação da atividade (e não da residência do presumível trabalhador) acompanhada de todos os elementos de prova recolhidos, para fins da instauração de ação de reconhecimento da existência de contrato de trabalho" (**ARECT**).

Verificando-se tal evento, o procedimento contraordenacional (que se reportará, basicamente, à falta de inscrição e de pagamento das contribuições à segurança social) ficará suspenso até à data do trânsito em julgado da decisão final da ação que irá ser interposta pelo competente magistrado do MP. Naturalmente, e em princípio, deverá vir a ser arquivado caso no processo judicial se conclua pela inexistência do contrato de trabalho.

E que valor probatório terá a referida "participação dos factos"? Conforme se dispõe na aludida Lei nº 107/2009, diferentemente do que acontece com o auto de notícia, a participação, sendo também elaborada pelo inspetor do trabalho, respeita a factos que ele não comprovou pessoalmente e, portanto, não se consideram provados. Por este motivo, a participação

[577] E remodelado, de novo, pelo art. 4º da Lei nº 13/2023, de 3 de abril.

deve ser "instruída com os elementos de prova disponíveis e a indicação de, pelo menos, duas testemunhas e o máximo de cinco..." (art. 13º).

Dado o seu "incomum escopo, as normas que regulam este processo (que continuam a ser os arts. 186º-K a 186º-R) já foram julgadas inconstitucionais. Porém, feita a reapreciação pelo Tribunal Constitucional vieram a ser olhadas como estando em conformidade com a Constituição[578].

3. Articulados das partes

O processo judicial inicia-se com o recebimento da participação, conforme se estipula no nº 6 do art. 26º do CPT, devendo, pois, a petição a deduzir pelo Magistrado do MP já nele se inserir, o que implica o seu prévio registo e o pedido de eventuais informações complementares.

Diferentemente do que acontece em outras situações em que o MP tem legitimidade ativa, neste caso, atenta a urgência, "dispõe de 20 dias para propor (antes, era "intentar") ação de reconhecimento da existência de contrato de trabalho", após a receção da referida participação da ACT, tudo conforme se estabelece no art. 186º-K[579].

Atenta a **natureza urgente** do processo e como decorre do preceituado no nº 2 do art. 298º do CC, tal prazo é de caducidade e decorre durante as férias judiciais. Todavia, sendo um prazo processual, permite-se que o ato venha a ser praticado num dos três dias úteis subsequentes ao seu decurso, conforme se prevê no nº 5 do art. 139º do CPC[580].

Ainda se prevê (no nº 2 do art. 186º-K) que o procedimento seja promovido inicialmente não pela ACT, mas pelo próprio MP, dentro das suas atribuições[581] pois quando tiver conhecimento, por qualquer meio, de situações de cripto contratos de trabalho deve comunicá-las à ACT (e também no prazo de 20 dias) para esta iniciar o procedimento de inadequação e, concomitantemente, o procedimento contraordenacional.

[578] Ac.s nºs 94/2015, de 03-02-2015 e nº 85/2016, de 04-02-2016, ambos relatados pelo Cons. João Cura Mariano.

[579] O que está dentro das suas atribuições *ex vi* da alínea *r)*, do nº 1, do art. 4º do seu Estatuto, aprovado pela Lei nº 68/2019, de 27 de agosto.

[580] Conforme julgado nos acórdãos do STJ de 6, 14 e 26 de maio de 2015, relatados, respetivamente, pelos Conselheiros Pinto Hespanhol, Melo Lima e António Leones Dantas [www.dgsi.pt].

[581] Estatuto do Ministério Público, aprovado pela Lei nº 68/2019, de 27 de agosto, art. 4º, nº 1, alínea *a)*.

A **petição inicial do MP**, bem como os demais articulados, não carecem de ser...articulados, podendo bem respeitar um modelo estabelecido (que se desconhece). E ao contrário do que consta no nº 3 do art. 186º-L, não têm de ser apresentados em duplicado mas por via eletrónica[582].

No que tange ao conteúdo, naturalmente terá que obedecer à generalidade dos requisitos exigidos nos arts. 144º e 552º do CPC, "devendo juntar todos os elementos de prova recolhidos até ao momento" o que está em consonância com o que se dispõe no art. 63º do CPT. Desses elementos constarão, pelo menos, as duas testemunhas que devam ter sido identificadas na participação da ACT, sendo três o seu número máximo (art. 186º-N, nº 3). Mas nenhuma delas poderá ser o trabalhador ou prestador de serviço que está impedido, pois poderá vir a intervir na discussão da causa como assistente do autor (art. 496º do CPC)[583].

Como as ***provas*** *são oferecidas na audiência,* mal se compreende que as testemunhas, como meios de prova que são, até ao número de três, devam, agora, ser indicadas pelas partes e *a notificar nos termos do artigo 66º* (como se passou a estipular no art. 186º-N, nº 3[584]), para comparecerem ou serem inquiridas por teleconferência. Tal indicação das testemunhas terá, pois, de ser concretizada nos articulados das partes. Mas os restantes meios de prova já poderão ser "oferecidos na audiência"!

Ainda que o recurso da decisão final seja sempre possível, a gravação da audiência já não terá de ser requerida. Face à plena admissibilidade do recurso, o réu terá que constituir advogado e este terá de utilizar a plataforma *Citius*[585].

Parecendo já o sacrificar, nos termos do nº 2 do art. 186º-L, "o empregador é citado para contestar no prazo de 10 dias". Seria mais correto, falar-se em réu, em dador de trabalho ou, no máximo, em presumível empregador. De qualquer modo, o curto período para contestar é aceitável perante a urgência do processo e o prévio conhecimento do procedimento dado pela ACT.

[582] CPC, art. 132º e P. nº 280/2013, de 26 de agosto (com alterações) arts. 1º, nº 6 *b)* e *c)* e 4º nº 1.

[583] É discutido o estatuto processual do prestador de trabalho ou de serviço, se será assistente ou interveniente principal. Cfr. Manuela Fialho, ARECT As alterações de 2019 – uma oportunidade perdida, estudo inserido no cit. Um ano da reforma do processo do trabalho, APODIT, pág. 155.

[584] Conforme alteração introduzida pelo art. 7º da Lei nº 13/2023, de 3 de abril.

[585] E assim também não carecendo de apresentar duplicado da contestação, conforme resulta da aplicação dos arts. 148º, nº 1 e 40º, nº 1 *b)*, ambos do CPC.

Como é obvio, na **contestação**, para além da arguição de eventuais exceções e do uso do ónus de impugnação terão que ser descritos factos que afastem os elementos componentes do contrato de trabalho e ilidam as presunções da sua existência, de conformidade com os arts. 11º e 12º do Código do Trabalho. Quanto aos meios de prova haverá que atender ao já exposto. Porém, o contestante terá que pagar a taxa de justiça (0,5 UC) em observância do que se dispõe no art. 186º-Q, a não ser que beneficie de apoio judiciário ou esteja isento de custas.

Não havendo contestação, o efeito cominatório será pleno "a não ser que ocorram, de forma evidente, exceções dilatórias ou que o pedido seja manifestamente improcedente" (art. 186º-M).

As exceções dilatórias evidentes podem ser a incompetência do tribunal, a nulidade de todo o processo...Além das exceções dilatórias, também o tribunal poderá conhecer das perentórias, já que, em princípio são do conhecimento oficioso, como é o caso da referida caducidade.

4. Intervenção do trabalhador

Apresentada a contestação esta será notificada ao autor (art. 575º) e, decorrido o prazo legal, será o processo apresentado ao juiz para marcação da data de julgamento, sem necessidade da concordância das partes. Poderá ainda convidar as partes a completar e a corrigir os articulados (art. 27º).

Marcada tal data, que dificilmente poderá ser num dos próximos 30 dias (como se impõe no nº 2 do art. 186º-N) são remetidas ao trabalhador identificado na petição (certamente pelo seguro do correio) duplicados (que, na verdade, serão cópias) da petição inicial e da contestação e a informação da data (e hora) para a realização da audiência de julgamento. Ainda o trabalhador será advertido expressamente para, no prazo de dez dias a contar da data da receção da carta:

- aderir aos factos apresentados pelo MP, declarando-o por qualquer modo;
- apresentar articulado próprio (que também não carecerá de ser ...articulado) descrevendo factos relacionados com as posições das partes; ou apenas,
- constituir mandatário no processo.

Obviamente, através do seu mandatário, poderá aderir aos factos deduzidos pelo MP e, simultaneamente, apresentar o seu articulado, pois não há no texto legal qualquer conjunção disjuntiva. Também poderá nada fazer ou apenas assistir à audiência de julgamento.

De qualquer modo, se apresentar algum documento articulado ou não, dele terá que ser dado conhecimento às partes para poder vir a ser considerado, tudo em respeito pelo princípio do contraditório (art. 3º, nº 3 do CPC). Face à especial configuração deste processo judicial, não poderá o trabalhador procurar que lhe sejam reconhecidos quaisquer outros direitos para além da classificação do seu contrato como sendo de trabalho. Naturalmente, vindo o contrato a ser classificado como de trabalho, então, poderão discutir-se as eventuais questões da sua validade e do seu cumprimento[586].

Mas se o referido trabalhador vier a intervir no processo assume aí a posição de **assistente**, dado que irá auxiliar uma das partes, que, em princípio será a do autor, como se configura no art. 326º do CPC. Não substituirá, jamais, o MP como autor no processo por falta de legitimidade, ainda que tenha interesse em agir. Aliás, o TC também já reconheceu ao MP o "direito autónomo de prosseguimento" da ARECT[587] .

5. Saneador e julgamento

Porque o trabalhador tem de ser informado da data de audiência de julgamento, o juiz terá de observar o processado, logo após o recebimento da contestação. O mais curial será quedar-se por tal marcação e por eventual despacho de aperfeiçoamento (ou indeferimento). Porquanto, como o trabalhador poderá vir a pronunciar-se, inclusive, através de "articulado próprio", faz sentido que só depois elabore o despacho pré-saneador que, sem tal designação, se acaba por impor no nº 1 do art. 186º-N. Este artigo com a epígrafe "termos posteriores aos articulados" corresponderá aos arts. 61º do CPT e 590º do CPC, pois nele o juíz já deverá apreciar eventuais exceções ou nulidades, podendo até decidir do mérito da causa.

O específico normativo sobre a audiência de julgamento continua a ser objeto do art. 186º-O, mas a alteração do seu nº 1 e a revogação do seu nº 2 vieram corrigir uma notória contradição referente ao papel processual do presumível trabalhador, pois, não sendo ele parte no processo, mas mero assistente ou, até, mero informado do processo, não era congruente ser ele

586 Cfr ac.do STJ, de 21-03-2018, Proc. 201416/17, Rel. Chambel Mourisco.

587 Ac. nº 238/2016, de 04-05-2016, Rel. Lino Rodrigues Ribeiro.

a acordar com o réu fosse o que fosse. A partir de 1 de agosto de 2017, deixou de haver tentativa de conciliação obrigatória, iniciando-se o julgamento "com a produção das provas que ao caso couberem". Fica, assim, ultrapassada a jurisprudência que chegou a conferir relevância ao acordo celebrado com boa fé, entre o dador e o prestador do trabalho ou serviço, em observância de um dos mais relevantes princípios do direito processual do trabalho, que bem se justificaria desde que se mantivesse a relação laboral.

Fica, assim, líquido e incontroverso que a instância inerente a esta ARECT, em princípio, tem de se concluir pelo julgamento e sentença. Se o trabalhador não aderir à posição do autor e até concordar com o réu, mesmo assim o caso deverá vir a ser julgado e sentenciado, conforme as provas apresentadas e o Direito aplicável. Só assim, na perspetiva da lei, o interesse público será prosseguido. E só assim, a ACT reatará ou não o **procedimento contraordenacional**, liquidando ou não, as contribuições para a segurança social, incluindo as quotizações, todas da responsabilidade do dador do trabalho. Aliás, era já esta a corrente jurisprudencial que havia prevalecido e se fixou. O mesmo deverá acontecer vindo o contrato a cessar por qualquer motivo, legítimo ou ilegítimo.

Quanto à audiência final (de julgamento), esta só poderá ser adiada por impedimento do tribunal, pois a falta de alguma das partes ou do advogado do réu ou de alguma testemunha não constitui motivo para protelação (nºs 3 e 4). A audiência apenas poderá ser suspensa para a concretização de alguma diligência que ao juiz pareça indispensável para a boa decisão da causa, mas logo deverá ser marcada data para o seu reatamento, "devendo o julgamento concluir-se dentro de 30 dias", a contar do seu início. Produzida a prova, os mandatários (do réu e do trabalhador) e, antes, também o magistrado do MP, podem fazer "uma breve alegação oral", sobre a matéria de facto e sobre o direito aplicável.

Continuando, coerentemente, a considerar-se a urgência do processo, a sentença, sucintamente fundamentada, é dita e gravada com observância do disposto no art. 155º do CPC. E, sendo de condenação do réu, reconhecendo a existência de um verdadeiro contrato de trabalho, terá que nela ser fixada a data de início da respetiva relação laboral, nomeadamente para a ACT (ou ISS,IP) liquidar as contribuições devidas à segurança social. E para tal efeito, a sentença ser-lhes-á comunicada oficiosamente.

De conformidade com o estatuído no art. 186º-Q, o valor da causa será fixado na sentença "tendo em conta a utilidade económica do pedido", o que não será fácil já que a retribuição a pagar havendo contrato de trabalho pode não ser superior à retribuição antes praticada.

No que toca a **custas**, o MP fica sempre delas isento (art. 4º do RCP). O trabalhador só será condenado a pagá-las, se na sentença, se concluir que o seu contrato não é de trabalho e tiver "apresentado articulado próprio", sustentando o contrário, ou vice-versa, como estabelecido no nº 4, do art. 186º-Q, onde se ultrapassa o disposto na alínea *h)*, do nº 1, daquele art. 4º do RCP. Havendo empregador, será este o responsável, como resulta do art. 527º do CPC.

6. Recurso e cobrança de créditos

Como já foi salientado, da decisão final deste processo especial da ARECT cabe sempre recurso para a Relação, independentemente do valor, vindo, assim, a adicionar-se aos processos elencados no art. 79º. Mas tal recurso tem efeito meramente devolutivo, sendo lícito obter o efeito suspensivo observando o preceituado no nº 2 do art. 83º, ou seja, requerendo o recorrente a prestação de caução e prestando-a nos termos dos nºs 4 e 5 do mesmo artigo.

De qualquer modo, implícita e estranhamente, no art. 186º-R, estabelece-se que o prazo de prescrição dos créditos laborais de um ano (art. 337º, nº 1 do CT) começa a contar-se após o trânsito da sentença, quando o trabalhador continua a trabalhar por conta da ré, o que deveria interromper tal contagem. Portanto, tal disposição apenas fará sentido caso venha a sentenciar-se que existia um contrato de trabalho mas que antes ocorreu a sua cessação. E apenas, no caso desta cessação do contrato de trabalho ter ocorrido por despedimento, é que ganha fundamento a norma do mesmo art. 186º-R, ao impor que os prazos de 60 dias para impugnar tal despedimento e de um ano para reclamar créditos só comecem a decorrer após o trânsito em julgado da sentença.

7. Procedimento cautelar. Remissão

Através do novo art. 186º-S foi estabelecido o novo "procedimento cautelar de suspensão de despedimento subsequente a auto de inspeção previsto no art. 15º-A da Lei nº 107/2009, de 14 de setembro".

O respetivo regime já se encontra cotejado no capítulo IX, referente aos procedimentos cautelares laborais, cujo regime será subsidiariamente aplicável, como, ora, é preceituado no nº 5 do art. 186º-S.

XXII
Impugnação de Contraordenação

1. O processo de contraordenação laboral e da segurança social

Face à revogação do sistema das contravenções ou transgressões (que eram puníveis com multas) e sua substituição pelo sistema das contraordenações, o processo penal laboral deixou de ter aplicação e os tribunais do trabalho deixaram de ter competência em tal matéria[588].

Por seu turno, os juízos do trabalho passaram ou mantiveram a competência para o julgamento, por via de recurso, ou melhor, por via da impugnação judicial das decisões das autoridades administrativas em processo de contraordenações, no âmbito do trabalho (ACT-IGT[589]) e da segurança social (ISS, IP), conforme preceituado no nº 2 do art. 126º da LOSJ.

Este processo no juízo do trabalho seguirá os trâmites traçados no **regime processual das contraordenações laborais e da segurança social** (RPCLSS), aprovado pela Lei nº 107/2009, de 14 de setembro, com alterações[590], a última das quais introduzida por força do art. 15º da Lei

[588] Integrava o Livro II do CPT. Antes resultava do art. 86º da Lei nº 3/99, de 13 de janeiro, que conferia competência aos tribunais de trabalho em matéria contravencional.

[589] A Autoridade para as Condições de Trabalho – ACT– é dirigida pelo inspetor-geral do trabalho e integra a Inspeção Geral do Trabalho, cfr. DR nº 47/2012, de 31 de julho e DL nº 102/2000, de 2 de junho, alterado pela Lei nº 13/2023, de 3 de abril.

[590] Alterada pelas Leis nº 63/2013, de 27 de agosto; 55/2017, de 17 de julho, que alargou o âmbito da ação especial de reconhecimento da existência de contrato de trabalho e ainda pela Lei nº 24-D/2022, de 30 de dezembro, que aprovou o Orçamento do Estado para 2023 e, no seu art. 279º, aditou o novo art. 27º-A, onde se estabelece a transferência dos prazos que terminem no decurso do mês de agosto para o primeiro dia útil do mês seguinte. Todavia, tal artigo não foi considerado na referida republicação, mas como não foi revogado, nem tácita, nem expressamente, deve-se considerar em vigor *extra lege*.

nº 13/2023, de 3 de abril, que a republicou no seu anexo I. Expressamente, no seu art. 60º, admite a integração das suas lacunas pelas normas do Regime Geral das Contraordenações (RGCO) constante do DL 433/82, de 27 de outubro[591], no qual e na sua parte II, se regula um processo de tipo inquisitório numa fase administrativa, seguida de uma fase judicial, para reapreciação da decisão inicial. Subsidiariamente a este Regime Geral aplicar-se-á no que tange à matéria procedimental o Código de Processo Penal (art. 40º).

No regime de impugnação (ou de recurso, como se menciona no RGCO), seus prazos de interposição e ao modo de os contar "aplica-se a todos os processos em que a decisão administrativa tenha sido proferida depois da entrada em vigor daquela Lei", como julgou o Tribunal da Relação de Coimbra[592] e, no que toca ao modo da contagem do prazo, foi ratificado pelo douto Acórdão (de fixação de jurisprudência) do STJ nº 5/2013[593], relatado pelo Cons. Raúl Raposo Borges, que faz um aprofundado estudo do regime processual das transgressões e contraordenações, desde o Código Penal de 1852.

Do regime processual das contraordenações laborais e da segurança social interessa, sobremaneira, o processamento regulado no art. 32º e seguintes, que disciplina precisamente a **fase judicial**, ou seja, a impugnação judicial das decisões (administrativas) de aplicação de coimas (com ou sem sanções acessórias) pela ACT e ISS em matéria das relações laborais e de segurança social, que se passa a sintetizar.

2. A impugnação judicial

Tem legitimidade para deduzir a impugnação judicial toda a pessoa que teve contra si uma decisão administrativa de aplicação de coima, como se preceitua no art. 32º do RPCLSS. Mesmo quando o recorrente não se tenha defendido na fase administrativa, mantém-se o seu direito à impugnação de decisão[594]. Todo o procedimento deve obedecer ao princípio da legalidade

[591] Com diversas alterações, nomeadamente pelo DL nº 116/99, de 4 de agosto. As obras por excelência serão as de Manuel Simas Santos e Jorge Lopes da Cruz, Contra-Ordenações – Anotações ao Regime Geral, Vislis, Lisboa, 2009 e Sérgio Passos, Contra-Ordenações – Anotações ao Regime Geral, Almedina, Coimbra, 2006.

[592] Ac. de 17-06-2010 [Rel. Des. Felizardo Paiva) *in* CJ, Ano XXXV – Tomo III/2010, pág. 68.

[593] Publicado no Diário da República, de 15 de fevereiro de 2013.

[594] Neste sentido, José Joaquim F. Oliveira Martins, no seu estudo Contraordenações Laborais e da Segurança Social – Inserção no Direito Penal Laboral, Questões Gerais e Tramitação, PDT, 2021-I, pág.167 onde cita o Ac. do TRL, de 02-04-2008 (www.dgsi.pt).

De conformidade com o disposto nos arts. 12º (competência em razão da hierarquia dos juízos do trabalho como instância de recurso), 201º (processo de contraordenação), ambos do CPT e 6º e 33º da Lei nº 107/2009, **a impugnação judicial** das decisões daquelas autoridades administrativas que aplicaram alguma coima[595] é dirigida ao juízo do trabalho territorialmente competente, mas entregue nos serviços da autoridade que aplicou a coima, no prazo de 20 dias[596], a contar da notificação, devendo encerrar para além da "identificação do recorrente, a indicação da coima aplicada, do processo de que se discorda, alegações de facto e de direito ou a fundamentação da impugnação, conclusões sumárias e o pedido que, em concreto, é dirigido ao tribunal"[597], ou, seja, no essencial:

- alegações;
- conclusões;
- indicação dos meios de prova;

Relativamente à **contagem daquele prazo,** verifica-se que se dispõe no art. 60º do RGCO, que *o prazo para a impugnação da decisão da autoridade administrativa suspende-se aos sábados, domingos e feriados* e ainda que se o seu termo ocorrer *em dia durante o qual não for possível, durante o período normal, a apresentação do recurso, transfere-se para o primeiro dia útil seguinte.* Contudo, no art. 6º do RPCOLSS, estipula-se que *à contagem dos prazos para a prática de atos processuais previstos na presente lei são aplicáveis as disposições constantes da lei do processo penal,* que, por sua vez (no seu art. 104º), manda aplicar as regras do processo civil, que, atualmente, impõe que correm seguidamente e apenas se suspendendo em férias judiciais, suspensão esta que é banida no nº 2 daquele art. 6º.[598]

[595] Competência esta que pode ser delegada nos termos do CPA (cfr. art. 3º, nº 3 da Lei nº 107/2009, de 14 de setembro).

[596] Prazo este que será contado conforme "as disposições constantes da lei do processo penal", não tendo índole administrativa como no Regime Geral das Contraordenações. V., no entanto, Abílio Neto, Código de Processo cit., pág. 352.

[597] Manuel M. Roxo e Luis C. Oliveira, O Processo de Contra-ordenação Laboral e de Segurança Social, Almedina, Coimbra, 2009, pág. 67.

[598] Na contagem deste prazo que se inicie no mês de agosto aplicar-se-á o normativo do não republicado artigo 27º-A , que com a epígrafe "diferimento e suspensão de prazos", estabelece o seguinte: "os prazos relativos aos atos praticados nos procedimentos contraordenacionais, bem como ao exercício do direito de audição ou de defesa em quaisquer procedimentos, exercício do direito à redução de coimas, dispensa de coima, bem como de pagamento

Como já mencionado, há lugar ao pagamento da **taxa de justiça**, no valor de uma UC, *"quando a coima não tenha sido previamente liquidada, sendo a taxa autoliquidada... nos 10 dias subsequentes à notificação ao arguido da data da marcação da audiência de julgamento ou do despacho que a considere desnecessária..."*[599]. A taxa paga não será restituída mesmo em caso de decisão favorável ao recorrente, de conformidade com o decidido no Acórdão do STJ nº 2/2014.

Será competente para apreciar o recurso o juízo da área territorial onde se tiver verificado a contraordenação. E, verificando-se um conflito negativo de competência entre dois juízos do trabalho, será competente aquele "em cuja área de jurisdição foi verificada a infração, ou seja, aquele onde primeiro tiver havido notícia ..."[600].

Quanto aos efeitos, nesta área do trabalho e da segurança social, a impugnação judicial tem **efeito meramente devolutivo**. Efetivamente, com a revogação dos nºs 2 e 3 do art. 35º do RPCLSS deixou de estar previsto o efeito suspensivo para obtenção do qual era necessário o "recorrente depositar o valor da coima e das custas do processo" antes de apresentar o recurso "em instituição bancária aderente"[601]. Acresce que no RGCO nada está previsto sobre o assunto, não lhe sendo curial aplicar o CPP.

Após a receção do documento com a impugnação, a autoridade administrativa "coimante", ou seja, o responsável pelo competente departamento da ACT, detendo poder delegado do inspetor geral, no prazo de 10 dias:

- revoga, total ou parcialmente, a decisão através da qual aplicou a coima ou sanção acessória; ou,

antecipado de coimas, ou de esclarecimentos solicitados pelas instituições de segurança social ou ACT, que terminem no decurso do mês de agosto, são transferidos para o primeiro dia útil do mês seguinte.»

599 RCP, art. 8º, nºs 7 a 10 e Regime Processual das Contraordenações Laborais e da Segurança Social, art. 59º.

600 Ac. do TRL, de 02-03-2011, (Rel. Seara Paixão) *in* CJ., Ano XXXVI, Tomo II/2011, pág. 160.

601 Tal alteração terá que ver com o Ac. do TC nº 485/2021, de 07-07-2021 que julgou inconstitucional a interpretação normativa extraída dos n.os 1 a 3 do artigo 35º da Lei nº 107/2009, de 14 de setembro, no sentido de que a atribuição de efeito suspensivo ao recurso judicial de decisão final condenatória, proferida em processo contraordenacional, por autoridade administrativa, depende do depósito do valor da coima aplicada e das custas do processo ou de garantia bancária no mesmo valor, na modalidade «a primeira solicitação», sem que o juiz da causa possa avaliar se de tal exigência resulta prejuízo considerável para o arguido.

- envia os autos (com a impugnação interposta e com ou sem contra-alegações suas) para o magistrado do MP junto do juízo do trabalho, ao qual o recurso é dirigido; e,
- tendo formulado contra-alegações, devendo delas notificar o arguido[602].

Com o envio para o MP, entra-se na fase judicial, propriamente dita, com vista ao julgamento do recurso ou impugnação da decisão administrativa.

É discutível a legitimidade da intervenção das associações sindicais representativas, pois "a lei de procedimento contraordenacional é parca quanto às concretizações deste direito"[603]. Mas têm legitimidade para intervir como assistentes, como previsto no art. 23º do RPCLSS, podendo fazê-lo nos termos adaptados do Código de Processo Penal, que se aplica subsidiariamente e com isenção de taxas.

3. Aceitação da impugnação judicial e julgamento

O magistrado do MP parece que não pode apreciar o mérito da alegação do recurso, pois deve apresentar os autos ao juiz, naturalmente através da secretaria, o que equivale à acusação. Todavia, nos termos do art. 41º do RPCLSS, pode até retirar a acusação "com o acordo do arguido e da autoridade administrativa", o que passa, logicamente, pela sua apreciação do caso. Aliás, também o arguido ou recorrente poderá retirar a sua impugnação, nos termos do art. 46º.

A acusação compõe-se da decisão da entidade administrativa competente (ACT, na nossa perspetiva, ou ISS), contendo a identificação do arguido, a descrição dos factos imputados ou omitidos e o seu enquadramento legal, bem como a coima correspondente e eventuais sanções acessórias. Será complementada pelos elementos probatórios indicados ou confirmados pelo MP (art. 58º e 62º do RGCO e 25º do RPCLSS). E como referido, já consta do dossiê o requerimento com o recurso ou impugnação e meios probatórios aduzidos pelo acusado.

Depois de confirmados os requisitos processuais, nomeadamente a competência do tribunal e a legitimidade do impugnante ou recorrente, o juiz deve verificar os requisitos formais e o efeito do recurso e, marcando o julgamento ou dispensando-o, mandar pagar a taxa de justiça ao recorrente.

[602] Ac. do TRL, de 18-11-2015 (Rel. José Eduardo Sapateiro) [www.dgsi.pt].

[603] Manuel M. Roxo e outro, ob. cit., pág. 71.

Numa primeira apreciação, o juiz poderá logo, e por meio de simples despacho, julgar extemporânea a impugnação e rejeitá-la, podendo o mesmo acontecer pelo desrespeito de exigências formais, como seja, a falta de alegações ou conclusões[604]. De tal decisão cabe recurso para a Relação (art. 38º da Lei).

Prosseguindo o processo, segue-se o julgamento, que pode ser concretizado:

- mediante audiência de julgamento; ou
- através de simples despacho, desde que não haja oposição de nenhuma das partes.

Por meio deste despacho, o juiz "pode ordenar o arquivamento do processo, absolver o arguido ou manter ou alterar a condenação". Também deverá "decidir e de forma clara se entende como necessária ou não a presença do recorrente"[605].

Tendo lugar a audiência de julgamento, esta será marcada e realizar-se-á em observância das regras traçadas no art. 42º e sgs. da mesma Lei. Como em processo criminal, embora o auto beneficie de presunção de verdade, compete ao MP "promover a prova de todos os factos que considere relevantes para a decisão", nomeadamente através de testemunhas (em número limitado a duas ou cinco), para além dos documentos existentes nos autos. Ao recorrente, no seguimento da sua alegação, assiste o ónus em contrário.

A decisão judicial deve ser fundamentada, de facto e de direito, ainda que possa "basear-se em mera declaração de concordância com a decisão condenatória da autoridade administrativa". Em casos de contraordenações leves, pode a decisão condenatória consubstanciar apenas uma admoestação.

De harmonia com o disposto no art. 39º do Regime, o tribunal não poderá devolver o processo à autoridade administrativa, para além de não lhe estar vedada a *reformatio in pejus* como julgado pelo Tribunal Constitucional[606]. Assim, o tribunal pode confirmar a decisão, no todo ou em

[604] Sobre o tema ver o Ac. do TC nº 265/01, de 19-06-2001.

[605] Adalberto Costa, Contra-Ordenações Laborais e da Segurança Social, Vida Económica, Porto, 2010, pág. 99.

[606] Acórdão nº 141/2019, de 12 de março, Proc. 550/2018, Rel. Maria de Fátima Mata Mouros de Aragão Soares Homem. Em sentido contrário, Joaquim F. Oliveira Martins, estudo citado, pág. 173.

parte, anulá-la por razões formais ou materiais e, em consequência, mandar arquivar o processo[607].

4. Recurso para a Relação

Sendo absolutória ou condenatória, a sentença bem como o despacho decisório são passíveis de recurso pelo MP ou pelo arguido para o competente tribunal da Relação, dentro dos parâmetros muito limitadores estabelecidos no art. 49º. Entre eles reside o valor mínimo da coima aplicada, que terá de ter um valor acima de 25 UC. Porém, sendo todas as coimas parcelares de valor inferior ao limite de 25 UC, mas sendo de valor superior a coima única aplicada em cúmulo jurídico, já é admissível o recurso para a Relação[608]. Ainda o decretamento de sanções acessórias até à decisão final indevida através de despacho, com oposição do arguido, é suscetível de recurso.

Anote-se que a autoridade administrativa não tem legitimidade para recorrer[609].

Tal recurso será deduzido no prazo de 20 dias[610], devendo a sua fundamentação seguir-se ao requerimento. Segue a tramitação do recurso em processo penal, cingindo-se, em regra, a questões de direito e não de facto, como decorre do estatuído no art. 51º do Regime, ao estabelecer que *se o contrário não resultar da presente lei, a segunda instância apenas conhece da matéria de direito, não cabendo recurso das suas decisões.* Estas poderão *alterar a decisão do tribunal recorrido sem qualquer vinculação aos termos e ao sentido da decisão recorrida,* admitindo-se, portanto a *reformatio in pejus,* pois não a exclui expressamente, com acontece no RGCO (art.s 75º e 72-A). Mas também pode a*nulá-la e devolver o processo ao tribunal recorrido.*

5. Execução

Através do procedimento para aplicação de contraordenações, quer no âmbito da segurança social quer no do trabalho (e neste com ou sem subordinação jurídica, mas com dependência económica), tem-se em vista dar

[607] João Soares Ribeiro, Contra-Ordenações Laborais, 3ª ed., Almedina, Coimbra, 2011, pág. 79; Manuel M. Roxo, ob cit. pág 109.

[608] Cfr. Ac. do TRC, de 28-01-2022 CJ, nº 316, Tomo I/2022, pág. 43.

[609] Cfr Ac. da RL de 4/1/2002, cit. por Manuel M. Roxo, ob. cit. pág. 113.

[610] Afastando o sentido e revogando o Acórdão de fixação de jurisprudência nº 1/2009, publicado no DR I série de 16/1/200, que fixava tal prazo em 10 dias.

possibilidade de defesa à entidade indicada pelo ISS, IP ou ACT como infrator de uma norma jurídica, cuja coercibilidade se encontra consubstanciada numa contraordenação, que, pela sua natureza, se traduz numa coima, ou seja, no pagamento de uma quantia em dinheiro. Portanto, não vindo o arguido a ser inteiramente absolvido ou tendo sido apenas admoestado, sofrerá a condenação no pagamento de uma coima de determinado montante, para além de eventuais penas acessórias.

Não havendo pagamento voluntário e atempado da coima, nem sendo autorizado o seu pagamento em prestações, nem das custas, seguir-se-á a execução, agora da competência do Instituto de Gestão Financeira da Segurança Social, IP (IGFSS), mais concretamente das suas secções de processo executivo, como estabelecido no art. 62º-A do regime jurídico do procedimento aplicável às contraordenações laborais e de segurança social, estabelecido pela Lei nº 107/2009, de 14 de setembro, na versão alterada e republicada, no anexo I, pela Lei nº 13/2023, de 3 de abril, como já mencionado a propósito do processo executivo do trabalho, no capítulo XIII, nº 3 deste livro.

Para o efeito, tais dívidas são equiparadas a "dívidas à segurança social", devendo ser utilizado o processo executivo por contribuições em dívida à Segurança Social, estabelecido no DL nº 42/2001, de 9 de fevereiro, com numerosas alterações [611].

Estatui-se (no nº 3, daquele art. 62º-A) que a ACT, naturalmente nos procedimentos da sua competência, remete ao IGFSS, IP "as certidões de dívida referentes às coimas e às custas, cuja emissão é da competência do dirigente máximo daquele serviço", que poderá ser delegada, de conformidade com o preceituado no CPA.

Nas regiões autónomas, porque no novo art. 62º do RPCOLSS, nada se refere aos respetivos institutos da segurança social e face ao teor do artigo seguinte, é forçoso concluir que se mantém o sistema clássico, ou seja, a execução do valor das coimas e custas laborais continua a ser da competência do MP.

[611] O seu texto atualizado e anotado consta do nosso Código dos Regimes Contributivos e Legislação Complementar, 2ª ed., Almedina, Coimbra, 2022, pág. 305 e sgts. Também insere extratos dos estatutos do IGFSS, ISS, ISSM e ISSA relativos à execução das dívidas à Segurança Social (pág. 279 e sgts) nas Regiões Autónomas da Madeira e dos Açores que continuarão a não ter competência para a execução das coimas laborais, como resulta do art. 63º.

6. Prescrição do procedimento

Segundo o estipulado no art. 52º da Lei mencionada, sem prejuízo das causas de suspensão e interrupção da prescrição previstas no aludido regime geral das contraordenações, o **procedimento** extingue-se, por efeito da prescrição, logo que sobre a prática da contraordenação hajam decorrido cinco anos, divergindo, assim, do Regime Geral das Contraordenações.

Porém, este prazo de prescrição do procedimento fica sujeito, não só a suspensão, mas ainda a interrupções, conforme se prevê, respetivamente, nos arts. 53º e 54º.

Por seu turno, ainda as **coimas** aplicadas poderão prescrever ao fim de cinco anos depois de se tornarem definitivas, mas igualmente sem prejuízo das causas de suspensão e interrupção previstas no referido regime geral das contraordenações.

7. Processo criminal

Relativamente aos crimes laborais[612], previstos no Código do Trabalho[613], que se podem conexionar com as contraordenações, a sua investigação incumbe à ACT/IGT e ao Ministério Público, não sendo os tribunais do trabalho os competentes para o seu julgamento.

A sua investigação e processamento seguem as regras do processo criminal e, para o seu julgamento, são competentes os tribunais criminais e não os de trabalho, não se podendo, pois, falar em procedimento laboral-criminal.

[612] O seu elenco constava do estudo de J. Soares Ribeiro, *in* Minerva, ano II, nº 3, 2003, pág. 45.

[613] Arts. 546º, 547º, 82º, 83º, 316º, 407º, 459º, 543º e 545º.

XXIII
Arbitragem nas Relações Coletivas de Trabalho

1. A arbitragem em geral

Como ficou expendido no nº 3 do capítulo V, é no último Livro do Código de Processo Civil que se prevê o tribunal arbitral necessário[614], ou seja, a arbitragem, como modo externo aos tribunais judiciais para resolver ou prevenir conflitos. Hoje em dia, neste Livro do Código apenas se mantêm algumas normas em apenas três artigos relativos à arbitragem obrigatória ou necessária, contendo algumas regras sobre a nomeação e substituição dos árbitros e (no último artigo do CPC – o 1085º) remetendo *para o disposto na lei da **arbitragem voluntária***[615].

Também como ficou referido, o regime geral da arbitragem voluntária contém-se na Lei nº 63/2011, de 14 de dezembro, que no nº 4 do seu art. 4º, como disposição transitória, estabelece que "a submissão a arbitragem de litígios emergentes de ou relativos a contratos de trabalho é regulada por lei especial, sendo aplicável, até à entrada em vigor desta o novo regime aprovado pela presente lei, e, com as devidas adaptações, o nº 1 do art. 1º da Lei nº 31/86, de 29 de agosto, com a redação que lhe foi dada pelo DL nº 38/2003, de 8 de março."

[614] Em consonância com o disposto no nº 2 do art. 209º da CRP.

[615] Sendo certo que ainda são feitas referências expressas à exequibilidade das decisões arbitrais (arts. 42º, nº 2 e 49º), ao compromisso arbitral (arts. 287º *b)* e 290º), à preterição do tribunal arbitral voluntário (art. 495º), à execução baseada em sentença arbitral (art. 814º, nº 1) e ao processo de jurisdição voluntária relativo à determinação do objecto do litígio a submeter a arbitragem (arts. 1508º a 1510º).

No âmbito das relações coletivas de trabalho, mais propriamente para a resolução de conflitos coletivos de trabalho, o CT manteve os processos de conciliação, de mediação e de arbitragem (arts. 523º e sgs.), mas em relação à arbitragem desenvolveu os mecanismos necessários para a sua efetivação, o que, muito positivamente, vem acontecendo.

A arbitragem no âmbito das relações coletivas de trabalho, pode ser voluntária, obrigatória e necessária (arts. 505º e sgs.)[616], podendo ser utilizada, quer no âmbito daqueles conflitos coletivos, propriamente ditos, que se inserem, usualmente, nos procedimentos para a revisão ou celebração de convenções coletivas de trabalho, quer ainda na definição dos serviços mínimos durante a greve no sector estatal (nºs 4 *b)* e sgs. do art. 538º do CT)[617].

Por outro lado, nos IRCT's podem ser acordadas cláusulas sobre a composição de litígios através da conciliação, mediação e arbitragem, naturalmente voluntária. Mas duvidosas serão estas cláusulas quando impõem a obrigatoriedade de tal arbitragem em questões de despedimento. Outrossim, tem assento legal a comissão paritária "com competência para interpretar e integrar as suas cláusulas" (art. 493º do CT).

A nível das relações (individuais) de trabalho, o mesmo pode acontecer, mas não pode deixar de ser ponderada a sua validade face às regras de competência internacional dos tribunais de trabalho e sobre os pactos privativos de jurisdição (arts. 10º e 11º do CPT) e de competência interna (arts. 13º a 18º e 19º) onde se comina a nulidade dos pactos de desaforamento como referido em II.6[618].

2. Arbitragem nas relações coletivas de trabalho

Como disposições comuns a todas as três formas de arbitragem, constam as do art. 505º e que são as seguintes:

[616] Para desenvolvimento, João Leal Amado, Temas Laborais, pág. 139 – A Arbitragem Obrigatória e o Art. 412º da RCT – Coimbra Editora, 2005 e João Reis, Meios de Composição do Conflito Laboral Coletivo, Gestlegal, Coimbra, 2019, pág. 349.

[617] O processo de arbitragem obrigatória encontrava-se regulado no Código de 2003, no art. 406º e sgs. e a dos serviços mínimos no art. 439º e sgs. da LR, interessando ainda a P. nº 1100/2006, de 13 de outubro, sobre os honorários dos árbitros e peritos do tribunal arbitral e o estatuto do CES.

[618] Para desenvolvimento v. estudo de Lucinda D. Dias da Silva, Arbitragem e Iuris Laboris Alma, *in* QL, nºs 26 e 27 (2006), respetivamente, págs. 194 e 91.

- Aplicam-se-lhe as regras sobre o conteúdo obrigatório das convenções, ou seja, as do nº 1 do art. 492º;
- E as do depósito (494º), devendo os árbitros enviar às partes interessadas e para registo e depósito o texto da sua decisão no prazo de cinco dias;
- A decisão arbitral produz os efeitos da convenção coletiva;
- O regime geral da arbitragem voluntária é subsidiariamente aplicável.

3. Arbitragem voluntária

Conforme resulta do art. 506º, relativamente às convenções coletivas, a todo o tempo, as partes podem acordar em submeter a arbitragem as questões laborais resultantes, nomeadamente da:

- Interpretação,
- Integração,
- Celebração, ou
- Revisão.

O vocábulo "nomeadamente" inculca que poderão ser submetidas à arbitragem quaisquer outras questões ou divergências de natureza laboral, sem se caracterizarem como "conflitos coletivos de trabalho".

Como é natural, havendo acordo em recorrer à arbitragem, terá de admitir-se, como acontece no art. 507º, que também as partes convencionem as regras da arbitragem. Na falta deste acordo, então, aplicam-se, subsidiariamente, as regras estabelecidas no mesmo artigo e que são as seguintes:

- A arbitragem será realizada por três árbitros, sendo dois nomeados, um por cada parte (árbitros de parte), e o terceiro escolhido por estes;
- As partes que acordarem na arbitragem informam o ministério da área laboral do início e do termo do procedimento de arbitragem voluntária;
- Os árbitros podem ser assistidos por peritos e têm direito à informação pelas partes e pelos ministérios.

Acontece que, através do novo art. 501º-A[619], veio, expressamente, prever-se a arbitragem (e a mediação) também para determinar a suspensão do período de sobrevigência de convenção coletiva, na sequência da caducidade de cláusula que faça depender a cessação de tal convenção da sua substituição por outro irct.

Tal arbitragem será requerida por qualquer das partes ao presidente do CES e, portanto, terá de classificar-se como voluntária. Não visa dirimir o conflito, mas apenas verificar "da existência de probabilidade séria de as partes chegarem a acordo para a revisão parcial ou total da convenção coletiva". Contudo, a constituição do tribunal arbitral será da responsabilidade do CES, como nas arbitragens obrigatória e necessária.

Curiosamente, caso o tribunal venha a entender "que existe probabilidade séria de haver acordo entre as partes" desavindas delibera a requerida suspensão do período de sobrevigência e determina que haja mediação, que será assegurada pelo árbitro presidente, que, assim, passa a mediador, observando as regras estabelecidas no art. 527º.

4. Arbitragem obrigatória

A arbitragem obrigatória apenas é admissível nas três situações de conflito previstas no art. 508º do Código do Trabalho. Em síntese são as seguintes:

- Tratando-se de primeira convenção, com negociações prolongadas e infrutíferas, conciliação ou mediação frustrada e inviabilidade do recurso à arbitragem voluntária, sendo requerida por qualquer das partes desavindas;
- Tratando-se de primeira convenção ou revisão e havendo recomendação nesse sentido da Comissão Permanente de Concertação Social;
- Igualmente tratando-se de primeira convenção ou revisão, por iniciativa do ministro da área laboral, ouvida a referida Comissão "quando estejam em causa serviços essenciais, destinados a proteger a vida, a saúde e a segurança das pessoas".

A determinação da arbitragem obrigatória pelo ministro carece de despacho fundamentado, considerando:

- o "número de trabalhadores e empregadores afetados pelo conflito" que deve ser grande;

[619] Introduzido por força do art. 6º da Lei nº 93/2019 de 4 de setembro.

- a "relevância da proteção social dos trabalhadores abrangidos" que, portanto, se inserem nos extratos sociais mais desfavorecidos;
- os "efeitos sociais e económicos do conflito", ou seja, as repercussões na vida da população local; e
- a "posição das partes quanto ao objeto da arbitragem", isto é, se estão ou não recetivas à solução.

Naturalmente, "os tribunais da jurisdição administrativa são os competentes para apreciar a legalidade do despacho do Ministro do Trabalho e da Solidariedade Social que determina a realização de arbitragem obrigatória para efeitos de celebração de convenção coletiva de trabalho[620].

5. Arbitragem necessária

Inovadoramente, este tipo de arbitragem é admissível, de harmonia com o disposto no art. 510º, "após a **caducidade** de uma ou mais convenções coletivas aplicáveis a uma empresa, grupo de empresas ou sector de atividade, (desde que) não seja celebrada nova convenção nos 12 meses subsequentes, e não haja outra convenção aplicável a pelo menos 50% dos trabalhadores da mesma empresa, grupo de empresas ou sector de atividade..."

Tal arbitragem também será determinada pelo ministro da área laboral, igualmente por despacho fundamentado, "mediante requerimento de qualquer das partes nos 12 meses subsequentes ao termo do prazo..." de 12 meses depois da caducidade de uma ou mais convenções coletivas" ou no prazo de 30 dias na nova situação, que, a seguir, se passa a sintetizar.

Entre as alterações e aditamentos introduzidos pela Lei nº 13/2023, de 3 de abril, passou a prever-se no art. 501º-A, não só a utilização da arbitragem necessária para a **suspensão do período de sobrevigência**, a requerer antes de tal período se esgotar e para aquilatar *da verificação da existência de probabilidade séria de as partes chegarem a acordo para a revisão parcial ou total da convenção coletiva,* mas ainda *quando a negociação não seja remetida para mediação* ou quando nesta *se conclua sem acordo quanto à revisão total ou parcial da convenção coletiva,* o que levará à suspensão daquele mesmo período de sobrevigência (nº 11 e 12).

620 Ac. do TCAS, de 15 de abril de 2010 (Rel. Benjamim Barbosa) [dgsi].

6. Apoio do Conselho Económico e Social

O Conselho Económico e Social tem um papel fulcral na concertação social, procurando ultrapassar os conflitos sociais, que tantos prejuízos acarretam para a sociedade, diminuindo o rendimento global e o dos menos favorecidos, cavando, portanto, o fosso entre ricos e pobres. Naturalmente, tal objetivo apenas será alcançado se houver uma base social ampla que não pretenda a mudança abrupta da sociedade.

Segundo o seu sítio na Internet[621], o CES "é o órgão constitucional de consulta e concertação no domínio económico e social". Nos domínios da sua estrutura avulta a *Comissão Permanente de Concertação Social (CPCS)* com composição tripartida (Governo e parceiros sociais) para promover o diálogo e a concertação sociais. As confederações sindicais e de empregadores com assento na Comissão Permanente de Concertação Social são equiparadas a pessoas de utilidade pública para efeitos de acesso a financiamentos públicos[622].

Nos domínios da arbitragem laboral, o papel central do CES, para além dos pareceres a que já se aludiu, traduz-se na elaboração de listas de árbitros, quer de parte (24) quer presidentes (16) conforme se dispõe no art. 512º do Código e na sua regulamentação, concretizada nos arts. 2º a 5º do Decreto-Lei nº 259/2009, de 25 de setembro[623]. Os nomes de tal lista ficam disponibilizados para a sua nomeação ou escolha. É, em princípio, o CES que fica incumbido de proceder ao pagamento dos honorários dos árbitros[624] e das despesas, para além de lhes facultar o apoio técnico e administrativo (art. 512º, nº 3).

As competências do CES foram atribuídas na Madeira e nos Açores aos respetivos Conselhos[625].

[621] *www.ces.pt.* O CES está previsto no art. 92º da CRP e foi criado pela Lei nº 108/91, de 17 de agosto, regulamentada pelo DL nº 90/92, de 21 de maio, tendo o seu regulamento interno sido publicado no D.R. II Série, nº 162, de 13/07/2003. Existem ainda os CES das Regiões Autónomas, criados pelo DLR's nºs 2/2016/M, de 15 de janeiro e 8/2018/A, de 6 de julho.

[622] DL nº 213/2008, de 10 de novembro, substituído pela Lei nº 36/2021, de 14 de junho.

[623] Retificado pela Declaração de Retificação nº 76/2009, de 15 de outubro.

[624] Nos termos da Portaria nº 1100/2006, de 13 de outubro, que continua em vigor (art. 32º do DL 259/2009, de 25 de setembro).

[625] DLR nº 25/2008/M, de 24 de junho e DLR nº 8/2018/A, de 5 de julho.

7. A constituição e funcionamento do tribunal arbitral

Como já se salientou, a *arbitragem voluntária* "rege-se por acordo das partes" ou, na falta de tal acordo, pelas normas do art. 507º do Código do Trabalho.

Nos casos da arbitragem obrigatória e necessária, a constituição do tribunal arbitral e o seu funcionamento encontra-se juridicamente disciplinados nos arts. 6º e sgs. do citado Decreto-Lei nº 259/2009, de 25 de setembro.

Assim, o tribunal arbitral será "composto por três árbitros" e "é presidido pelo árbitro escolhido pelos árbitros de parte ou, na sua falta, pelo designado mediante sorteio de entre os constantes da lista de árbitros presidentes" do CES.

Todo o processo de constituição do tribunal arbitral está regulamentado, pormenorizadamente, no mesmo Decreto-Lei (arts. 7º e 8º). Obviamente os árbitros, como julgadores, devem ser independentes das partes e dos seus interesses, embora as simpatias e as ideologias dificilmente se possam esquecer.

Uma vez declarado constituído o tribunal arbitral, este deve confinar o seu *objeto*, em princípio já definido pelo Ministro ou por acordo das partes. O tribunal funciona no local onde o Presidente do CES determinar ou em outro, se houver acordo, mas sempre com o apoio administrativo do próprio Conselho.

Naturalmente, os trabalhos do tribunal são dirigidos pelo árbitro presidente que logo providenciará pela *audição das partes* e pelo *contraditório* entre elas. Finda esta fase de audição das partes, há lugar a uma *tentativa de acordo*. Caso não se alcance o acordo nesta fase, passa-se à fase da instrução, ou seja, "o apuramento dos factos relevantes para o exame e decisão da causa que devem considerar-se controvertidos ou necessitados de prova", com a consequente aceitação dos meios de prova "admitidos pela lei do processo civil"[626].

Ultrapassada a fase da instrução e obtidas as informações possíveis junto dos organismos oficiais, o tribunal toma uma decisão (ou melhor, deliberação ou acórdão), no prazo de 60 dias a contar da sua constituição, prorrogável apenas até 15 dias "em caso de acordo entre o tribunal e as partes" (art. 21º, nº 1 e 2).

[626] Ou seja, documentos, presunções, confissão das partes, perícias, inspeção, testemunhas (Código Civil, art. 341º e sgs.) e Código de Processo Civil, art. 410º e sgts.

A decisão arbitral (que corresponde a um acórdão judicial) será sempre tomada ou por unanimidade, ou por maioria (2 votos) ou por voto de qualidade do presidente. E como já se viu, tal decisão deverá ter o conteúdo obrigatório das convenções coletivas e está sujeita a depósito "com as necessárias adaptações" e devem, por isso, ser enviadas pelos árbitros, no prazo de cinco dias, ao ministério da área laboral (art. 505º).

A decisão arbitral pode ainda ser objeto de *reclamação* contra eventuais "obscuridades ou ambiguidades" e, depois destas esclarecidas, também pode ser suscitado o *recurso* por alguma ou ambas as partes. Efetivamente, da decisão arbitral, correspondendo a uma sentença de primeira instância, pode-se recorrer para o tribunal da Relação, recurso este que será como de apelação em processo civil[627].

Como se aludiu, a arbitragem também poderá ser utilizada na determinação dos ***serviços mínimos*** *durante a greve,* quando a empresa afetada pertence ao setor empresarial do Estado, de conformidade com o estatuído nos arts. 538º, nº 4, *b)* do Código do Trabalho e 24º e sgs. deste Decreto-Lei nº 259/2009, de 25 de setembro. É precisamente neste campo que mais tem sobressaído a arbitragem obrigatória laboral, sendo de grande alcance a função exercida. É de lamentar apenas que o peso da ideologia dos presidentes vá prevalecendo e, consequentemente, gerando acórdãos em sentido contraditório[628], já que os árbitros de parte, em regra, não se têm libertado dos interesses das suas partes[629].

Basicamente, neste processo, percorrem-se as seguintes fases: constituição do tribunal arbitral, audição das partes e instrução; e decisão[630].

[627] Código do Processo Civil, arts. 627º e sgs. e 644º.

[628] Por exemplo, relativamente às greves dos trabalhadores do Metropolitano de Lisboa, tomadas em outubro de 2013.

[629] As decisões encontram-se disponíveis no sítio da Internet do CES.

[630] Para desenvolvimento: Joana Costa Henriques, A Fixação de Serviços Mínimos: As Arbitragens no Âmbito do CES sob o Sector dos Transportes, artigo inserido *in* Estudos de Direito do Trabalho, com organização de António Monteiro Fernandes, Coimbra Editora, 2011, pág. 259.

XXIV
Reenvio Prejudicial Europeu

1. Reenvio a título prejudicial

Os tribunais ou juízos do trabalho portugueses, como quaisquer outros tribunais, incluindo os de recurso, podem ter de aplicar normas de direito emitidas pelos competentes órgãos da União Europeia (e das suas antecedentes comunidades). É o que resulta dos artigos 19º do Tratado da UE (funções e composição do Tribunal de Justiça), 267º[631] do Tratado sobre o Funcionamento da UE e do art. 8º da CRP.

De resto, vigora o princípio do primado do direito europeu em relação aos direitos nacionais de cada um dos Estados membros e grande parte de tal direito é mesmo de aplicação direta (regulamentos). Na ordem jurídica portuguesa, tal relacionamento encontra-se regulado pelo estatuído no nº 4 do art. 8º da CRP, apenas se discutindo a intensidade de tal primazia[632].

Face a este cenário constituído por nações diversas, com ordens jurídicas próprias inseridas numa única ordem jurídica superior, suscita-se, com maior acuidade, o problema da uniformização do direito comunitário ao ser aplicado por tantos e tão diversos órgãos jurisdicionais.

Na tentativa de conseguir a aplicação uniforme do direito da União Europeia concebeu-se o mecanismo da colocação de questões prejudiciais pelos tribunais nacionais ao Tribunal de Justiça – reenvio prejudicial. Através dele, este Tribunal decide sobre tais questões, naturalmente

[631] Arts. 251º a 281º – modo de funcionamento e competências do Tribunal de Justiça da UE. Para além deste Tribunal de Justiça, atualmente, existem ainda o Tribunal Geral (anteriormente designado como Tribunal de Primeira Instância) e os tribunais especializados (antigas câmaras jurisdicionais).

[632] V. Jorge Miranda e Rui Medeiros, Constituição Portuguesa Anotada, Tomo I, 2ª ed., Coimbra Editora, 2010, pág. 172.

dentro de uma linha de coerência que a multitude dos tribunais nacionais não permitiria. Trata-se de um curioso mecanismo de cooperação jurisdicional para resolver uma questão de direito, cuja solução se poderá repercutir na decisão final de mérito, constituindo, assim, um seu pressuposto (prejudicialidade).

Nos termos da citada disposição do Tratado da UE qualquer tribunal nacional ao aplicar o direito europeu e, em caso de dúvida, pode interpelar o Tribunal de Justiça, através do recurso à questão prejudicial, que constituirá uma ocorrência anormal no processo e, portanto, um incidente processual. Porque não previsto no elenco do CPC (título III do livro II, art. 292º e sgs.) deve classificar-se como incidente atípico. Como anota Francisco Pereira Coutinho[633], pode ou não originar a suspensão no andamento do processo nacional, consoante assim for decidido pelo juiz e face ao normativo processual de cada Estado. Em Portugal, a decisão caberá apenas ao arbítrio do julgador.

Segundo Sónia Kietzmann Lopes, até 2010, "foram apenas 77 as questões prejudiciais colocadas pelos tribunais portugueses junto do Tribunal de Justiça"[634]. E no âmbito do direito do trabalho, escreve o Professor Monteiro Fernandes que "... é extremamente raro que os tribunais portugueses suscitem questões prejudiciais junto daquela instância, assim como só excecionalmente são invocadas as citadas decisões do Tribunal europeu na fundamentação de sentenças"[635].

2. Questão prejudicial laboral

Ultrapassada a primeira fase das comunidades europeias que teve como objetivo, para além da paz e da segurança, a prosperidade económica, começou a construir-se o Estado Social Europeu. É neste contexto, que se passou a emitir numerosa legislação europeia de carácter social, inclusive sobre as relações laborais, como se alcança do art. 2º da Lei nº 7/2009, de 12 de fevereiro, que aprovou o atual Código do Trabalho. Avulta ainda a aplicação direta de alguns regulamentos, nomeadamente sobre o desenvol-

[633] Os Tribunais Nacionais na Ordem Jurídica da União Europeia – O Caso Português, Coimbra Editora, 2013, pág. 110.

[634] Prontuário de Direito do Trabalho, CEJ, nºs 88/89, janeiro a agosto de 2011, pág. 240.

[635] Novos Territórios do Direito – Europeização, Globalização e Transformação da Regulação Jurídica, coordenação de Maria Eduarda Gonçalves e Pierre Guibentif, Principia ISCTE-IUL, Lisboa, 2008, pág. 79.

vimento do princípio da livre circulação de trabalhadores – Regulamento 492/2011, de 5 de abril, alterado pelo Regulamento (UE) 2019/1149, de 20 de junho (que também instituiu a Autoridade Europeia do Trabalho).

É, pois, no domínio da aplicação das normas desta copiosa legislação, que os tribunais do trabalho portugueses podem suscitar o julgamento das questões prejudiciais, quer por iniciativa própria, quer a requerimento das partes.

3. A colocação da questão prejudicial

A apresentação, ou melhor, o reenvio ao Tribunal de Justiça (sediado no Luxemburgo) na esteira dos citados artigos do Tratado sobre o Funcionamento da UE deve obedecer à regulamentação própria[636] que define o modo de atuação dos tribunais nacionais, nomeadamente, a formulação da questão para o Tribunal de Justiça julgar e responder.

Em regra, tal reenvio implica a suspensão do processo no tribunal nacional durante o período em que se aguarda a decisão do Tribunal de Justiça. Contudo, nunca a decisão do Tribunal de Justiça constituirá ou integrará a decisão final no processo nacional, mas apenas o juízo da questão incidental, particular ou interlocutória que lhe foi submetida. Mas, por se centrar no direito comunitário europeu, vincula o tribunal do trabalho nacional naquele processo e quanto à questão prejudicial.

Como referido, em Portugal, este instrumento do reenvio prejudicial tem sido pouco utilizado, prevalecendo uma ideia restritiva do seu uso, como transparece do acórdão do STJ, de 04-07-2013, relatado pela Conselheira Isabel São Marcos (www.dgsi.pt) com o seguinte sumário: *4. O reenvio prejudicial previsto no artigo 234º do Tratado da União Europeia só deve ser determinado quando ao juiz nacional se suscitarem dúvidas quanto à interpretação ou validade de uma concreta norma comunitária. Assim, o reenvio não se justifica quando a questão colocada se revele materialmente idêntica a outra que, num caso análogo, já tenha sido objeto de decisão a título prejudicial, como sucede no caso dos autos.* Também já o STJ indeferiu o reenvio prejudicial, considerando que a discussão da nulidade de um contrato de trabalho a termo celebrado com uma pessoa coletiva pública se enquadrava em valores estruturantes do Estado de direito[637].

[636] Recomendações à atenção dos órgãos jurisdicionais nacionais, relativas à apresentação de processos prejudiciais, que se publicaram no JOUE, C439, de 25 de novembro de 2016.

[637] Ac. de 13-07-2017, Rel. Cons. Gonçalves Rocha [dgsi].

4. A tramitação do processo

A tramitação, como salienta Sónia Kietzmann Lopes, começa por uma exposição objetiva do juiz nacional, cabendo-lhe também "determinar se remete todo o processo, o traslado das peças ... ou só o despacho" a enviar pelo seguro do correio para a secretaria do Tribunal de Justiça, no Luxemburgo[638].

Segundo o Regulamento de Processo do Tribunal de Justiça[639] (em especial, arts. 93º a 118º), a formulação do reenvio da questão para o Tribunal de Justiça da União Europeia, não tem que obedecer a nenhuma forma especial, devendo ser observadas as referidas Recomendações. Há, em geral, bom acolhimento, podendo aquele Tribunal obter os documentos ou informações que julgue convenientes. Em certos casos o processamento poderá ser acelerado e até urgente, mas percorrendo sempre uma fase escrita e outra oral.

As partes do processo nacional podem apresentar observações escritas, no prazo de 15 dias ou até de dois meses, mas cingindo-se à questão prejudicial como ela ficou definida pelo tribunal consulente. Posteriormente podem intervir em audiência pública.

A decisão final é tomada através de acórdão da secção (de 3 ou de 5 juízes) ou por despacho fundamentado do juiz relator se a questão "for manifestamente idêntica a uma questão que o Tribunal de Justiça já tenha decidido", mas após a audição do advogado-geral.

De qualquer modo, a decisão tomada é sempre vinculativa para o tribunal nacional, mas apenas no processo em que a questão foi suscitada. Naturalmente, porque, em geral, a temática se centra na interpretação de normas comunitárias, tais decisões não deixam de ter repercussões em outros casos. As custas são estabelecidas pelo tribunal nacional[640].

[638] Ob. cit., pág. 248.

[639] Publicado *in* JOUE, L265,de 29 de setembro de 2012 com alterações em 2013 e 2016 (JOUE, L217/69, de 12/8/2016). Deriva do Protocolo (nº 3) relativo ao Estatuto do Tribunal de Justiça da União Europeia, anexo aos Tratados, com alterações até ao Regulamento (UE, Euratom) 2015/2422 do Parlamento Europeu e do Conselho, de 16 de dezembro de 2015 (JOL 341, de 24 de dezembro de 2015).

[640] Para desenvolvimento, v. Fausto Quadros e Ana Maria Guerreiro Martins, Contencioso da União Europeia, 2ª ed., Almedina, Coimbra, 2003, pág. 67; João Mota de Campos e João Luiz Mota de Campos, Manual de Direito Comunitário, 6ª ed., Coimbra Editora, 2010, pág. 430; Miguel Gorjão-Henrique, Direito da União Europeia, 8ª ed., Almedina, Coimbra, 2017, pág. 481 e Maria José Rangel de Mesquita, Introdução ao Contencioso da União Europeia – Lições, Almedina, Coimbra, 2017, pág. 140.

PROCEDIMENTOS ADMINISTRATIVOS

XXV
Procedimentos Previstos no Código do Trabalho

1. Os procedimentos previstos na lei substantiva

No direito (substantivo) do trabalho sempre se estabeleceu a obrigação de se formalizarem por escrito certos atos, em regra, por parte do empregador, para consubstanciarem a sua prova. Servem de exemplo, o registo da admissão de trabalhadores, a sua inscrição na previdência/segurança social, a aprovação de horários de trabalho (antigamente necessária).

A partir de 1975, começa a impor-se a realização de determinadas sequências de atos e a sua documentação por escrito para o empregador, validamente, poder tomar certas decisões. Destacou-se, em especial, o procedimento para fazer cessar o contrato de trabalho com a invocação de justa causa [641]. Surge, assim, o denominado **processo disciplinar**, mais tarde, crismado como procedimento. A sua necessidade veio a ser cimentada pela jurisprudência, que alargou a sua aplicação a todas as formas do exercício do poder disciplinar, com exceção da admoestação, em similitude com o que se passa na Administração Pública.

Culminando com o Código do Trabalho (de 2003), o fenómeno acentuou-se, determinando-se e regulando-se a instauração de diversos **procedimentos**, sob pena da sua falta ou deficiência provocar a ilicitude da decisão tomada em relação a algum ou alguns trabalhadores envolvidos. Assim, o regime jurídico de tais procedimentos passou a ter uma relevância digna de nota, não podendo deixar de merecer atenção em qualquer estudo geral de direito processual do trabalho.

[641] DL nº 372-A/75, de 16 de julho, mas publicado em agosto, em pleno "verão quente de 75", tendo sofrido diversas alterações e sido revogado em 1989.

Dando-lhe uma visão de conjunto, Bernardo da Gama Lobo Xavier define tais procedimentos *como sequência de atos estabelecidos nas normas de trabalho e por estas normas regulados com vista à realização de um acto final, no procedimento também nele compreendido*[642]. Invocando a sua natureza instrumental, evidencia que se aplicam em quase todos os casos de cessação do contrato de trabalho e para a sua justificação aponta razões de justiça, objetivação e racionalização, eficiência na decisão e integração funcional dos interesses, terminando por admitir que tais procedimentos privados acabam por servir de controlo dos poderes empresariais.

De um modo geral, com a obrigatoriedade da formalização, ou melhor, da documentação por escrito, ainda que digitalizada, de atos sucessivos visa-se consubstanciar o fundamento para as decisões, permitindo a sua análise posterior, nomeadamente pela autoridade de inspeção, a ACT e até pelo tribunal.

2. Elenco

Numa perspetiva eminentemente formal, indicam-se, de seguida, os procedimentos, como tal classificados no CT, não obstante nele se estabelecerem figuras semelhantes, mas ainda não denominados como tal. São os seguintes:

- Exercício de direitos de trabalhador-estudante – art. 96º;
- Transferência do local de trabalho, temporária ou definitiva – art. 196º;
- Transmissão de empresa ou estabelecimento – art. 285º;
- Redução ou suspensão do período de trabalho ou do contrato em situação de crise empresarial – arts. 299º e 300º;
- Encerramento temporário da empresa ou estabelecimento por facto imputável ao empregador– art. 311º;
- Exercício do poder disciplinar – art. 329º;
- Despedimento por facto imputável ao trabalhador – art. 353º;
- Despedimento coletivo – art. 360º;
- Despedimento por extinção de posto de trabalho – art. 369º;
- Despedimento por inadaptação – art. 373º;
- Resolução de contrato pelo trabalhador – art. 395º;

[642] RDES, Ano XLVIII, nº 1-2, janeiro-junho 2007, pág. 42.

- Constituição e aprovação de estatutos de comissão de trabalhadores – art. 430º e sgts;
- Constituição de associações sindicais e de empregadores – art. 447. e sgts;
- Negociação de convenção coletiva de trabalho – art. 486º;
- Arbitragem na negociação coletiva e em conflitos coletivos – art. 505º;
- Elaboração de portarias de extensão e de condições de trabalho – art. 516º;
- Resolução de conflitos coletivos de trabalho: conciliação mediação e arbitragem– arts. 524º, 527º e 529º;
- Mediação – art. 527º.

Dos regimes destes procedimentos, tendo em conta a sua complexidade e interesse prático, apenas os que visam o despedimento por extinção do posto de trabalho, coletivo e por inadaptação irão ser sumariados, de seguida e neste capítulo.

Os processos de arbitragem nas relações coletivas de trabalho já foram objeto de análise em capítulo anterior. O procedimento disciplinar, nas suas diferentes modalidades, terá desenvolvimento no capítulo posterior.

3. O despedimento por causas objetivas

Estas formas de cessação do contrato de trabalho fundamentam-se em causas ou razões objetivas, que são assim designadas por não serem imputáveis ao trabalhador, por não resultarem da sua vontade, nem de culpa sua, nem do próprio empregador. Outrossim, resultam da necessidade de alterar a organização empresarial que está sempre em confronto com a dinâmica socioeconómica. Como refere a lei, constituem causas objetivas a necessidade de encerramento de um ou vários setores da organização empresarial com a inerente redução de pessoal ou apenas de um único trabalhador determinadas por motivos de mercado, estruturais ou tecnológicos. Com base nestas causas objetivas, que também são justas, prevêem-se no CT três tipos de cessação do contrato, sendo dois praticáveis e que são:

- despedimento coletivo (divisão II – arts. 359º a 366º), e
- despedimento por extinção de posto de trabalho (divisão III – arts. 367º a 372º).

Ainda por causas não inteiramente derivadas da culpa do trabalhador, prevê-se também o

- despedimento por inadaptação superveniente do trabalhador ao posto de trabalho (divisão IV – arts. 376º a 380º).

Para todas estas formas de despedimento não deve ser olvidada a natureza imperativa das normas que regem a cessação do contrato de trabalho, incluindo os inerentes procedimentos, como preceituado no nº 1 do art. 339º, em consonância com o nº 1 do art. 3º, ambos do Código do Trabalho. De harmonia com o disposto nos nºs 2 e 3 daquele artigo, apenas os critérios de definição de indemnizações e os prazos de procedimento e de aviso prévio podem ser alterados por convenção coletiva de trabalho. Também os valores de tais indemnizações podem ser alterados pela mesma via, mas apenas "dentro dos limites deste Código".

Para a concretização do despedimento coletivo, por extinção de posto de trabalho (ou ainda por inadaptação) torna-se indispensável a execução prévia de uma sequência de atos formais que deverão ser reunidos (em processo), que constituem os procedimentos estabelecidos nos arts. 360º e sgs., a que a lei processual denomina de "*documentos comprovativos das formalidades exigidas*" ou *previstas* [643].

4. Procedimento para o despedimento coletivo

A configuração atual do procedimento para o despedimento coletivo tem origem comunitária, mais concretamente na Diretiva nº 98/59/CE, de 20 de julho [644], relativa à aproximação das legislações dos Estados membros em tal matéria.

A definição de despedimento coletivo consta daquele art. 359º como sendo *a cessação de contratos de trabalho promovida pelo empregador e operada simultânea ou sucessivamente no período de três meses... sempre que aquela ocorrência se fundamente em encerramento de uma ou várias secções ou estrutura equivalente ou redução do número de trabalhadores determinada por motivos de mercado, estruturais ou tecnológicos.* Exige ainda o mesmo artigo um número mínimo de contratos de trabalho a extinguir, que é de dois ou de cinco trabalha-

[643] CPT, arts. 98º-J, nº 3 e 156º, nº 2.

[644] O conceito de "empresa que controla o empregador" foi objeto do ac. do Tribunal de Justiça da União Europeia, de 07-0-2018, proc. C-61/2017. Rel. Egils Levits.

dores conforme se trate, respetivamente, de micro ou pequena empresa, por um lado, ou de média ou grande empresa (portanto, com mais de 50 trabalhadores).[645] Este número mínimo de trabalhadores interessa para classificar o despedimento como coletivo e, assim, iniciar o respetivo procedimento. Conforme Acórdão do STJ, "o despedimento coletivo caracteriza-se pela cessação de vários contratos de trabalho, promovida pela entidade empregadora no decurso de um determinado período, tendo uma motivação comum a todos os trabalhadores abrangidos"[646]. Quando tal número mínimo não seja alcançado, o empregador poderá lançar mão do procedimento para a extinção de cada posto de trabalho.

Havendo comissão de trabalhadores na empresa, o procedimento deve iniciar-se pela sua consulta obrigatória, conforme resulta do estatuído na alínea *c)* do art. 425º.

Mantendo-se a decisão, segue-se a comunicação formal (por documento escrito ou eletrónico) pela empresa da sua pretensão de proceder ao despedimento coletivo a algumas das estruturas de representação coletiva dos trabalhadores, privilegiando a comissão de trabalhadores e, na falta desta, a comissão intersindical ou as comissões sindicais representativas dos trabalhadores a despedir. Caso nenhuma exista, tal comunicação será efetuada, diretamente aos trabalhadores visados, que podem criar entre eles uma comissão representativa (art. 360º).

Naturalmente, nesta comunicação devem constar os motivos para o despedimento, o quadro de pessoal, os critérios de seleção dos trabalhadores a despedir e o seu número e categorias profissionais, o período para concretizar o despedimento e o método de cálculo da compensação sendo mais vantajoso do que resulta da lei (art. 366º) ou de instrumento de regulamentação coletiva aplicável.

Desta comunicação é enviada cópia à Direção-Geral do Emprego e das Relações de Trabalho (DGERT) que, assim, passa a acompanhar o procedimento, essencialmente, para fiscalizar o cumprimento da lei e para procurar "a conciliação dos interesses das partes" (art. 362º).

Entretanto, nos cinco dias posteriores, a empresa deve promover o início de uma fase de informações e negociação, também com a participa-

[645] Para estudo global, Bernardo da Gama Lobo Xavier, O Despedimento Colectivo no Dimensionamento da Empresa, Verbo, Lisboa, 2000.

[646] de 20-11-2011, Proc. nº 947/086TTLSB-A, Rel. Cons. Gonçalves Rocha.

ção de representante da DGERT, com vista a estabelecerem-se eventuais alternativas ao despedimento coletivo, nomeadamente, a suspensão de contratos, a reduções dos períodos de trabalho *(lay-off)*, reconversões ou mesmo reformas antecipadas, para além da revogação de contratos (por acordo). Efetivamente, na prática, esta fase serve para potenciar negociações de compensações pela cessação dos contratos superiores às legalmente estabelecidas. Das reuniões havidas devem ser lavradas atas, obviamente assinadas pelos intervenientes (art. 361º).

Prosseguindo o procedimento, o empregador dispõe de um prazo de 15 dias para comunicar, formalmente, a cada trabalhador abrangido a decisão de despedimento com as informações pertinentes, nomeadamente no que tange ao valor e pagamento da compensação[647], ao aviso prévio e data da cessação do contrato. Ainda são devidas algumas informações à DGERT e à estrutura ou comissão representativa (art. 363º).

5. Procedimento para o despedimento por extinção de posto de trabalho

No despedimento por extinção de posto de trabalho, logicamente, haverá apenas o despedimento de um único trabalhador ou de alguns, desde que o seu número não atinja o limite mínimo para o despedimento coletivo, como acima referido. Mas os fundamentos são, essencialmente, os mesmos do despedimento coletivo. São, porém, exigidos, cumulativamente, diversos requisitos face à redação do art. 368º [648]. Entre estes, exige-se que os motivos indicados não resultem de conduta culposa do empregador ou do trabalhador, que seja "praticamente impossível a subsistência da relação do trabalho", que não existam contratos a termo para funções idênticas e que não seja devido o despedimento coletivo, face ao número de trabalhadores envolvidos. Ainda havendo postos de trabalho idênticos haverá que respeitar uma ordem de prioridades (critérios) que vai desde a avaliação da competência até à antiguidade na empresa (nºs 2 a 4).

O procedimento para concretização desta forma de despedimento inicia-se também por uma comunicação formal, não só à comissão de trabalhadores ou outra estrutura de representação, mas também "ao trabalhador

[647] Sobre as questões que se têm suscitado, v. o estudo de André Teixeira dos Santos, Da Compensação no Despedimento Coletivo: Perspetivas em 3 Casos Judiciais, in PDT, 2021- I, pág. 245.

[648] cujo normativo foi repristinado na sequência do retardado acórdão do TC nº 602/2013, retificado pelo acórdão nº 635/2013 e alterado pela Lei nº 27/2014, de 8 de maio

envolvido". Em tal comunicação será justificada a necessidade de extinguir o posto de trabalho em causa e de despedir o trabalhador a ele afeto e, bem assim, os critérios utilizados para a seleção (art. 369º).

Não se segue, pelo menos obrigatoriamente, um período de consultas ou negociação, mas a referida estrutura e o trabalhador visado, no prazo de 15 dias [649], "podem transmitir ao empregador o seu parecer fundamentado, nomeadamente sobre os motivos invocados, os requisitos e os critérios e até alternativas. Podem ainda solicitar à ACT para que esta proceda à verificação dos requisitos estabelecidos no art. 368º, o que esta fará através de um relatório, não vinculativo, no prazo máximo de 7 dias (art. 370º, nº 3).

Passados cinco dias, o empregador poderá tomar a decisão de despedimento do trabalhador, fundamentadamente, indicando o motivo da extinção do posto de trabalho, o preenchimento dos requisitos e dos critérios aludidos e, bem assim, os valores dos pagamentos a efetuar e a data do despedimento, respeitando a antiguidade. Tal decisão será, naturalmente, comunicada ao trabalhador e dela enviadas cópias à estrutura interveniente e à ACT (art. 371º).

6. Fases e consequências do despedimento por razões objetivas

Da relação sumária dos atos necessários para o despedimento coletivo e por extinção de posto de trabalho, numa síntese de caráter geral, destacam-se os seguintes, os quais se podem englobar nas três fases e que são:

a) Comunicações sob forma escrita da necessidade de proceder ao despedimento (motivos invocados e contexto) a enviar ou apresentar (com prova da receção) à estrutura representativa dos trabalhadores, que será:
   - comissão de trabalhadores ou, não havendo esta, à comissão intersindical ou sindical ou delegado sindical;
   - à associação sindical de que o trabalhador for representante;
   - aos trabalhadores abrangidos pela concretização da medida.

b) Informações e negociações
   Nos 10 dias seguintes deverá ter lugar *uma fase de informações e negociação entre o empregador e a estrutura representativa dos trabalhadores* ou comissão para tentarem alcançar a resolução do problema por

[649] Na redação conferida pelo art. 2º da Lei nº 93/2019, de 4 de setembro.

acordo. Nesta fase deverá participar o serviço competente do ministério responsável pela área laboral (DGERT/ACT).

c) Decisão
Gorada a possibilidade de acordo, poderá o empregador decidir pelo despedimento comunicando a cada trabalhador:
- motivos fácticos que levaram à cessação (que serão os únicos considerados em juízo);
- confirmação dos requisitos legais;
- montante da compensação, lugar e forma de pagamento;
- data da cessação.

Esta decisão é comunicada não só ao trabalhador (ou trabalhadores) visado, mas também às entidades referenciadas.

Deve ainda anotar-se, conforme julgado pelo STJ que, "na comunicação da intenção de proceder a despedimento coletivo, a falta de indicação de critérios objetivos de seleção dos trabalhadores deve entender-se como uma irregularidade, a qual só afetará a licitude do despedimento se não vier a ser suprida em tempo útil, devendo ser considerados na decisão final do processo de despedimento coletivo. A inobservância da exigência legal da indicação prévia dos critérios de seleção dos trabalhadores que permitirá aferir se o motivo individual invocado para esse trabalhador cabe nos critérios de selecção previamente definidos pelo empregador e conduziram a que tivesse sido ele e não outros os trabalhadores selecionados impede o trabalhador de impugnar as razões da sua inclusão num despedimento coletivo, cuja consequência será a sua ilicitude com a consequente subsistência do vínculo contratual desse concreto trabalhador"[650].

Tendo sido decretado o despedimento, coletivo ou por extinção de posto de trabalho (ou ainda por inadaptação), se o trabalhador despedido não concordar e não tiver aceitado a compensação devida[651] (que logo deve devolver, sob pena de se presumir a aceitação), pode, desde logo e no prazo de cinco dias úteis a contar da recebimento da decisão, requerer uma providência cautelar de **suspensão do despedimento** (art. 34º e sgs. do CPT), como se descreve no capítulo IX, relativamente aos procedimentos cautelares.

[650] Cit. proc. nº 947/086TTLSB-A, Rel. Cons. Gonçalves Rocha.

[651] Para desenvolvimento, v. Sobre a presunção da aceitação do despedimento coletivo no Código do Trabalho, estudo de Francisco Liberal Fernandes, *in* QL, nº 41 (jan-jun 2013), pág. 7.

Igualmente, poderá providenciar pela **impugnação judicial** do seu despedimento, através da ação de impugnação da regularidade e licitude do despedimento, com processo especial, no prazo de 60 dias – cfr. capítulo XIV. Porém, a ação de impugnação do despedimento coletivo, também em processo especial[652], já poderá ser intentada no prazo de seis meses contados da data da cessação do contrato, de conformidade com o disposto no nº 2 do art. 388º do CT – cfr. capítulo XVI.

De constitucionalidade muito duvidosa, por imposição da Lei nº 13/2023, de 3 de abril, passou a vigorar o novo art. 338º-A, que, com a epígrafe **proibição do recurso à terceirização de serviços,** proíbe as empresas de *recorrer à aquisição de serviços externos a entidade terceira para satisfação de necessidades que foram asseguradas por trabalhador cujo contrato tenha cessado nos 12 meses anteriores por despedimento coletivo ou despedimento por extinção de posto de trabalho.*

7. O procedimento para despedimento por inadaptação

Pelo menos teoricamente, prevê-se no art. 373º e sgs. do Código do Trabalho, o modo de despedimento resultante da inadaptação superveniente do trabalhador ao posto de trabalho[653].

Trata-se de uma forma de cessação unilateral do contrato por razões objetivas[654] ligadas ao trabalhador (e não à empresa)[655]. Quer dizer, fundamenta-se no comportamento do trabalhador mas que não deriva da sua vontade. Opõe-se, pois, ao caso do despedimento do trabalhador com justa causa, em que terá de existir um comportamento voluntário, consciente, culposo do próprio trabalhador.

[652] CPT, art. 156º e sgs.

[653] Esta forma de despedimento, face à exigência dos seus requisitos, na prática, apenas pode ser utilizada com a conivência do trabalhador, nomeadamente para obtenção do subsídio de desemprego. V. Acórdãos do TRP de 18/2/2013, Proc. 78/11 [Rel José Carlos Machado da Silva] e do STJ de 29/01/2013 [Rel. Cons. Pedro S. N. Emérico Soares]. Cfr. Abílio Neto, Novo Código do Trabalho e Legislação Complementar, 3ª ed. – set 2012, pág. 911. Mas mesmo assim, a alteração introduzida pela Lei nº 23/2012 também foi julgada inconstitucional pelo acórdão nº 602/2013, retificado pelo acórdão nº 635/2013.

[654] Neste sentido, João Soares Ribeiro, Cessação do Contrato de Trabalho por Inadaptação do Trabalhador *in* Memórias do IV Congresso de Direito do Trabalho, Almedina, Coimbra, 2002, pág. 397.

[655] Cujo enquadramento constitucional gerou dúvidas, cfr. José João Abrantes, Segurança no Emprego e Justa Causa de Despedimento, separata da revista Tribuna da Justiça, nº 6. Mas a autorização legislativa foi considerada constitucional (Acórdão do TC nº 64/91).

Segundo o art. 374º são, em síntese, as seguintes as situações fácticas que poderão originar esta forma de despedimento desde que tornem "praticamente impossível a subsistência da relação de trabalho":

1. para os trabalhadores em geral
   a) redução continuada de produtividade ou de qualidade;
   b) avarias repetidas nos meios afetos ao posto de trabalho;
   c) riscos para a segurança e saúde do..."
2. para os quadros: falta do cumprimento de objetivos previamente fixados e formalmente aceites em virtude do modo (deficiente) do exercício de funções.

Mas para que tais situações possam ser operantes, exige-se que o citado modo deficiente do exercício de funções relativas ao posto de trabalho decorra das modificações introduzidas por novos processos de atuação, novas tecnologias, ou novos equipamentos e que tenha sido facultada a formação conveniente e um período de adaptação e, ainda, que não exista outro posto de trabalho disponível e compatível. Para além destas exigências, há necessidade de satisfazer, cumulativamente, os requisitos estabelecidos no nº 2 do art. 375º.

O procedimento regulado nos arts. 376º a 379º do CT é similar ao procedimento por extinção de posto de trabalho. A sua inaplicabilidade prática fica confirmada pelo próprio legislador ao aditar, através da Lei nº 13/2023, o novo art. 338º-A, onde proíbe o recurso à terceirização de serviços apenas no caso do despedimento coletivo ou por extinção de posto de trabalho.

XXVI
Procedimento Disciplinar

1. O poder e a ação disciplinares

Para além da responsabilidade penal, contraordenacional e civil, em Direito existe ainda o instituto da responsabilidade disciplinar que é inerente a qualquer organização humana, dado que, para o ser, terá de ter regras, as quais são passíveis de não serem respeitadas. Daqui emana o poder disciplinar, que, na organização empresarial, não pode deixar de ter contornos específicos.

O poder disciplinar do empregador, proclamado no art. 98º do CT[656], como escreve o Professor Monteiro Fernandes traduz-se na "faculdade de definir regras de comportamento pessoal para os trabalhadores" [657]. Faculdade esta que, em caso de incumprimento de algum dos deveres resultantes do contrato pelo trabalhador, confere o poder para aplicação de alguma sanção contra este[658], o que se deve corporizar através da ação disciplinar. Como esta ação deverá ser exercida através de alguma sucessão de atos ou ritualismo, teremos o **procedimento disciplinar**. E se tal procedimento dever ser documentado, teremos o **processo disciplinar**[659].

[656] Esta e as disposições legais que se citarão, neste capítulo, sem indicação de diploma legal ou referência à sigla CT pertencem ao Código do Trabalho, aprovado pela Lei nº 7/2009, de 12 de fevereiro, na versão resultante da Lei nº 13/2023, de 3 de abril.

[657] Direito do Trabalho, 21ª ed., Almedina, Coimbra, 2022, pág. 446.

[658] Pedro de Sousa Macedo, Poder Disciplinar Patronal, Almedina, Coimbra, 1990.

[659] Paulo Sousa Pinheiro, Procedimento Disciplinar ou Processo Disciplinar – Uma Questão Puramente Terminológica ou Verdadeiramente Substancial? Estudo *in* PDT, nºs 76 a 78, 2007, Centro de Estudos Judiciários, Coimbra Editora, pág. 171.

A sanção disciplinar consiste numa medida de natureza repressiva, num desfavorecimento imbuído de censurabilidade, como pena ou castigo infligido a alguém que desrespeite alguma norma de uma organização em que se integre, não deixando ainda de ter também efeito preventivo. Agora, interessa apenas considerar a aplicação de sanções no seio da empresa, utilizando esta palavra no conceito resultante do art. 100º do mesmo CT, isto é, qualquer organização, detida por uma pessoa singular ou coletiva, que tenha uma ou mais pessoas singulares ao seu serviço, mediante contrato de trabalho, com ou sem fins lucrativos.

Aquela sanção disciplinar terá vários escalões, consoante a gravidade da ofensa às regras organizativas, mas não tem natureza contraordenacional e, muito menos, penal, que são domínios exclusivos das relações com o Estado, como órgão de soberania. Poderá ir de uma simples repreensão até à expulsão, ou seja, até ao despedimento da organização empresarial. Anote-se, desde já, que não contendo censura, a reprovação, a admoestação ou a advertência não se configuram como sanção disciplinar, mas apenas como manifestação do poder de direção, igualmente previsto no Código do Trabalho, mas no art. 97º, com diversas emanações em disposições posteriores.

Não deverá, pois, ser olvidado que o **poder disciplinar** não se confunde com o poder de direção (e até de regulamentação) gerador ou inerente à hierarquia nas organizações empresariais complexas e do inerente dever de obediência, conforme deriva do disposto nos arts. 97º e 128º, nº 2. Desta destrinça resulta que o superior hierárquico, tendo o poder de dirigir, só excecionalmente tem o poder de sancionar, o qual apenas pertence ao empregador.

Porém, o empregador pode proceder à sua **delegação** naquele superior hierárquico, como resulta daquela disposição (e do art. 329º, nº 4) e se decidiu no STJ, ao sentenciar-se que "o poder disciplinar laboral é exercido pelo empregador... que não o exercendo diretamente, pode delegá-lo"[660]. Neste acórdão, também se concluiu que "havendo dúvidas sobre os poderes do representante do empregador que subscreve a nota de culpa, a resposta à nota de culpa constitui meio adequado para o arguido proceder a tal interpelação".

[660] Ac. de 08-11-2006, Rel. Sousa Grandão, doc. SJ200611080025794.

Desta delegação de poderes nascerá a figura do ***superior hierárquico com competência disciplinar***. Tal delegação do poder disciplinar "pode ser feita de forma global ou parcial, e pode ser genérica ou caso a caso, devendo a delegação genérica ser efetuada no regulamento interno da entidade empregadora. Se essa delegação do poder disciplinar for feita caso a caso, deve essa menção constar do processo disciplinar. Não constitui tal delegação a mera existência de superior hierárquico e de este ter feito a participação da infração"[661] .

2. O procedimento disciplinar

Sem cuidar do fundamento ou do alcance de tal poder ou direito disciplinar, vamos contemplar o regime jurídico do exercício da ação disciplinar, ou seja, o procedimento, advertindo, desde já, que será neste campo que a jurisprudência portuguesa mais criadora tem sido, certamente devido ao elevado número de processos que tem sido chamada a julgar. Também não se pode olvidar que, como anota o Professor António Menezes Cordeiro "o despedimento com justa causa é tratado, pela nossa Lei, como uma sanção" [662].

Desde logo, a partir de 1975, criou-se uma corrente jurisprudencial[663] no sentido de que a decisão para aplicar qualquer sanção disciplinar, e não só a de despedimento, apenas era juridicamente válida[664] mediante a instauração de processo, que deveria observar determinado procedimento, que, frequentemente, se apelida de disciplinar. Porém, só a partir do Código do Trabalho de 2003, se menciona, expressamente, na lei (no art. 329º) o "procedimento disciplinar" como requisito necessário para o empregador (em regime de direito do trabalho) poder aplicar qualquer sanção, sendo certo que muitas convenções coletivas de trabalho já o previam[665].

Parafraseando o Professor Castro Mendes, o procedimento, como sinónimo de processo, será a sequência de atos destinados à averiguação e

[661] Ac. de 29-09-1999 Rel. Almeida Deveza, doc. SJ199909290001674.

[662] Direito do Trabalho II – Direito Individual, Almedina, Coimbra, 2019, pág. 984.

[663] Na sequência do DL nº 372-A/75, de 16 de julho, que apenas respeitava ao despedimento, o qual, com diversas alterações, valeu até ao início da vigência do DL nº 64-A/89, de 27 de fevereiro e se inspirava no Estatuto Disciplinar dos Funcionários Civis do Estado (1943).

[664] Cfr. por ex., Ac. STJ de 15-06-1994 in BMJ nº 438, pág. 308.

[665] A epígrafe do art. 371º do antigo CT era apenas "procedimento", assim como a da subsecção que se iniciava no art. 411º.

ponderação de comportamentos desenvolvidos, no âmbito de uma organização, passíveis de constituírem infração disciplinar[666] que, tanto quanto possível, deverão ser formalizados em **autos**, consubstanciados em documentos escritos. Deste modo passará a existir um registo que permitirá melhor apreciação dos factos e a sua análise ou reapreciação no futuro.

Anote-se que, fora dos casos de despedimento, em rigor, a lei continua a não exigir, pelo menos expressamente, o processo documental escrito, mencionando, outrossim, apenas o "procedimento disciplinar" na epígrafe e nos nºs 2 a 5 do referido art. 329º. Impõe, tão somente, que *a sanção disciplinar não pode ser aplicada sem audiência prévia do trabalhador* (nº 6). Ora, como parece óbvio, esta audiência pode fazer-se verbalmente. De resto, as referências ao "procedimento disciplinar" constante dos nºs 2 e 3 do mesmo art. 329º também não são decisivas, pois tais procedimentos podem-se cumprir, e bem, sem ficarem documentados por escrito, em papel ou em registo digital. No mesmo sentido, escreve o Professor Monteiro Fernandes: " a única verdadeira exigência legal, para todos os casos em que não esteja em jogo o despedimento, é a de "audiência prévia do trabalhador" (art. 329º/6), que pode assumir muitas formas, mas que nada impõe que seja preenchida através de escritos"[667].

Todavia, a jurisprudência tem quase unanimemente julgado indispensável o **processo escrito**[668] sob pena de nulidade, admitindo apenas, alguma dela, que tal processo seja dispensável no caso da sanção disciplinar se quedar por simples repreensão, o que também não resulta do direito positivo. Como escreve Abílio Neto "de acordo com a jurisprudência dominante, embora sem lei expressa que o imponha, o processo disciplinar deve ser sempre reduzido a escrito, porquanto só assim fica garantida a reapreciação judicial da sanção aplicada ao trabalhador, entendimento este que sufragamos, salvo no que toca à repreensão simples"[669]. Talvez se possa sintetizar a posição dos nossos tribunais mediante a invocação do Acórdão do Supremo, assim sumariado: "a aplicação de qualquer sanção disciplinar implica a organização de um processo disciplinar que deve revestir

[666] Direito Processual Civil, 1980, I, pág. 34.

[667] Direito do Trabalho, 17ª ed., Almedina, Coimbra, 2018, pág. 231.

[668] Cfr., por exemplo, ac. do STJ de 30-05-2001 (doc. SJ200202200036574).

[669] Processo Disciplinar e Despedimentos – Jurisprudência e Doutrina, julho 2004, Ediforum, Lisboa, pág. 20.

a forma escrita, pelo menos em relação às diligências essenciais, e deve a nota de culpa ser formalizada por escrito"[670].

Também a doutrina acabou por secundar tal posição. Para tanto, argumentam os autores que a mencionada audiência prévia tem de ficar documentada por escrito; que a apreciação judicial da aplicação da sanção só poderá ser efetuada mediante o processo e que se deve aplicar, analogicamente, o preceituado para o procedimento do despedimento com justa causa e ainda que as sanções disciplinares têm de ser registadas (art. 332º), o que implica o processo escrito para a sua comprovação.

Vamos, pois, considerar que é juridicamente exigível o processo ser documentado por escrito para que seja aplicada qualquer sanção disciplinar e, isto, independentemente da dimensão da empresa, isto é, quer esta tenha um ou nove trabalhadores (como é vulgar), quer tenha dois ou três mil, como é raro em Portugal.

3. A natureza do procedimento disciplinar laboral

Conviria indagar sobre a natureza do poder disciplinar e do consequente procedimento, nomeadamente para se encontrar a sua justificação e vislumbrar a sua evolução e formulação atual como atributo da relação jurídico laboral privada. O fundamento de tal poder radica ou nas doutrinas contratualistas ou nas institucionalistas ou ainda "reside exatamente na conjugação da posição debitória complexa de cada uma das partes no contrato de trabalho" [671].

Tal indagação também serviria para saber quais as normas aplicáveis, nomeadamente a título subsidiário, já que o ordenamento laboral é parco, mas as exigências dos tribunais cada vez mais se acentuam e as consequências das ilegalidades podem ser catastróficas para algumas das empresas privadas. Quanto à subsidiariedade, apontam-se, usualmente, os três regimes seguintes:

- O Código de Processo Penal e o Código Penal;
- O Código de Processo Civil e o Código Civil;

[670] Relator Cons. José Mesquita, doc. nº SJ200202200036574.

[671] Para desenvolvimento, Maria do Rosário Palma Ramalho, Do Fundamento do Poder Disciplinar Laboral, Almedina, Coimbra, 1993; Tratado de Direito do Trabalho, Parte II, 6ª ed., Almedina, Coimbra, 2016, pág. 583 e Pedro Romano Martinez, Direito do Trabalho, 10ª ed., 2022, Almedina/IDT, pág. 664.

– O regime disciplinar dos trabalhadores que exercem funções públicas[672] e outros estatutos disciplinares.

Ainda de tal indagação alguma luz se faria à volta da necessidade ou vantagem do procedimento disciplinar laboral, nomeadamente para despedimento, pois, na prática, apenas serve para dificultar a cessação do contrato e poder originar invalidades que levem à nulidade do despedimento, para além de acabar por não ter qualquer ou ter reduzido **valor probatório** em sede de julgamento pelo tribunal, a não ser contra o próprio empregador e réu, como acima já se aludiu.

Não oferece dúvidas que o regime do CT (e antes dele) que regula o procedimento para despedimento é dotado de **imperatividade absoluta**, pois *ex vi* do disposto no nº 1 do art. 339º (e do art. 3º) *não pode ser afastado por instrumento de regulamentação coletiva de trabalho ou por contrato de trabalho salvo* quanto aos prazos de procedimento que podem ser regulados por tais instrumentos (nº 2)[673] mas não por acordo entre as partes, como resulta do preceituado no nº 5, do art. 3º ainda do CT. Já relativamente às normas respeitantes ao procedimento disciplinar para aplicação de sanções que não o despedimento (arts. 328º e sgs.) são dotadas de imperatividade mínima ou relativa em virtude da sua natureza, podendo apenas ser substituídas por normas das convenções coletivas mais favoráveis aos trabalhadores (art. 3º, nº 1). Acontece ainda que este processo disciplinar deve, em regra, surgir na sequência de um outro – o **processo de inquérito** – figura esta que também adveio do direito do trabalho administrativo[674].

[672] Este regime contém-se, agora, nos arts. 11º, 76º e 176º e sgs. da Lei Geral do Trabalho em Funções Públicas – Lei nº 35/2014, de 20 de junho.

[673] E ainda "os critérios de definição de indemnizações" e também "os valores de indemnizações" (nº 3).

[674] No art. 85º do antigo Estatuto Disciplinar dos Funcionários Públicos, encontrava-se definido que o inquérito tem o fim de apurar factos determinados, a sindicância destina-se a uma averiguação geral acerca do funcionamento do serviço e que o processo de averiguações é tendente à obtenção de elementos necessários à adequada qualificação de eventuais faltas ou irregularidades verificadas no funcionamento dos serviços. Atualmente estas figuras são reguladas no art. 229º e segs. da Lei Geral do Trabalho em Funções Públicas onde, em relação ao processo de averiguações, se estabelece que "destina-se a apurar se o desempenho que justificou as ...avaliações de desempenho negativas constituí infração disciplinar imputável ao trabalhador avaliado". V. Abel Antunes e David Casquinha, Direito Disciplinar Público, Rei dos Livros, Lisboa, 2018.

4. O processo de inquérito

A exigência legal da instauração do procedimento para o empregador exercer o seu poder disciplinar, que assim ficou bastante condicionado, implica a necessidade de, antes, ele ter de documentar os acontecimentos que levem à acusação formal do trabalhador. Como julgado no STJ, "a necessidade de realização de inquérito supõe a existência de meras suspeitas, de contornos imprecisos, sobre as circunstâncias dos factos, designadamente de tempo e lugar, sua extensão e consequências, e identidade dos agentes"[675]. Daqui nasce a necessidade de instruir um processo de inquérito, que, assim, virá a ser prévio ao disciplinar (ou à nota de culpa), tendo a lei acabado por admitir os seus efeitos interruptivos da prescrição do direito de exercer o poder disciplinar. Assim, denominá-lo "primo conspecto" de *procedimento prévio de inquérito*, como se contém no art. 352º do CT, parece incorreto, pois, ao encetá-lo não se sabe ainda se dele resultará ou não uma nota de culpa e o correspondente procedimento disciplinar, desconhecendo-se, pois, se é prévio ou final.

Na prática, o processo de inquérito acaba por ser essencial para estribar a **nota de culpa**. Sem ele, será muito facilmente posta em causa a acusação simples, pois o arguido, além de alegar, pode apresentar testemunhas e outros meios de prova, não fazendo sentido que haja "réplica". Ainda que a lei (primeira frase do art. 352º do CT) e a jurisprudência firmada sustentem que o inquérito possa não ser necessário, a verdade é que ele se torna essencial em todos os casos em que haja intenção de despedimento. Admite-se apenas que em certas situações possa ser simplificado, como, por exemplo, num caso de faltas injustificadas em que, em princípio, apenas será necessário o registo documental de tais faltas, que ainda assim constituirá o processo de inquérito. Mas mesmo em tal caso, para a corrente jurisprudencial que defende que tais faltas injustificadas apenas justificam o despedimento quando causam graves prejuízos à empresa, então, tal consequência apenas em inquérito aprofundado poderá ser demonstrada.

Neste processo de inquérito apenas se procede à investigação ou recolha de dados para se certificar certa ocorrência anormal passada e as circunstâncias em que ela se terá verificado, nomeadamente, quais as pessoas que lhe deram origem. Havendo já indícios do autor ou autores de tal ocorrência anómala, ainda, através do inquérito, haverá que averiguar se têm

[675] Ac. de 04-10-2006.

algum fundamento ou consistência e, em caso afirmativo, confirmar a identificação do seu autor ou autores [676]. Se do inquérito resultarem indícios de responsabilidade de algum ou alguns trabalhadores no evento, então, é que se passará para a instauração do processo disciplinar. Como já julgou o STJ "o processo prévio de inquérito não é um meio de selecionar ou documentar a prova"[677]. Ainda em decisão de 2012, o Supremo admitiu que pode justificar o inquérito a "averiguação de eventuais circunstâncias atenuantes ou dirimentes de culpa que obviassem à acusação do trabalhador", e que "é um meio de recolha de elementos para fundamentar a nota de culpa"[678]. De qualquer modo, parece que "não deixa de integrar a nota de culpa"[679].

O procedimento de inquérito ainda não está disciplinado na lei laboral, mas, como já se aludiu, apenas as suas consequências no que concerne aos prazos a respeitar para a condução do procedimento disciplinar, como se verá e decorre do art. 352º. Mas, no mínimo, o processo de inquérito deverá iniciar-se pela determinação do seu objeto, ou seja, a matéria que deverá ser indagada, deve ainda documentar as diligências efetuadas e os seus resultados, e terminar com um relatório final, sintetizando a atividade desenvolvida e consubstanciando as conclusões a que se chegou. Os sucessivos atos, que constituem a instrução[680], devem ser conduzidos por forma diligente [681] e por uma pessoa, que, obviamente, se denominará de **instrutor**. Esta poderá ser o próprio empregador ou outra pessoa, por este nomeada, o que terá de acontecer na generalidade das empresas portuguesas, convindo, naturalmente, que seja alguém com a preparação técnica adequada, atentas as consequências que podem advir para a empresa se o inquérito não for devidamente instruído.

[676] Sobre a videovigilância como meio de prova, v. ac. do TRE, de 06-12-2017.

[677] Ac.de 11-10-2001, Rel. Alípio Calheiros, doc.SJ200110110005914.

[678] Ac. de 05-10-2012, Rel. Sampaio Gomes.

[679] Nuno Abranches Pinto, Instituto Disciplinar Laboral, Coimbra Editora, 2009, pág. 144.

[680] Esta palavra tem diversas aceções em regra ligadas ao conhecimento. Nesta perspetiva processual ou jurídica a instrução significa *o conjunto das formalidades e investigações necessárias para que uma questão possa ser julgada* Dicionário da Língua Portuguesa Contemporânea da Academia das Ciências de Lisboa, Verbo, Lisboa, 2001, 2º vol. pág. 2123.

[681] No ac. do STJ de 13-02-2019, Proc. 8760/16.OT8VNG.P1, Rel. Ferreira Pinto, debateu-se este tema da diligência devida.

5. Suspensão preventiva do trabalhador

Como se estabelece, expressamente, no art. 354º ainda do CT, pode proceder-se à suspensão da prestação laboral pelo trabalhador e em duas ocasiões: com a notificação da nota de culpa e ainda nos 30 dias anteriores a tal notificação. O primeiro caso, referir-se-á, adiante, aquando se tratar da nota de culpa.

No segundo caso, como se dispõe no nº 2, tal suspensão terá de ser devidamente justificada, por escrito, invocando os indícios dos factos imputáveis ao trabalhador e, bem assim, a razão da inconveniência da sua presença no local de trabalho e os motivos pelos quais ainda não foi produzida a nota de culpa.

Como salienta Pedro Ferreira de Sousa, tal suspensão "não se reconduz à aplicação de uma medida punitiva, nem sequer pode ser entendida como um juízo de prognose ou medida antecipatória em relação à decisão disciplinar que vier a ser proferida" [682].

6. O regime jurídico do procedimento disciplinar

Tendo-se concluído pela necessidade do procedimento disciplinar escrito para que qualquer empregador possa exercer o seu poder disciplinar, urge perguntar qual o normativo que o regerá, dado que na secção que regula tal poder e o seu exercício quando não haja "intenção de despedimento" (arts. 328º a 332º) apenas se marcam os prazos máximos do procedimento, se permite a suspensão do trabalhador e se estipula que "a sanção disciplinar não pode ser aplicada sem audiência prévia do trabalhador".

Desrespeitando-se a *ratio legis,* certamente por desconhecimento da vida nas organizações empresariais, a corrente jurisprudencial já aludida começou a considerar que havia uma lacuna da lei e, observando a técnica dos lugares paralelos, estabelecida no art. 10º do Código Civil, começou a defender, com mais ou menos ênfase, a aplicação subsidiária das normas respeitantes ao procedimento disciplinar para despedimento. Em consequência, passou a ser contraproducente não observar tal ordenamento, iniciando-se a prática de respeitar no procedimento para aplicação de qualquer sanção disciplinar as regras para o despedimento, que, obviamente, constitui uma decisão de grau e consequências bem diversas.

[682] O Procedimento Disciplinar Laboral, 4ª ed., Almedina, Coimbra,2022, pág. 104.

Como o novo CT não veio contrariar tal orientação, ela irá manter-se muito provavelmente, pensamento este que nos leva a considerar a aplicação das normas constantes dos arts. 352º a 358º e 381º a 382º a todo e qualquer procedimento disciplinar laboral, completando o regime que resulta do estatuído no art. 329º. Não podem ainda ser olvidadas as regras que constem em irct aplicável, ao nível já indicado[683].

Todavia, em rigor, parece-nos que não existe qualquer lacuna da lei ou caso omisso, pois o legislador não se esqueceu de emitir normas, nem se esqueceu da situação a normativisar. Deixou, sim, um "espaço juridicamente livre", "um espaço ajurídico"[684] ou "simples caso não regulado"[685]. E tanto é assim, que nas sucessivas leis que contemplaram o assunto, no Código do Trabalho de 2003, no Código de 2009, na sua revisão de 2012 e nas demais, continua a não haver uma palavra ou frase que faça a remissão para o formalismo do processo disciplinar com vista ao despedimento. Mas para complicar mais: no novo Código de 2009, passaram a existir normas distintas a prever a suspensão preventiva do trabalhador (no nº 5 do art. 329º e no art. 354º).

Perante a falta de normas orientadoras ou limitadoras do procedimento ou do processamento laboral, parecem-nos muito judiciosas as considerações do Conselheiro M. Leal Henriques, ainda que acerca do revogado Estatuto Disciplinar da Função Pública[686]. Começa por mencionar que tal diploma também não é muito feliz quanto à forma como trata dos casos omissos, mormente em matéria processual. Prosseguindo, escreve que "a norma orientadora constante do nº 4 do preceito em apreço é, convenhamos, muito pouco explícita, limitando-se a dizer que, em tais situações, será lícito ao instrutor adoptar as providências que se afiguram convenientes para a descoberta da verdade, desde que essas providências se harmonizem com os princípios gerais de direito processual penal".

[683] A aplicabilidade do irct ficou muito alargada após a vigência do Código do Trabalho de 2009, pois para além da imediata aplicação por as partes serem associados aos outorgantes (art. 496º), pode a observância do irct derivar de portaria de extensão (art. 514º) e ainda da adesão individual do trabalhador nos termos do art. 497º.

[684] Cfr citações de Karl Engisch e Oliveira Ascenção *in* Nuno Sá Gomes, Introdução ao Estudo do Direito, Lex, Lisboa, 2001, pág. 284.

[685] Pires de Lima e Antunes Varela, Código Civil Anotado, vol. I, 4ª ed., Coimbra Editora, pág. 59.

[686] Procedimento Disciplinar, 4ª ed., Editora Rei dos Livros, Lisboa, 2002, pág. 237.

Continua aquele ilustre Magistrado: "isto significa que o instrutor não está espartilhado por qualquer sistema específico e rígido de regras processuais, tendo antes inteira liberdade para ir ao encontro da verdade na investigação dos factos, movendo-se sempre, todavia, dentro do respeito pelos princípios do direito processual penal, que são, para o direito disciplinar, v.g. o princípio do acusatório ou princípio separatista (diferenciação entre quem investiga e acusa e quem censura), o princípio do contraditório (possibilidade dada ao arguido de se pronunciar sobre todas as matérias que lhe digam respeito e o possam afetar) e o princípio da verdade material ou da livre apreciação das provas (liberdade dada ao instrutor de usar dos meios investigatórios indispensáveis à descoberta da verdade e de ajudar os seus resultados)".

Remata o mesmo Autor, escrevendo: "desde que sejam respeitados estes e outros princípios inscritos no direito processual penal, nada impede que o instrutor se socorra também de regras processuais de outros ordenamentos, nomeadamente dos que lhe estão mais próximos ou se adequem ao procedimento disciplinar, como sejam as regras do processo penal e as regras do processo civil, estas enquanto subsidiárias daquele (cfr. art. 4º do Código Processo Penal)". Curiosamente, desde o revogado Estatuto Disciplinar dos Trabalhadores que Exercem Funções Públicas[687] "nada se diz a este respeito", sendo lícito inquirir sobre se os citados princípios terão aplicação[688].

7. A estrutura dinâmica do procedimento disciplinar

O procedimento disciplinar, tendo em conta a orientação jurisprudencial estabelecida, independentemente da forma ou modalidade que venha a assumir, desenvolve-se através das seguintes fases essenciais:

a) **acusação** – por meio de comunicação contendo nota de culpa (a notificar formalmente ao visado) com a descrição pormenorizada dos comportamentos (ações ou omissões) imputados ao arguido ou acusado, com algum grau de culpa deste e cuja indiciação deverá resultar do anterior processo de inquérito, para além da indicação dos preceitos legais, convencionais ou regulamentares violados.

[687] Aprovado pela Lei nº 58/2008, de 9 de setembro e revogado pela Lei nº 35/2014, de 20 de junho.

[688] Iva Carla Vieira e outros, Gestão e Organização de Processos Disciplinares dos Trabalhadores em Funções Públicas, Vida Económica, Porto, 2010, pág. 20.

Nesta fase, nos termos do nº 5 do art. 329º, ou até mesmo antes (por aplicação analógica do disposto no nº 2 do art. 354º), pode ser ordenada ao trabalhador arguido a suspensão da prestação do trabalho sem perda de retribuição, desde que a sua presença no local de trabalho se mostre inconveniente (art. 354º, nº 1), o que deve ser justificado. Nesta situação, caso o trabalhador tenha sido eleito para as estruturas de representação coletiva, haverá que respeitar as restrições impostas pelo art. 410º.

b) **defesa** – apresentada pelo trabalhador acusado ou arguido, como resposta à nota de culpa, no prazo máximo de dez dias úteis após a sua notificação, impugnando, explicitando, justificando ou confessando aqueles comportamentos e indicando os meios de prova, que deverão ser atendidos;

c) **instrução** – audição das testemunhas com redução dos seus depoimentos em auto ou em gravação áudio ou visual, realização dos meios probatórios requeridos e recolha de parecer da comissão de trabalhadores e, eventualmente, da associação sindical;

d) **decisão** – após ponderação das provas e na sequência de relatório final, será tomada uma decisão, no sentido do arquivamento ou da aplicação de sanção, que deve ser objeto de formal comunicação ao acusado.

Havendo **intenção de despedimento**, o processo terá de obedecer a mais outras formalidades como adiante se evidenciará.

8. O decurso do tempo e a aplicação das sanções

A instrução (em sentido lato) destes processos e a aplicação das sanções deve, naturalmente, ter lugar dentro de certos prazos limitadores (art. 329º), pois, só assim se evitam possíveis situações de intimidação indevida. Têm "por finalidade não só evitar que a perspetiva da punição seja mantida como uma ameaça indefinidamente suspensa sobre o trabalhador, como também a preservação do próprio fim da punição, de forma a evitar o excessivo distanciamento entre a infração e a sua correspondente sanção"[689].

Simplificando, salienta-se que a **prescrição do exercício do direito ou poder disciplinar** (e não da infração, como é mais correto)[690], ocorrerá ao

[689] Ac. do STJ, de 16-01-2001, Rel. Azambuja Fonseca, SJ200201160013164.

[690] Pois é a (des)valorização jurídica do comportamento que está em causa.

fim de um ano a contar da data em que teve lugar o facto constitutivo de tal infração ou da data em que cesse tal facto, caso tenha sido continuado (art. 329º, nº 1), mas não da instauração do procedimento de inquérito ou de averiguações [691], ou ainda logo que cesse o contrato de trabalho (art. 98º, parte final).

Todavia, se tal facto, para além de infração disciplinar, também gerar **responsabilidade criminal,** então, são aplicáveis os prazos prescricionais da lei penal, ou seja, os que se encontram consignados no art. 118º do Código Penal, que vão de 2 a 15 anos *desde o dia em que o facto se tiver consumado.* Mas, para que tal se verifique terá que decorrer um processo-crime de que resulte uma condenação. Como já se julgou no TRL[692], "não tendo o empregador feito prova nos autos de ter apresentado queixa crime nos seis meses subsequentes ao conhecimento dos factos imputados ao trabalhador e não o podendo já fazer, não tem o direito de beneficiar do alargamento do prazo de prescrição da infração disciplinar decorrente da qualificação dos factos como crime". E ainda conforme o ponto III do sumário do mesmo Acórdão: "não podendo já o trabalhador vir a ser condenado em processo penal pelo referido crime, não se pode extrair no foro laboral ilações gravosas para aquele de um eventual crime pelo qual nunca virá a ser julgado".

Diferentemente do prazo ou dos prazos do direito para punir, há ainda que considerar e distinguir o **prazo para a instauração do procedimento disciplinar** que deve ter lugar no máximo de 60 dias a contar da data do conhecimento da infração pela entidade patronal ou superior hierárquico com competência disciplinar, desde que ainda não tenha sido ultrapassado aquele ano, sob pena de caducidade de tal direito, como decorre do art. 298º, nº 2 do Código Civil. E como decidido na Relação de Lisboa, "para a interrupção desse prazo (de 60 dias) se verificar não basta que o despacho que manda instaurar processo disciplinar seja proferido dentro de 60 dias contados da data do conhecimento dos factos. É necessário também que esse despacho (que manda instaurar processo disciplinar) e a nota de culpa (que inicia esse processo) cheguem ao conhecimento do trabalhador, dentro desse prazo", porquanto "só assim o trabalhador tem um

[691] Em sentido diferente, Ana Lambelho e Luísa Andias Gonçalves, Poder Disciplinar Justa Causa de Despedimento, Quid Juris, Lisboa, 2012, pág. 69.

[692] Ac. de 29-04-2009, Proc. 1321/06-4TTLSB, Rel. Maria João Romba.

efetivo controlo sobre o cumprimento pela entidade empregadora de tal prazo, pois se assim não for, nada impedirá esta de atribuir uma data atrasada a essa decisão apenas para que ela caia dentro dos 60 dias legais"[693].

Nos dias de hoje, parece ser uniformemente considerado que "a **caducidade do procedimento disciplinar laboral** não é de conhecimento oficioso" (v. Ac. de uniformização de jurisprudência nº 4/03, de 21.5.03) tendo de ser invocada por aquele a quem aproveita, como exceção, invocação que vale nos exatos termos em que é figurada [694].

O decurso daqueles prazos poderá ser interrompido (e não suspenso) se o aludido processo de inquérito for instaurado no prazo de trinta dias após o conhecimento dos indícios da infração pelo empregador ou seu representante com competência disciplinar, como resulta do disposto no art. 352º[695]. Todavia, o efeito interruptivo da prescrição apenas se produz com a comunicação da abertura do processo de inquérito ao trabalhador, se tal já for possível, pois, em princípio só após a emissão da nota de culpa se sabe quem é arguido ou acusado. Mas ainda tal efeito também ocorrerá se resultar evidente a data daquela decisão de abertura do inquérito.

De qualquer modo, naquele preceito, começa-se por dar tal efeito "caso o procedimento prévio de **inquérito seja necessário** para fundamentar a nota de culpa" [que, ao invés de algumas decisões judiciais, mas como defendemos, nos parece ser (quase) sempre necessário]. Portanto, admite-se que haja situações ou casos em que não seja necessário proceder a inquérito para, com base nele, emitir a nota de culpa, o que é paradoxal, mas, muitas vezes, aceite pela jurisprudência, inclusive do Supremo. É que, não havendo elementos probatórios coligidos a fundamentar a acusação (e, portanto, antes reunidos, através do inquérito) se o trabalhador-arguido a impugnar (o que é humano e frequente) e até conseguir testemunhos da sua tese, o empregador já não poderá estribar a sua acusação, a não ser que pudesse replicar e oferecer meios de prova, passando o processo de

[693] Ac. do TRL, de 25-06.2008, Proc 3986/2008-04, Rel Ferreira Marques.

[694] Ac. de 03-03-2004, Rel. Ferreira Neto, doc. SJ20040330038764. V. art. 333º do Código Civil.

[695] A formulação prática do processo pode ver-se no nosso livrinho Celebração e Cessação do Contrato de Trabalho, APG, Lisboa, 1989 (esgotado). Ver também Joaquim Pintado Nunes e Luísa Aguiar, Guia Prático do Processo Disciplinar, 4ª ed., Almedina, Coimbra, 2005 e João Vilas Boas Sousa, O Procedimento Disciplinar para Aplicação de Sanções Conservatórias, Vida Económica, Porto, 2014.

tipo inquisitório para um processo de partes, o que se afigura absurdo, nomeadamente por uma das partes ser o próprio acusador. Entendemos, pois, que aquela frase deve ser interpretada no sentido mais estrito possível, pois, muito raramente, poderá ter aplicação efetiva[696].

Mas para que tal efeito interruptor advenha do processo de inquérito ainda é necessário a "sua condução de forma diligente, ter sido iniciado dentro dos trinta subsequentes ao conhecimento da suspeita de comportamentos irregulares e ser a nota de culpa notificada ao arguido no prazo de trinta dias contados desde a conclusão das averiguações"[697].

Como inovação, estabeleceu-se (no nº 3 do citado art. 329º) que o *procedimento disciplinar prescreve decorrido um ano contado da data em que é instaurado quando, nesse prazo, o trabalhador não seja notificado da decisão final.* A forma perentória do preceito parece querer afastar a interrupção do decurso de tal prazo, mas a verdade é que tal não é disposto e por isso não ficam afastadas as regras do instituto da prescrição.

Ainda, no art. 330º, nº 2, impõe-se que a ***aplicação* da sanção** *deve ter lugar nos três meses subsequentes à decisão sob pena de caducidade.* Portanto, o empregador verá caducado o seu direito de punir o trabalhador se não o exercer no espaço de três meses, que se segue à sua própria decisão no sentido de aplicar determinada sanção. Mas é defensável que tal decisão deva ser tomada no prazo de 30 dias após o fim da instrução, por aplicação subsidiária do preceituado no art. 357º, nº 1, referente ao despedimento com invocação de justa causa.

A aplicação da sanção haverá de resultar, não só da sua comunicação ao trabalhador visado, como da ordem para a sua efetivação, a não ser no caso da repreensão, simples ou registada. Ainda se torna necessário o seu **registo** por forma idónea, de molde a permitir a sua fiscalização (art. 332º). E tal registo poderá ter o maior interesse para aquilatar da gravidade de eventuais e futuras falhas disciplinares do mesmo trabalhador.

9. A apreciação judicial da sanção aplicada que não seja de despedimento

Como expressamente se prevê no início do nº 7 do art. 329º, a sanção disciplinar aplicada pelo delegado do empregador pode ser objeto de **reclamação**

[696] Este elemento, bem como o efeito interruptor do prazo pelo "processo prévio de inquérito" foi introduzido pelo art. 10º, nº 12 do regime anexo ao DL nº 64-A/89, de 27 de fevereiro.

[697] Cit. Ac. do STJ, de 04-10-2006.

mação "para o escalão hierarquicamente superior ao que aplicou a sanção" e até de recurso ao processo que se preveja no irct aplicável[698], para além do expediente à **ação judicial**. Para tanto deve ser utilizado o processo declarativo na forma comum (art. 51º e sgs. do CPT).

Comummente tem-se entendido que a decisão judicial terá de se cingir a uma simples alternativa, aceitando (ou ratificando) a sanção disciplinar aplicada ou rejeitando-a. Nunca poderá sentenciar a aplicação de sanção diversa, mais ou menos gravosa para o trabalhador, agora autor da ação judicial. Argumenta-se neste sentido dizendo-se que o tribunal não pode exercer o poder disciplinar que apenas ao empregador pertence. Há, assim, um mero **poder de cassação**, como outrora acontecia nos recursos, em Portugal. Mas no caso, a empresa, depois da decisão judicial já nada mais poderá fazer, pelo que da decisão judicial sairá uma injustiça flagrante, não só para a administração da empresa, mas também para os restantes trabalhadores que souberam dos acontecimentos.

No nosso modesto entender aquele entendimento judicial, ainda que corrente na jurisprudência[699] e doutrina, é aberrante, pois, desde logo, o trabalhador, como autor da ação judicial, pode formular um pedido de redução da pena que lhe foi aplicada, por a considerar excessiva, o que na prática será aceitável a maior parte das vezes. Também o empregador réu pode formular pedido reconvencional em tal sentido e até mesmo como pedido alternativo[700].

Mas independentemente da formulação de tais pedidos pelo autor ou pelo réu, parece-nos de todo evidente que se o juiz pode confirmar uma determinada sanção aplicada pela empresa, por maioria de razão a poderá substituir por uma sanção diferente que considere mais adequada ou justa, nomeadamente, por outra sanção menos grave para o trabalhador. Concluindo o tribunal que houve da parte do trabalhador um comportamento censurável e merecedor de aplicação de sanção disciplinar diferente da que

[698] Cfr. o disposto no art. 492º, nº 2, *f)* do Código do Trabalho, onde se preceitua que as convenções coletivas de trabalho devem regular os processos de resolução de litígios emergentes de contratos de trabalho.

[699] Ac. do STJ, de 25-06-2002: "não compete ao tribunal proceder à alteração da medida concreta da pena aplicada pela entidade patronal, designadamente para a reconduzir aos limites estabelecidos na lei".

[700] Mas tendo em conta que foi o empregador quem aplicou a sanção teria de justificar, perante o teor da petição, o que teria mudado para pretender alterar a medida sancionatória.

foi efetivamente aplicada, deve na sentença proceder à substituição, sob pena de não estar a cumprir a sua missão essencial que é a de aplicar a justiça, violando, pois, o princípio do art. 2º do Código de Processo Civil[701].

Por outro lado, não se pode deixar de ter presente que a sanção disciplinar é uma pena, ainda que aplicada por uma entidade privada, no âmbito de um contrato, mas com vestes de alguma superioridade e autoridade. O juiz, perante os factos apurados, se concluir pelo excesso da pena e proceder à sua redução não está a substituir-se ao empregador, nem a utilizar o poder disciplinar deste, mas, outrossim, a fazer uso dos seus poderes jurisdicionais. Tal acontecerá também quando a decisão for no sentido de mandar reintegrar o trabalhador despedido por julgar ilícito o despedimento.

Por último, pode ainda aduzir-se que tal ação de impugnação de uma decisão judicial tem a natureza de recurso. Ora, em Portugal, de há muitos anos a esta parte, que não vigora o sistema da cassação, devendo o tribunal superior manter ou alterar a decisão recorrida, nunca podendo apenas revogá-la, o que equivaleria à denegação de justiça.

Relativamente ao **ónus da prova** naquele processo de apreciação da sanção disciplinar que não o despedimento, não se podem levantar dúvidas de que pertence ao empregador, face à norma do art. 343º, nº 1, do Código Civil.

Outra questão reside em saber dentro de que **prazo deve ser intentada tal ação para anulação ou redução da sanção disciplinar que não seja o despedimento**. São diversas e antigas as teses sobre tal questão.

Caso, entretanto, tenha ocorrido a cessação do contrato de trabalho, se se aplicar a regra do art. 337º, nº 1, do CT, como normalmente acontece, haverá extinção de tal direito ao fim de *um ano a contar do dia seguinte àquele em que cessou o contrato de trabalho.* Porém, tal regra apenas contempla *todos os créditos resultantes do contrato de trabalho e da sua violação ou cessação.* Ora na situação em apreço o que está em causa é saber se a sanção disciplinar foi ou não legalmente aplicada.

Mantendo-se o contrato de trabalho em vigor, tem-se defendido que tal prazo continuará a ser de um ano a contar da data em que a sanção

[701] Ac. do TRL, de 13-03-91: I – ... só compete apreciar se os factos arguidos justificavam, ou não, a pena de suspensão, mas não tem competência para determinar qual a medida da pena, substituindo-se, neste aspeto, à entidade patronal. II – Assim, ao tribunal cabe apenas revogar ou confirmar a sanção" *in* Albino Mendes Baptista, Jurisprudência do Trabalho Anotada, LL, Lisboa, 1994, pág. 274.

foi aplicada[702]. Todavia, tal prazo de um ano apenas está previsto para a prescrição da infração disciplinar (art. 329º, nº 3), pelo que, apenas por analogia justificada pela similitude das situações, se poderá defender a sua aplicação para solucionar o problema em causa. O raciocínio será o seguinte: se a infração disciplinar prescreve ao fim de um ano, também em igual prazo prescreverá o direito para anular a sanção disciplinar aplicada pela mesma infração.

Mais, recentemente, com a obrigatoriedade de impugnar a regularidade e a licitude do despedimento individual e formal no prazo de 60 dias (art. 387º) passa também a ser defensável tal prazo, pois se é imposto para a sanção máxima de despedimento, deve também prevalecer para a impugnação judicial das restantes sanções menos relevantes. De qualquer modo, nos últimos anos solidificou-se a corrente jurisprudencial no sentido de ser tal prazo de um ano, como sumariado pelo Desembargador José Eduardo Sapateiro, no seguinte texto: "o prazo de impugnação das sanções disciplinares não abusivas e conservatórias da manutenção do contrato de trabalho possui a natureza de um prazo de caducidade e é de um ano contado desde a comunicação da referida pena disciplinar ao trabalhador"[703].

10. Formas do procedimento disciplinar

A prova da justa causa para o despedimento pelo empregador terá de resultar de uma série de atos formais e sequenciais, de conformidade com o procedimento regulado nos arts. 353º e sgs.. Tais atos materializar-se-ão num processo, também usualmente designado por processo disciplinar (com forma especial) para despedimento.

Do processo adequado para aplicar qualquer outra sanção que não o despedimento (que terá forma fundamental, para não dizer ordinária) trata o art. 329º, integrado no capítulo anterior subordinado à temática do "incumprimento do contrato".

Ainda no art. 358º se prevê, mas aplicável apenas no âmbito das microempresas, um outro procedimento para o despedimento por facto imputável ao trabalhador.

Assim, pode dizer-se, à guisa de teoria geral do processo, que em matéria de procedimento disciplinar laboral encontram-se previstas as seguintes três **formas de tramitação**:

[702] Ac. do TRL, de 04-05-2005 Rel. Sarmento Botelho.

[703] Ac. do TRL, de 05-06-2013, Proc. 5961/12.4T2SNT.L1.4 [www.dgsi.pt].

- procedimento para aplicação de sanção disciplinar que não seja o despedimento (art. 329º);
- procedimento para despedimento por facto imputável ao trabalhador (arts. 353º a 357º); e
- procedimento para despedimento por facto imputável ao trabalhador de microempresa (art. 358º).

Naturalmente, nada impede que, utilizando-se alguma das duas últimas formas de procedimento, não possa concluir-se por uma sanção disciplinar menos grave que o despedimento.

Aquele processo com intenção de despedimento tem a mesma estrutura do processo que visa a aplicação de uma outra sanção que não seja o despedimento (por ex., uma suspensão ao trabalho com perda de vencimento) mas tem formalidades específicas. Há alguma incongruência nesta classificação na medida em que a intenção de despedimento tem de ser expressada na nota de culpa (art. 351º, nº 1 do CT), podendo, a final, ser aplicada outra sanção ou nenhuma.

Em todos os casos visa-se, essencialmente, o apuramento da responsabilidade disciplinar, sendo certo que do processo podem resultar provas ou indícios das outras modalidades de responsabilidade, ou seja, a criminal e a civil ou até a contraordenacional.

Não obstante a similitude entre as três formas processuais, até porque as normas deste art. 353º se deverão aplicar analogicamente, existem algumas e relevantes especialidades nos dois últimos, como sejam:

- a comunicação da intenção de despedimento com a nota de culpa (art. 353º nº 1);
- a suspensão preventiva (sem perda de retribuição) após a nota de culpa (art. 354º, nº 1 e 329º, nº 5).

É duvidoso, mas parece necessário (ou prudente, ao menos) que seja dado dar conhecimento do processo à comissão de trabalhadores e à associação sindical para obtenção dos seus pareceres, dado que tais atos não são expressamente impostos às microempresas[704] (arts. 353º, nº 2 e 358º, nº 3).

[704] São as que empregam até nove trabalhadores, cfr. art. 100º, nº 1, do CT.

A falta do processo acarreta só por si a **ilicitude do despedimento**[705]. E se existir, mas nele não se tiver feito a comunicação da nota de culpa com a intenção de despedimento, não se tiver dado satisfação aos meios de prova do trabalhador visado ou se decidir pelo despedimento sem apresentação dos fundamentos por escrito, o processo será inválido, o que também acarreta a ilicitude ou irregularidade do despedimento ou de qualquer outra sanção disciplinar (arts. 382º e 389º, nº 2 do CT) desde que haja impugnação judicial.

11. Nota de culpa

Indiciando-se ou suspeitando-se, nomeadamente através das conclusões do processo de inquérito, que haja algum comportamento suscetível de integrar o conceito legal de justa causa para o despedimento (agora descrito no art. 351º), poderá o empregador iniciar o processo disciplinar para despedimento por facto imputável ao trabalhador, essencialmente, de harmonia com o preceituado nos arts. 353º a 357º do Código do Trabalho. Para tanto terá de haver uma decisão expressa pelo empregador ou, em caso de pessoa coletiva, pelo órgão superior da direção ou administração, que detém o poder disciplinar, ou por algum superior hierárquico que detenha a delegação desse poder, tudo de conformidade com o estipulado nos arts. 98º e 329º, nº 2 ainda do CT.

Em tal decisão, como já se aludiu, o empregador pode assumir a posição de **instrutor** do processo ou nomear quem desejar (devendo ser um jurista) pertencente ou não aos quadros da organização[706]. E se o empregador não for jurista especializado, provavelmente, também se virá a arrepender da sua decisão, face ao enleado de situações em que poderá ser envolvido.

O empregador, diretamente ou por proposta do instrutor, poderá ou não determinar a já referida **suspensão preventiva** do trabalhador mantendo o direito à retribuição, nos termos do nº 1 do art. 354º, mas terá que ser evidenciada a inconveniência da sua presença enquanto decorrer o procedimento. Ainda tal suspensão, nos termos do nº 2, poderá "ser determinada nos 30 dias anteriores à notificação" da nota de culpa, prazo

[705] E em tal caso, e não sendo a decisão comunicada por escrito, já a impugnação judicial será deduzida através do processo laboral comum e no prazo prescricional de um ano (art. 337º).

[706] Caso se apliquem, subsidiariamente, as regras do processo penal, o instrutor do processo de inquérito não deverá ser o instrutor do processo disciplinar, cfr art. 40º e sgs. do Código de Processo Penal.

este que, na altura, terá de ser presumido. Mas, em tal caso, a suspensão carece de justificação. Caso se trate de trabalhador que seja membro de alguma estrutura de representação coletiva[707], este continua a ter acesso aos locais na empresa para o exercício dessas funções, como se preceitua no nº 1 do art. 410º do CT.

Dentro de um espírito de lisura no relacionamento com os trabalhadores, esta decisão, no sentido de que foi instaurado ou mandado instaurar o processo disciplinar, deverá ser comunicada ao trabalhador por escrito, para ele tomar conhecimento. Porém, tal ato não é imposto pela lei.

Segue-se a elaboração da acusação contra o trabalhador (ou trabalhadores) indiciado como autor dos atos constitutivos de infração disciplinar grave – que será o trabalhador acusado ou arguido – cujo texto se denomina de nota de culpa.

Esta **nota de culpa** deve conter a "descrição circunstanciada dos factos" que são imputados ao arguido, quer dizer, no seu texto, para além da identificação do arguente e do arguido, devem descrever-se, com razoável pormenor, todos os factos ou atos circunstanciais praticados (ou omitidos) pelo trabalhador, devidamente inseridos no tempo e no lugar em que terão ocorrido. Igualmente, devem indicar-se todas as circunstâncias agravantes ou atenuantes que ao caso couberem, para além de se exporem todos os factos caracterizadores ou integrantes do conceito (jurídico) de justa causa para o despedimento[708]. Como já se julgou "a nota de culpa desempenha a função própria da acusação em processo-crime, por isso, nela deve constar a descrição circunstanciada, em termos de modo, tempo e lugar, dos factos de onde se extraia a imputação de uma infração ao trabalhador"[709].

Mas como a culpa não se presumirá dos atos ou omissões de incumprimento do contrato[710], como deriva da própria noção de justa causa de despedimento (art. 351º, nº 1) haverá ainda de evidenciá-la, bem como a gravidade dos factos e as suas consequências no sentido tornar "imediata e praticamente impossível a subsistência da relação de trabalho".

[707] As estruturas de representação coletiva dos trabalhadores são as elencadas no art. 404º do CT.

[708] Sobre o conceito de justa causa num caso concreto, v. os pareceres dos Profs. Monteiro Fernandes, Romano Martinez, João Leal Amado e Jorge Leite, bem como o Acórdão do STJ, de 14-07-2010, em que foi Rel. Cons. Pinto Hespanhol, in QL, nº 37 – jan/jun 2011, pág. 37 e sgs..

[709] Ac. de 19-12-2007, Rel. Cons. Bravo Serra, doc. SJ200712190034224 – www.dgsi.pt..

[710] Como aconteceria no direito civil, de conformidade com o preceituado no art. 799º, nº 1 do Código Civil.

Deve, pois, a nota de culpa ser constituída, pelo menos, por estas três partes. É que, também na nota de culpa, deve constar não só a **intenção de despedimento**, como também a advertência ao trabalhador de que se poderá defender, por escrito, no prazo máximo de 10 dias úteis.

É de toda a conveniência que o texto seja deduzido em articulado, para, deste modo, se tornar mais compreensivo. Convirá ainda tomar posição sobre o irct aplicável; se o trabalhador visado é ou não membro de alguma estrutura de representação coletiva ou "candidato a qualquer dos corpos sociais de associação sindical"; ou ainda se é "trabalhadora grávida, puérpera ou lactante ou trabalhador no gozo de licença parental" ou trabalhador cuidador[711].

Caso, eventualmente, a nota de culpa seja deficientemente elaborada, mas, mesmo assim, se venha "a constatar, através da defesa apresentada pelo arguido, que o mesmo entendeu convenientemente a acusação, deverá considerar-se sanado aquele vício, em virtude de se mostrar alcançado o fim tido em vista com aquela exigência legal"[712].

A nota de culpa constituirá a peça fundamental de todo o processo disciplinar, pois, desde logo, tem de formular de forma clara a acusação para que o trabalhador-arguido se possa defender. Também apenas os factos nela descritos (ou na defesa) poderão vir a fundamentar o possível despedimento conforme disposto na parte final do art. 357º, nº 4.

E depois, na **ação judicial** que (quase) sempre se segue ao despedimento, "o empregador apenas pode invocar factos e fundamentos constantes da decisão de despedimento comunicada ao trabalhador (art. 387º, nº 3"[713]). Existe, pois, uma sequência de efeitos, cuja base assenta na nota de culpa.

12. Comunicações

Uma vez elaborada a nota de culpa, impõe-se, no art. 353º, que sejam efetuadas, de seguida, as seguintes comunicações por escrito:

- ao trabalhador-arguido, informando-o da intenção da empresa em proceder ao seu despedimento e da sua possibilidade de defesa, juntando (em anexo) cópia da nota de culpa com a descrição circunstanciada dos factos;

[711] Face aos efeitos previstos nos arts. 410º, nºs 1 a 3 e 63º e 101º-F do CT.

[712] Ac. do STJ, Rel. Emérico Soares, doc. SJ200212110022394 – www.dgsi.pt..

[713] e art. 98º-J do CPT, na versão dada pelo DL nº 295/2009, de 13 de outubro, e Lei nº 107/2019, de 9 de setembro.

- à comissão de trabalhadores (se existir, claro) cópias daquela comunicação e da nota de culpa[714]; e ainda
- à associação sindical de que o trabalhador-arguido, eventualmente, seja representante, também com as mesmas cópias.

A mencionada notícia da **intenção de despedimento**, acompanhada pela nota de culpa é essencial, para advertir o trabalhador que pode vir a ser despedido. A sua falta, conforme jurisprudência firmada e o disposto na alínea *a)* do nº 2 do art. 382º, implicará a invalidade do procedimento e a consequente ilicitude do despedimento que tiver ocorrido. Mais: mesmo constando da nota de culpa, manda a boa-fé, que nesta comunicação por escrito ao trabalhador se lhe faça a advertência de que poderá consultar o processo e responder à nota de culpa, no prazo de 10 dias úteis. Aliás, o mais adequado será transcrever o próprio texto do nº 1 do art. 355º, quer na nota de culpa, quer na comunicação.

O estatuto do trabalhador-arguido como **representante sindical** deverá recolocar-se não só quando for delegado sindical na empresa (art. 462º), mas também dirigente sindical (art. 468º) e candidato a algum corpo social de sindicato, como analogicamente decorre do disposto no art. 410º, nº 3.

A prova da notificação de tais comunicações aos destinatários deve ficar a constar no processo. O meio de comunicação poderá ser a entrega pessoal por protocolo ou mediante recibo, ou ainda perante testemunhas, reduzindo tal ato a auto e por correio eletrónico com prova da receção pelo destinatário. Também poderá ser utilizado o correio postal, através de registo ou com aviso de receção, com a remessa para o domicílio do trabalhador. De qualquer modo, é essencial que fique provada documentalmente a entrega ou a apresentação ao trabalhador-arguido da comunicação com a nota de culpa. Caso a carta enviada pelo correio venha devolvida, haverá que averiguar a razão e atuar em conformidade, aplicando, analogicamente, a norma constante da parte final do nº 7 do art. 357º.

Entendemos que poderá haver um **aditamento à nota de culpa**, quer em virtude de factos supervenientes, quer devido à descoberta de factos perpetrados anteriormente. E já foi julgado pelo STJ que "a entidade

[714] De harmonia com o disposto no nº 6 do art. 356º do CT, o trabalhador-arguido pode indicar uma "determinada associação sindical" para dar o parecer, em detrimento da comissão de trabalhadores.

empregadora pode enviar ao trabalhador uma nota de culpa adicional, mormente quando a mesma se destine a concretizar melhor os factos que lhe haviam sido imputados na primeira"[715]. Ainda em aresto se decidiu que "a entidade empregadora não é obrigada a informar o trabalhador de que pode consultar o processo nem a comunicar-lhe o local onde tal consulta pode ser feita. Esta última obrigação só nasce quando o trabalhador lhe comunicar que pretende efetuar essa consulta".

13. Resposta à nota de culpa

Como aludido, na comunicação enviando a nota de culpa e/ou nesta, deverá ser transcrito ou parafraseado o teor do art. 355º, isto é, que "*o trabalhador dispõe de 10 dias úteis para consultar o processo e responder à nota de culpa, deduzindo por escrito os elementos que considere relevantes para o esclarecimento dos factos e da sua participação nos mesmos, podendo juntar documentos e solicitar as diligências probatórias que se mostrem pertinentes para o esclarecimento da verdade*".

E, assim, o arguido, diretamente por si ou por mandatário, poderá **conhecer o processo, incluindo o de inquérito** que tenha sido instruído ou equivalente e elaborar a sua defesa, ou seja, como é denominada na lei, a resposta à nota de culpa. Para tanto, deve-lhe ser indicado o local e o horário, desde que estes dados não se intuam da situação concreta.

Nela, para além da defesa em correspondência com a nota de culpa, de preferência também em articulado, poderá ainda suscitar eventuais exceções ou questões prévias e indicar os meios de prova a serem utilizados para a descoberta da verdade, nomeadamente, documentos e a relação ou rol de testemunhas, com a indicação dos nomes e moradas. Todavia, as diligências probatórias que o trabalhador-arguido pode solicitar enquadram-se em todos os meios de prova previstos pela lei, ou seja, para lá das presunções, a confissão, os documentos, as perícias, a inspeção e as testemunhas[716].

Relativamente aos documentos constantes do processo, o STJ já considerou que "não afeta o direito de resposta à nota de culpa, o facto da entidade empregadora ter recusado enviar ao trabalhador cópias dos docu-

[715] Ac. de 24-01-2007, Rel. Sousa Peixoto, doc. SJ20070124003854 – www.dgsi.pt..

[716] Código Civil, 349º a 396º. As verificações judiciais qualificadas, previstas no art. 494º do CPC podem ter lugar no processo disciplinar, ao contrário da prova por declaração de parte, por falta de audiência final.

mentos a que a nota de culpa fazia referência, se os factos integradores da infração de que era acusado estavam detalhadamente descritos na nota de culpa, se os documentos em causa estavam juntos ao processo disciplinar e se a consulta deste pelo trabalhador nunca foi posta em causa pela entidade empregadora"[717]. Dentro da mesma linha, também foi decidido que "a recusa da entidade empregadora em juntar ao processo disciplinar os documentos que o autor havia requerido na resposta à nota de culpa não constitui violação do direito de defesa do arguido, se os documentos em causa são da autoria e estão na posse do empregador"[718].

Caso não tenha sido observado o **princípio do contraditório**, como é enunciado na alínea *c)*, do nº 2, do art. 382º, o procedimento pode ser declarado inválido, o que gera a ilicitude do despedimento e isto não obstante o processo disciplinar ser de **natureza inquisitória**.

Não tendo sido apresentada qualquer resposta à nota de culpa, mesmo confirmada a sua notificação para o efeito, não há qualquer **efeito cominatório**, dado não se encontrar legalmente previsto nem se coadunar com a natureza acusatória e privada do procedimento, devendo as conclusões ser retiradas dos elementos dele constantes.

14. Instrução do processo

Na sequência da apresentação da referida defesa do trabalhador, denominada resposta à nota de culpa (art. 355º), entra-se na fase de instrução do processo disciplinar numa aceção mais próxima do art. 286º e sgs. do Código de Processo Penal do que do art. 410º e sgs. do Código de Processo Civil.

Se não fosse julgado inconstitucional, com força obrigatória geral[719], e conforme rezava no nº 1 do artigo 356º do CT de 2009, cabia "ao empregador decidir a realização das diligências probatórias". Assim, voltou, em regra, a ser obrigatória a instrução conforme for requerida, não obstante a nula força probatória do processo privado perante o tribunal.

Contudo, o instrutor poderá recusar algumas das **diligências probatórias** requeridas pelo trabalhador desde que as "considere patentemente

[717] Ac. de 22-03-2007, Rel Sousa Peixoto, doc. SJ200703220046094 – www.dgsi.pt.

[718] Ac. de 30-04-2008, Rel Sousa Peixoto, doc. SJ2008043002414. Em sentido e em relação a documento diferente, ac. de 16-06-2016, proc. 30008/14.5TTLSB.L1.S1, Rel. Gonçalves Rocha.

[719] Ac. do TC nº 338/10, de 22-09-2010, publicado em 08-11-2010.

dilatórias ou impertinentes, devendo...alegá-lo fundamentadamente por escrito". Porém, corre sempre o perigo de assim não vir a ser julgado, com as inerentes consequências. Também não será obrigado a acolher o depoimento de mais de 3 testemunhas por cada facto constante da nota de culpa, nem mais de 10 no total, devendo ser o arguido a apresentá-las para deporem, como continua a estar estatuído nos nºs 3 e 4 do citado art. 356º, porquanto, como julgou o STJ "a direção e organização do processo disciplinar compete à entidade empregadora e nessa medida cabe-lhe o direito de designar o **local de inquirição** das testemunhas arroladas pelo trabalhador na resposta à nota de culpa". "Todavia, esse direito não pode ser exercido de modo a impedir ou dificultar gravemente o exercício do direito de defesa do trabalhador arguido (art. 334º do CC) que deve prevalecer em caso de colisão com aquele (art. 335º do CC) "[720].

Cremos, no caso de serem **arroladas mais de dez testemunhas**, que o instrutor não poderá selecionar as testemunhas, mas terá de ouvir as primeiras até àquele número, após notificar o arguido para se posicionar. Será o instrutor a marcar a data e a hora para a audição, providenciando pela notificação ao acusado por escrito ou por outro meio idóneo. Em caso de falta, deverá indagar pela justificação, podendo marcar nova data ou admitir a substituição.

Tendo sido requerido o **depoimento de parte**, para se obter a prova por confissão, e se o empregador for o instrutor, este não poderá manter-se nesta posição, devendo ser designado novo instrutor e isto por aplicação analógica do art. 499º do CPC, ainda que possa voltar a ser o instrutor. Não obstante o arguido ter apresentado, por si ou por representante, a resposta à nota de culpa poderá, pelo menos em certos casos, ter sentido requerer e prestar **declarações de parte**, nomeadamente quando não tiver sido ouvido antes (CPC, art. 466º).

E caso o instrutor venha a ser arrolado como testemunha, o que até se pode justificar quando é, por exemplo, o gestor de recursos humanos da empresa, então em tal caso, admitindo-se a diligência, igualmente deve ser nomeado novo instrutor para colher tal depoimento, conforme o disposto naquele art. 499º.

Também o exercício do direito a férias, em princípio, não justifica a falta quer do instrutor, quer de testemunhas ou mesmo do arguido, pois

[720] Ac. de 18-01-2005, Rel. Sousa Peixoto, doc. SJ200501180030404 – www.dgsi.pt..

"a justiça disciplinar assenta no primado da verdade material e reclama a (sua) comparência"[721].

Sendo a arguida uma trabalhadora grávida, puérpera ou lactante, ou o arguido um trabalhador no gozo da licença parental[722] ou trabalhador cuidador, a cessação do contrato, sob pena de nulidade, carece de **parecer favorável da CITE**[723] (e não da CIG – Comissão para a Cidadania e a Igualdade do Género), conforme se dispõe nos arts. 63º; 101º-F, nº 2 e 381º, *d)* do Código de Trabalho. Por via de regra, tal parecer é negativo e, assim, o despedimento *só pode ser efetuado pelo empregador após decisão judicial que reconheça a existência de motivo justificativo* (art. 63º, nº 6 ainda do CT).

Naturalmente, todas as diligências terão de ficar documentadas no processo, nomeadamente por meio de autos, que são os instrumentos destinados a fazer fé quanto aos termos em que se desenrolaram os atos processuais[724]. Ainda em relação aos documentos integrados no processo ou que fiquem a ele anexos deve ser lavrado um termo de juntada. Caso haja secretário, estas operações caber-lhe-ão, sob a responsabilidade do instrutor.

A fase de instrução deve decorrer com celeridade, mas não está sujeita a qualquer período de tempo limitador. Apenas se prevê o prazo de 30 dias após a receção dos pareceres ou da última diligência instrutória, para ser proferida a decisão final, "sobe pena de caducidade do direito de aplicar a sanção" (art. 357, nºs 1 e 2) [725].

Satisfazendo-se (ou dispensando-se) todos ou alguns dos meios de prova requeridos pelo arguido, segue-se a apresentação do processo, por cópia, à **comissão de trabalhadores ou à associação sindical** (se o arguido for representante sindical) para ser emitido parecer fundamentado (art. 356º, nºs 5 e 6) de natureza não vinculativa, cujo teor, como é óbvio, só muito excecionalmente será favorável ao despedimento. Nos termos deste último número, o arguido pode, agora, ter escolhido "determinada associação

[721] Parecer da Procuradoria-Geral da República nº 35/2017, homologado em 27-03-2019, Rel. Maria de Fátima da Graça Carvalho.

[722] A licença parental prevê-se nos arts. 42º e 43º.

[723] Comissão para a Igualdade no Trabalho e no Emprego (CITE) cujas atribuições, composição e funcionamento se encontram regulados na Lei nº 76/2012, de 26 de março, tem alguns dos seus pareceres publicados em livro e em www.cite.gov.pt.

[724] Art. 99º do CPP e artigo seguinte – redação do auto.

[725] Em tal sentido, ac. do STJ, de 12-01-2017, Proc. nº 69/13.8TTLRS.L2.S1, Rel. Ribeiro Cardoso.

sindical" para dar o parecer, ficando, nesta hipótese, ultrapassada a necessidade de ser enviada a cópia do processo à comissão de trabalhadores.

Põe-se a questão de saber se perante o teor da defesa, poderá a nota de culpa ser alterada ou substituída por outra. Cremos que só a empresa o poderá fazer e nunca o instrutor e desde que se verifique a existência de novos factos ou do seu conhecimento e se esteja dentro do prazo para que eles sejam considerados relevantes.

Parece que a empresa também poderá carrear para os autos novas provas para sustentar a nota de culpa, nomeadamente, a audição de testemunhas. Em tal caso é indiscutível que tem de respeitar o princípio do contraditório, dando conta de tal diligência ao trabalhador-arguido para este se pronunciar, em princípio, no prazo geral de 10 dias (art. 149º do CPC).

Devido à ilicitude do uso de certos meios ou instrumentos para obter a prova de certos atos ou omissões do trabalhador-arguido, poderá tal prova ser julgada nula ou anulável (art. 285º e sgts. do CC). Serve como exemplo "a prova que seja obtida por intermédio de agentes provocadores, que incitam ou instigam à prática do facto, ou por agentes infiltrados, deve ser considerada nula...Porém, os inspetores da entidade patronal...não são nem agentes provocadores nem agentes infiltrados..."[726]

15. Decisão

15.1. Sentido

Concluindo-se a fase da instrução, o instrutor deve elaborar um relatório final, nele inserindo os factos imputáveis ao trabalhador, as diligências instrutórias levadas a cabo e os factos que considera provados e não provados, propondo uma decisão ao órgão com competência disciplinar.

De seguida, deve ser tomada tal decisão, que poderá traduzir-se:

- no arquivamento dos autos, por a matéria comprovada não justificar a aplicação de qualquer sanção;
- na aplicação de uma outra sanção disciplinar que não o despedimento, quando a matéria provada é censurável mas insuficiente para motivar o despedimento; ou
- no despedimento com justa causa (arts. 328º *f)* e 357º, nº 1 do CT).

[726] Ac. do TRP, de 03-02-2014, Rel. Maria Fernanda Pereira Soares, [www.dgsi.pt].

15.2. Conteúdo

Neste último caso "o empregador dispõe de 30 dias para proferir a decisão de despedimento, sob pena de caducidade do direito de aplicar a sanção" (art. 357º, nº 1), que se deverá contar da data de receção dos pareceres ou, não havendo lugar ao seu pedido, da última diligência instrutória devidamente registada no procedimento disciplinar.

"A decisão deve ser fundamentada e constar de documento escrito", nos termos do nº 5. Tal fundamento poderá ser o citado relatório final para o qual os termos da decisão remetam expressamente.

Assim, vindo tal decisão a conter a aplicação de uma sanção disciplinar, nomeadamente, o despedimento, então a sua **fundamentação** deve conter:

I – para além dos *factos* (descritos pormenorizadamente, no lugar e no tempo);

II – a ponderação das *circunstâncias do caso,* ou seja:
- atender-se, no quadro de gestão da empresa, ao grau de lesão dos interesses do empregador;
- ao carácter das relações entre as partes;
- ou entre o trabalhador e os seus companheiros; e
- às demais circunstâncias que no caso sejam relevantes.

III – a *adequação do despedimento à culpabilidade* do trabalhador,

IV – bem como a consideração dos *pareceres* apresentados.

Os factos dados como provados terão, inicialmente, de constar na nota de culpa, na defesa ou serem notórios. Outros eventuais factos apenas poderão ser utilizados para atenuar ou diminuir a responsabilidade disciplinar (art. 357º, nº 4, ainda do CT).

15.3. Comunicações

Tal decisão final sobre o processo deverá também ser comunicada, "por cópia ou transcrição":

- ao trabalhador a despedir,
- à comissão de trabalhadores; ou,
- à associação sindical respetiva, caso o trabalhador seja representante sindical ou tenha optado por determinada associação sindical para dar parecer (357º, nº 6).

O despedimento e a consequente cessação do contrato de trabalho ocorre, não na data da decisão tomada pelo órgão com competência para tal, mas apenas quando chega ao conhecimento formal do trabalhador. Efetivamente, nos termos do nº 7 do art. 357º, *a decisão de despedimento determina a cessação do contrato:*

- logo que chega ao poder do trabalhador, ou
- *quando por culpa do trabalhador não foi por ele oportunamente recebida.*

Poderá, portanto, ser entregue em mão, mediante recibo, ou enviada por protocolo ou pelo correio registado com aviso de receção. Se o destinatário se recusar a receber a comunicação, desde que tal facto fique comprovado, mediante auto testemunhado, dar-se-á, juridicamente, como chegada ao poder do trabalhador. O mesmo acontecerá se a carta registada for devidamente endereçada para a morada do trabalhador (que, de modo sério, conste nos registos da empresa) e não for por este recebida.

Face ao exposto, é de todo evidente que o prazo (de caducidade) para a eventual interposição do *procedimento cautelar de suspensão do despedimento* e para a *impugnação da regularidade e licitude do despedimento* começa a contar a partir da data do recebimento daquela comunicação[727].

Eventualmente, se houver matéria do foro criminal, poderá uma cópia dos autos ser junta à denúncia ou queixa perante a autoridade competente.

16. Procedimento especial para as microempresas

Nas empresas até 9 trabalhadores (microempresas – art. 100º, nº 1 *a)*) pode ser observado um processo simplificado, ou melhor, menos complexo, desde que o trabalhador-arguido não seja membro da comissão de trabalhadores, nem representante sindical. Em tal hipótese, poderão ser dispensadas algumas formalidades, de conformidade com o preceituado no art. 358º, nº 1, disposição esta que apenas entrou em vigor após a reforma do CPT[728], ou seja, em 1 de janeiro de 2010.

[727] A articulação das duas medidas rege-se, essencialmente, pelo disposto nos arts. 34º, nº 4 e 98º-C, nº 2, do CPT, cfr. antecedente capítulo XIV, nº 3.

[728] Cfr. Lei preambular do CT, Lei nº 7/2009, de 12 de janeiro, art. 12º, nº 5. Como referido, a reforma do CPT operou-se pelo DL nº 295/2009, de 13 de outubro, que passou a vigorar em 1 de janeiro de 2010.

Trata-se das comunicações da abertura do processo, da emissão da nota de culpa e do fim da sua instrução, quer à comissão de trabalhadores[729], quer à associação sindical, previstas no nº 2 do art. 353º e no nº 5 do art. 356º.

O momento a partir do qual se fará a contagem do prazo (que se mantém) de 30 dias para a decisão final é adaptado à configuração deste processo e não sendo respeitado também dá lugar à caducidade do direito de aplicar a sanção (nº 4 do mesmo art. 358º), como já mencionado.

Assim, em conclusão, o regime para as microempresas complicou-se bastante em relação ao sistema anterior, sendo que, em rigor, apenas ficam dispensadas da solicitação dos pareceres "caso o trabalhador não seja membro de comissão de trabalhadores ou representante sindical".

17. Ilicitude do despedimento

São numerosas as situações que levam à ilicitude do despedimento, conforme decorre do art. 381º e sgs. A falta do processo ou as suas deficiências acarretam, só por si, a ilicitude do despedimento, que assim pode resultar (e com muita frequência resulta) de razões meramente formais ou processuais.

Mas tal ilicitude pode resultar de razões materiais ou substanciais, porquanto os factos apurados no processo disciplinar podem não se vir a comprovar no processo judicial (por não serem verdadeiros ou por falta ou insuficiência dos meios de prova), ou ficar apurado que o despedimento resultou de motivação política, ideológica, étnica ou religiosa, ainda que com aparente motivação diversa.

Ainda os factos que motivaram o despedimento podem ser todos provados, mas o tribunal entender que não eram culposos ou suficientemente graves para justificar o despedimento, julgando, portanto, tal sanção desproporcionada, e a consequente ilicitude do despedimento.

Como é óbvio tal licitude ou ilicitude de despedimento de um trabalhador depende da apreciação do Tribunal (e, normalmente, por via de recurso) em ação judicial, em princípio[730], com processo especial a requerer pelo trabalhador despedido (art. 387º) – **ação de impugnação judicial**

[729] Embora só muito excecionalmente haja comissão de trabalhadores nas microempresas, que, a haver, terão dois elementos [art. 417º, nº 1, *a)* do CT].

[730] Pois se o despedimento não for formalizado por escrito ou for discutível o contrato de trabalho, já o processo a utilizar será o comum, como se estipula no art. 98º-C do CPT.

da regularidade e licitude do despedimento através de "requerimento em formulário próprio", como referido no capítulo XIV.

Conforme julgou o STJ "as invalidades do processo disciplinar devem ser classificadas como anulabilidades, só podendo ser conhecidas quando expressamente invocadas perante o tribunal"[731].

Em qualquer das ações o **ónus da prova** sobre os factos que levaram ao despedimento e à sua legalidade, pertence à entidade empregadora, conforme resulta, implicitamente das regras dos arts. 63º nº 2; 101º-F, nº 2; 387º, nº 3 e 410º, nº 3 do CT e, expressamente, do art. 342º e sgs. do CC. Aliás, não se reconhece ao procedimento disciplinar especial valor probatório, exigindo-se que o empregador realize de novo a prova em sede judicial [732].

Sendo o trabalhador despedido candidato a membro de qualquer dos corpos sociais de **associação sindical** ou que neles exerça ou tenha exercido funções há menos de três anos, presume-se que o despedimento foi efetivado sem justa causa. Ainda a interposição da ação judicial de impugnação do despedimento pode ser essencial para a atribuição do subsídio de desemprego[733].

Essencialmente por esta razão e face à habitual demora dos tribunais[734], o que vem a dificultar a prova dos factos alegados, todos os trabalhadores despedidos procedem à impugnação do seu despedimento, o que, por sua vez, agrava mais aquela demora. Todavia, correndo tal ação judicial através do processo especial de impugnação da regularidade e licitude do despedimento, o Estado, através do Instituto da Segurança Social, IP poderá pagar, depois do decurso de um período de 12 meses, as retribuições vincendas até à data da decisão em primeira instância[735], como se desenvolveu no antecedente capítulo XIV.

Considerando o seu despedimento ilícito, no prazo de cinco dias úteis, o trabalhador, como lhe permite o art. 386º do CT, poderá apresentar, no juízo do trabalho da sua área de residência ou da sede da empresa, um

[731] Ac. de 03-03-2004, Rel. Ferreira Neto, doc. SJ200403030038764.

[732] Cfr., como exemplo, sumário do Ac. do STJ de 07-07-2016 (Rel. Cons. Ana Luísa Geraldes) [www.dgsi.pt].

[733] DL nº 220/2006, de 3 de novembro, art. 9º, nº 2, alterado pelo DL nº 53-A/2017, de 31 de maio e pelo DL nº 119/2021, de 16 de dezembro.

[734] V. João Palla Lizardo, "Despedimento, reintegração e pagamento de salários intercalares: litígio nos Tribunais durante 22 anos", artigo acompanhado das decisões da 1ª instância e do STJ inserido in RMP, nº 29, jul/set 2008, pág. 231.

[735] Cfr. arts. 98º-N e O do Código de Processo do Trabalho.

procedimento cautelar, requerendo, como providência, a **suspensão preventiva do seu despedimento**, cujo regime se encontra desenvolvido no capítulo IX.

18. Os efeitos da ilicitude do despedimento

No Código do Trabalho (art. 389º) passou a destrinçar-se a ilicitude do despedimento propriamente dito (nº 1) e a mera irregularidade (nº 2), resultante da omissão das diligências probatórias e que se poderá repercutir na indemnização, se esta tiver lugar, em vez da reintegração.

De qualquer modo, os efeitos da ilicitude do despedimento são extremamente gravosos, como resulta do que se dispõe no arts. 389º a 393º[736]. Na lógica da lei, que se diz resultar do art. 53º da CRP, a **nulidade do despedimento** provoca a recomposição da situação como se ele não tivesse existido, como se dispõe no art. 289º do CC, mas olvidando o que preceitua logo nos arts. 290º e 294º do mesmo Código. A gravidade avoluma-se em especial devido ao pronunciado atraso no julgamento dos respetivos processos por muitos dos nossos tribunais de trabalho e nos de recurso.

Na verdade, a ilicitude acarreta, sem possibilidade de graduação pelo tribunal, a condenação no **pagamento das retribuições** desde a data do despedimento (salários intercalares ou de tramitação, como sói dizer-se), sempre que a ação judicial seja interposta num dos 30 dias seguintes ao do despedimento ou, se for em data posterior, desde 30 dias antes da propositura da ação de impugnação do despedimento, mas sempre até à data da decisão (transitada em julgado), e à reintegração do trabalhador na empresa, se este assim optar. No valor destas retribuições podem ser descontadas outras que, eventualmente, tenham sido auferidas em novo emprego e que se aleguem e provem, ou melhor, *que o trabalhador tenha comprovadamente obtido com a cessação do contrato e que não receberia se não fosse o despedimento* (art. 390º, nº 2, *a)* do CT). Também deve ser descontado o valor do subsídio de desemprego recebido, mas "devendo o empregador entregar essa quantia à segurança social" (nº 2, *c)*). Em qualquer dos casos, os valores corresponderão aos da retribuição ilíquida sendo obrigatório efetuar os legais descontos em sede fiscal e da segurança social.

[736] Na nossa opinião constitui uma das mais fortes razões de desinvestimento, de desemprego e de precaridade no trabalho sofrida, maioritariamente, pelos jovens portugueses.

Em alternativa à reintegração, mas acrescendo àquelas remunerações, pode o trabalhador, e só este, optar por exigir o pagamento de uma **indemnização** que será fixada pelo tribunal entre 15 a 45 dias de retribuição base e diuturnidades por cada ano (ou fração) de antiguidade não podendo ser inferior a três meses, contando para o efeito todo o tempo decorrido, não até à sentença[737], mas *desde a data do despedimento até ao trânsito em julgado da decisão judicial* independentemente do número de anos que, entretanto, decorrer. Em poucas situações poderá a empresa requerer que seja excluída tal reintegração (arts. 392º, nºs 1 e 2). Mas vindo o tribunal a aceitar, os limites para a indemnização passam a ser fixados entre 30 e 60 dias de retribuição base. Processualmente, como já referido nos capítulos XI, nº 6 e XIV, nº 5, a oposição à reintegração do trabalhador despedido deve ser formulada na contestação, no processo comum, e no articulado do empregador, no processo especial de impugnação judicial da regularidade e licitude do despedimento, conforme, respetivamente, se estipula nos arts. 60º-A e 98-J, nº 2, do CPT.

Como acima referido, havendo apenas ilicitude por mera **irregularidade** formal "por omissão das diligências probatórias" e desde que se comprovem os motivos invocados para o despedimento, o referido valor da indemnização poderá ser reduzido a metade (art. 389º, nº 2). Por tal razão, na sentença, "sem prejuízo da apreciação de vícios formais, o tribunal deve sempre pronunciar-se sobre a verificação e procedência dos fundamentos invocados para o despedimento" (387º, nº 4).

Tendo a jurisprudência começado a admitir que *o despedimento ilícito podia fundamentar a indemnização por **danos não patrimoniais** desde que o trabalhador seja desacreditado publicamente e, assim, prejudicado pessoal e profissionalmente*[738], passou tal entendimento para o CT e continua a ser previsto na parte final do seu art. 389º, nº 1, *a)*[739]. Todavia, nesta matéria, face às referidas regras do CC, já o ónus da prova corre pelo trabalhador despedido.

[737] Para maior desenvolvimento Pedro Furtado Martins, Despedimento Ilícito, Reintegração na Empresa e Dever de Ocupação Efectiva, suplemento da revista Direito e Justiça, Lisboa, 1992; Messias Carvalho e Vítor Nunes de Almeida, Direito do Trabalho e Nulidade de Despedimento, Almedina, Coimbra, 1984.

[738] Ac. do STJ, de 14-11-2001, *in* CJSTJ, Ano IX, T. III-2001, pág. 273.

[739] João Leal Amado, Os efeitos do despedimento ilícito (sobre os artigos 436º a 440º do Código do Trabalho), RMP, ano 27, jan-mar, 2006, nº 105, pág. 17 e Albino Mendes Baptista, Estudos sobre o Código do Trabalho, 2ª ed, Coimbra Editora, pág. 233.

Concretizado o despedimento, para além do procedimento cautelar com vista à sua suspensão, poderá o trabalhador afetado intentar um processo judicial para impugnação do despedimento, cujo regime se encontra desenvolvido no capítulo XIV.

19. O procedimento disciplinar e as contraordenações que pode originar

Nos últimos números de diversos artigos com normas sobre o processo disciplinar, a começar no art. 328º, prevêem-se contraordenações com as três formas de gravidade possíveis.

Porém, não se julgue que o processamento de tais contraordenações, por se inserir no âmbito do processo disciplinar, se possa fazer sem o competente processo contraordenacional, que sempre se haverá de iniciar pelo levantamento de um auto pela ACT, de conformidade com o Regime processual aplicável às contraordenações laborais e da segurança social (Lei nº 107/2009, de 14 de setembro). Naturalmente, também a apreciação judicial da decisão daquela Autoridade se haverá de fazer mediante recurso para os juízos do trabalho, de conformidade com o estatuído nos arts. 201º e 12º do CPT, através do procedimento desenvolvido no capítulo XXII.

Terá, pois, se existir, um procedimento autónomo e de natureza diferente dos procedimentos para o despedimento, para a sua suspensão ou para a sua impugnação judicial.

TRIBUNAIS JUDICIAIS

JUÍZOS DO TRABALHO

(LOSJ, arts. 79º e 126º. e DL nº 49/2014, de 27 de março, alterado pelo DLs 86/2016, de 27 de dezembro e 38/2019, de 18 de março, que o republicou e Lei nº 77/2021, de 23 de novembro)

COMARCA	SEDE	JUÍZES	COMPETÊNCIA TERRITORIAL
Açores (Lisboa)	P. Delgada	1	Municípios de Lagoa, Nordeste, Ponta Delgada, Povoação, Ribeira Grande e Vila Franca do Campo.
	Praia da Vitória[740]	1	Municípios de Angra do Heroísmo e Praia da Vitória
Aveiro (Porto)	Aveiro	2	Municípios de Albergaria-a-Velha, Aveiro, Estarreja, Ílhavo, Murtosa, Ovar, Sever do Vouga e Vagos
	Águeda	1	Municípios de Águeda, Anadia, Mealhada e Oliveira do Bairro
	Oliveira de Azeméis	1	Municípios de Arouca, Oliveira de Azeméis, Santa Maria da Feira, São João da Madeira e Vale de Cambra
	Santa Maria da Feira	2	Municípios de Castelo de Paiva, Espinho e Santa Maria da Feira
Beja (Évora)	Beja	1	Comarca de Beja
Braga (Guimarães)	Braga	2	Municípios de Amares, Braga, Póvoa do Lanhoso, Terras de Bouro, Vieira do Minho e Vila Verde
	Barcelos	2	Municípios de Barcelos e Esposende
	Guimarães	2	Municípios de Cabeceiras de Basto, Celorico de Basto, Fafe, Guimarães, Póvoa de Lanhoso, Vieira do Minho e Vizela
	V. N. Famalicão	1	Município de V. N. de Famalicão

[740] Juízo Misto de Família e Menores e do Trabalho de Praia da Vitória.

COMARCA	SEDE	JUÍZES	COMPETÊNCIA TERRITORIAL
Bragança (Guimarães)	Bragança	1	Comarca de Bragança
Castelo Branco (Coimbra)	Castelo Branco	1	Municípios de Castelo Branco, Idanha-a-Nova, Oleiros, Proença-a-Nova, Sertã, Vila de Rei e Vila Velha de Rodão
	Covilhã	1	Municípios de Belmonte, Covilhã, Fundão e Penamacor
Coimbra (Coimbra)	Coimbra	2	Municípios de Arganil, Coimbra, Condeixa-a-Nova, Góis, Lousã, Miranda do Corvo, Oliveira do Hospital, Pampilhosa da Serra, Penacova, Penela, Soure, Tábua e Vila Nova de Poiares
	Figueira da Foz	1	Municípios de Cantanhede, Figueira da Foz, Mira e Montemor-o-Velho
Évora (Évora)	Évora	1	Comarca de Évora
Faro (Évora)	Faro	2	Municípios de Alcoutim, Castro Marim, Faro, Loulé, Olhão, S.B. de Alportel, Tavira e V.R. de Santo António
	Portimão	2	Municípios de Albufeira, Aljezur, Lagoa, Lagos, Monchique, Portimão, Silves e Vila do Bispo
Guarda (Coimbra)	Guarda	1	Comarca da Guarda
Leiria (Coimbra)	Leiria	3	Municípios de Alvaiázere, Ansião, Batalha, Castanheira de Pera, Figueiró dos Vinhos, Leiria, Marinha Grande, Nazaré, Pedrógão Grande, Pombal e Porto de Mós
	Caldas da Rainha	1	Municípios de Alcobaça, Bombarral, Caldas da Rainha, Óbidos e Peniche
Lisboa (Lisboa)	Lisboa	8	Município de Lisboa
	Barreiro	2	Municípios de Alcochete, Almada, Barreiro, Moita, Montijo e Seixal
	Almada	2	Municípios de Almada e Seixal

COMARCA	SEDE	JUÍZES	COMPETÊNCIA TERRITORIAL
Lisboa Norte (Lisboa)	Loures	2	Municípios de Loures e Odivelas
	Torres Vedras[741]	1	Municípios do Cadaval, Lourinhã, Sobral do Monte Agraço e Torres Vedras
	V. F. de Xira	2	Municípios de Alenquer, Arruda dos Vinhos, Azambuja e Vila Franca de Xira
Lisboa Oeste (Lisboa)	Sintra	3	Municípios de Amadora, Mafra e Sintra
	Cascais	3	Municípios de Cascais e Oeiras
Madeira (Lisboa)	Funchal	1	Comarca da Madeira
Portalegre (Évora)	Portalegre	1	Comarca de Portalegre
Porto (Porto)	Porto	3	Município do Porto
	Maia	2	Municípios da Maia, Santo Tirso e Trofa
	Matosinhos	3	Municípios de Matosinhos, Póvoa do Varzim e Vila do Conde
	Valongo	2	Municípios de Gondomar e Valongo
	V. N. de Gaia	3	Município de Vila Nova de Gaia
Porto Este (Porto)	Penafiel	4	Municípios de Amarante, Baião, Felgueiras, Lousada, Marco de Canavezes, Paços de Ferreira, Paredes e Penafiel
Santarém (Évora)	Santarém	2	Municípios de Alcanena, Almeirim, Alpiarça, Benavente, Cartaxo, Coruche, Rio Maior, Salvaterra de Magos e Santarém
	Tomar	2	Municípios de Abrantes, Chamusca, Constância, Entroncamento, Ferreira do Zêzere, Golegã, Mação, Ourém, Sardoal, Tomar, Torres Novas e Vila Nova da Barquinha
Setúbal (Évora)	Setúbal	2	Municípios de Palmela, Sesimbra e Setúbal
	Sines	1	Municípios de Alcácer do Sal, Grândola, Santiago do Cacém e Sines

[741] Instalado provisoriamente no Cadaval.

COMARCA	SEDE	JUÍZES	COMPETÊNCIA TERRITORIAL
Viana do Castelo (Guimarães)	Viana do Castelo	2	Comarca de Viana do Castelo
Vila Real (Guimarães)	Vila Real	2	Comarca de Vila Real
Viseu (Coimbra)	Viseu	2	Municípios de Carregal do Sal, Castro Daire, Mangualde, Mortágua, Nelas, Oliveira de Frades, Penalva do Castelo, Santa Comba Dão, São Pedro do Sul, Sátão, Tondela, Vila Nova de Paiva, Viseu e Vouzela
	Lamego	1	Municípios de Armamar, Cinfães, Lamego, Moimenta da Beira, Penedono, Resende, São João da Pesqueira, Sernancelhe, Tabuaço e Tarouca

BIBLIOGRAFIA

1. Processo civil

1.1. Clássica

ANDRADE, MANUEL DE, Noções Elementares de Processo Civil, Coimbra Editora, 1965.

HOMEM, ANTÓNIO PEDRO BARBAS, Judex Perfectus, Função Jurisdicional e Estatuto Judicial em Portugal 1640-1820, Coleção Teses, Almedina, Coimbra, 2003.

JAUERNIG, OTHMAR, Direito Processual Civil, (tradução de F. Silveira Ramos), Almedina, Coimbra, 2002.

MENDES, JOÃO DE CASTRO, Direito de Acção Judicial, suplemento à Revista da Faculdade de Direito de Lisboa, Lisboa, 1959.

REIS, ALBERTO DOS, Código de Processo Civil Anotado, 6 vols., Comentário ao Código de Processo Civil, 3 vols., Processos Especiais, 2 vols. e Processo de Execução, 2 vols., Coimbra Editora (reimpressões).

RIBEIRO, ANTÓNIO DA COSTA NEVES, Processo Civil da União Europeia, Coimbra Editora, 2002.

SOUSA, MIGUEL TEIXEIRA DE, Estudos sobre o Novo Processo Civil, 2ª ed., Lex, Lisboa, 1997.

VARELA, ANTUNES e outros, Manual de Processo Civil, Coimbra Editora, 1985.

1.2. Atual

ALMEIDA, FRANCISCO MANUEL LUCAS FERREIRA DE, Direito Processual Civil, vol. I, Almedina, Coimbra, 2012.

AMARAL, JORGE AUGUSTO PAIS DE, Direito Processual Civil, 11ª ed., Almedina, Coimbra, 2013.

BARROCAS, MANUEL PEREIRA, Lei da Arbitragem Comentada, Almedina, Coimbra, 2013.

BRITO, WLADIMIR, Teoria Geral do Processo, Almedina, Coimbra, 2019.

CABRITA, HELENA, A Fundamentação de Facto e de Direito da Decisão Civil, Coimbra Editora, 2015.

CARAMELO, ANTÓNIO SAMPAIO, Temas do Direito da Arbitragem, Coimbra Editora, 2013.

CARVALHO, JOSÉ HENRIQUE D., Os Temas da Prova, *Quid Juris*, Lisboa, 2014.

CEBOLA, CÁTIA MARQUES, Resolução Extrajudicial de Conflitos – Colectânea de Legislação, Quid Juris, Lisboa 2011.

COELHO, JOÃO MIGUEL GALHARDO, Arbitragem Voluntária, 2ª ed., Almedina, Coimbra, 2006.

CORREIA, JOÃO e outros, Introdução ao Estudo e à Aplicação do Código de Processo Civil de 2013, Almedina, Coimbra, 2013.

COSTA, SALVADOR DA e RITA COSTA, Lei da Organização do Sistema Judiciário e Regulamento, Almedina, Coimbra, 2014.

COSTA, SALVADOR DA, Os Incidentes da Instância, 12ª ed., Almedina, Coimbra, 2023.

CUNHA, ANTÓNIO JÚLIO, Direito Processual Civil Declarativo, *Quid Juris*, Lisboa, 2013.

Curso de Resolução Alternativa de Litígios, 2.,ª ed., Almedina, Coimbra, 2012.

FARIA, PAULO RAMOS DE, Primeiras Notas ao Novo Código de Processo Civil, Almedina, Coimbra, 2013.

FERREIRA, J. O. CARDONA, Guia de Recursos em Processo Civil, 6ª ed., Coimbra Editora, 2014.

FREITAS, JOSÉ LEBRE DE, Introdução ao Processo Civil, Gestlegal, Coimbra, 2017.

FREITAS, JOSÉ LEBRE DE e outros, Código de Processo Civil Anotado, 3ª ed., Coimbra Editora, 2014.

FREITAS, JOSÉ LEBRE DE, A Acção Declarativa Comum à Luz do Código de Processo Civil de 2013, 3ª ed., Coimbra Editora, 2013.

GERALDES, ANTÓNIO SANTOS ABRANTES, Recursos em Processo Civil, 7ª ed., Almedina, Coimbra, 2022.

GONÇALVES, MARCO CARVALHO, Dicionário Jurisprudencial de Processo Civil (6 vols.), Coimbra Editora, 2012.

GOUVEIA, MARIANA FRANÇA, Análise de Jurisprudência sobre Arbitragem, Almedina, Coimbra, 2011.

Marques, J. P. Remédio, Acção Declarativa à Luz do Código Revisto, 3ª ed., Coimbra Editora, 2011.

Mendes, Armindo Ribeiro e outros, Lei da Arbitragem Voluntária Anotada, Almedina e APA, Coimbra, 2012.

Mendes, João de Castro e Sousa, Miguel Teixeira de, Manual de Processo Civil, vols. I e II, AAFDL, Lisboa, 2022.

Neto, Abílio, Código de Processo Civil Anotado, 5ª ed., Ediforum, Lisboa, 2020.

Pereira, Joel Timóteo Ramos, Prontuário de Formulários e Trâmites, 4 vols, Quid Juris, Lisboa, 2008 a 2012.

Pimenta, Paulo, Processo Civil Declarativo, Almedina, Coimbra, 2014.

Pimenta, Paulo e Lurdes Mesquita, Processo Civil Declarativo, Formulários BDJUR, Almedina, Coimbra, 2011.

Rego, Carlos Francisco de Oliveira Lopes do, Comentários ao Código de Processo Civil, Almedina, Coimbra, 1999.

Rodrigues, Fernando Pereira, O Novo Processo Civil Os Princípios Estruturantes, Almedina, Coimbra, 2013.

Noções Fundamentais de Processo Civil, Almedina, Coimbra, 2017.

Sousa, Miguel Teixeira de e outros, As Recentes Reformas na Acção Executiva e nos Recursos, 1º Curso Pós-Graduado em Direito Processual Civil, Coimbra Editora, 2010.

Torres, Pedro Pinheiro, Guia para o novo Código de Processo Civil, Almedina, Coimbra, 2013.

Valles, Edgar, Prática Processual Civil, 12ª ed., Almedina, Coimbra, 2020.

2. Processo laboral

2.1. Clássica

Alegre, Carlos, Processo Especial de Acidentes de Trabalho, Almedina, Coimbra, 1986.

Código do Processo de Trabalho Anotado e Actualizado, 6ª ed., Coimbra, 2004.

Cardoso, Álvaro Lopes-, A Acção Executiva em Processo Laboral, Coimbra, 1990.

Fernandes, António Monteiro, Introdução à Jurisprudência do Trabalho, I e II Partes, ESC, Ano IV nºs 13 e 14, de Março e Junho de 1965 e em suplementos especiais.

Ferreira, Alberto Leite, Código de Processo do Trabalho Anotado, 4ª ed., Coimbra Editora, 1996.

JORGE, FERNANDO PESSOA, Direito Processual de Trabalho, Lições no I.E.S., 1965/66.

MENDES, JOÃO DE CASTRO, Curso de Direito Processual do Trabalho, suplemento da RFDUL, Lisboa, 1964.

RIBEIRO, VITOR, Acidentes de Trabalho e Doenças Profissionais, Petrony, Lisboa, 1994.

SILVA, JOSÉ MARIA RODRIGUES DA, A Aplicação do Direito na Jurisdição do Trabalho – Doutrina e Jurisprudência, Coimbra Editora, 1991.

VALLES, EDGAR e outros, Direito Processual do Trabalho – Perspectivas, CGTP. IN, Lisboa, 1981.

VENTURA, RAÚL E OUTROS, Curso de Direito Processual do Trabalho, Suplemento da Revista da FDL, Lisboa, 1964.

2.2. Atual

ALEXANDRE, ISABEL, Princípios Gerais do Processo de Trabalho, estudo *in* Estudos em Homenagem ao Prof. Doutor Raúl Ventura, FDUL, Coimbra Editora, 2003.

ALMEIDA, L. P. MOITINHO DE, Código de Processo do Trabalho Anotado, 4ª ed.. Coimbra Editora, 1997.

ALMEIDA, SÉRGIO e outros, Código de Processo do Trabalho Anotado, Petrony, Lisboa, 2010.

BAPTISTA, ALBINO MENDES, Código de Processo do Trabalho Anotado, Quid Juris, Lisboa, 2000.

A Nova Acção de Impugnação do Despedimento do Código de Processo do Trabalho, Walters Kluver – Coimbra Editora, 2010.

CABRAL, FERNANDO, Segurança e Saúde do Trabalho, Verlag Dashöfer, Lisboa, 2011.

CARDOSO, ÁLVARO LOPES-, Manual de Processo do Trabalho, 2 vols., 3ª ed., Livraria Petrony, Lisboa, 2000.

CARVALHO, MESSIAS, Acção de Impugnação Judicial da Regularidade e Licitude do Despedimento, I.F.P.A., Porto, 2010.

Código de Processo do Trabalho Anotado e Comentado, Vida Económica, Porto, 2012.

CORREIA, JOÃO e ALBERTINA PEREIRA, Código de Processo do Trabalho Anotado, 2ª ed., Almedina, Coimbra, 2020.

COSTA, ADALBERTO, Contra-Ordenações Laborais e da Segurança Social, Vida Económica, Porto, 2010.

DANTAS, ANTÓNIO LEONES, Direito Processual das Contraordenações, Almedina, Coimbra, 2023.

ESTEVES, CÉSAR SÁ e outros, Código do Processo de Trabalho Anotado, Petrony, Lisboa, 2010.

FERREIRA, ANTÓNIO M. C. DE CASIMIRO, Trabalho Procura Justiça, Almedina, Coimbra, 2005.

GERALDES, ANTÓNIO SANTOS ABRANTES, Recursos no Processo do Trabalho – Novo Regime, Almedina, 2010.

LOUREIRO, JORGE MANUEL, Processo Judicial de Acidentes de Trabalho, Almedina/CJ, Coimbra, 2021.

MARTINEZ, PEDRO ROMANO, Acidentes de Trabalho, Pedro Ferreira Editor, Lisboa, 1996.

Direito do Trabalho, 9ª ed., Almedina, Coimbra, 2019, Capítulos VI e VII relativos às contra-ordenações e ao processo de trabalho

MARTINS, ALCIDES, Legislação sobre Incapacidades em Direito do Trabalho, Cível e Administrativo, Dislivro, Lisboa, 2007.

Código de Processo do Trabalho e Legislação Complementar Anotados, Almedina, Coimbra, 2019.

MARTINS, JOSÉ JOAQUIM F. OLIVEIRA, Código de Processo do Trabalho Anotado e Comentado, Almedina/CJ, Coimbra, 2020.

MORAIS, DOMINGOS JOSÉ DE e outros, Estudos do Instituto de Direito do Trabalho, vol. V – Jornadas de Direito Processual do Trabalho, IDT/Almedina, Coimbra, 2007.

NETO, ABÍLIO, Código de Processo do Trabalho Anotado, 5ª ed., Ediforum, Lisboa, 2011.

Acidentes de Trabalho e Doenças Profissionais Anotado, 1ª ed., Ediforum, Lisboa, 2011.

PEREIRA, ALBERTINA, Recursos Laborais, Estudos Jurídicos em Homenagem ao Prof. Doutor António Motta Veiga, Almedina, Coimbra, 2007, pág. 17.

PINHEIRO, PAULO SOUSA, Curso de Direito Processual do Trabalho, Almedina, Coimbra, 2020.

O Procedimento Cautelar Comum no Direito Processual de Trabalho, 2ª ed., Almedina, Coimbra, 2007.

QUINTAS, PAULA e HÉLDER QUINTAS, Manual de Direito do Trabalho e de Processo do Trabalho, 10ª ed., Almedina, Coimbra, 2022.

RAMALHO, MARIA DO ROSÁRIO PALMA E OUTROS, Um Ano de Reforma do Processo do Trabalho, APODIT/AAFDL Editora, Lisboa, 2021.

RIBEIRO, JOÃO SOARES, Contra-Ordenações Laborais, 3ª ed., Almedina, Coimbra, 2011.

ROXO, MANUEL M. e LUÍS C. OLIVEIRA, O Processo de Contra-Ordenação Laboral e de Segurança Social, Almedina, Coimbra, 2009.

VASCONCELOS, JOANA, Direito Processual do Trabalho, 2ª ed., Universidade Católica Editora, Lisboa, 2022

2.3. Internet

Assembleia da República – www.parlamento.pt
Centro de Estudos Judiciários – www.cej.mj.pt
Direcção-Geral da Administração Justiça – www.dgaj.mj.pt
Direcção-Geral da Política de Justiça – www.dgpj.mj.pt
Eurico Santos, Código de Processo do Trabalho – www.homepagejuridica.net.
Euro-lex – http://eur-lex.europa.eu/pt/index.htm
Faculdades de Direito de Lisboa –www.fdl.pt e www.fd.unl.pt
Gabinete de Documentação e Direito Comparado – www.gddc.pt
Gabinete de Estratégia e Planeamento (MTSSS) – www.gep.mtss.gov.pt
Instituto de Gestão Financeira e Equipamentos da Justiça – www.igfej.mj.pt
Instituto Português de Processo Civil – blogippc.blogspot.com
Ministério Público – www.pgr.pt
Observatório Permanente da Justiça Portuguesa – www.opj.ces.uc.pt
Portal da Justiça – www.mj.gov.pt
Portal Europeu da Justiça – e-justice.europa.eu
Supremo Tribunal de Justiça – www.stj.pt
Tribunal da Relação de Coimbra – Processo de trabalho – www.trc.pt/versao1/p_trabalho.html
Tribunal da Relação do Porto – www.trp.pt/jurisprudenciassocial
Verbo, Nelson Carneiro, Código de Processo do Trabalho Anotado – www.verbojuridico.com

ÍNDICE IDEOGRÁFICO

ÍNDICE GERAL